海外中国研究丛书 —— 到中国之外发现中国

同治中兴

中国保守主义的最后抵抗（1862—1874）

Last Stand of Chinese Conservatism

The T'ung-Chih Restoration, 1862–1874

[美] 芮玛丽 著
房德邻 郑师渠 郑大华 郭小凌 刘北成 崔丹 译
刘北成 校

江苏人民出版社

图书在版编目(CIP)数据

同治中兴：中国保守主义的最后抵抗：1862—1874 / (美)芮玛丽著；房德邻等译. -- 南京：江苏人民出版社, 2025.9. -- (海外中国研究丛书 / 刘东主编).
ISBN 978-7-214-29278-0

Ⅰ.K250.7

中国国家版本馆CIP数据核字第20254AP265号

书　　　名	同治中兴：中国保守主义的最后抵抗(1862—1874)
著　　　者	[美]芮玛丽
译　　　者	房德邻　郑师渠　郑大华　刘北成　郭小凌　崔　丹
校　　　者	刘北成
责 任 编 辑	康海源
特 约 编 辑	王小溪
装 帧 设 计	陈　婕
责 任 监 制	王　娟
出 版 发 行	江苏人民出版社
地　　　址	南京市湖南路1号A楼,邮编:210009
照　　　排	江苏凤凰制版有限公司
印　　　刷	江苏凤凰通达印刷有限公司
开　　　本	652毫米×960毫米　1/16
印　　　张	27.25　插页4
字　　　数	300千字
版　　　次	2025年9月第1版
印　　　次	2025年9月第1次印刷
标 准 书 号	ISBN 978-7-214-29278-0
定　　　价	78.00元

(江苏人民出版社图书凡印装错误可向承印厂调换)

序"海外中国研究丛书"

中国曾经遗忘过世界,但世界却并未因此而遗忘中国。令人嗟讶的是,20世纪60年代以后,就在中国越来越闭锁的同时,世界各国的中国研究却得到了越来越富于成果的发展。而到了中国门户重开的今天,这种发展就把国内学界逼到了如此的窘境:我们不仅必须放眼海外去认识世界,还必须放眼海外来重新认识中国;不仅必须向国内读者迻译海外的西学,还必须向他们系统地介绍海外的中学。

这个系列不可避免地会加深我们150年以来一直怀有的危机感和失落感,因为单是它的学术水准也足以提醒我们,中国文明在现时代所面对的绝不再是某个粗蛮不文的、很快就将被自己同化的、马背上的战胜者,而是一个高度发展了的、必将对自己的根本价值取向大大触动的文明。可正因为这样,借别人的眼光去获得自知之明,又正是摆在我们面前的紧迫历史使命,因为只要不跳出自家的文化圈子去透过强烈的反差反观自身,中华文明就找不到进入其现代形态的入口。

当然,既是本着这样的目的,我们就不能只从各家学说中筛选那些我们可以或者乐于接受的东西,否则我们的"筛子"本身就可能使读者失去选择、挑剔和批判的广阔天地。我们的译介毕竟还只是初步的尝试,而我们所努力去做的,毕竟也只是和读者一起去反复思索这些奉献给大家的东西。

刘　东

中译本前言

《同治中兴:中国保守主义的最后抵抗(1862—1874)》(以下简称《同治中兴》)是已故耶鲁大学教授芮玛丽(Mary Clalaugh Wright)一部有影响的著作。该书于1957年问世后,立即受到西方汉学家的注意,对它进行了评论;苏联的历史学家也作出反应,发表了批评文章。在美国大学里,它被指定为主修中国历史的大学生、研究生的必读参考书。可以说,《同治中兴》在美国的中国近现代史研究发展史上占有比较重要的地位。

由于这部著作受到学术界的重视和所产生的影响,也由于在它出版后的几年里又出现了一批重要的中国近代史的新研究成果,因此,芮玛丽对全书作了一次修订补充,于1962年仍由斯坦福大学出版社以第2版发行。现在呈献给读者的中文译本,即根据此版翻译。

"同治中兴"是中国近代史上的重要时期。在经过太平天国农民战争打击和英法联军的入侵之后,清王朝的统治已摇摇欲坠。但是,在中央和地方大员的努力下,也在西方列强的支持下,它重新站稳脚跟,并出现所谓"中兴"景象,使其统治又维持了半个世纪。在《同治中兴》问世以前,西方学者对"同治中兴"这段历史没有什么专门研究,芮玛丽的这部著作可以说是填补了这一空白。

在《同治中兴》中,作者详细叙述了清政府中央和地方大员为"中兴"所作的种种努力和实行的各种措施,其中包括军事、政治、经济、文化、教育、外交各个方面;阐释了"中兴"所依据的社会历史条件,揭示了"中兴几乎成功"的内在机制和最终失败的历史根由。总之,读者从这部著作中可以了解到国外关于"同治中兴"这段历史研究的一种有代表性的观点。

芮玛丽写这部书的目的,并不仅仅在于使读者认识"同治中兴"这段历史。她在谈到她的研究目的时说,她不赞成"砖瓦式"和"魔术式"的研究方法,认为"砖瓦式"研究方法"对某个历史时期的某个细微侧面大出特出",而"魔术式"研究方法"则是对中国长期稳定不变的原因作出洋洋大观的一揽子解释",都不能很好地解释中国近现代历史发展进程。为了避免这两种研究方法的片面性,她选择了"同治中兴"这段历史做个案研究,希望这一个案研究"有助于对中国近现代史的总体解释"。因此,她把"同治中兴"放在19世纪后半期和20世纪前半期中国从传统社会向现代社会转变这个大背景下进行考察,并注意分析那些对后来中国发展具有重要影响的因素,展现出广阔的历史视野。

在阐释中国近现代历史进程时,芮玛丽没有跳出西方流行的"冲击—回应"的理论模式。但是,她没有把研究重点放在西方冲击如何影响中国近现代历史发展方面,而是放在中国社会内部如何作出回应方面。她指出:一个社会,"当新的因素引入时,任何文化都会分解和重新整合。但是,在多数情况下,每一种文化都是吸收那些似乎相近的外来因素,并继续沿着其自身长期确定的利益所规定的路线发展"。这表明她除去注意"外因"的作用外,还力图从"内因"来解释中国近现代历史发展的进程,使其许多分析和议论不同于那些一味强调西方冲击影响的学者,而具有独到的见解。

芮玛丽在从"内因"来解释中国近现代社会发展进程时,十分强调儒家文化在其中的作用。她用了相当的篇幅来叙述和分析儒家文化如何影响并决定着"同治中兴"的中坚人物奕䜣、曾国藩、李鸿章等和社会精英——士绅们的生活、思想与行动,如何影响并决定了"中兴"的各种政策和措施,如何影响并决定了"中兴"的失败。其中的某些分析和议论,至今读来还对人有所启发。

但是,芮玛丽过分夸大了儒家文化对中国近现代历史发展的影响。她甚至说:"中国之所以不能成功地适应近代世界潮流,其障碍不是帝国主义的侵略,不是满人统治,不是官场的愚昧,更不是偶然的历史事件,而是儒家学说本身的基本构成因素。"这里的错误是明显的,除去为帝国主义侵略和清政府腐败统治辩护不说,它至少是陷入了文化决定论和历史宿命论。

芮玛丽把"同治中兴"这段历史概括为"中国保守派的最后反抗",其实就是说的中国儒家文化的最后的反抗。她认为,"同治中兴"就是那些深受儒家文化教育和影响的保守派"第一次试图在不对中国传统价值观和体现这种价值观的制度进行革命改造的条件下改善中国政府,使之在近现代世界中立于不败之地所做的努力"。这样来概括和解释"同治中兴"的历史,有它合理的一面,但毕竟是不全面的。在芮玛丽看来,深受儒家文化影响的中国是命定地不可能步入近现代社会的。因此,她对儒家文化同现代社会相冲突的一面揭露得颇为充分,但对它能够与现代社会相衔接的那些有活力的积极因素则完全忽视了。她也没有阐发在"同治中兴"时期出现的对中国近代社会发展产生了重大影响的新因素，没有给予新的生产方式和新阶级的出现以应有的注意，等等。

《同治中兴》还有这样那样一些错误和缺点，例如对曾国藩等人过分赞扬，对太平天国则肆意贬斥，特别是在最后一章"中兴的遗产"中，对国民党和共产党的论述更充满偏见。所有这些，相信读者自会辨识。

芮玛丽是美国著名的汉学家，研究中国近现代史，出生于1917年，1970年去世。她于1938年毕业于瓦萨学院，1951年获拉德克利夫学院博士学位。此后，即在大学历史系任教。1959年至去世，先后任耶鲁大学历史副教授和教授兼大学图书馆远东文献部顾问。其间，曾任1965年成立的清代研究会的领导人。芮玛丽于《同治中兴》之后出版的主要著作，有《中国历史和历史职业》《中国再次估价它的过去：中华人民共和国的历史著作》《革命中的中国：第一阶段，1900—1913年》等。

参加本书翻译的房德邻、郑师渠、郑大华、刘北成、郭小凌、崔丹等同志，是从事中国近代史和世界史研究的学者。其中房德邻同志在北京大学历史系工作，郑大华同志在中国社会科学院近代史研究所工作，其他几位都是北京师范大学历史系教师。本书的出版得到中国社会科学出版社的支持，在此表示感谢。*

龚书铎

2001 年 8 月

---

* 本书中译本首版由中国社会科学出版社在 2002 年 1 月出版。——编者注

英文版再版序言

在本书完成后几年之中,大约有十来项有关清代历史方面的重要研究成果相继问世。我从这些研究以及关于拙著的评论中获益匪浅。某些重要问题一直是专家研讨会上热烈讨论并通信交流的主要议题。因此,当斯坦福大学出版社要我修订本书并为再版作序言时,我原以为,我或多或少能利用序言提醒读者对我已发现的初版中的肤浅或错误之处加以注意。然而,当我再次重温这部著作时,令我自己也感到吃惊的是,它的主要思想似乎依然站得住脚。

我努力纠正了初版中的印刷错误和一些史实错误。例如:举行殿试的场所和文祥亡故的日期。在确定这些问题的准确性方面,我得到何炳棣教授、刘广京教授和孙任以都(E-tu Zen Sun)博士十分慷慨的帮助,他们每一个人都小心细致地反复核对这部著作,而按照常规,学者只有对待自己的作品才会持如此审慎的态度。斯坦福大学出版社的编辑贝尔先生一直异常热心,既注意这一修订版的要旨,又不忽视其细节。

何先生、刘先生、孙女士和格雷戈里先生提醒我,为了方便读者查阅,应该在我论述得比较简略而最近有详细研究成果问世的问题处加上脚注。再版增加的脚注被插入初版脚注中间,并用＊标明＊。文献目录没做任何增补。我不打算用近年来中国大陆和台湾出版的多卷本的中文档案集来填充新注释。这些原始资料中最重要的是《海防档》(九卷,1958年台北出版),以及《洋务运动》(八卷,1961年上海出版)。诚然,这些资料选辑十分重要,但是,在我所能够查阅的范围内,这些资料没有使赞同或反对这部书总论题的观点在分量上有所变化,因为这些资料选辑包含了同样类型的文件,有时是同一种文件,而那些文件我已从《实录》《东华录》《筹办夷务始末》以及当时中国重要人物的官方和个人书信文件集中征引过。

自本书初版于1957年问世以来,有关的评论、研讨和通信提出了一些重要问题。总体看来,这些问题我似乎已在初版中给予回答,但是也许还不够清楚。因此,在此对这些关键问题做一个简单的讨论,可能是有所裨益的。

太平天国起义。一些评论者指出,在我对太平天国起义的简短论述中,"对朝廷一方有明显的感情投入"。我认为在一部以清帝国努力重建中国的社会、文化和经济基础为主题的著作中,感情的投入不仅不可避免,而且十分必要。我因此被指责"对中国人民持有敌意"。然而,不管我们今天怎样评价太平天国起义,大量的证据表明,在中兴时代,中国人民是以惊恐和憎恨的心情来看待太平天国起义的。

对外关系。关于西方列强的合作政策是一个帝国主义阴谋

＊ 中译本的注释处理,见译后记。——译者注

的见解,迄今没有任何证据。在这方面,新的研究成果没有改变原有的基本内容,仅有一点细微的变化。英国政府采纳并支持了由卜鲁斯和阿礼国凭经验形成的一项政策;英国政府没有系统地阐述它。凡是熟知英国外交史的人都不会持相反看法,但是驻华公使的作用比七年以前我所了解的甚至更富有开拓性和重要性。在添加的注释中,我已表明赞同英国年轻学者们最近关于这一点的研究成果。

经济。由于采用新方法对已知的史料加以利用,以及最近中国出版了原始资料,最新的研究已毫无疑问地证明:整个清代商业活动的水平比以往估计的要高。然而,本书的论点——清政府坚持不懈地用道德原则限制商业,并卓有成效——得到了肯定。

中兴领导人物的品格。我对中兴领导人物高尚品质的赞美受到批评。争论的焦点是曾国藩。他已被中国大陆定论为"卖国贼和刽子手",台湾则至少有一位历史学家已献出一个曾氏私敌的日记。这部日记比曾氏任职时的文献记录更重要。日记表明他受到上级和部下的一致尊重,并受到了解他的外国人无可置疑的真诚赞誉。无疑,他在惩罚起义领导人物时过分严厉,这在拙著中已作了阐述。然而,我仍找不出理由改变我对这位人物的赞誉。

至于苏联《历史问题》杂志的断言,说我对中兴领导人物的尊重转移为对国民党的尊重,完全是一种荒唐的推理。

科举制度和社会流动。我们现在了解到,尽管有各种各样的努力,然而,通过科举向上升迁这一公认的途径,仍没能扩大到足以应付清初及清代中叶的人口爆炸。这一事实并非直接适用于同治时期,该阶段经历了人口的灾难性损失,并且特别广泛地增加了各级科举的地方名额。然而,官职的数量不是根据科举按比例地扩大;此外,日益明显的迹象是,新式军队中大量重要成员(虽然不是他们的领导)未经过科举的训练。因此,19世纪末叶在野的不安定的文人士子日渐增加和军队人员不断增多,而中兴的领导人一旦去世,地方上的文官权就会移交给后者。

究竟有没有一次中兴?本书的主要观点是,一个似乎已崩溃了的王朝和文明在19世纪60年代通过非凡人物的不寻常努力而得以复兴,以至于又延续了60年。后来的历史进程表明:始于太平天国时期的基本体制的变化是不可阻止的。显而易见的是,中兴失败后,军事和财政大权从正在瓦解的中央转移到地方。中华帝国在1870年后的痛苦历史非但没有证明"所谓的同治中兴从未出现",反而映衬出中兴十年间的巨大成功。同治时期是一幕悲剧,在胜利的时刻已经预示了崇高希望和巨大努力的最终失败。该时代的伟大人物在长长的阴影中目睹了胜利,而这便是他们所谓的中兴事业。

芮玛丽

1962年8月写于耶鲁大学

目 录

第一章　绪论　*1*

第二章　新纪元　*14*
  1859—1861 年的危机　*14*
  《天津条约》的批准　*18*
  恭亲王执政　*19*
  镇压载垣阴谋集团与恭亲王地位的巩固　*21*
  外国人对新秩序的反应　*24*

第三章　合作政策　*27*
  世界政治与中国内部发展的关系　*27*
  英国的作用　*31*
  其他列强的政策　*45*
  寓华外交官的中国化　*49*
  中国人对合作政策的反应　*55*
  小　结　*56*

第四章　中兴的思想　58

朝代循环中的中兴阶段　58

中国历史上的早期中兴　61

"中兴"一词对于同治时期的适用性　65

皇帝的作用　67

满人的利益与汉人的利益　68

地方主义与中央集权制　77

中兴思想的哲学基础　79

社会稳定性的思想　81

社会变化的观念　84

中兴的总纲　88

第五章　文官政府的恢复　91

人员的使用　91

中兴官僚的总特征　92

中兴的主要中央官员　94

中兴的主要地方官员　97

求　才　103

科举制的复兴　106

限制捐纳　113

甄汰官吏　116

打击腐败　118

回避制度　120

专才与全才　122

衙门胥吏　124

小　结　126

第六章 镇压叛乱 127
一个普遍性问题 127

镇压太平天国 130

镇压捻军 133

镇压西北回民起义 141

平定云南 148

平定地方叛乱 153

走向中兴的第一步 156

第七章 地方行政的重建 162
传统平衡的根源 162

恢复士绅的作用 164

恢复教育 168

讨好民众:社会福利政策 172

共同责任网 176

法律的作用 178

地方统治的基石:地方官 182

地方统治受到西方冲击 188

第八章 中国经济的恢复 191
传统经济学 191

咸丰年间(1851—1861年)的经济崩溃 195

总的经济复兴计划 198

土地政策 204

对传统商业的态度 215

发展经济的政策 224

财政机构 236

经济萧条的问题 244

第九章　自强运动 251
　　问题的范围 251
　　中兴前清朝的军事制度 252
　　地方军队的国家化 253
　　新的军事领导 255
　　有才能的中级军官的短缺 257
　　部队的士气与公众的支持 260
　　复兴绿营的失败 263
　　团　练 264
　　中央的军事管理 265
　　裁　军 267
　　武器的现代化 269
　　对外国军援的态度 275
　　小　结 283

第十章　中国外交体制的近代化 286
　　中国对外交关系的传统看法 286
　　总理衙门 290
　　在国际事务方面的"中兴人才" 294
　　中国接受条约制度 298
　　对俄缔约中的失策 301
　　国际法的引进 306
　　西学的增进 309
　　同文馆与中国教育的近代化 313
　　小　结 322

第十一章 功败垂成 325
　　签订平等条约的最初努力 325
　　利害相关的三方 328
　　外国人心目中的问题 329
　　外国人关于"复兴中国"的建议：威妥玛－赫德条陈 343
　　英国为修约所做的准备 350
　　中国为修约所做的准备 354
　　中国人眼里的争端 356
　　蒲安臣使团 361
　　修约谈判 363
　　《阿礼国协定》的条款 373
　　《阿礼国协定》被否决 378
　　"天津教案" 387
　　"中兴"的终结 391

第十二章 中兴的遗产 393

译后记 412

第一章 绪 论

没人怀疑中国数千年来一直是一个异常稳定和保守的国家，但是关于"中国保守主义"的各种不加界定的说法集中出现在多数有关中国近现代问题的讨论中。譬如，由于"保守势力"的强大，某种改革终未实现；外国列强为了维护现存秩序而支持"保守势力"，从而阻碍了进步并加剧了混乱；与表面迹象相反，中国依然存在着"潜在的保守主义"，如遇适当的鼓励，它会再度抬头；等等。

虽然"中国保守主义"不仅对研究近代中国，而且对比较政治研究都是很重要的课题，但是这个标签很容易被误解。如果"保守"是指"妥善地保存，防止伤害、腐烂或损失"，那么19至20世纪中华帝国的官吏和士人为维护儒家秩序所采取的一系列立场肯定是保守主义的，但是，其意义有别于西方近代的保守主义。

我们的政治术语"保守派"是在法国革命后由伯克的赞赏者们创造的。这些人力图保存启蒙运动前欧洲社会的基督教的、反理性主义的、贵族的和封建的世系。而中国的保守主义是在几十年后，在太平天国起义后独立形成的，其目的在于保存太平天国和鸦片战争前中国社会的儒教的、理性主义的、士绅的和非封建的世系。与中国的激进派不同，中国的保守派对西方的政治、哲学思想一直不感兴趣。①当他们最终对西方发生兴趣时,也完全遵循着"中学为体,西学为用"这一著名准则。②他们从未读过伯克的著作。

19世纪和20世纪西方保守主义的特点是,相信神的旨意支配历史,持有原罪观念,怀疑理性;相信"约定俗成与稳健的成见";信仰私有财产的神圣性;钟爱乡土生活方式,怀疑世界主义。相比之下,中国的保守主义则是捍卫理性的世界主义秩序,并在很大程度上捍卫西方保守主义者视若仇敌的"根本错觉",即认为人类历史是和谐而有理性的自然秩序的一部分,主张私有财产服从集体利益;相信人性本善,认为通过道德修养可达到尽善尽美;尊崇习俗,认为习俗不是理性的障碍,而是理性的体现,并坚持大一统国家的理想。

因此,欧洲保守主义与中国保守主义的共同点仅仅在于二者都有保守的意愿。这两种体系都尊崇固有的社会行为方式,都反对彻底的变革,都主张在充分考虑风俗习惯的前提下进行循序渐进的改良。对于中国的保守派而言,儒家的社会秩序、儒家的政治体制和儒家的伦理道德具有永恒的价值,放之四海而皆准。③它们是基本原则,稍加调整便能应对新环境,但从来不会被削弱或改变。

---

① 诚然,自1912年以后,中国的保守派由于受到强大的压力偶尔也力求用西方的权威来证明孔夫子的正确,但是这种可怜且可笑的做法完全不是出于对西方保守主义本身的兴趣。
② 19世纪90年代张之洞的《劝学篇》使这个准则开始得到广泛的传播。它在很大程度上成为20世纪中国人关于中国前途的辩论焦点。关于这种观点的起源和意义,见卫德明《内部的和外部的问题:儒家糅合诸说的一个尝试》,载《思想史杂志》,XII,1(1951年),第48—60页。
③ 历史上,儒家学说包括一些不同的、有时是相反的倾向。本书中所说的儒学是指体现在折中主义的新宋学复兴中的儒学,它自19世纪中叶起一直居于支配地位。

第一章 绪 论

中国近代的保守主义发端于19世纪中叶。如同中国多数历史时期的情况一样,儒学总是以某种形式支配着清代政治思想。儒学的支持者们只是在不得不抵抗太平天国起义和西方的影响以维护自己的地位之后,才成为名副其实的保守派。因为他们关于人类生活和人类社会的性质的基本命题第一次不再被视为不证自明的真理。他们日益被迫申辩自己的理论,并探索用新的方式来证实儒家学说在政府的实际事务中的价值。最后,在真正的儒家保守派与一系列机会主义者之间形成了一道鸿沟。前者珍视儒家秩序的内在本质,因而尊崇儒家秩序;后者要么把儒家遗产作为激发中国民族主义的手段,要么把它当作遮掩法西斯主义的面纱。由于在后者手中,儒学是一个粗钝无效的刺激手段或是一层难以遮羞的薄纱,因此成为一个笑柄。真正的儒家保守派的立场与之截然不同。①

近代儒学的基本教义是礼,即"社会习俗的准则"。儒家的世界模式是一种稳定而灵活的等级秩序,每个人都应据此了解自己的职责和权利,将它们视为理性的和普遍的自然秩序的一部分而予以接受。礼为人们在这种等级秩序中的行为提供了规范法和习惯法。在前后三代人的时间里,中国保守主义的首要目标一直是维护这种礼教,而中国激进主义的首要目标则是摧毁这种礼教。陈独秀终其一生都将礼教视为头号敌人。不论是在早年作为一名启蒙运动的自由主义者,还是在身为中国共产党的领导人期间,抑或是在与共产国际决裂后生命的最后十年,他都从未放弃对礼教的斗争。

---

① 在讨论中国近代政治思想时,人们一直把从曾国藩到陈立夫的各种反对西方自由主义和马克思主义的人混为一谈,从而造成了混乱。中国近代化反对者中间的差异同中国近代化支持者中间的差异一样,是十分重大的。

一个儒教社会必然是一个农业社会,商业、工业及任何形式的经济发展都是与该社会格格不入的。历史被视为在一个基本稳定的秩序中不断更新和调整的循环。在这种秩序中不可能形成根本性的冲突。通过妥协和退让解决小的冲突,从而便能达到完美和谐的目标。社会的精英是士人。他们指导社会生活并帮助维持社会本身的自然进程。他们顺其自然,无须创新。他们既不是狂热的宣传家、政治组织者、贵族、僧侣、富人,也不是任何行业的专家。他们是君子,即道德高尚、学识超群并训练有素的人,是人文主义者和保守主义者。正如中国一位重要的人类学家所描述的:

> 如果一个人完全通过人际关系来观察世界,他就可能成为一个守旧分子,因为在人际关系中最后的结局总是相互地调整。而一种经过调整的平衡只能建立在稳定不变的人与自然的关系上。然而,从纯技术的观点看,人对自然的控制几乎是没有任何限制的。如果强调技术的进步,人就会投入一场斗争,人对自然的控制就会日新月异。但是,这些技术进步则可能导致人与人之间的冲突。中国的知识分子是从人文主义的角度观察世界,由于他们缺乏技术知识,他们不可能赏识技术进步。而且他们认为,改变人际关系的愿望是毫无道理的。①

　　农民在中国保守派的观念中比在欧洲保守派的观念中具有重要得多的社会地位。首先,中国的保守派领袖们知道"农业是国家的基础"究竟意味着什么。农业的实际问题(经济问题和技

---

① 费孝通:《中国绅士》(芝加哥,1953年),第74页。

术问题），是一切政治家所关心的一个主要问题。而且，虽然他们是关心自身利益的地主，但是他们受到的教育使他们将农民的事情视为自身利益的一部分。儒家的政治家们不可能像西方的许多政治家那样，从事工商业，过着都市生活，忙于国际事务，同时津津乐道那些有关农家生活其乐融融、农夫自古聪慧狡黠的陈词滥调。其次，按照中国保守派的教义，农民是有理性的可教化的人。凡是按照公认的准则指导农民行为的教诲便是理性的训令，其上级的特权是建立在理性原则上的。农民的不满受到重视。军官不断地受到谨言慎行的告诫，以免给农民士兵提供嘲笑和议论的口实。地方官员经常接到命令，要求他们纠正种种弊政以制止百姓的流言蜚语。

中国农民被认为生性善良，而并非天生邪恶。也许是出于这个原因，中国的保守派完全没有困扰着西方保守派的那种对大众教育的恐惧。儒家在教育方面所受到的限制是经济方面的，即农民子弟很难从田间劳动中脱身。人们并不认为如果农民学会读书便会误入歧途。相反，人们认为，那样，农民将会更好地理解儒家教义并有助于宣传儒家学说。如果某个农民具有很强的能力，人们就充满信心地期待他成为一名官吏而不是成为一个异端。在理论上，如果他碰巧具有必要的个人能力，那么除了皇帝之外的任何最高官职都总是对他开放的，如果现有的皇帝违反了理性的道德原则从而丧失了以此为基础的统治权力，那么皇位本身也会向他开放。

中国保守派关于私有财产的观念与西方保守派的基本原则毫无共同之处。后者认为私有财产在某种意义上是神圣不可侵犯的。诚然，中国的绅士有土地方面的既得利益，也喜欢拥有财富。而且与欧洲的情况相同，私有财产和伴随而来的权力分散被视为制约专制皇帝恣意妄为的重要手段,因为如果皇帝的权力太大就可能被滥用。但是,在中国保守派看来,私有财产同其他事物一样,也是社会责任网络的一部分。它并不赋予人以"天赋权利"。如果私有财产助长了失业、物价上涨、食品短缺或引起民众不满,从而威胁了社会稳定,那么予以剥夺是正当的。

当然,在这动乱频仍的一百年间,虽然中国的保守主义竭力保存、调整和恢复儒家生活方式的基本要素,但是它的特征不是一成不变的。第一代保守派是平静的。他们确信儒家学说是普遍真理,它不仅会在中国继续流传,而且会逐渐在全世界流传和发扬光大。内忧外患迫使他们以在太平天国之前的著述中所罕见的敏锐来考察和重新阐述他们的立场,但是他们并不因此而产生自我怀疑。虽然他们在什么是实现共同坚持的目标的最佳方式上意见纷纷,但是他们无不受到大一统的儒家社会的传统价值观的激励,都将儒家学说视为人类共同的遗产和前途所在。

正如列文森出色地描述的那样,第二代保守派就不那么平静了。由于处境维艰、思想困惑,因此他们长期艰苦地寻求一种方式,力求将他们在感情上所依恋的儒家原则与他们既仇视又不得不承认其效力的欧洲观念调和起来。到了第三代,人们的思想分歧扩大了。如果说在第二代,自信已被困惑所取代,那么由于中国的继续衰落预示了亡国灭种的危险,困惑则被恐慌所取代。通往一个富强的新中国的正确途径是什么呢?极少数的激进派主张全盘抛弃儒家体系,而保守派则寄希望于儒教的复兴。

中国的第一代保守派比欧洲任何时候的保守派更自信,而且他们能够比西方世界曾经可能使用的方法更充分地检验他们的原则。而中国的第三代保守派则比欧洲任何时候的保守派更失魂落魄、萎靡不振,而且也确应如此。因为其他任何社会集团都不曾像他们那样仅仅在一代人的时间里不仅面对着生计和自尊的丧失，而且面对着一切道德和社会价值的丧失。他们视之为普遍真理的儒家原则不是那种可以由信徒恪守于内心中的宗教原则，而是在社会效用中才得以维系的社会原则。一旦它们成为珍藏品或受宠爱的"流亡者"，它们就会逐渐失去生气，被人遗忘。

在这种情况下，当代保守派的抗议呐喊一直显得那样刺耳而愚蠢，一份伟大而丰富的社会政治遗产最后被简化成了一条反共口号，对此人们几乎是毫不惊异的。在20世纪的西方，艺术中的创造性生命力一直是与社会政治的保守主义相联系，而不是与自由主义相联系。相反，在中国，杰出的艺术家和作家都摈弃儒家学说的仿制品而追随着自由主义和激进主义的政治理论家。当然，这种决裂还是不彻底的。人们所断然抛弃的东西并没有彻底死亡。

在一切社会研究中，时刻需要警惕两种倾向。一种是"砖瓦式"研究。这种方法缺乏想象力，使我们觉得一切现象都值得注意，对任何题目的合理研究都有助于人们的认识，一旦（经过几个世纪）将所有的砖瓦集中起来，它们就会自动形成一个设计精良的建筑物，而不会是一个碎石堆。另外一种倾向是"魔术式"研究，即认为我们可以完全致力于提出一般性命题和沉溺于抽象问题的讨论，认为具体现象过于纷繁、难以穷尽，处理具体资料是某种低级工作，只要我们用特殊方法将我们的结构草图加以放大，草图就会摇身而变成具体的研究。

在研究中国问题时，特别需要保持这种警惕。一方面，这个领域的研究既艰难又诱人，人们所知甚少，以致我们偶然碰到的片段似乎都值得注意。另一方面，这个领域又十分广阔，所提出的问题在理论和实践方面都极其重要，因此似乎有必要迅速地深入问题的实质,讨论一般意义上的中国农民、中国人的心态、中国的商业阶级、中国的保守主义、中国的革命、中国的现代化、中国的社会等。

有关中国的学术著作通常不是走向这个极端就是走向那个极端。有的是对某个历史时期的某个细微侧面大书特书,有的则是对中国长期稳定不变的原因作出洋洋大观的一揽子解释。当然对这两类研究不可完全忽视,但是对于许多最令人感兴趣的问题,这两种研究方法都是行不通的。讨论一般的术语,对研究中国近代保守主义是毫无裨益的,因为我们必须首先耐心地搞清楚保守派的领袖是哪些人,支持者是什么人,他们的社会目标是什么,他们在政治的各领域采取了或主张采取什么措施,其结果如何。这些问题看上去可能是具体而有限的,但是不论涉及哪一段时间,其答案都会牵涉那段时间的整个中国社会的横断面。当我们从整体上来解释中国近代的保守主义时,寻找某一时期中国保守派的特征就会变得更为复杂困难。基于这些原因,我选择对19世纪60年代的同治中兴①进行一项个案研究,因为其范围比较易于驾驭,而其内容又比较丰富,足以说明一般性问题。

1860年,中华帝国和中国的传统秩序似乎已濒于崩溃。面对着国内革命和外国侵略,帝国政府似乎已失魂落魄,陷于绝望。已持续10年之久的太平天国起义打乱了最富庶、人口最稠密的

---

① 同治年间(1862—1874年)在正史上被视为一次中兴。我采纳了这个传统的名称,但不完全赞同传统的分期断限。同治皇帝登基和驾崩的时间并不能准确地界定历史进程中的中兴阶段的起讫时间。中兴开始的标志是,1860年《北京条约》的签订、1861年恭亲王掌握实权和总理衙门建立、同一年晚些时候太平天国起义因安庆失陷而形势逆转以及在中央和地方出现一批新的行政与军事领导人。中兴结束的标志是,1870年天津教案和《阿礼国协定》的被否决以及其后几年间曾国藩和文祥去世,首次对日割地和慈禧太后权力日益增长。

省份的生活。1860年,处于后期振兴阶段的太平天国起义已横扫华北平原,直接威胁着帝国首都。与此同时,英法海军冲破中国人颇为得意的大沽口防御工事,少量的外国军队便击败了由最负盛名的将领蒙古亲王僧格林沁统率的最精良的帝国军队。野蛮的外邦军人横行于首都的街道,宏伟壮丽的避暑行宫圆明园付之一炬。皇帝公开承认彻底绝望,他带着朝廷逃到热河。翌年,他死在那里,从而恰如其分地结束了中国历史上若干个最令人伤感的十年中的一个十年。

当时人们普遍认为,清王朝已摇摇欲坠,混乱的时期已近在眼前。根据中国人的一种观点,这种命运不仅是不可避免的,而且是理所当然的,除非清廷和中国统治阶级自己能创造一个奇迹,即镇压革命、遏止外来侵略和重建内部秩序。问题的解决不仅仅需要在这最后的危急关头按照传统路线恢复一种强劲有效的统治,而且需要创造一种新的政策,这种新政策必须能够遏止近代的内忧外患,同时又能维护儒家社会及其意识形态。

在19世纪60年代,这种奇迹似乎已接近实现了。50年代咸丰年间的衰败与60年代同治中兴之间的反差是极其明显的。满汉上层真正团结一致地集合在不久前已威信扫地的朝廷周围。具有杰出才能的人担任了政府的主要职务。1864年太平天国都城南京的收复标志着唯一能够危及国家生存的起义的结束。捻军、回民及其他规模较小的起义和起事也先后被平定。军队的规模逐渐受到削减,战斗力却得到提高。土地税率被降低了,政府的总收入却增加了。一些新开放的土地吸引了垦殖者,饱经战乱的地区也得到了迅速的恢复。行政机构的准则重新确立起来,学术再度出现繁荣。在控制中国日益增长的对外贸易的竞争中,中国商人已赶上外国商人,而在沿海贸易方面则超过了外国商人。

同治中兴:中国保守主义的最后抵抗(1862—1874)

外国军队撤走了,外来的压迫和干涉比整个近代中国对外关系史上的任何其他时期都要少。中兴的政治家们成功地把一个近代外事机构——总理衙门嫁接到古老的官僚体制上。在一次历时几个月的交涉中,总理衙门大臣成功地利用条约款项和国际法来为中国牟利,此事标志着他们已成为熟练的外交家。他们认识到中国既不能孤立于近代西方国家之外,也不能将西方国家纳入基于"中央王国"的统一道德统治的朝贡体制。他们开始阅读外国书籍,了解世界新闻,创办教授西方语言和科学的学校。中兴的十年恰恰是西方内部反对帝国主义的高潮期。西方政府为在中国发生的各种事件而大伤脑筋,因此愿意支持和维护中国政府进行保守主义重建的努力。

对同治中兴进行个案研究有下述三个主要原因。①

(1)这项研究将有助于对中国近现代史的总体解释。同治中兴是中国历史上最后一次中兴,同时也是第一次试图在不对中国传统价值观和体现这些价值观的制度进行革命改造的条件下改善中国政府、使之在近代世界中立于不败之地的努力。它也是一系列努力中最接近成功的一次。但是,在中国,对这段历史时期的评价一直有很大的争议,而在西方,这个课题实际上尚无人问津。

(2)作为一项断代研究将有助于政治社会比较研究。同治中兴可能是历史上最有计划性、最始终如一、历史资料最充分的一次保守派改革。它在每一点上都可以与欧洲保守派的运动和意识形态相比较。

---

① 此外,还有一个似乎是十分合理的传统史学研究目的,即对鲜为人知的历史时代的资料加以考订,以便更全面更准确地描述历史过程及其原因,更客观地评价褒贬不一的社会集团的历史地位。

(3)对这一段历史的理解将有助于理解20世纪的重大问题。历史是不会重演的。本书也不是供政策制定者们阅读的简报。但是,正如拉尔夫·林顿所指出的,"历史的水流是在两岸之间流动的",它可能会改变河道,但它不能任意泛滥。当新的因素引入时,任何文化都会分解和重新整合,但是,在多数情况下,每一种文化都是吸收那些似乎相近的外来因素,排斥那些似乎相异的因素,并继续沿着其自身长期确立的利益所规定的路线发展。那种认为中国对新因素有免疫力的说法固然纯属无稽之谈,而那种认为新因素是在一块白板上发展的说法也是错误的。

许多美国人的注意力最近一直集中于中国舞台上出现的新因素,几乎无人重视规定着中国历史近期水流方向的河岸的构造,无人重视政治行为的既定模式。在东西方之间的危机中,中国共产党的作用愈益突出。本书并不提供解决东西方危机的方案。但是,如果本书中的发现是正确的,那么这些发现可能会引出一些极其现实的且迄今尚未被提出的问题。

让我来举例说明。人们经常听到这种说法:中国社会过去基本上是健全的,它之所以濒于崩溃是因为中国在19世纪对付西方在外交、军事和商业方面的挑战中遭到了失败,而这种失败则是由于满人和帝国主义的统治阻碍了中国在这些方面的发展。如果这种对中国19世纪历史的解释是正确的,那么纠正错误和创建一个强大、稳定、独立的中国的途径便是,集中力量建设一支装备精良的中国国民军,鼓励西方化的中国商人阶级发展,由外国列强支持一个保守的中国政府。按照这种解释,虽然中国的民族主义是十分重要的,但是社会革命对于现代化和"自强"不仅毫无必要,而且完全是一种障碍。

但是,这种对19世纪中国历史的解释能站得住脚吗?本书的个案研究恰恰提出了一系列截然相反的结论。

(1)中国最初曾经相对成功地处理了近代外交、军事和商业方面的问题。在这三个领域里,同治时期的中国人是极其成功的,而不是毫无成效的。

(2)中兴失败的原因是现代化的要求与儒家社会追求稳定的要求水火不容。

(3)近代中国曾经在极其有利的条件下进行了保守主义的试验。

虽然其成就十分辉煌,但其最终归于失败。中国之所以不能成功地适应近代世界潮流,其障碍不是帝国主义的侵略,不是满人统治,不是官场的愚昧,更不是偶然的历史事件,而是儒家学说体系本身的基本构成因素。

在19世纪60年代,西方列强并不认为他们所支持的中兴保守主义肯定会成功,因为他们认为,当太平天国起义遭到镇压时,"中国在一个民族往往只有借助内战和革命才能实现的革新和突变的过程中受到阻遏"[①]。为了实现中兴的成功,任何努力都是值得的,否则,要么就会有一场规模空前的革命,要么就是衰落式微,最后屈从于外国的征服。这里不仅关系到中国的前途,而且关系到享有在华利益的列强的未来安全。英国公使报告说:

> 对变革和引进全面大规模改革这一问题,西方列强既寄予希望又怀有恐惧。这个问题无疑也与(中华)帝国及其占世界三分之一的人口的未来命运相联系。……现在必须作出决定,这个千疮百孔、老态龙钟的政治体制是否能经历一

[①] 1867年12月23日《阿礼国致斯丹莱》,见《英国议会档案》,《中国卷》第5号(1871年),第83页。

次复兴,获得一种新的适应近代要求和西方文明的生命力;或者它是否应该在一种解体和衰落的过程中逐渐地但彻底地毁灭,包括它在帝国内外的一切影响的消除。①

下面将论述在1860年到1870年间对这一问题所作的抉择。

---

① 1867年12月23日《阿礼国致斯丹莱》,见《英国议会档案》,《中国卷》第5号(1871年),第83页。

第二章　新纪元

1859—1861 年的危机

中国政府自 18 世纪末叶起逐渐变得更加衰落、更加腐败无能。晚清的历史基本上是一部内外交困、战乱频仍的历史,甚至在 1850 年之前就几乎已经毫无希望了。在 19 世纪 50 年代,这种崩溃的趋势迅猛发展,旧秩序的末日似乎即将来临。

1850 年咸丰皇帝即位,几个月后广西便爆发了太平天国起义。政府十分软弱,不能采取有效措施去制止这场起义。到 1853 年,太平军已占据了华南和华中大部分地区,并占领了南京这一重要城市,他们控制该城长达 11 年之久。在清朝将领中几乎寻觅不到可委以重任的将才,军队发不出饷银,士气低落,开小差现象严重,还经常倒戈加入起义队伍。清帝国岌岌可危,绝非言过其实。

到 1859—1861 年,摇摇欲坠的政府面临着内外祸患,看起来几乎无法生存下去。这正是太平天国起义者夺取全国权力的关键年月。清朝一位主要军官——胡林翼在安徽西部和起义将领陈玉成僵持不下;曾国藩被太平军最伟大的战略家李秀成逼到安徽的祁门,直到最后一刻才被左宗棠解围。一种毁灭的意识实际

第二章 新纪元

上贯穿在当时所有中国人和外国人的评论中；1860年1月在上海出版的《北华捷报》的一篇社论就代表了这种普遍的观点：

> 这场重大的起义，就像一个值得夸耀的肉体上的旧痈疽一样不可愈合，如果盛行的传闻可作为一个线索，那么事态会继续恶化。……额尔金勋爵谈到中国人时所说的"他们那个衰落文明已千疮百孔、腐朽不堪"。这句话，被一些上等人看作刺耳的过激之词。虽然情况可能一直如此，但这句话依然是相当真实的。政府的古老基础完全腐烂了；其等级和秩序被打破了；其豪华的装饰品正成为破烂。它不是吞噬这个国家的唯一的食尸鬼。天灾人祸，纷至沓来，腐败丛生，积弊日甚；没人能说出何时才会有一个结局，其结果又会如何。

这几年也是外国列强在中国扩张的危机年代。始于1856年的亚罗号战争以1858年的《天津条约》为结局。该条约大大增加了外国人的在华特权。翌年，朝廷拒绝批准。因无知和傲慢而自信的朝廷在同英国的一场战斗中把其国家的生存作为赌注。尽管英国人在1859年遭到伏击而导致大沽口之战的失败，但他们仍准备不考虑这一事件，与被他们视为中国政府中的非顽固派谈判。但是，此刻所谓的"主战派"控制了中国的政策。该派由咸丰帝本人领导，由顽固分子满族亲王载垣、端华、肃顺和其他人组成。这些人于1860年夏末再一次促使以武力同英国一决雌雄。在这场战斗中中国失败了。虽然1859年僧格林沁成功地击溃了为确保1858年条约的批准而出现在大沽口的小股英法联军，但是，他不能抵挡住1860年增援的英法远征军。天津港陷落了，他撤退到位于北京郊区的通州。

因为满族政治家文祥不久后成为同治中兴时期新的对外政

策的主要倡导者之一,所以他的关于政府陷入混乱的叙述具有特别的重要性。虽然两年前,即1858年英法联军袭击大沽口时,北京就已宣布过戒严令,但是1860年的恐慌远远超过了1858年的惊恐——1858年的惊恐已经由于外国军队的撤退而得以平息。文祥有一段著名的描述,其中几乎毫不掩饰朝廷内部的派系斗争,他写道:

> 京师又戒严,人心震动,任京职者纷纷走避。较癸丑年尤甚。①……事愈急,有请上巡幸木兰者。予恐摇动人心,有碍大局,且塞外无险可扼。
>
> 我能往,彼亦能往,力持不可,冒死叩留。
>
> 上意稍定,寻复为先入者所摇。予急而请见,蒙独对,切言所以不可轻动之故。
>
> 上颇悟。退,复与同人递奏片,详细开陈利害,以坚上意。始奉谕旨,励军剿敌,宣示中外,朝野相庆。未几,敌烽相逼近,言者遽仓皇入,以危言耸听,遂于八月初八日请上启銮。留予署步军统领,另派王大臣办理留京守城各事宜。
>
> 谕令予随同恭亲王在城外办理抚局,勿庸驻城内。然斯时人心惶惑,实任提督及右翼总兵均随扈行,予一人兼提督总兵之职,责任地方,不能不入城以定人心。
>
> 送驾后,与恭邸布置稍定,酉刻赶即入城。登朝阳门阅视,始知守城兵已数日未领口粮,且守具毫不足恃,势将瓦解。事急不及奏请,只好开仓库、散放钱米(嗣补行奏明)。②
>
> 迄至半夜,在僻巷里的骚扰和洗劫已经平息,此刻百姓比较

---

① 这句系指1853年因太平天国起义者占领南京而产生的大恐慌。
② 文祥:《文文忠公自订年谱》上册,第32—33页。

安心地回家了。文祥叙述的确切性得到了董恂的进一步证实,董恂是后来出任军机大臣、大学士及总理衙门大臣的一位领导人物,也是企图阻止皇帝一行人逃往热河那一集团中的一员。①

据美国公使华若翰说,由于86000名无军饷、无纪律的军队在北京城内游荡,该城已濒临一场革命的边缘。在华若翰看来,局势十分不稳定,致使全面的混乱几乎肯定会随着外国武装部队的入侵接踵而至。

> 现在只有一个令人满意地扭转目前窘境的希望,即在大沽口陷落后,中国人可能会妥协。我相信:英法联军向该国内部的一次挺进必将造成各方的灾难性后果。②

中国人不投降,联军的远征军就继续向北京进发。外国军队的出现和朝廷的逃亡深深地扰乱了直隶沿海地区的百姓生活,然而,人们所担忧的总崩溃却没有随之而来。虚弱无能的朝廷和顽固的"主战派"撤退到热河标志着中国对外关系行动上的一个转折点。先前一直力主温和及合作政策的官员们现在占了上风,他们在国家的实际领导人——恭亲王的领导下,计划制定新的国家政策。

在传统中国政治理论中,任何灾难,无论是战争失败还是久旱不雨,都被看成是由错误的政府政策破坏了自然和谐的一种信号。当一场灾难发生时,皇帝和所有官吏都应该查找自身的错误并加以纠正。取代丧失信誉者的新上任者通常有义务通过改变错误的政策而恢复局势。因此,像1860年10月北京被占领这样的一场大灾难,为重新反思对外事务提供了强烈的刺激。就此例

---

① 董恂:《还读我书室老人手订年谱》第1卷(1892年),第30页。
② 1860年6月29日《华若翰致卡斯》,见《美国对华事务档案原稿》,急件,第19号。

而言,这种反映既具有戏剧性又具有严肃的建设性。

恭亲王在1858年和1859年一直认为:在对待西方的政策上无须任何改变。1860年的事件给了他及其助手——文祥两个重大教训:其一是外国人太强大了,不可战胜;其二是他们遵守正式条约的条款。中央的恭亲王和文祥及地方上的曾国藩、左宗棠和李鸿章这五位人物通过外交途径,而更主要是借助"自强"新政,领导中国首次努力去适应近代的局势。

《天津条约》的批准

1860年9月21日是僧格林沁部队遭受决定性失败的日子。当天,恭亲王受命接替丧失信誉的谈判者——载垣和穆荫。在9月23日和27日致全权公使额尔金勋爵的照会中,恭亲王满足了英国的诸多要求。据报道,他的言辞既谦恭又具有调和意味。

9月26日,恭亲王任命的新的谈判代表之一恒祺拜访了巴夏礼,巴夏礼一直担任额尔金的助手和翻译,他是联军中被俘虏的人物之一,仍被中国扣为人质。据巴夏礼讲,恒祺告诉他军机处一直认为与外国人谈判是毫无用处的,因为外国人会不断提出额外要求;还告诉他联军进攻北京做了对朝廷内部的顽固抵抗派有利的事。但是恒祺说,恭亲王渴望试用一种新政策。①

---

① 《巴夏礼致额尔金函》,见《英国对华事务往来函电,1859—1860年》,第236页。(英人索巴夏礼,攻城甚急。时议论蜂起。)恭亲王号召朝着缓和方向变化时,其他人则力主朝着更大规模的交战方向变化:或请召曾国藩和胡林翼的南兵入援,或欲往西秦迁[刘法曾:《清史纂要》(上海,1914年),第116页]。关于恭亲王不陪同朝廷迁往热河一事的重要性,见高第《1860—1900年中国与西方列强关系史》第1卷,第43页。

恭亲王在9月28日给巴夏礼捎口信说："主战派"①的政策已经被抛弃了，今后外国人将会受到礼貌而公正的待遇。9月30日就有成筐的水果随后送到。

10月24日《中英天津条约》终于得到批准，补充性的《北京条约》也被签署。法国特使葛罗为第二天签订的《中法北京条约》以及互换批准的1858年《中法天津条约》的情况留下了一个生动的描述。法国方面决定避免采取他们误以为额尔金所采取的冷漠和粗鲁态度，因此表现得极其热情友好。成群好奇的中国人观看到了一支胜利行进的队伍，各方代表都在举行签字仪式的礼部发表了热情洋溢的演说。

11月5日外国军队从北京撤到天津。不久，他们就离开了中国。

恭亲王执政

由于恭亲王被认为是在有史以来中国政府所面临的最严重的危急时刻成为实际的国家首脑，并度过了危机，因此他就占据了一个强有力的政治地位。为了巩固地位，他首先必须证明他处理夷务的方法是行之有效的，其次他必须运用策略战胜强大的国内反对派。他首先处理外交问题是因为国难当头，刻不容缓，还

---

① 最近日本的研究已经说明西方外交官把僧格林沁和"主战派"连在一起是错误的。据东京都立大学坂野正高教授的说法，他已经准备了一部论述这些年中国外交的专著，在此阶段，僧格林沁不是反对议和的顽固分子的一员。虽然他和恭亲王的"主和派"不联合，然而他的观点是截然不同于载垣集团的观点的；他应是一位严格的军事人物，从西方的观点看，他具有好战性，但是他也清醒地了解西方军队的实力与清军的虚弱。宫崎市定教授在《从中文史料看英法联军入侵北京事件——特别是主战论和主和论》[引自《东亚研究所报》第24号(1943年10月)，第852—854页]一文中已提出一个类似的说法。

由于其反对势力当时正在热河，而不在北京，由于必须在朝廷内部摊牌之前证明其政策的可行性，此时，国内的根本重建任务尚不能提到日程上。

对于中兴大业来说，幸运的是，恭亲王轻而易举地赢得了西方列强的通力合作；法国、英国、美国和俄国竞相表示各自的热忱。但是，由于英国在远东占绝对优势，因此英国的合作具有真正的决定性意义。如果恭亲王要巩固自己掌握国内政治的地位，那么只要得到英国的支持，他就有了他所需要的绝大部分东西。

恭亲王从一开始就受到英国非同寻常的青睐。英国错误地把僧格林沁当成一名代人受罚者，同样错误地倾向于相信：所有高级文官，甚至像穆荫和载垣这类人基本上怀有和平意愿。幸运的是他们对恭亲王的估计已被证明是正确的。恭亲王身为皇上的弟弟，享有极高的威望，每逢与外国人打交道，他都表现得礼貌得体、才智敏捷，并对新条约中中国的义务表示一种现实的接受态度。（在1860年以前，恭亲王在任何方面都不引人注目；在1860年后的数十年，他所表现出的才能使他在中国历史上占有了一席重要的地位。由一位传统的满族亲王到一名杰出的中国政治家的这种质变，是危机时代人才展露的一个显著例子。）

恭亲王处理颁布新条约事宜果断而有力的态度消除了额尔金的疑虑；条约的全文不仅公布在《京报》上，而且还在京城各显著地点张贴布告，人们纷纷集聚在一起读布告。额尔金充满希望地认为，只要恭亲王在位，良好的关系就会继续下去。法国特使葛罗同样信任恭亲王并认为这种中西谈判中语气方面的迅速变化是"外交史上没有先例的"。甚至通商口岸的"中国通"也受到这种崭新而乐观的气氛的感染。①

镇压载垣阴谋集团与恭亲王地位的巩固

新政的首次考验是随着 1861 年 8 月 22 日仍在热河的咸丰帝驾崩而开始的。为了选择辅佐幼君同治帝的摄政者,以两宫太后及恭亲王为一方,由反恭亲王的载垣、端华、穆荫、肃顺等领导的最强大的反对派集团为另一方,提前展开了一场戏剧性的权力之争。

载垣集团成功地制造了一份咸丰帝的所谓临终上谕,据此由载垣集团的成员组成了一个摄政团。② 咸丰帝弥留之际把御前大臣载垣、端华、景寿和肃顺以及军机大臣穆荫、匡源、杜翰和焦祐瀛召集到床前,他们八人同受顾命为赞襄政务王大臣;翌日咸丰帝驾崩了。8 月 23 日尊皇后钮祜禄氏及小皇帝生母懿贵妃那拉氏为皇太后,徽号分别为慈安皇太后和慈禧皇太后。

---

① 在"新年号"颁布后的数日,反映在华洋人的非官方观点的《北华捷报》一如既往,继续宣称中国政府濒临末日:"关于清王朝覆灭的思想并非无稽之谈。英法联军正在加紧促成它的灭亡,这种情况可能在很大程度上违背了高级指挥官的意志。……让我们从头至尾地观察一下这个帝国,试着在其政府身上,在整个国家的道德领域中发现哪怕是一处光辉灿烂之点,一处没有玷污和彻底腐烂之点……但是变化即将来临。……任何条约或者是修修补补都不能使它有任何改善——它的垮台仅仅是个时间问题,迟早必将来临。"(见《北华捷报》1860 年 11 月 30 日;又见《北华捷报》1860 年 10 月 6 日)
　　在不足一个月后的 1860 年 12 月 1 日,甚至《北华捷报》也不得不承认:已经来临的变化与长期以来驻华洋人普遍的预见截然不同:"北京的政治态势已经有了好转,恭亲王在 10 月 24 日条约批准文件的互换签字仪式上面部阴沉,心事重重,现在他已容光焕发,并表现出与我们保持友好关系的渴望。……(恭亲王已和外国公使互访,国际关系的整个气氛已经改观了。)"
② 1861 年 8 月 23 日的《京报》登载了这一上谕,这个文献的可靠性从未得到进一步的证实。1861 年 9 月 1 日发表了第二道上谕(《清史稿·本纪》第 21 卷,第 1 页)。

21

与此同时,在热河和北京,朝廷内部展开了一场错综复杂的权力之争。新皇帝的生母——年轻的慈禧太后已经成功地获取皇帝御玺,没有御玺,新的摄政集团就不能发布有效的上谕。在反对载垣的势力的支持下,慈禧和慈安太后驰往北京,把新的摄政团远远抛在后面,摄政团被迫依照清朝祖训跟随在徐徐行进的皇帝灵柩之后。

恭亲王和两宫皇太后的支持者们采取迅捷的行动,纷纷呈递奏折祈求二位皇太后在恭亲王的辅佐下垂帘听政。其中有大学士贾桢和周祖培、御史董元醇及皖豫督师胜保等高级官员。于是,采取果断行动的时机到了。1861年11月2日根据两宫皇太后向内阁下达的敕令,载垣集团被逐出政治舞台。肃顺、载垣和端华均被革职,他们的支持者中有五位被逐出军机处。敕令要求进一步调查这一阴谋集团。

11月8日肃顺被判为斩立决,身为帝国亲王的端华和载垣均被赐令自尽。其后裔随即遭到严重的削爵。他们的罪名被定为"谋危社稷"(大逆),在宣布判决的上谕中还包括一项关于处理对外事务失误的指控。在清朝法典中,"谋危社稷"是"十恶"之一,仅次于"造反",是不孝、不忠、不仁、不义,为天地所不容,是不可宽宥、不可弥补的罪行。

虽然11月9日的上谕下令罢黜半打以上的高级官员,但同时又下令"尔诸臣亦毋须再以查办奸党等事纷纷陈请……"政治迫害将立即终止,宽大为怀,既往不咎。① 这种温和的决定具有很大的政治意义,因为中兴的成功将取决于整个满汉官僚阶层消弭派系分野,和衷共济。反对派的领袖已受到惩治,其追随者就

---

① 《清实录》(同治朝)第6卷,第23—26页。

可能改邪归正。

与此同时,新人物立即取代阴谋者。11月2日上层官员奏请两宫皇太后亲理朝政,并择一近支亲王辅佐朝政。恭亲王随即被任命为"政府行政顾问"(议政王),而且他和其他四位新成员被任命为军机处行走。最初宣布的新年号是通常表示吉利的"祺祥",后又改为"同治"①,第二年生效。各个行政部门受命恪尽职守。同治帝在太和殿登基,并发布一项大赦令。中兴事业由此正式开始。

普遍的舆论不会在一夜之间由悲观失望变为信心十足,在传统中国,某种转变也许会十分缓慢。然而,到1862年,中央和地方政府在国内外事务方面都取得了显著的成功,时代的氛围已与1860年迥然有异。② 随着外国军队的撤退和1861年1月总理衙门的设立,对外关系看来已趋于稳定;1861年9月安庆的收复标志着太平天国起义的浪潮发生了逆转;1861年11月实行新政策并享有巨大声望的新政府取代了有耻辱政绩、声名狼藉的残存者。精明的地方大员一听说中央权力的更迭,就立即意识到这在政策上意味着什么。赫德记载了湖广总督官文的情况。当时赫德告诉官文,恭亲王一派在北京已取代了肃顺集团。官文的态度迅速发生变化。

在公共生活的每一个领域,新政府的举措都依照着众所周知

---

① 据威妥玛说,文祥告诉他,"同治"这个年号出自中国历史典籍《尚书》的"同归于治"。根据上下文,其意思是,"由于中国各地烽烟四起,建立良好的秩序和整顿社会已成为当务之急,官员和百姓都渴望'同归于治',即恢复天下大治。这就是'同治'这两个字的意思。这是在研究了历史,发现了某些与现在相反的情况后,才决定选择'同治'二字"。见1861年11月5日《卜鲁斯致罗素》的附文,引自《美国外交部档案原稿》第17组有关中国交涉文件第357卷。又见芮玛丽的《何为年号?》一文,引自《亚洲研究杂志》第18卷,1958年第1期,第103—106页。
② 在上谕和奏折、信函及日记、公开的文件等中均体现了感情和语气上的变化。

的一次"中兴"的模式。所谓"中兴"是指阻止一个王朝的衰落并使之暂时得以复兴的一段历史时期。当时的种种迹象,无论政治上的还是天文上的,①都使人确信由满族统治的一个中兴的孔教国家能够重新承担起政府的职责。

外国人对新秩序的反应

甚至在两宫皇太后垂帘听政之前,多数寓华外国人虽然不大情愿但也逐渐认识到,他们的利益与令人厌恶的中央政府是一致的。正如《北华捷报》所表述的:

> 诚然,清王朝并非一个理想的政府,但是它是现有管理得最好的政权。如果外国政府是明智的,就必须容忍清王朝的弱点,并帮助它纠正自己的缺点,直到出现一个更好的政府取代它。

随着对载垣阴谋集团的镇压和同治改元的开始,这种不情愿的容忍很快就变为对表面上焕然一新的秩序的热情支持。洋人们赞扬皇太后慈安美丽端庄、沉着勇敢、精明能干、对外亲善;对恭亲王的评论甚至比以前更高。中国的历史是值得称道的,而它的未来更是光明的。到1862年5月,《北华捷报》评论说:

> 中国目前正经历着在内外事务方面进行变革的阵痛,这十分可能成为中国未来的一个转折点……这个国家地大物

---

① 因为中国社会信仰宇宙的和谐、自然现象与社会现象的内在因果联系,所以1861年秋季官方记录的自然吉祥之象(见《皇朝续文献通考》,第10489页)意味着政治成就得到承认。关于19世纪60年代自然现象与政治的关系,见第十章关于同文馆的讨论。

博、人民勤劳节俭,只要政府强大,既有力量制止内乱,又能维护和平,就会成为一个繁荣强大的国家。

甚至在这些对中国抱有好感的时刻,即寓华外国人普遍对中兴满怀热望的时候,他们也普遍认为:中国政府新生的程度将取决于它接受外国的指导和默认19世纪自由主义原则的程度。① 然而,很快显露出的迹象表明,一个中兴的儒教国家不会鼓励发展西方的政治和经济制度;相反,它根据自身的基本目标必然要压制任何处于萌芽状态的西化倾向。同样清楚的是,任何斯文的外国指导都不能引导一个儒教国家沿着和平之路转变为一个独立自主的现代国家,因为没有这样的道路。一场中国革命能够使这个儒教世界转变为现代世界,但是在太平天国起义后的半个世纪中没有任何夺取政权的革命。虽然外国列强能够促成一场革命,但没这样做。

当最初的热情消退后,情况变得更清晰了。许多外国商人和传教士得出的结论是,如果中国的中兴最终不能达到西方的要求,那么西方列强最后将不得不征服并统治中国。但是19世纪60年代的外国政府持有另一种迥然有别的观点,即革命和征服都是令人深恶痛绝的,要尽一切努力回避二者。他们只能寄希望于中兴获得成功,希望一种为西方世界所接受的、从中兴的中国保守主义中产生的政策能逐渐发展起来。甚至在他们最悲观的时刻,他们仍不得不把其政策建立于这种可能性之上,即从长远的观点看,中国社会的复原能力终将会得到证实:尽管这种可能

---

① 例如:"外国的影响在中国百姓和政府中缓慢地但实实在在地扩大着……从各方面都可以看到,东方的偏见和排外主义正在让位给西方的文明,通过外国的影响,现行的管理已播下了未来更佳秩序的种子。"(见《北华捷报》1862年3月1日)

性十分渺茫,但这是避免征服和革命的唯一出路。

当然,19世纪60年代西方列强的对华政策并非"同治中兴"的一个组成部分。但正是由于有这样的政策,中国政府在19世纪60年代能够在没有外来压迫的情况下自由支配自己的命运。在这十年间,外国列强控制着缰绳,让中国人自己来解决中国历史的命运问题。作为外部条件,西方的"合作政策"对于这一段历史而言是极其重要的,因此,在探讨中兴本身的各个侧面之前,我们需要对这一政策加以比较详尽的考察。

第三章　合作政策

世界政治与中国内部发展的关系

20世纪的中国学者,不论持何种政治观点,都倾向于认为,中国之所以未能适应现代世界,西方帝国主义难辞其咎。他们中的真正保守派认为,能够为因循守旧的近代中国提供一个坚实基础的中国古代文明被外国人无情地摧毁了,这些外国人仇视他们所不能理解的东西。代表新的商业和其他行业阶层的民族主义者以及马克思主义者则从另一个角度指责西方,他们认为,传统社会内部新生的中国资本主义被帝国主义列强扼杀了,帝国主义列强决定不惜任何代价阻止中国在经济上变得强大,以防其同西方在商业和工业上展开平等的竞争。

要掩饰西方在华特权的全部卑鄙记录的任何努力都会是愚蠢的举动。当然,一个衰弱而驯顺的中国一直是某些时期的某些政府和所有时期的某些私人集团所追求的目标。然而,可以证明,在19世纪60年代这一关键性发展时期,英国政府自身所采取的并迫使其他列强遵守的是一项不干涉且有节制的合作的基本政策;与此同时,外国私人集团利用不稳定的局势而渔利的过分之举也受到有效的遏制。

有关中兴十年的史料记载表明,不论左派还是右派关于帝国主义在中国国内发展中作用的论点都是值得商榷的。正如后面几章所显示的,在此十年间,古老的中国证明了自己甚至毫无维持生存的适应能力;没有任何迹象表明,在中国的内部出现了有足够的力量改造古老秩序的近代资产阶级。如果能把帝国主义这个怪物还原到应有的尺寸,那么就有可能把注意力集中到保守派的改革尝试和在传统框架内的近代化之所以失败的实际原因。

"合作政策"一词最初有两个意思:第一,在华享有利益的西方列强之间的合作;第二,西方列强与中国政府的合作。到1864年,这个词有一个公认的单一含义,即为了确保和平解决争端并使中国逐步近代化,以英国、美国、法国及俄国为一方同中国方面的合作。美国公使蒲安臣于1864年6月5日在其对美国驻华领事们的指示中概括了这项政策,这个政策提出了四项原则:(1)西方列强合作;(2)和中国官吏合作;(3)承认中国的合法权益;(4)公正实施条约款项。"你们应认识到,我们正努力去用公平的外交行动代替武力。"[①]这项政策受到在华外国代表和其本国政府的公开支持。

1867年年底,合作政策似乎已获得成功。《北华捷报》在回顾这段历史时写道:"与其说是凭借军队和暴力还不如说是凭借辩论和说服,使种种外国人的权益不仅被证明是相等的,而且明显地通过最佳方式得以提高。武力和暴力只能使最初中国对待外国人的恐惧和仇视永久存在。而辩论与说服正在逐渐地消除那些偏见……"

---

① 蒲安臣信函的原文及《北华捷报》编辑的评论,见《北华捷报》1864年7月9日。

当时通商口岸的外国侨民的态度一直动摇不定,最终彻底翻脸,而英国政府在其他西方列强的普遍支持下,奉行了一项与中国政府合作的一贯政策。应当注意的是,此阶段在西方列强中达成的一致正像后来所表现的一样,并不意味着中国是所有西方列强的一个殖民地。相反,19世纪60年代的合作政策为中国抵御侵略或过分的压迫提供了坚实的国际保证,为恢复并加强中央集权提供了国际援助。

在克里米亚战争期间,英国和法国就已经形成了大体一致的利益,并且在确保《天津条约》生效的问题上,英国和法国一直是主要的合作者。虽然美国与俄国奉行独立的方针,但是从最初起,在四个列强中就形成了某些共同的认识和协议。虽然在1860年谈判期间英法之间出现了某些竞争,但是19世纪60年代初他们反对太平天国起义的联合行动,再次肯定了两国的共同利益。英国政府保持了合作政策的骨干地位,而美国逐渐取代了法国,成为第二位的支持力量,而恰恰是美国正式发表了这项政策。

合作政策建立在下述设想上:外国政府和中国政府的共同利益在于促进中国的尊严、独立、和平、稳定和繁荣。在19世纪60年代,这种门户开放政策似乎为中国保守性质的新生提供了真正的可能性。在50年代,英国就一直寻求一项政策,但是在清政府显露出无可救药的衰弱和无能的时候,英国的谋士们出现分歧:一些人赞同与太平天国当局谈判;另外一些人宁肯以武力为后盾,与任何实际控制某一地区的领导人谈判。身为英国19世纪60年代驻华公使的阿礼国爵士成为合作政策的主要监护人,他拒绝支持上述两种观点的任何一方。当中国国内事态的趋向逆转过来,一个新的中国政府着手一项中兴及有限的近代化方案时,一个既投合阿礼国又投合英国政府的可供选择的政策变得可行了。

虽然合作政策并不总是奏效,但是英国的方针是坚定的。正像阿礼国在1867年极其困难的时候所表述的:

> 虽然事态总的方面是很不令人满意和无望的,但是我相信,即便不在皇宫里,那么也是在统治阶级中,更主要的是,在这里的外事部*有一种潜移默化的影响在起作用,正是这种影响阻止了失望。只要能找到阻止一切外来干涉和外国控制企图的方法,那么还是有理由抱有希望的。但是,这些方法激起了强烈的抵抗本能和民族自豪感,给倒退的排外派增添了新的力量;与此同时,由于担心会为某个或更多的外国列强的行动制造新的借口,导致在某种程度上干涉中国国内事务,影响他们作为一个独立国家的自主权,结果,那些有利于进步事业的一切有希望的努力都踟蹰不前……我相信,如果这个反复出现的障碍——这个中国人的真正敌人被消除了,那么在不久的将来会看到巨大的变化……任何民族都不喜欢一个外国列强干涉其内部事务,不管这种干涉是否出于善意,对此,中国也不例外。相反,他们的种族自豪感以及他们自以为比其他一切民族更文明的观念使他们在外国的刺激下特别急躁和倔强。我完全相信:如果让他们独自发展,他们将会进步得更快、更好。①

---

* 总理衙门——译者注
① 1867年11月15日《阿礼国致斯丹莱》,见《英国议会档案》,《中国卷》第5号(1871年),第57页。

英国的作用

英国政府的对华政策。英国政府的对华政策一直受到相当多的随意曲解,以至于有必要在此重新考察英国政策的基点。在19世纪60年代的英国政府眼里,对华贸易还没有重要到需要英国进行代价昂贵的战争和在中国冒一切风险。[①] 所以,到中兴时代,英国准备支持中国的中央政府反对它的所有敌人,即国内的造反者、地方的反叛者以及在华外国商人和传教士。这项政策既是英国官员已细心研究了中国特定环境的结果,又是英国政治思想普遍倾向的结果。

1850年至1870年这段时间是主张使英国的殖民地获得自治权的分离主义运动的高峰期。这种分离主义观念赢得了越来越多的让步,"1869—1870年前后……人们普遍认为,格拉斯顿政府即将中止与殖民地的联系"[②]。虽然分离主义者是以曼彻斯特学派为核心的一个小激进团体,但是他们得到一大批人的支持。一直到1870年前后帝国主义发展出现转折为止,这批人都认为殖民地的解放是不可避免的。虽然格拉斯顿本人并不是一

---

① 佩尔科维茨:《中国通和外交部》(纽约,1948年)一书的导言和第一部分生动地描述了在英国政府的对华政策同英国商人和传教士的愿望之间长期存在的主要分歧。然而,就19世纪60年代的情况而言,需要对佩尔科维茨的基本描述作两点修正:(1)他认为,双方一致认为英国在华利益纯属商业性的,只是对这些利益的重要性意见相左。诚然,外交部在60年代的政策反映了对华贸易巨大幻想的破灭,因此不愿意采取一项代价高昂的急进政策。但是,英国外交部政策也是根据驻华代表的出色的政治分析而拟定的,由于这种分析的缘故,英国的政治家被中国可能自上而下地在中兴的框架中逐渐实现近代化的巨大历史意义强烈地吸引住。(2)在60年代,中国通偶尔也会受到当时普遍对中国旧秩序的复原势力所持的乐观情绪的影响。
② 博德尔森:《有关维多利亚中期帝国主义的研究》(纽约,1925年),第45页。

个分离主义者,但他提倡紧缩政策。

有些人认为英帝国主义在那些在政治上远不如中国那么危险的地区伸手太长,他们宁愿有别的选择。不管这种选择是多么软弱,他们也不愿意看到继续承担代价高昂的海外家长政治职责的前景。克拉兰敦是1865—1870年间的英国外交大臣,他长期以来反对扩大帝国所承担的义务,因此对亲华的英国公使们的实地报告最为支持,这些公使谴责了通商口岸的坚定帝国主义分子所持的立场。

这并非英国政治中的新观点。从鸦片战争时期起,就一直有人反对急进政策。1847年,格雷和威灵顿一致认为,没有女王的明确授权,在中国任何时候都不应动用武力;为了使将来不会出现擅自的远征,他们缩减了军队的规模。1857年反对巴麦尊对华急进政策的努力已有足够的力量推翻这届政府。英国政府的论点是,因为中国人已强行登上了一条在英国注册过的船舰,还扯下了英国国旗,所以1856—1857年的亚罗号战争主要是为了保卫国家尊严。在辩论中获胜的反对派的答复是,出于这种原因的战争对国家尊严反倒是一种侮辱,这比征服印度更不光彩。

值得指出的是,德尔比伯爵——英国保守党的领导人及后来的英国首相(1866—1868年)——是对已经导致亚罗号战争的急进政策最强烈的反对者之一。身为报刊撰稿人的卡尔·马克思对中国的情况所知甚少,却相当了解英国。他对下述现象感到震惊:

> 德尔比爵士是英国世袭贵族的首领……是征服者的后裔……他用"卑鄙的行动""可耻的军事行动"这类字眼来责斥英国舰队的行动……英国国会史上或许还不曾有过这样的贵族对暴发户的精神上的胜利。①

---

① 《马克思论1853—1860年的中国》(伦敦,1951年),第20页。

与之相似的是，在 1860 年的远征之后，格雷也批评这一政策的罪恶，他宣称：这项政策使中国财政枯竭，只是导致了战争和叛乱。

迄今，合作政策的反对者认为：这项政策是克拉兰敦们的一个短暂的革新；在蒲安臣向克拉兰敦贬低英国驻华代表，并说服他改变英国的主要策略之前，一项主张武力的英明策略已逐渐产生了良好的效果。就事实而言，这项政策在英国的政治思想中具有深厚的基础，而首先把这项政策明确地应用于 19 世纪 60 年代的中国，并使之生效的不是美国人，而是英国人，诸如卜鲁斯、阿礼国、赫德等人，而美国只是对其原则作了全面的阐述。

当传教士问题在 19 世纪 60 年代后期发展成一场危机，成为有关中国问题辩论的焦点时，反帝国主义的这一派人用他们反教权主义的观点来支持他们的政治观点。在克拉兰敦看来，"传教士所要求的保护是对他们不利的"，而且，传教士经常危害英国利益。刚刚退休的海军大臣萨默塞特公爵针对据称传教士辱骂中国百姓的问题提出质问："我们有什么权利在中国人自己的国家中改变他们的信仰？"格雷认识到武力无助于任何宗教。他基于下述理由支持克拉兰敦缩减在中国水域执行任务的炮舰数量。

英国影响的压力表现为，如果一个强大的海军就在近处，那么它就极可能被调用；而如果我们没有足够的炮舰去威吓中国人，那么商人和传教士就会比在他们知道自己得到一支有力军队支持的情形下表现得更谨慎和公正。

外交部发言人在下议院中概括了形成政府立场的总的想法。他宣称，中国政府的衰弱在一定程度上是进行对外战争的结果；英国的利益在于通过避免使用武力的方式来加强中国政府，而不在于通过进攻中国来进一步削弱它。克拉兰敦的政策一直是把中国当成文明的国家来对待,并且因为中国正在致力于国防近代化,所以英国不久将不得不永远停止使用武力。关于开放内地的问题,他表明,如果享有治外法权的外国人获得更多的行动自由,那么中华帝国将遭到瓦解;倘若他们放弃治外法权并遵守中国的法律和风俗,那么他们完全可以随意地在任何地方定居。在外交部看来,中国人考虑到对整个复杂的中国经济的影响,坚持缓慢地从事经济近代化,特别是缓慢地引进铁路,这种立场是正确的。而且英国政府拒绝把中国人对外国人所使用的措辞看得多么重要。①

支持外交部的人并不限于上层。英国国内普遍的观点赞同政府,反对对中国实行扩张主义。甚至在通商口岸人们也承认,英国国内的公众意见是需要加以考虑的一个因素。《北华捷报》在回顾1860年时写道:

> 事先没有为了防止战争尽一切努力,就再次把这个国家投入一场对华战争的人将会发现,对付鞑靼人的军队比对付义愤的英国公众更容易。英国将不会再容忍这些对华战争的不断复发;从管理英国在华权益的那些人的角度看,不论出于何种考虑,推行比此前的政策更具有调和意味但同样坚定的政策,同时对本国舆论和中国人的情感作出某些让步,这种做法是一项明智的决策。②

八年后,这个报纸承认国内公众舆论日益强烈地赞赏一种对华的调和政策:

---

① 奥特韦1869年7月13日在下议院的发言,载《英国议会议事录》第197卷,第1798—1801页。
② 见《北华捷报》1861年2月16日。

> 不论我们是否喜欢,欧洲公众舆论是不征求我们的许可就决定我们命运的一种力量;凡是留意时势的人都应该清楚,在过去的几年里,在对外事务中,反对外国征服、外国占有和外国干涉的政治情绪一直在持续高涨。……就英国目前的公众情绪而言,我们可以想象到,战争会引起强烈的反感,任何可能导致并吞领土的政策都会遭到唾弃。……因此我们的公使和领事将可能得到指示去采纳一项越来越谨慎的政策。①

在这种情况下,能够达到英国目的的唯一政策便是支持中国计划实行的中兴。

支持中国中央政府的决定。早在1860年英国驻华公使卜鲁斯就坚持英国只同中国中央政府打交道。② 他指出:在某地区施加的压力仅仅在达到鼓励地方暴乱的程度后才可能是有力的,而中国政府的垮台会给英国的非领土权益造成严重损失。卜鲁斯分析了中国的中央政府和地方政府间的关系,并得出结论,在地方上的行动及与地方谈判充其量也不过是权宜之计;英国的利益依靠一个中央政府的存在,中央政府的管辖权受到整个中国的承认,因此它能够负起对外事务的责任。在地方上的行动会削弱中央的权力。

甚至在"同治"之前,英国政府就已经意识到强迫批准《天津

---

① 见《北华捷报》1868年11月28日。
② 我原来可能低估了卜鲁斯在合作政策形成中的作用。墨尔本大学的 J. S. 乔治提示的档案资料表明,虽然英国外交部很快就接受了新政策,但该政策不是由它提出的;卜鲁斯和稍后的阿礼国不仅提供了真知灼见和对该政策的支持,而且提供了政策本身的基本内容。

条约》可能会削弱中央政府,并因此而危害英国在华的长期利益。① 额尔金勋爵和葛罗于1860年分别由英国和法国政府派遣到中国,希望他们能够在不引起中国政府垮台的情况下达到他们的最低要求。外交大臣罗素在其指示中写道:

> 在执行华北行动方面,有一种陛下政府非常敏感的危险。……(中国皇帝可能拒绝接受和谈条件而逃走。)如果皇帝迫于欧洲军队的进军而放弃其都城,并被迫承认昏庸的中国朝廷一直蔑视的列强的优势,那么皇帝将在声誉上遭受巨大损失。
>
> 造反者会振作起来;帝国的高级军官会认为中央政权难以维持;地方政府可能会无力平息叛乱。总之,整个帝国可能遭受瓦解的危险。
>
> 女王陛下会对这种状况感到极大的不安。这种状况甚至可能预示着一场巨大的灾难,各种效忠的联系一旦被打破,就可能再也不能重新紧密地结合起来。

英国公使和法国公使与罗素的看法相同。葛罗向其政府报告说:

> 我唯一担心的是,出现皇帝逃到鞑靼地区的事件。所以额尔金爵士和我认为:如果我们的军队能像希望的那样抵达天津,那么我们就应停在天津,在那里威胁北京,而不是进攻它。

皇帝确实逃走了,然而所担心的后果并未接踵而至。相反,一个新朝廷带着一项新政策返回,并开始了一个新纪元。

---

① 英国的政策被描述成"试图进行一项打掉烛花而不使(中国政府这根)蜡烛熄灭的精巧行动"(见《北华捷报》1860年3月3日),以及试图"以不伤害身体的方式迎头一击"(见《北华捷报》1861年2月16日)。

1860年以前,西方列强一直准备在华使用武力来维护他们所认为的自己的权益。1860年以后情况几乎完全颠倒过来:外国政府准备为了中国政府的利益和应中国政府的要求使用武力,①而且现在他们变得极不情愿为了自身利益去使用武力。

　　商人与外交家的矛盾。在很短的一段时间里,中兴的前景十分光明,因此英国商人和传教士服从他们政府的领导。但是他们一直寻求能够立竿见影地为他们眼前利益服务的效果;当这些效果没有接踵而至时,他们就愤怒地要求恢复使用强制手段,并提出不顾及英国更广泛的国家利益甚至不顾及他们自己的长远利益的要求。②到中兴出现危机和最后失败的年代,多数英国寓华商人和许多英国传教士再次倒向旧观点,即中国政府基本上是一个敌人,时刻准备犯下各种暴行,只有在暴力的威慑下才会有所反应。但是英国外交家们奉行一项耐心的调和政策,当他们偶尔被中国发生的情况所激怒,考虑使用炮舰时,他们的情绪也会受到英国政府的阻止。60年代后期排外浪潮达到高峰,当时甚至阿礼国都对谈判不抱任何希望,外交大臣克拉兰敦坚持认为,暴力只能用来保护直接面临危险的生命和财产,绝不能用于惩罚和报复。凡是不能以温和手段在中国解决的问题都要提交到英国政府。

　　1864年英国和平地、如同处理日常事务那样地解决了一个英国士兵被一个中国人杀害的事件。这件事充分体现了英国的新政策。正如《北华捷报》指出的:

---

① 关于外国对华的军事援助,见第九章。
② 甚至有人认为,商人们由于不了解中国,甚至在涉及他们最直接利益的问题上也是拙劣的评判者。见1868年6月19日《北华捷报》中一封寄给编辑的未署名信中一针见血的分析。

> 这种事如果发生在几年前,不论是否被解释清楚,都会引起一场轩然大波。正在进行的调查会被看成是一种障眼法,以转移人们对暴行的真正凶手的注意力。已经作出的解释会遭到轻蔑的拒绝,根据现有的情况就会最终酿成一场战争。

英国政府作为中国政府的辩护人而反对在华英国侨民的奇特角色①有一个早期的例证,即对长江贸易规划的修订。当商人抗议卜鲁斯"同意中国政府的限制性政策"时,英国外交部严厉地劝诫上海商会:修订后的长江规划是中国政府作出的让步;商人们认为被收回的权利,中国从未给予过;英国政府的政策是支持中国政府抵制对其权力的侵犯。更早些时候,卜鲁斯不顾当地侨民的愤慨而支持中国政府向居住在上海租界内的中国臣民征税的权力。

英国商人只是在短期内接受了这项政策。到1865年年底,他们期待的黄金时代没有来临,反对的呼声变得越来越尖锐激烈。在许多地区,被触怒的中国通们有说服力地表达了他们的观点。《北华捷报》的一位愤怒的读者写信给编辑说:

> 现在人们已习惯于认为,中国人没有能力对外国人采取任何敌对行动,或者做出任何坏事。像英国国王一样,一个中国佬不会做坏事。如果我们被逮捕并被斩首,或者被谋杀,那么编辑先生,您的报纸将不会用文字捍卫在这片乐土

---

① 在这方面早已有由阿礼国本人开创的先例,他19世纪50年代初期在上海任领事时,因英国商人不申报纳税货物而对他们处以罚金,并试图为中国从英国商人手中征集帝国海关税收,而当时中国自身还做不到这点。魏尔特:《赫德与中国海关》,第81、93页;费正清:《中国沿海的贸易与外交》(马萨诸塞,坎布里奇,1953年)第1卷,第432页。

上长期遭受苦难的人,这个世界将用沉默来"公正地对待我们"……

编辑部在回顾1865年时,也不像回顾1864年那么乐观:

> 在这年的开始,我们已经放弃对中国政府的彻底新生所抱有的那些乐观的期望,即在征讨太平天国时期及其之后一段时间里一直怀有的期望。……外国代表们已经表达了所产生的各种倾向。……这些外国代表显然极其渴望使中国政府了解西方列强的纯正动机。

寄到《北华捷报》表示义愤的信件越来越多。它们纷纷抱怨英国当局眼下并未保护英国的利益不受中国的侵犯。

> 强制似乎超出了当今一位英国公使的权力范围。……在维护英国利益方面的长期疏忽应当被正式地载入史册。①

编辑部赞同道:

> 从曾经奏效的极端强硬的对华政策产生了一个如此强烈的反作用,以致我们现在面临着退到一项极端软弱的政策的危险。②

吵闹不会改变英国的政策。外交部继续指示英国公使对中国人的观点作出一切让步,宁肯使用说服而不动用武力,阿礼国严格地遵从对他的指示。当商人把中国人的弱点看成可以迫使中国人接受外国人要求的一个理由时,英国官员们却把中国人的弱点当成限制这些要求的一个理由。英国官员"对中国政治家们

---

① 见《北华捷报》1868年1月31日。
② 见《北华捷报》1868年9月25日。

在造成变动时必然遇到的困境深为同情,因为这种变动遭到世界上最排外的国家里的保守情绪的谴责……"①在阿礼国递交恭亲王的照会中,虽然他就中国所面临的一些问题陈述了自己的观点,但是强调指出:中国必须采取主动,并且是在其适当的时候采取主动。②

结束炮舰外交的努力。在1868年和1869年间尽管出现了一系列排外示威,英国的政策几乎没有动摇。商人和传教士不断地要求使用炮舰,这种要求只是偶尔得到领事的支持,几乎未得到阿礼国的支持,而从未得到英国外交部和海军部的支持。③

第一次排外暴动发生于九江、扬州和镇江等长江下游地区。当谈判失败时,就地使用武力导致了问题的暂时解决。"强硬政策"的鼓吹者们满意地指出:

> (他们早已)预见到在最近这段平静的统治下,清朝达官贵人的傲慢和顽固态度将日益嚣张,还预见到,一次力量的显示将使这些官吏立即清醒过来。南方和北方的事件已充分地证实了他们的判断。④

---

① 1867年11月7日《温彻斯特致阿礼国》,见《英国议会档案》,《中国卷》第5号(1871年),第31页。
② 有关这些照会之一的英文原文和中文译文之间的一项比较研究强调,甚至在最有利的环境下,双方间建立任何真正的相互理解都是很困难的。英文原文表达了阿礼国的明确意图,给人留下了英国真正渴望帮助中国按自己的方式加强自身的印象。中文译文则使中国官员产生忧虑,按照中文译文,阿礼国煞费苦心地否认有任何干涉中国事务的意图,恰恰是在暗示,如果外国列强想干涉,那是轻而易举的。英文原文见《中国卷》第5号(1871年),第93—100页;中文原文见《筹办夷务始末》(同治朝)第63卷,第10—22页。
③ 英国政策内部的这种渐变在汉口的一个事件中得到很好的说明。领事凯恩(原汉文名不详。——译者注)希望有一艘炮舰长期停泊在汉口;阿礼国正打算同意为整个长江提供两艘炮舰;除了作为暂时措施外,海军部反对让任何炮舰进驻长江。见《中国卷》第8号(1869年),第1、2页。
④ 见《北华捷报》1868年11月24日。

事实上，所发生的事件并未证实他们的判断。就英国政府（肯定尚未中止地）鼓励中国中兴的"平静统治"而论，其目的不是挑起而是防止这类暴动，是为中国人提供时间去给新问题找出经过深思熟虑的解决办法，这些办法应能减少由地方怨恨引起的偶然发生的盲目暴动事件。因此，英国官方的政策继续指望中兴的最初成功。克拉兰敦正式地谴责了支持在扬州使用武力的阿礼国和领事麦华陀，并表达了他对恭亲王政治家风度的钦佩。①

1868—1869年的台湾事件清楚地体现了英国政策的各个组成部分。当有关神秘的药品被用来迫使中国人皈依基督教的谣言流传之后，在台南附近的天主教和新教教堂被暴徒摧毁，代理领事吉必勋和一位下级海军军官为了迎合商人和传教士而立刻动用武力。比较节制的阿礼国向总理衙门呼吁罢免渎职的道台。克拉兰敦采取了更加强硬的立场。1869年2月23日，他下令把吉必勋降职、归还索取的赔偿，并对采取的行动正式拒绝承担责任，理由是：

> 显然，（当地英国领事和海军部门的）这两个下属机构没有必要采取任何敌对行动。任何关乎生命和财产的危险至少在当时已经过去，而且已经过去了许多星期；这些机构未能做好善后工作，这是女王陛下的公使和北京的中国政府所讨论的问题。②

1869年1月在福州附近发生的事情也表现出同样的情况。在那里英国领事要求海军支持传教士提出的一个要求。克拉兰

---

① 1869年1月14日《克拉兰敦致阿礼国》，见《英国议会档案》，《中国卷》第2号（1869年），第18页。
② 《英国议会档案》，《中国卷》第3号（1869年），第24—26页。

敦就此重申了英国的政策：

> 英国领事的措施有一种在没有充足理由的情况下挑起同中国当局和百姓发生冲突的直接倾向；我不得不命令你们为星察理先生所做的事情而严厉地训斥他。①

1869年1月和2月，在汕头附近的"欧洲大甲虫（科克查夫特）"事件十分清楚地表明，英国只愿意在中国中央政府的认可下干预中国事务。当时，英国远东舰队司令凯帕尔与两广总督瑞麟商定动用英国海军支持一个正式的中国传教团获取因汕头附近排外活动所做的赔偿。但是，当地的领事和"欧洲大甲虫"号战舰司令在总督的特别代表抵达以前就采取了直接的行动。凯帕尔司令非常理解被任命的特别代表是来"赞助我们在中国领土上的行动"。在当时的气氛下，经过瑞麟同凯帕尔的会晤，问题很容易澄清：

> 这位总督说，军官们偶尔会犯错误；他自己也如此；但是由于双方上级之间完全彼此信任，凯帕尔阁下和他本人间就是如此，而且由于能够宽宏大量地对待这些行动与动机，这种事件就很容易解决，甚至将会加强相互敬重的纽带。②

但是，在英国国内，海军部赞成外交部的观点，即由于这种英国单方面的行动：

> 整个活动的性质因此而改变了；这项活动不再是中国当局自动提供赔偿的一种措施，而变成与中国当局无关的英国

---

① 《英国议会档案》，《中国卷》第9号（1869年），第5页。
② 1869年2月2日《凯帕尔致罗伯逊》，见《英国议会档案》，《中国卷》第7号（1869年），第7页。

军队的行动……①

这些各种各样的意外事件显然是由于中国中央政权无力实行充分的控制权力。甚至处于压力之下的阿礼国也感到,在"缺少一个强有力的中央政府的情况下",外国列强可能不得不偶尔在局部地区使用武力,当然,他希望仅仅炫耀一下武力就能奏效而不发生战斗。但是,英国政府仍坚定地认为,如果外国列强充分地自我克制,那么中国中央政府就能够去维持其权威。

有关中国事件的新闻触发了一系列的国会辩论。政府在国会辩论中阐明了立场。1869年4月5日,萨默塞特公爵以感到震惊的口吻谈到关于违反英国政府命令在台湾使用武力的报告。克拉兰敦答复说"这些行动是根本不必要的",这种行动已经遭到训斥。他希望在中国的所有领事机构都要引以为戒。

一个星期后,英国政府对华政策的反对派提出李泰国关于有必要使用武力的观点。下议院的外交部发言人答复说,尽管英国采用了调和政策,可还是发生了各种各样的排外暴动,但并不是由于这项政策本身引起了暴动。他宣布在未来的意外事件中,英国公使要求助于中国的中央政府;只能在北京请求赔偿;如果任何领事在当地使用武力,那么英国政府将会拒绝对此行动承担责任。

翌年,反对派批评了在处理另一次反洋教暴动中阿礼国所持的克制态度,那次暴乱在1869年4月发生于安庆。外交部发言人回答说,传教士无权驻扎安庆,并赞扬了中国当局予以协助的态度。克拉兰敦对此问题的概括是:

---

① 1869年3月24日《哈蒙德致英国海军大臣》,见《英国议会档案》,《中国卷》第7号(1869年),第110—112页。

> 传教士在中国不明智的举动,由他们引起的中国当局和百姓的暴力,英国领事和传教士的要求海军当局所采取的过激及越权的报复行动,确实使女王陛下政府忧虑地等待着由每一个接踵而至的邮件都可能带来的情报。……英国的主旨是通过友好的方式来维持同中国的交往,同时不应当由于英国臣民方面的不明智的鲁莽行动而中断这种往来。

甚至在1870年的天津教案之后,英国政府仍然奉行这项政策。1871年3月24日,萨默塞特和格雷重申:反对传教士的暴动是传教士触犯了中国人的情感所引起的,必须制止英国海军军官的鲁莽行动。

英国关于中国主权的概念。1857年,当英国国会围绕亚罗号战争进行争吵时,巴麦尊政府用国际法来为自己行动的合法性进行辩护,因此否认中国是一个具有合法权利的主权国家。如果这种主张曾经存在过,那么在《天津条约》批准后,它就站不住脚了。通过坚持派驻公使的权力,列强已经有意识地承认中国是一个主权国家了。

通过把中国政府看成好像是一个近代的主权国家的政府,英国在中国近代历史上恰恰为中国提供了成为近代主权国家的最有利的机会。从西方人的观点看来,如果没有这种完整法律意义上的主权国家,那么中国政府永远不能取得它努力消灭滥用治外法权方面的进展。

1865年有关冲积土地所有权的雷诺兹和霍尔特案件,鲜明地体现了英国应用西方法律理论保护中国主权利益的方式。出于对上海外国团体的义愤,英国女王以中国皇帝的名义,开始起诉英国臣民。英国商人提出英国女王不是此案的当事人,无权干涉。上海租界最高法庭的英国法官答复说：

> 目前，如我所见，女王陛下通过条约形式从中国皇帝那里获取对中国土地上自己臣民的绝对司法权，因此不言而喻的是，女王陛下将强迫其臣民不仅要尊重英国本国的法律，还要尊重中国的法律。而且，所使用的程序不应使（中国的）主权受到侮辱，即在自己的土地上（指上海租界）不会以一个起诉人的资格出现在外国法庭上，以此来强迫人们尊重中国法律。①

其他列强的政策

由于19世纪60年代英国的实力和威望支配了远东，因此，它的合作政策不一定非得需要其他国家给予强有力的明确支持。它所需要的只是其他国家在形式上赞成这种政策，并表现出一定的友好态度。令人满意的是，这种需要得到了满足，受到了美国慷慨的支援、法国谨慎的赞助、俄国间接的支持。

法国　在中国向西方开放的这段时期，在法国政策的背后始终有两条思想主线。在大部分时间里，起决定作用的政策制定人既不信任中国政府，也不相信其他西方列强。因此，他们极力主张租界不受干涉，授予领事以最高权力并积极支持天主教会和法国公民的权利。但是，也有人倾向于实行自我克制并与其他列强以及中国合作的政策。在中兴阶段，后一种倾向表现得特别明显。合作政策的法国支持者认为，法国在远东的有限利益和英国

---

① 见《北华捷报》1865年10月21日。

在远东的利益是一致的,应当减少法国过多承担的义务,根据《中法天津条约》,天主教会已经享有充分的权利,已无须进一步的特殊支持,领事的权力应受到控制。合作政策的反对者则认为,中国文明和欧洲文明之间的和平调整的机会已经随着伏尔泰的时代一起逝去了,再也不可能指望北京实行亲欧政策了。所以他们极力主张大力支持天主教教会的工作和实行一种旨在从文化上同化中国的"坚定政策"。

尽管法国政策上的分歧甚至持续到中兴的高峰期,但是法国政府及其代表们在19世纪60年代期间基本上支持合作政策。1860年,法国甚至比英国更担心打破中国现状后所可能产生的后果。到1867年,法国政府认为新的对华政策是成功的,"一种对共同利益的更准确的评价正在逐渐取代由来已久的偏见……"①直到天津教案及《阿礼国协定》被否决为止——这两件事标志着对合作政策的普遍乐观态度的终结,法国政府一方面强调其条约权利,另一方面命令法国代表谨言慎行并要估计到中国出现异常形势。

在19世纪60年代,法国的政策也逐渐趋向于与其他西方列强更密切地合作。当法国在上海的租界同公共租界分离时,巴黎宣布它反对"寻求独占势力的胜利",并要求法国领事在整顿法国租界时与其他外国领事合作。法国公开放弃在中国的单方面行动。

俄国 要简明地概括中兴时期俄国的政策是不容易的。1860年以后,其他西方列强在北京建立的公使馆取代了早期执行对华政策的机构或者使这种机构居于次要地位;俄国公使的任

---

① 《政务及商务报告》,载《法国外交档案,1867年》第8号,第16页。

命仅仅为处理中俄关系提供了一条补充的渠道。在中俄两国广泛交往的漫长时期里已经发展起来的俄国军事、商业和宗教机构在某种程度上独立于公使之外。因此,在19世纪60年代,一方面,俄国驻北京公使总的看来是赞同了他的外交伙伴们的合作政策,并在某种程度上起到阻止来自西伯利亚的侵略的作用;另一方面,俄国继续通过武力和欺骗损害中国,扩张领土和扩大独占的特权,而在表面上,驻华公使似乎对此无能为力。

当东西伯利亚总督尼古拉·穆拉维约夫伯爵和他手下的人攫取了中国东北的大片土地并最终于1858年签订《中俄瑷珲条约》时,俄国派赴中国的使节、海军总司令普提雅廷伯爵正在利用中西方的敌对,抱着"居间调停"为俄国捞取好处的想法,把俄国打扮成双方的朋友。1857年普提雅廷提出"援助"在广州陷于困境的中国,但是这项提议遭到拒绝。在《天津条约》谈判期间,普提雅廷继续扮演各方的朋友。尽管结盟的英法与中国人都不信任他,然而他仍设法使自己看起来是双方都不可缺少的人物。

在1859—1860年为使《天津条约》获得批准而进行的战争和谈判期间,俄国新派赴中国的使节,陆军上将伊格那提耶夫遵循普提雅廷的策略,甚至取得了更大的成功。他不断穿梭于交战双方之间,给各方提供帮助,尽管双方都对他怀有戒心,但他从双方都获取了好处。他利用双方对彼此意图的不了解,经常要求为他根本左右不了的事情给他记功。① 他最大的成就是说服中国割让乌苏里江另一边的领土,作为对他的报答,因为据称,他说服了

---

① 例如,一位观察家报告说,1860年夏季,伊格那提耶夫对法国人表示鉴于中国的防御力量,他很为他们行动的安全担心(穆特里赛:《远征中国记》第1卷,第320页)。中国战败后,他殷勤地帮助法国解决教会财产的一些复杂问题。他声称,只有他能说服恭亲王去谈判(《远征中国记》第2卷,第46—47页)。

英国在《北京条约》签订后撤退。而后他做了穿行数省的"一次真正的胜利进军",据报道在那些地方他受到了"狂欢般的热烈欢迎"。恭亲王虽然明显地不信任伊格那提耶夫,但还是试图利用他,因为他当时根本无法了解到英国已经决定只要中国人在这些省份宣布签约,英国就撤军。

俄国政策的其他一些方面也是值得注意的。早在1860年以前,俄国已清楚地得出结论,支持现存的中国政府比支持太平天国的起义者更有利于促进其利益。因此,在19世纪60年代,俄国外交家支持清政府的行动。俄国的政策对中西之间正常的近代贸易和外交关系也起到了扫清道路的作用。然而,正如前面所指出的,在整个60年代,俄国远东地区的文武官员在获取中国领土和对俄国的让步时回避了这些新的外交途径。

美国　从一开始国务卿西华德和美国驻华公使蒲安臣就相信中兴政府会"支持进步",并相信列强必须谨慎地回避可能使"排外"势力非议清政府的任何举动。出于这一原因,美国政府像英国政府一样拒绝对"炮舰外交"承担责任。例如,1866年烟台领事桑福德由于中国人亵渎了一个公墓而安排了一次报复性的海军示威,他随即受到西华德的训斥,理由是他应该要求驻北京公使馆通过中国的中央政府寻求赔偿。

华盛顿对同英国的合作不如对同中国合作那么乐观。从西华德的指示看,他认为古老的中国政府没有古老的英国政府那么令人怀疑。在欢迎由中国政府派赴国外的蒲安臣使团的一篇讲话中,总统约翰逊列举了在贯彻合作政策中特别值得信任的人物,他们是恭亲王、文祥、蒲安臣、卜鲁斯、柏尔德密、巴留捷克和倭朗嘎哩。有意思的是,这里没有提到阿礼国、威妥玛和赫德,但提到了俄国公使的名字。

然而,在北京的舞台上,蒲安臣本人同外交使团中他的同事们保持着最真诚的关系,并且华盛顿也承认那些特别的公使是"开明的"。那段时期的美国文献在提及英国对华政策时稍带一点尖刻,对此不应当过分看重。在此记载中,没有任何当时美英双方在政策上发生冲突的证据。相反,在处理具体问题时,诸如对通商口岸外国租界的管理,以及在一般的政策声明中,合作政策表现得非常明显。蒲安臣作出了甚至被一些合作政策的最坚定支持者视为幼稚而不明智的让步。然而,虽然谨慎的、偶尔陷于绝望的欧洲人是以不存在更有希望的选择为理由而支持中国政府,而热情的美国人则相信,通过彻底地满足中国,西方就能从中国获得一切,但二者之间在政策措辞上几乎没有区别。

1868年劳罗斯继蒲安臣之后被任命为美国驻华公使,他多多少少改变了这个局面。劳罗斯走向另一个极端。尽管他继续谈论中国的稳定与独立,然而,看来,他考虑的是外国如何给予指导。与此同时,国务院继续公开宣布放弃使用武力或施加压力,并且显然依然相信,中国政府如果获得充足的时间和行动的自由,那么就会主动地制定和贯彻有利于西方列强的全部合法权益的政策。①

寓华外交官的中国化

合作政策的成功在很大程度上取决于列强驻华代表们对中

---

① 克拉兰敦之所以支持在中国问题上的合作政策,是出于他对帝国收缩和殖民地分离的一般信念,而美国总统格兰特的国务卿费奚之所以奉行类似的对华政策则是由于他完全接受关于世界各个地区间自由贸易和分工的原则(例如:1869年12月24日《费奚致蒲安臣》,见《美国对华事务档案原稿》,《函电》第9—11页)。

国文明所表现的好感。根据一位同时代的传教士兼外交家及历史学家所说:"有卜鲁斯、倭朗嘎哩、柏尔德密和蒲安臣这样仁慈和有信誉的人主持四个主要公使馆,毫不夸大地说,真是一种幸运。"①虽然合作政策在当时被认为是符合国家利益的,但是没有公使们提供的见识,这项政策就不能被系统地提出,没有他们的支持,就不可能贯彻执行。②

在19世纪以前的若干世纪里,到中国的欧洲访问者像任何进贡使团一样,一直对中国表示敬畏和尊重。对于他们来说,中国的物质文化、社会风俗、政治体制以及知识和艺术遗产一直是值得学习和仿效的。工业革命、19世纪欧洲焕然一新的形象、在西方冲击下亚洲社会的崩溃等情况改变了西方人的一般观念。19世纪寓华外国侨民以商人和传教士为主,而他们之中的大多数人认为,中国是一个异教的、落后的、未开化的国家,对其各种体制根本无须认真对待。③

《北华捷报》通常是上海商人而非驻北京的外交官的代言人。但是,甚至该报的编辑们在看到商人试图横暴地冲入这个"具有比世界上任何其他国家更古老的法律和风俗"的"现存古代社会的心脏"时,也感到震惊。"只有既熟悉东方又熟悉西方思想模式的人"才能消除误解,这种误解是由只熟悉东方或者只熟悉西方思想模式的人没有能力"理解同一个问题在对方思想中所表现出

---

① 卫三畏:《中国总论》(纽约,1907年)第2卷,第699页。
② 根据本书写成后看到的英国外交部文件,我确信,公使们在决策中的作用比我在此处指出的作用大得多。参见前注。
③ 用他们最主要辩护士之一的话来说,英国商人的政治态度基于三点考虑:"……中国人……是一个半野蛮民族,外国人的生命和财产不能信托给国法律及司法;历史经验表明,中国政府是靠不住的,甚至最高官吏都有撒谎和背信弃义的习惯;中华帝国的体制与众不同。"[方根拔男爵:《蒲安臣使节真相》(上海,1872年),第303页]

的不同面貌"造成的。

> 在这个领域里最缺乏热情的探索者也必须承认,如果我们更加全面地熟悉中国人的思维方式,我们的优势便会自然增加。因为只有通过研究一个民族的思维方式,我们才能找到指导这个民族行动的基本原则。

在19世纪60年代,到中国的主要外国公使是受西方传统影响极深的人,同时又是盛赞"中国思维方式"的热心研究者。这是中兴政府的幸运。早在1855年阿礼国就写道:

> 一个人怎样思维,他习惯于根据什么观点来看待事物,通常支配他行动的原则是什么,这些是我们在与我们的人类同胞打交道时——如果我们企图对他们施加任何影响——必须了解的事情。如果我们不了解这些,那就等于我们在没有航海图或指南针的情况下进行航行,就不知道如何确定我们的航线,由于命定的力量,我们可能驶向隐藏的岩石和暗礁上。掌握这种知识会对中国事务的进展产生极大的影响,尤其是由于双方的差异太大,如果我们依旧用我们与我们欧洲邻居的思维和行动习惯所进行的一般类比来套中国的问题,那就太不安全了。①

在中兴期间,外交使团对中国研究的专注精神在官方的快信中有大量反映。例如,阿礼国着手分析一个问题所设定的前提与商会所设定的前提截然相反:

> 尽管有种种对中国政府、它的制度和人民的不利说法——外国人很自然地会注意使他们不舒服的种种缺陷而

---

① 《中华帝国及其命运》,载《孟买观察季刊》(1855年10月),第223页。

不注意那些没有直接影响他们的优点;但是这些说法也极好地表明了整个政府的目标。中国在一个统治者之下把将近三分之一的人类紧密地聚集在一起;在连绵不断的王朝统治下,他们已被训练成一个热爱和平、有秩序、勤劳的种族。在这种制度下,帝国比世界上任何其他国家的历史更加悠久。此时,由于它人口众多、国土辽阔,它使所有其他民族都相形见绌;"对于所有其他民族的统治者而言,中华帝国是一个屹立了4000年之久的伟大而实用的榜样",即使说这句格言有点言过其实,那也不能否认他们已达到的高度文明,而且这是他们所特有的文明。……他们有更多的东西值得自豪;面对着他们还未学会不应视为蛮夷的外国列强,如果他们不愿意按照这些列强的突如其来的要求去放弃这种文明,那么他们会得到充分的原谅。①

研究过中国状况的外交家被中国强烈地吸引住,无论是从个人角度还是从官方角度,他们都认识了中国的现状。外国在华利益在外国政府看来是与中国中央政府的命运联系在一起的,结果外国的外交官几乎以中国代表的身份在起作用。蒲安臣被中国任命为出访西方列强国家的使臣绝非反常,外国驻华外交官把他们自己看成是本国政府和中国政府共同利益的代表。批评者们认为,威妥玛、卫三畏、赫德和蒲安臣是"比大沽口炮台更有效地抵御西方文明、捍卫中国人的傲慢自大和排外主义的四角堡垒"。

英国侨民认为额尔金和卜鲁斯在迫使中国政府接受英国人的要求方面不够有力。阿礼国则更使他们感到恼火;他们指责阿礼国实际上代表了中国的利益,并指责他在每一次英国商人和中

---

① 1867年11月8日,《英国议会档案》,《中国卷》第5号(1871年),第63页。

国当局间的争执中都故意偏袒中国。他对恭亲王反对铁路和内河轮船态度的支持,被认为比恭亲王本人的陈述更有力。

> ……总理衙门和阿礼国爵士为了反驳外国商人赞成铁路、电报与内地自由往来的论点,几乎毫无遗漏地阐述了各种理由。①

> 总理衙门中最有才干的成员是中国人中值得夸奖的诡辩家,但也不能为自己政府的立场作出(比阿礼国关于这个中国问题的声明)更有力的辩护。②

> 这个问题涉及的是北京,但是我们需要说明的是,阿礼国爵士决心与提出要求的外国人对着干。③

外交官们将中国政府和英国政府的利益等同起来的做法不是偶尔为之。阿礼国坦率地承认了这种认同,他把英国侨民的要求称为"商人对他们自己的政府和中国政府的诉讼"。

虽然通商口岸的领事因他们工作的性质而比北京的外交官更同情商人,但是他们也经常显得是站在反对外国商人的中国人一边。领事许士裁定,九江的某些商品税是完全合法的。为此他受到英国商人的恶毒攻击。这些英国商人声称:"为防止被迫遭受以女王陛下代表资格自居的人借中国地方官员之手所加予的进一步的侮辱",某些反抗措施是"绝对必要的"。上海领事文极司脱宣布他打算力阻"有意冒犯中国当局的"任何事情,甚至包括

---

① 见《北华捷报》1867 年 7 月 5 日。
② 见《北华捷报》1866 年 6 月 2 日。
③ 见《北华捷报》1868 年 9 月 25 日。

剧院关门的时间以及使用带有"英吉利"和"美利坚"字样的信号船这类事情。当侨界提出"施加压力"时,文极司脱答复说,他拒绝"成为全面诋毁中国当局的发泄渠道"。

对于外交官们来说,因为他们远离通商口岸,因此更易于支持按基本政策处理中国问题。正像上海总商会向英国本土的商会所解释的那样:"因为外国公使们不与外国商人联系而且不顾公众舆论的影响,所以他们在某种程度上变成中国排外主义的鼓吹者,而不是扩大对外贸易的提倡者。"

此外,驻扎北京的外交官们比领事们更容易受到中国历史悠久的魅力的影响。在一位观察者看来:"北京对外国代表们施展了一种邪恶的魔力。他们已被迷住。一些人拜倒在中国的学术和历史传统面前;另外一些人把这座伟大的城市视为一件巨大的珍品;乐观主义在毒害着一切。"①

上海方面的外国人认为:"在中国长期居住并与该国人民的密切交往,绝对会使欧洲人成为中国人的拙劣仿效者。"阿礼国"像在北京内阁的魔法控制下冒险的每一位外国人一样。他逐渐相信,中国人是世界上最诚实、最善良、最有教养的人民"。②

"持有极端的中国天朝的观点和倾向"的威妥玛也许是外交人员中最迷恋中国文化的人。他自称他之所以从海关部门开始其生涯,主要是为了从事汉学研究。一位精明的英国评论家描述威妥玛的学术研究对其政策的影响:

> 透过中国不朽历史的闪光迷雾,在这个冥思的头脑中呈现出的中国,与任何其他现存的国家都不同,是一个令人崇

---

① 密福特:《使馆馆员在北京——书信集》(伦敦,1900年),第49页。
② 见《北华捷报》1865年8月19日。

敬的对象……这样一个庞大统一的古代文化会完全压倒这个政治人物。为了使他能把注意力集中于眼前的紧急事务上,他需要在某种程度上掺杂急功近利的作风和观念。①

一幅香港的漫画提出了比较露骨的批评,画上曾国藩在一面英国国旗上跳号角舞,而威妥玛和恭亲王在亲密会谈。

外交官们的这种中国文化癖比在友好政府的公使之间正常的热诚态度,比职业外交官之间常见的同志式友谊包含了更多的东西。它加强了政策上的考虑,并且为中国政府提供了反对外国的过分干涉的额外保护。

中国人对合作政策的反应

中兴时期的中国官员始终不能确定在合作政策的背后究竟是什么东西。看起来他们对赫德、阿礼国、威妥玛和蒲安臣的信任已达到了一定程度,而且他们迅速地抓住了这个新的外交气氛提供的策略上的机会。但是对外国人最终意图的潜在怀疑一直存在着,并且在危急时刻这种怀疑迅速趋于表面化。

英国有关国内改革的善意劝告受到各种对待。例如,在已经开始研究西方并反省中国的中国学者中,对威妥玛和赫德呈递给中国政府的大胆奏折②进行了认真的讨论。高级官员也研究那些奏折,但认为有些部分不够妥当。一些人认为他们所提出的劝告并非出于诚意,而是通过引起争执去削弱中国。

---

① 宓吉:《阿礼国传》(伦敦,1900年)第2卷,第134页。
② 见本书第十一章。

小 结

合作政策对于同治中兴的重要性是消极的:该政策提供了一个国际上和平和安全的阶段,而在这一阶段里中兴的成败几乎完全取决于中国本国的考虑。

在共产党学者中对合作政策的解释存在一个有趣的歧异。根据范文澜的观点,西方列强从未打算真正加强中国中央政府,当"地方上的傀儡"李鸿章和曾国藩为外国人效劳,西方列强就立即冷淡了恭亲王。①

相反,胡绳尖锐地批评了这种认为清政府如小媳妇一样经常受到帝国主义列强虐待的观点。他认为这种观点往往是"出发于单纯的民族情绪"的产物。他用相当的篇幅描述了在19世纪60年代,列强为帮助中国政府的自强运动所做的努力,并得出结论说,外国对清政府的支持是真诚的,因为这样就等于支持列强的自身利益。但是,他坚持西方的终极目的是支配中国政治。②

然而,历史的证据显示的则是另一种情况。虽然历届英国外交大臣罗素、斯丹莱及克拉兰敦和历届英国派赴中国的使节额尔金、卜鲁斯和威妥玛可能有时也怀疑中国政府是否具有生存和兴旺发达的能力,但是他们从未动摇地深信,中国政府应该获得最充分的自由,不仅应摆脱外国军事力量的压力,而且应摆脱外国劝告的过分压力、不受外国商人的需求以及外国传教士的活动的干扰。英国政府准备牺牲眼前利益,期望中国政府能够以其自己

---

① 范文澜:《中国近代史》(香港,1949年)第1卷,第207—208页。
② 胡绳:《帝国主义与中国政治》(上海,1948年;北京,1952年),第38、41—47、49、51—55、67页。

的步伐并依照自身的条件对近代问题作出必要的调整。

从整体上看,历史记载证实了中兴时期阿礼国关于英国政策的阐述:

> 既不希望也不打算对中国施加不友善的压力,以诱使其政府不顾安全和不尊重其臣民的情感而更快地发展与外国的交往。……通过解除北京政府的种种忧虑,即担心在进行革新时外国列强想干涉或命令应做什么不应做什么,或担心在进步的过程中列强想强加给他们某些他们认为不安全或不切实际的东西,将能诱导他们更心甘情愿地倾听主张实行新开端的论点。①

---

① 1869年3月23日《阿礼国致梅德赫斯特》,见《英国议会档案》,《中国卷》第12号(1869年),第9页。

第四章 中兴的思想

朝代循环中的中兴阶段

在抵制制度变化方面,中国文明一直是独一无二的。在史书记载中占据大量篇幅的战争、起义和朝代更迭,看起来就像是在一个经久不衰的社会内部循环往复,而不是一个不断前进变化着的社会的里程碑。中国的历史学家和政治家从这种千年积累起来的证据中得出以下结论:在人、事方面存在一个自然的盛衰循环,在此循环中的支配力量是人的才能(人才)。就其哲学层面而言,这种学说是支配19世纪中国人思想的宋代新儒家学说的一部分。倭仁是19世纪中叶的一位主要哲学家兼官员,在他选辑并呈给皇帝的文集中,把人类事务的循环比喻成阴与阳的交替。在其内部,每一个阶段都蕴含着另一个阶段。当一个阶段到达顶点时,另一个阶段已发展起来并即将取代它了。在此过程中"心为万事之主,而用人行政得失因之,即天下之治乱安危系之此"①。

不太抽象地说,这种关于盛衰循环不可避免的概念乃是由于人们的天赋并通过人们的努力来加以改变。这一概念贯穿整个

---

① 倭仁:《倭文端公遗书(1875—1876年)》第1卷,第29页及其后诸页;首卷下,第21页。

19世纪中国人对政治和社会事务的思考之中,无论其属于哪个学派。梅曾亮(卒于1856年)写道:"天下之患,非事势盘根错节之为患也,非法令不素具之为患也,非财力不足之为患也。居官者有不事事之心,而以其位为寄,汲汲然去之,是之为大患。"①大臣左宗棠说:"窃维治乱安危虽系气数,而拨乱反治,扶危就安,则必人事有以致之。"②

恰恰是抱有这种宇宙观的人,系统地提出朝代循环的理论。概括地讲,其理论是:最初一个新的朝代经历了充满巨大活力的时期,生机勃勃、富有才干的新官吏把帝国的行政与军务处理得秩序井然。在世代的历史进程中,继朝气蓬勃的新时期之后便出现一个黄金时代。虽然控制住了早期获取的领土,但没有征服新的土地。学术和艺术在优雅的气氛中得到繁荣。通过维持和平、注重公共建筑工程及限制税收以支持农业生产和确保百姓福祉。然而,这个黄金时代的内部孕育着它自身衰败的种子。统治阶级先是丧失了热情,之后便失去了符合儒家政府的高标准的才干。他们日益奢侈造成国库匮乏。计划用来发展灌溉、控制水患、修造粮仓、发展交通、支付军饷的基金被中饱私囊。由于道德风尚遭到破坏,因此腐败公行。

虽然受到儒家社会哲学强化训练的官吏和百姓延缓了这一衰落进程,但是仍不能改变事物发展的基本方向。统治阶级对唯一能够拯救其命运的那些改革视而不见,迟早会向农民征收超过其承受能力的赋税,不顾民众的福利。各地分散的起义应运而生,这就必须加征赋税,并从日益不满的民众中招募部队。百姓

---

① 《皇朝经世文续编》第15卷,第1—2页。
② 《皇朝道咸同光奏议》第4卷,第8页。

与现有秩序已无利害关系,便以声势浩大的起义来表达他们的不满情绪。[①] 如果起义成功,那么从历史的观点看,"蜂起的土匪"就会成为"正义的力量"。

通常这种声势浩大的起义会成功。起义首领之一会慢慢地巩固他的权力,其途径是:(1)保证军事上的优势。(2)保证来自文人学士的支持,他向文人学士提供一个将由他们管理的恢复儒教的国家。(3)保证来自农民的支持,至少是默认的支持,他给农民和平、土地,薄赋低税,以及一份保护农业经济的公共事业计划。因此新朝代始于它的前代起步的地点,而其命运同其前代如出一辙。

但也有例外的情况。规模宏大的农民起义未能完成其使命便遭到镇压,旧的王朝在有限时间里恢复了它原有的地位。有关此问题的这种变化是由两种并存的情况引起的:(1)任何起义的领导者都不能采取使起义成功所必需的三个步骤。(2)现政府恢复活力,它通过显示军事上的优势,重新赢得知识界的支持,并稳定农业经济,来支持其暂时重新获得天命的企图。

这种重生的例外情况便被称作中兴。它不是一场武装政变,也不是一场革命或一个新时代,而是一种晚期的兴旺。在此期间,历史上不可避免的衰落过程由于整个贵族官僚集团的才干和努力而被延缓了一段时期。自然秩序与社会秩序的和谐得以重建,但这不是由于发生了根本变化,而是由于紧急注入了和谐的关键成分,即受到儒家学说灌输的官员们竭诚尽职。

---

① 虽然这种"内乱"经常伴随着"外患",但是外来的威胁总是被看成中国国家未能行使其正常职能来维持普遍和谐的征兆,从未看成由国内失败而引起的。但是在20世纪之前,中国的保守派无论怎样排外,都不会把中国内乱的责任归咎于门口的外国人。

第四章 中兴的思想

因为确切地讲,同治中兴是发生于 1860 年以后的数年中的事情,所以同治帝的统治被同时代的人认为是稀有的中兴现象的一个范例。薛福成在《中兴叙略》中指出中兴的实质:"数年之间,区宇奠定如故,独非人事耶?《传》曰:'得人者昌,岂不信哉?'"[①]

应该强调的是:中兴的概念是一个晚期繁盛的概念。在中国人看来,它是继"内乱和外患"时期之后的一个暂时稳定阶段。当然同治时期的官吏按常规宣称:中兴将是永恒的,太平盛世有了保证。然而,这仅仅是官样文章。忠诚的官方学者显然不会在他们的奏折中,甚至也许不会对他们自己,道出该朝代注定的厄运。重要的是他们把自己的时代看作中兴,他们正确地不把它同中国历史上伟大的开创时期归为一类,而是把它归入成功地克服危机和最后的大灾难之间的时期之列。

中国的这种社会政治思想导向是类似思想在整个中国史的类似条件下一再明显出现的原因。同治时期的官方学者致力于这一历史的研究。当他们把自己所处的时代比喻成周宣王、汉光武帝、唐肃宗时代时,他们肯定了解其含义。所以对这些早期中兴进行一番考察应当有助于我们了解这次中兴的目的,并评价同治中兴时期政治家们的努力。

中国历史上的早期中兴

公元前 827—前 782 年周宣王的中兴。 《诗经》中第一次

[①] 薛福成:《中兴叙略》(上),第 3 页,见《庸庵文编》,第 2 卷,引自《庸庵全集》(1884—1898 年印刊)。

对周宣王统治时期明确地使用了"中兴"这一术语。① 19世纪的学者把同治时代视作同中国历史上前三次伟大中兴一样的中兴,而周宣王的统治时期是三次中兴中的第一次。西周统治的衰落始于周穆王在位期间(传统年代是公元前1001—前947年)的西北起义。在疏理国政的继任者统治时期,这种王室的衰败在继续。但宣王是一位有才干的统治者,他把敌对的蛮族——戎人逐出国境,从而阻止了外患,并通过检讨其前辈们的错误改善了国内条件,还找到一些有经验的官吏为自己出谋划策。这促使经济有了一定程度的发展,帝国疆域的南部扩展至长江。但是到了宣王统治的末期,戎人再次劫掠了陕西和山西。在他死后,西周很快就灭亡了。

在述及周宣王统治时,奥托·弗兰克概括了整个中兴的特点:"周王朝新的盛世持续时间很短,宣王留给他儿子即继承人的是一个不能阻止其衰落的王国,它再也战胜不了威胁其统治的内外危险。"②

公元25—57年东汉光武帝的中兴。 东汉开国皇帝光武帝的中兴,也许是中国四个伟大中兴中令人印象最为深刻的中兴。在中兴的过程中,汉朝国家得以在王莽篡权后的废墟上重建。这一晚期的繁荣一直继续到公元184年的黄巾起义。

正值赤眉起义军与其他义军的领袖们在长安和帝国其他地区称孤道寡时,光武帝于公元25年在洛阳建都。由于光武帝有计划、有步骤地击败了赤眉军,因此他才能在自己军队的成员中

---

① 见理雅各翻译的《诗经》(牛津,1893—1895年),共分两部分,见"绪论"的第31—33页及正文的第77页和第541—545页。
② 弗兰克:《中华帝国史》(柏林,1930—1948年)第1卷,第150页。此处未提及东周的一次中兴。

成为最有才干和能力的人物。随后他用慷慨的饷金打发了许多与他并肩战斗过的人,并且着手实施一项复兴计划。在三年之内,他降低赋税达三分之二,这便是而且仍然是消灭中国人起义的典型模式。

继镇压与肃清国内起义之后是重申中国对远方属国的统治权。安南暴动在公元 42 年遭到马援的镇压。汉朝收复了兴安地区。迄至光武帝末年,中国在远东的霸权已得以恢复,丧失的疆土不仅已被重新征服,而且已被汉化。

汉代中兴最重要的方面是巩固了儒家学说的体制与意识形态。公元 25 年之后的数十年中,该朝曾显露出相当惊人的政治活力,但很快便又衰落下去。由于中央权力为帝王穷奢极欲、宦官专权及诸侯王子的无能所削弱,因此知识界人士的势力得以伸张。他们坚定地树立了儒家学说在政治上的正统地位,并利用它去推迟不可避免的倾覆。直到 20 世纪,这一正统始终是中国保守主义力量的存储地。

汉由于黄巾起义,更确切地说是公元 184 年的太平道起义而告终结。黄巾起义在一个难以战胜的军事组织、公社生活以及通过当众认罪来维持纪律的基础上提出了平等口号。起义本身被封建贵族和文人学士的联合力量镇压了下去,但是时间太迟了。起义所造成的经济破坏有利于军阀的崛起,而不利于儒家政府的复活。

光武帝的中兴在恢复军事力量、官僚政治的政府和艺术方面取得显著的成功,然而它仍然是一种晚年的兴旺,一个延缓衰落的时期而非一个伟大的新时代。王符(约 90—约 165 年)在其《潜夫论》里哀悼了东汉的灭亡。他对强生弱、富生贫、中兴在王朝循环圈内的终极命运作了典型的描述。他大声斥责炫耀浮华奢侈和增加使用奇异珍品的风气。随着中间势力的兴起,农业衰败了;朝廷表现出的迟缓和尔虞我诈,证明它缺乏德治,需要严峻的法律控制。

这个时代被《后汉书》的编纂者正式分类为一次中兴。它始终为后来的中国人树立了一个在失败的起义和随后成功的起义之间的短期内恢复其王朝的典范。

公元756—762年唐肃宗的中兴。 唐肃宗的中兴是早期几次中兴中与19世纪这场艰难的努力最为密切相关的一次中兴。在因安史之乱(755—763年)而走下坡路的数年间,叛乱已遍布各地。税收、徭役和兵役变得更加沉重,越来越多的农民由于负债累累而被迫出售土地。戍边通常由少数民族充任,东北省份(当时的直隶和山西)主张独立的情绪日益高涨。

已经遭到削弱的唐代财政机构随着安史之乱而垮台了。恰恰是在总动乱发生而需要增加军费时,国库空虚。由于税率上涨,所以有三分之一以上的人口通过捐购头衔或进入寺院而逃避税收。而压在其余人口身上的重负变得不堪忍受。在肃宗的有生之年,大部分被叛乱者攻占的城镇被收复,在他去世后的那年,叛乱终于被镇压下去。然而,帝国军事上的胜利是由于叛乱者内部出现分裂以及借用了外国(回纥)军队,并非根本恢复。在外部,中国丧失了除安南和北部湾地区以外的全部领土。在国内,地租仍然极为高昂,至少占农民收获物的一半,自耕农的状况也未得到改善。财富和人口日益减少,自耕农实际上已经消失。在大约持续了30年的内战中,物价上涨了3倍。连年的干旱及粮食歉收于785—786年酿成巨大的灾难。

至8世纪末叶,拥有土地的人仅仅占全国人口的5%。政府看出了不祥的预兆,给参加公元806年殿试的科举士人出的策试题目便是建议如何能制止这种衰落,恢复帝国以前的繁荣。伟大的诗人白居易用一直回响到 19 世纪后的言辞答复说:百姓贫困是由于沉重的税收,沉重的税收是由于兵力的日益扩充,兵力的扩充是由于起义的不断增多,而起义的增多则是由于政府的腐败。①

另一位科举士子兼诗人所作的具有更多独到见解的答复,预言了从冯桂芬到康有为这些 19 世纪伟大的改良主义者的观点。元稹建议,为了从社会各个阶层延揽具有更高的实际治国本领的人才,就要改革科举制度。② 但是,这种衰落未能得到遏止。作为传统国家基础的自耕农已变成农业无产者,874 年一次成功的起义摧垮了唐朝。

"中兴"一词对于同治时期的适用性

就 19 世纪 60 年代的政治家而言,镇压太平天国起义和捻军起义看上去可以同汉代镇压王莽和唐代平定安史之乱相媲美。像唐朝利用回纥人的援助一样,清朝利用了欧洲人的援助,借师助剿实属援引前例。左宗棠镇压西北回民起义之举使人联想到周宣王远征戎族之业。胡林翼的成功可以与周朝中兴的业绩相匹敌。曾国藩指出:唐朝中兴时期的势力未扩展到黄河以北地区,宋朝中兴时期(1127—1161 年)的势力未扩展到长江以北地区;但是同治中兴囊括了整个帝国。③

随着同治帝的统治行将结束,历史记载作了这样的定论:同治统治时期是整个中国历史上四个伟大中兴之一。"中兴"不是

---

① 阿瑟·韦利:《白居易(772—846)的生活及时代》(伦敦,1949 年),第 40 页。
② 阿瑟·韦利:《白居易(772—846)的生活及时代》(伦敦,1949 年),第 4 页。
③ 曾国藩出任两江总督时的奏议,见《同治中兴京外奏议约编》第 7 卷,第 11 页。

一个政府在日常事务中轻率谈论的词,首先对此时代引用这个词是慎重的。到1869年,两江总督马新贻已能够论及"中兴精神",并三度拔高了中兴所具备的特征,这一事实表明这一专有名词具有庄严的意味。① 1872年,接替马新贻职位的李宗羲在谈到"中兴"仍是一种未被世人充分认识的思想时,再次拔高了这个术语的含义。② 这位总督写道:因为同治时期的混乱已超过了唐朝和宋朝,所以能够控制这种混乱是一次更伟大的成功。此时期的奏折汇纂作为中兴奏议而公布于世,并收入了中兴名臣传记。编纂者之一陈弢于1875年把同治时期比作周宣王统治时期。

帝国大百科全书最后一部的编纂者站在1921年的高度,自鸣得意地回顾了作为一个"内乱与外患已被逐渐消灭"时代的同治时期。正确地说,穆宗同治帝似乎已经效法了清朝的奠基人清世祖,更像汉代中兴皇帝光武帝。因为无论是汉代还是清代,"一个时代是开创,而另一个时代便是中兴"③。

下列各章论述同治统治的各个方面。对于同时代的人而言,同治统治时期使人联想到早期的中兴。在艺术和文学两个领域里没有加以比较,因为同治时期没提出任何关于恢复那种标志着东汉复兴的艺术建议,或者出现像唐代中兴时期那样华丽的散文和诗词。④ 同治统治时期的成就主要是政治和社会方面的,如同

---

① 1869年3月15日马新贻的奏折,见《筹办夷务始末》(同治朝)第64卷,第26页。
② 李宗羲1872年(同治十一年)的奏折,见《皇朝道咸同光奏议》第2卷,第13—14页。
③《皇朝续文献通考》,第10068页。因未查到对应的中文段落,故使用白话译文。——译者注
④ 胡适之指出,同治时期的诗词很少提到太平天国时期所遭受的苦难。古老的形式和题目几乎未受到大破坏的影响[《五十年来中国之文学》,见《申报馆成立五十周年纪念出版物》第2卷,《五十年来之中国》(上海,1922年),第3—5页;也见王必江《近代诗派与地域消遣》,《中国学报》(重庆)第1卷,1943年第1期,第45—54页]。但是仍然有值得称誉的传统模式作品。见任鼐《同光诗人李芋仙》,《逸经》1936年第8号,第26—31页。

汉代的中兴一样。这些成功伴随着社会赖以依托的旧学的复兴，而不是伴随其新创造的再生。有权势且多才多艺的郭嵩焘约在1854年停止作诗的事实，使人想到同治统治时代的社会精神气质。正如他本人于1862年所解释的，诗人当前只是在制造小玩意儿，对个人和社会毫无用处，上等人不能参加这种活动。①

皇帝的作用

从理论上讲，一次中兴是一位强有力的、富有才干的、正直的统治者作用的结果。而事实上，中国的政治制度总是要求一个有力的中央行政机构起到适当的运行作用。因此，乍一看来，把同治时期称作一次中兴似乎是荒谬的。皇帝是一个孩子和一个弱者，而年轻的慈禧太后耍弄政治权术要比作为一名真正的中兴政治家更著称于世。然而，应当记住的是：中国皇帝作为一种功能较之作为个人一直更为重要。一位礼仪上被接受的皇帝和一个有才能的官吏集团的协力就足够了。由于维持了形式上的礼节，官吏们能行使保持社会秩序和谐的皇帝职能，并且谨慎地把他们的各项成就归到圣上名下。就全部实际目的而言，这种结合体相当于一位有魄力、有才干、具备高尚道德品质的统治者。

当然，比起真货来说，这种合成的替代物更少稳定性。无疑，假如康熙在位，他可能已经冒险尝试更多的改革。但是现实中发生了没有一位康熙或者汉光武帝的中兴，就所涉及的皇帝作用而论，这种解释在于恭亲王的威望和才干。恭亲王提供了一个使中兴政治家们的政见才能得以付诸实施的渠道，这也就体现了皇帝

---

① 见郭嵩焘的《养知书屋全集》的诗集部分的序言。

作用的实质。

直到1865年,慈禧太后才开始逐步控制最高权力。以后的10年,她才取得专制独裁者的地位。中兴的真正缔造人是高级文武官吏。东汉的官僚在统治者变得软弱无力后很久仍保护着中兴的成果,晚清官僚做得更加突出,在一个软弱无力的皇帝统治下,发起了一场中兴。

满人的利益与汉人的利益

无论国民党还是共产党当政的数十年里,指责满人为了挽救其王朝不惜卖国的观点一直十分流行。利用这种方法,守旧派一直提倡无须社会革命的民族革命,并坚持说中国近代问题只有通过重申据称是被满族统治搞乱的那些中国传统价值观念才能得以解决。

马克思主义者已发现曲解满人的作用同样是便利的。为了解释中国在19世纪里的"畸形"发展,他们把满人的有害影响同帝国主义的有害影响相提并论。通过严重夸大这个有罪的联合集团的阴谋,教条主义的左翼分子从这种非正宗的结论中获救,即近代以前的中国社会不是封建社会,而且近代中国社会一直也不是资本主义社会。因为国民党和共产党的史学工作者都非常关注满人的作用,所以在分析中国近代社会发展方面几乎没有什么因素是更为重要的。此外,因为在中国历史上唯有清代是出现中兴的外族王朝,因此对同治中兴中满人作用的认识应当阐明我们对魏特夫所称的"共生现象"理论的理解。共生即汉族和异族社会随着不同程度的相互调整继续共存的过程。

即便清代在所有异族王朝中汉化最彻底,但文化的适应仍不会导向单一化或者彻底同化。正如魏特夫所指出:"直到该王朝寿终正寝,政治因素仍会显示出未能彻底融合。"①这种永不会彻底的融合是显而易见的。然而,它还是比通常所认为的要更为彻底。这种发展方向可能在这里富有重大意义。在1860—1890年间,满汉间的畛域之分渐趋消失。仅仅在1898年戊戌变法失败之后,双方的相互猜忌和敌意才重新恢复。在同治中兴前和清朝最后数年,满汉冲突成为那个历史阶段的特征。中兴时期则看到了相反的趋向。

根据魏特夫的观点,阻碍满汉彻底融合的因素是:(1)满人保留了早期军事组织——八旗,八旗成员的成分把大多数满人置于一般的汉人管辖权之外。(2)在清王朝的继承法中缺少嫡长子继承权的制度。(3)满人对官僚机器的支配,尤其是对高级官职的支配。(4)全面禁止满汉通婚,这条法令直到1904年方才废除。但是,正如下面将要进一步指出的,中兴时期的八旗制度丧失了其作为满汉屏障的大部分作用,满人很快便失去了他们在官僚政治中的特殊地位。虽然明文规定全面禁止满汉通婚,然而由于坚定地废除了所有形式上的满人特殊保护法,所以这种禁止大大丧失了效力。长子继承权的问题不再有什么实际意义。

确实,清初企图阻止或至少是限制满汉融合。在鼓励汉人迁居到"满洲"的最初时期之后,政策改变了,始于康熙初期的移民受到阻止。在大力保持满人发源地完整性的行动中,"满洲"一步步地停止迁入移民,直到雍正时期,它实际上被封闭起来。

但是,这种区别满汉的政治在18世纪逐渐走向反面。总之,这个屏障已被证明是软弱无力的,而且在"满洲"的汉族人口已稳

---

① 魏特夫、冯家昇:《中国社会史——辽(907—1125)》(费城,1949年),第10—15页。

步地增长。此外,因为旗人成为贫穷的农民,所以为旗人保留"满洲"土地的政策已失败了。在这些情况下,逐渐汉化的满族统治者对保留满文化统一体失掉了兴趣。并且从18世纪末叶以来,"满洲"渐渐地已同正统中国没有区别。吉林也逐渐开放,在长春建立了一个汉族式的地方政府,并在整个地区以汉族式的行政组织取代了满族式的行政组织。随着《天津条约》所规定的牛庄口岸的开放,作为一项保护性措施,加快了以汉族移民来增加"满洲"人口的努力。到同治初期,虽然仍在明文中有一些特殊规章,但是"满洲"不再设防了。

到19世纪中叶,满人早已赢得汉族绅士和官僚们的支持,太平天国起义已证明满汉两个集团利益的一致性。由种族界限引起的倾轧已经终止,正是满人肃顺(甚至是咸丰帝本人)看到有必要授予曾国藩和左宗棠更大权力,而且也恰恰是一位汉人——祁寯藻向咸丰帝发出曾氏和他的湘军对清朝具有潜在威胁的这个经常被引述的警告。

至1860年,一个联合起来的满汉上层阶级统治了中国,他们共同的宏伟目标是要保护汉文化的遗产,不受国内起义的劫掠和西方控制的威胁。虽然汉族社会革命已正式地认出了他们历史上的敌人,但是他们不能正确地识别这个异族敌人,即满人有害于汉人革命,不是因为他们血统上为满人,而是因为他们文化上完全是十足的中国人。正如维新派康有为所解释的,如果清政府有过错,那么它犯了汉、唐、宋和明代的古代错误,即"它并不是一种独特的满人制度"①。

在中兴期间,关于被后来广泛指称的满汉官吏之间在政策上

---

① 康有为:《南海先生最近政见书》,引自国民党的《党史史料丛刊》第1号,第11—17页。

第四章　中兴的思想

的分歧几乎没有实际根据。在引起争论的问题上,会发现争论的双方都既有满人又有汉人,没有一定之规。例如,中国的民族主义者,特别是广州的商人集团经常把厘金称作满人压迫的手段。但是厘金是由一位叫雷以诚的汉人发明的,并受到骆秉章和许多其他汉族高级官吏的支持。再者,许多满人竭力反对厘金,其中就有全庆。在厘金问题上包含着各种各样的冲突:增加财政收入的需求与反对多纳税的情绪的矛盾;国家控制的岁入与地方控制的岁入的矛盾;在纳税负担的分派中,农业集团与商业集团的矛盾;特殊的外贸利益集团与不愿他们扩大和长久存在的汉人的矛盾。但是这些并不涉及满汉之间的冲突。

当然,官吏之间的个人猜忌依然存在,但是并没有明显的伦理道德的分野。一些派系集团建立在对个人效忠的基础之上,另外一些则以相同政策观点为基础。但是每一个派系似乎都是既有满人又有汉人。的确,一位满人以曾国藩傲慢为借口,一度企图弹劾他。而另一位满人恭亲王却拒绝倾听这些指斥,并且满族皇帝发布的上谕驳回了这些指责,说它纯属不实之词。[1]

至中兴时代,操用满语,甚至将之作为次官方用语的现象几乎已经消失了,满人自身也不再懂这种语言了。1862年1月发布的一道上谕承认了这一既成事实,当时在科举考试中免除了满人考生把古汉语译成满文。到1871年,甚至在戍边的武官中使用满语也是相对例外的事,以致有一道上谕专门要求使用满文呈写奏折。[2]

---

[1] 1867年3月3日的上谕,见《清实录》(同治朝)第195卷,第28—29页。曾氏最信任的部下之一是满人塔齐布。
[2] 1862年3月1日的《北华捷报》登载了该上谕的译文;1871年3月31日的上谕,见《清实录》(同治朝)第305卷,第4页。

1865年,区分满汉的最后的大部分限制被取缔。① 旗人自身糟糕的境况成为这些变化的借口。为了调整他们所面临的状况以适应变化了的形势,不得不确实作出某些努力。早在道光年间就一直建议放松这种限制。在中兴初年,一些汉族官吏就围绕着此问题开始呈递奏折。蒋琦龄于1861年就上过奏折,但朝廷没有采取任何行动。继蒋氏之后,御史杜瑞联再次提出此问题,并要求户部拟订出细则。直隶总督刘长佑的上书结果与此类似。他使先前提出的一些建议更为明确,即"民人既准置办旗地,自应照例升科,未便任令隐匿,延不首报……"②最后,当时身为山西巡抚,后来是中央中兴机构一位要员的沈桂芬的类似上书奏效了。

沈氏建议:像普通民人一样,允许贫苦的旗人自谋生计。皇上训示"敕部核议施行",又谕"八旗都统等会同户部等部奏:遵议沈桂芬条件,筹费移屯"。参加会议的大臣们均赞同沈氏的建议,还特别提出:"旗人听往各省之法……现拟量为推广,以裕旗人生计。"嗣后各类旗人有愿出外营生者,准由该都统给照前往。取消旗人法律上的特权,"所有词讼案件,统归该州县管理。如有不安本分、滋事生端者,即由该地方官照民人一律惩治"。他们还建议:"其愿入民籍者,即编入该地方民籍。文武考试章程俟应试有人,再由督抚体察情形、奏交该部核议。至八旗兵丁人等在外落业者,并准其调补绿营,马战守兵。"皇上谕旨说:"所筹尚属周

---

① 关于旗人特殊地位的背景问题及其对占有权的限制问题,见王庆云《熙朝纪政》第4卷,第46—56页。
② 刘氏1864年7月9日的奏议,见《刘武慎公遗书》(1902年)第6卷,第10—12页,刘和杜的奏议均论及背景问题。

安。"即着八旗都统将此次推广办法逐节出示晓谕,俾众人咸知。①

当时的外国人没有忽视这种法律上的重要性。《北华捷报》的编辑们清楚汉族早已同化了满人。

> 但是,对于今天我们发表了译文的这道上谕所规定的总括性法规,我们毫无准备。该法令使鞑靼人最值得爱护的全部特权荡然无存。②

另一位观察家评论说:

> 一道皇帝的敕令……废除了这些军队(八旗)的世袭职务和特别法庭,允许个人按他们的意愿从事任何职业,并要求他们在所有问题上都要服从国家的普通法庭,因此废除了征服者与被征服者之间最后的明显标志。这道敕令几乎没有激起什么兴趣,它像说明两个种族的同化怎样完全实现一样,仅仅值得作一个附带的评论。③

因此,虽然魏特夫正确地指出普遍通婚的禁令和八旗制度的残余"阻碍了彻底融合",但是朝着融合方向发展的持久趋势可能具有更大的意义。

人们普遍认为,直至清朝末年,满人仍继续支配着官僚机构,特别是上层官僚机构。当末日来临时,满人的排外主义情绪也日益提高了。当然,这种最后的情形是千真万确的,1911年的满人

---

① 1865年7月23日的上谕,见《清实录》(同治朝)第144卷,第2—4页。
② 见《北华捷报》1865年8月26日。据认为,这篇文章具有重要影响,《中国及日本丛报》转载了它,见第3卷,第541—542页。
③ 金斯密:《回顾1865年间有关中国与日本的事件》,引自《皇家亚洲学会北中国分会季刊》1865年第2期,第139页。

内阁便是证据。但是这一趋势看来不会一直持续下去。由于这个证据目前继续有效,因此中兴期间脱离满人支配,朝着满汉合作发展的趋势比起早期满族统治的任何遗留下来的痕迹远远表现出更大的历史重要性。

对清季官僚成分的最详尽的研究,仍然是根据19世纪60—70年代的资料在75年前所作的那些研究。班德瑞从对中央和地方统治集团组成的研究中得出结论:

> 对于认为外人支配了中国的那些人而言,令人似乎奇怪的是,这张名单中144位构成国家的最高行政机构的官员当中,只有32位是满人。然而事实正是如此。当我们注意到在军机处的6位大臣和23位巡抚及总督中仅有6位满人时,满人在行政当局中占有的微小比重便表现得更加明显。三江(江苏、江西、安徽)一地出的官僚代表就比满人多许多。前者有47名官员,而后者是32名。①

取自19世纪70年代末的一个历史剖面证实了这些发现。它表明所有总督都是汉人,而18位地方巡抚中有15位是汉人,18省的布政使中有14位是汉人,18省的按察使中有15位是汉人。汉人也支配了较低级的官僚机构。在道台以下官衔的官吏中,汉人占90%,满人占7%,蒙古人只占1%强,而汉八旗人还不到2%。另外的数字排除了这样一种假设,即满人可能已经管理着更加重要的府、州、县,只是把许多不重要的区域留给汉人管

---

① 班德瑞:《构成中国中央及地方政府高级官吏历史年表》,见《中国评论》第7卷,1878—1879年第5期,第314—329页。第315页上的表包括了除翰林院掌学士以外的军机处、内阁、总理衙门以及道台衔以上的全部地方官员的名单。关于中兴时期汉人既支配了中央的官僚政治,又支配了地方的官僚政治问题,见凌惕安《咸同贵州军事史》(上海,1932年)第1编,第18页。

理。这些数字与中兴之前以及整个清王朝时期的数字形成鲜明的对比。①

我们承认这些研究没有考虑到诸如任职年限以及满人将军在地方政府中的权力这些因素。然而,即使有各种错误,有一点看起来仍然很清楚,即同治中兴期间满汉统治阶级实际上已联合成一个由汉人占优势的单一的统治阶级并致力于维护儒教国家。稻叶岩吉把这一时期的满人称作"汉人的傀儡"的说法实在是太过分了。② 他们不是汉人的傀儡,他们在现实中就是汉人(中国人)。

因此,虽然同治中兴肯定不是一场汉人的民族主义运动,但也不是供职于异族皇帝的叛徒们对民族运动的一种叛逆。同治中兴不仅仅局限于满汉社会的共存,它几乎就是一个满汉合成体,一种名副其实的融洽联盟。这种联盟标志着作为传统文化象征的非民族的儒教君主政体在其发展中的一个新阶段。

关于满人问题,左、右两派之间展开的辩论都没有注意到关键之点。右派方面的蒋介石写道:清代的政治制度同汉、唐两代

---

① 清代的数字如下:
 (1)大学士和协办大学士 (2)六部、礼藩院和都察院
 满人……99人   满人……328人
 蒙古人……18人   蒙古人……18人
 汉军旗人……18人   汉军旗人……77人
 汉人……128人   汉人……262人
 (3)总督   (4)巡抚
 满人……209人   满人……171人
 蒙古人……18人   蒙古人……18人
 汉军旗人……77人   汉军旗人……10人
 汉人……288人   汉人……573人
 (潘光旦:《清代苏州的人才》,见《社会科学》第1卷,1935年第1期,第49—98页。)
② 稻叶岩吉:《清朝全史》第2卷,第523页。又见稻叶岩吉《满洲发达史》,第439—441页。

的政治制度一样伟大。如果不是因为满人在政策上失误,那么中国也许会像欧洲一样先进。① 事实上,满人的错误恰恰是在近代时期努力维护了蒋氏所信仰的那些政治制度。左派方面的范文澜更加明确地写道:因为中兴的满汉官吏们认为同西方之间仅仅是贸易上的问题,所以他们对是否有必要与西方达成协议的问题是有思想准备的,然而因为他们深知孔教的宗庙危在旦夕,所以他们坚决反对败在中国国内起义者的手中。范氏清楚地认识到:清王朝的既得利益在于儒家学说的遗产,而蒋氏却未能认识到这点。但是要把护卫这种遗产称为背叛则是歪曲了中国历史。

对于19世纪中叶的汉人而言,清王朝已成为汉民族信仰的忠实保护者,而这一政治事实在欧洲公使馆中受到充分的注意:

> 不仅仅绅士和知识阶层,而且大多数百姓都怀着深深的崇敬心情尊重着圣人,而他们的道德及社会教育世世代代以来一直建立于这些圣人权威的基础之上。根据一位近代无名氏的证据,各种新教条的表白不仅必须旨在使造反不再具有反鞑靼人统治的民族起义特征,而且实际上必须把坚持民族传统和原则、抵御一小撮异端的功劳归于鞑靼人和他们的追随者。②

正如孙逸仙遗憾地提到的那样,大多数汉人支持满人,许多人积极支持。这是因为通过科举考试制度,满人已经把"几乎所有聪明、有学识的人"争取过来。③

---

① 蒋介石:《中国的命运及中国的经济理论》,菲利普·贾菲编,纽约,1947年,第47—48页。
② 见1860年8月1日《卜鲁斯致罗素》,《英国对华事务往来函电,1859—1860年》,第9页。
③ 孙逸仙:《三论民族主义》,见毕范宇英译本《三民主义》(上海,1929年),第55—59页。

第四章　中兴的思想

地方主义与中央集权制

在中国，从19世纪90年代到共产党胜利这段时期里，握有实权的地方官吏同一个软弱的中央形成了鲜明的对比，从而导致在某些领域产生了这样一种观点，即从太平天国起义的时代起，地方主义便稳步发展。

中央权力在太平天国时期就已崩溃，这一点没有问题。按照中国人的理论，有能力的半自治的地方官的权力必然会膨胀，而历史事实也的确如此。从理论上讲，中央政府一定要通过反复坚持儒家的社会控制方法试图克服这些分道扬镳的意向，而实际历史发展也应验了此观点。第一种观点以及这种过程的离心阶段已得到广泛的讨论，而第二种观点及向心阶段则在很大程度上一直被忽视。

起义和中兴是传统中国变化过程中的互补阶段。太平天国运动初期就已抬头并呈上升状态的地方势力受到暂时的限制，并借助儒学思想体系的炼丹术把起义时代的离心力改变成中兴时代的向心力。

地方势力一向在中国存在，只是程度深浅不同罢了。据中兴时期的一位出色的理论家冯桂芬的看法，权力集中与权力下放在统治帝国的过程中同等重要。没有集权，幅员辽阔的国土就不能合成一个单一的整体，帝国便会分裂为相互厮杀的数个小国。没有权力下放，统一的政府就会对人口众多的国家感到鞭长莫及，帝国就会陷入不断的起义暴动之中。道台、府尹及知县等代表中央政权，士绅及士绅控制的地方组织代表地方政权。

1861年以后中央和地方军队有段时间如此疏通了联系，以至于它们能相互增援。整个中央和地方的统治阶级几乎同时由于内外威胁的冲击而抱成一团,并把在全国范围内复兴的儒家学说看作其生存的唯一希望。科举考试制度恰如其分地被理解为增强了共同利益意识上的一种建制。与此同时,这种建制为共同利益的意识提供了表达的方式。

曾国藩经常被称作后期独立的地方首脑人物的典范,他在地方上享有巨大实权是毋庸置疑的。批评性的观点认为,他代表谁又为何目的行使这种权力,有相当多的证据可以说明没有发现曾国藩在对国家效忠和对地方效忠之间有什么冲突。他对牢固扎根在地方儒教社会基础上的中央儒教国家的中兴施展了他的才能、权势、威望。在从下到上的社会强制链条上,他和他的同党们是其中的一些环节。通过它们,做好应战准备的士绅能够对作为儒教秩序支柱的中央政府予以有力支持。而在从上到下的指挥链条中,他们是中央权力能在地方上行之有效的环节。虽然曾氏是地方领导人中最伟大的人物,但是他支持中兴政府的时候是代表所有人讲话的。

相反,中央的高官大员们与地方官吏具有共同的目的和方法。事实上,他们之中许多人有选择性地在中央和地方任职。例如,如同曾氏是地方中兴官员的典范一样,沈桂芬常被认为是中央中兴官员的典范。而实际上,他对中兴政策的主要贡献是在地方上任山西巡抚时完成的。相反,在曾氏成为一名地方领导人物之前,他的权力部分地有赖于长期在北京供职。

因此,同治时期的记载并未表明试图直接从北京管理整个帝国的中央权力集团与一系列策划建立自身领地的初起军阀之间有分裂迹象。正相反,记载说明了中央和地方政权之间传统上的平衡暂时得以重建。虽然一个曾国藩能反对一个已经遗忘了儒家遗产的政府,但是他绝对不会反对一个政府,无论它多么虚弱,都是那种遗产的唯一保护者。

有一种说法认为:同治中兴时期的绅士及文人学士反对太平军起义不是为了效忠清朝,因而拒绝接受官职。这种说法纯属无稽之谈。这种大而化之的看法是在通常没有任何拒绝政府任命的领导人物实例的情况下得出来的。有时把彭玉麟事件引用为这种泛论的证据,实际上这种说法并不成立。在彭氏的生涯中有相当长的一段时间是站在皇帝一边战斗着。1862年他接受了兵部右侍郎的任命,1863年他膺任长江水师提督,1864年膺太子少保衔。的确,虽然在1865年之后他宁愿归里隐居著书立说,但是他几乎一直是清政府的顾问。1883年他又返回政界,被擢为兵部尚书。他的生平不仅说明不了不忠于清政府,反而有力地证明了甚至一位热衷于个人生活的学者也能投身支持中兴中央政府的队伍中来。迄至19世纪末叶,中兴失败已很长时间了,中央和地方政权之间的分野已经明朗化。地方上的领导人变得日趋独立,中央政府企图在名义上加强中央集权。完整的儒教国家分裂成一系列极端的地方派别和极端的中央派别的过程最终得以完成。虽然这种分裂始于太平军起义,但是它并不是一个持续不断的进程。中兴十年改变了这一进程的发展方向,中央与地方政权之间的传统平衡一度得到肯定。

中兴思想的哲学基础

恰恰是儒家的思想体系把满人和汉人统一起来,把中央官员和地方绅士连在一起,也正是这种思想提供了控制农民的主要工具,为实现有限的近代化提供了组织构架。

支配19世纪的儒家思想学派是唯一适合于该时代政治任务的学派。汉学学者的著作在内乱和外患增长的时候已日趋显现出其空疏迂腐。尤其在鸦片战争之后，特别是由桐城派加以解释的宋代新儒学的复苏既给予了安慰又提供了行动的准则。它把道德价值与生活条件分离开来的做法在动乱的年代里令人心里得到慰藉。清晰、简明及对意义的强调而非表现古文风格的注释为那个时代各种重要的道德著述提供了媒介。①

源于朱熹哲学的新儒家的复兴引出了这样的思想，即有鉴于组织国家和社会所依据的"原则"是一种客观存在且不可能被破坏，那么其形式只有在人们遵循它的时候才表现出来。与这种客观原则保持一致是成功政府的关键所在。

从18世纪起，对宋学思想的探讨逐渐使对汉学思想的探讨相形见绌。乾隆末年，信徒们开始云集于安徽的桐城。在那里方苞、刘大櫆和姚鼐已建立了一个学派。从最初起桐城学派就很少强调研究，而更重视道德教化。后来，在曾国藩的影响下，该学派的注意力日趋转向公共事务。

在"落后的"湖南，曾国藩、罗泽南、胡林翼和许多其他人都拜师于桐城派人士的门下。在汉学学派于传统学问中风行期间，桐城派人士已脱离了汉学学术的发展。在曾国藩的鼓动下，桐城派的影响迅速扩大，以至于可以公正地把桐城派的学说称为中兴的理论依据。虽然曾氏本人的目的在于一种综合所有学派学说的广泛的折中，他深受杰出的汉学学者顾炎武的影响，但是他所崇敬的是孔子、周公和姚鼐的三位一体，并把他的政府学说建立在

---

① 论述宋学治国功效的文集，与钻入故纸堆研究的汉学形成了鲜明的对比。一部典型的优秀选集可在1937年由郑振铎于上海编纂的《晚清文选》中寻到。

桐城派的基础之上。

作为一个积极热情为政治服务而著书立说的组织，桐城派不久就衰落了。严复、康有为、梁启超、谭嗣同及其他19世纪末叶有创见的政治思想家在早期都有桐城派的渊源，可是后来他们却沿着其他思想脉络发展了。然而在19世纪中期，桐城派集政治思想之大成，无论是伦理学还是文学都以它为依据。它是有关国务方面的全部中兴思想的策源地。

社会稳定性的思想

有关建立在礼（社会习俗原则）的基础之上的稳定社会以及社会内部变通的补充思想，在同治时期的新儒家思想体系中是非常有名的。从这两个观念中衍生出该时代的价值观：国内与国际上的和平；以崇俭去奢，而不是以扩大物质福利的手段来保证经济；以儒家各种社会原则为基础的社会和谐与个人宁静；文化上的自豪感以及不是对中华国家而是对中华民族独特生活方式的忠诚。

在中国的实地观察家们常常惊奇地发现，如此众多人口能够和平地、井然有序地、彬彬有礼地相处，以及能维持其完整的社会制度，度过足以使其他社会灭亡的严重危机，这实属奇观。

> 什么是保持中华帝国完整的力量？……每年都预期它会灭亡……（然而），在麦基洗德*的时代就充满生命力的帝国还可以比所有成长中的年轻国家存活得要久，并且当所有欧洲之国和君权被打倒摧毁时，仍然保持了一种持续不断的

---

* 《旧约全书》中的人物。——译者注

活力。目前,什么是在那个地方把广大不调和的领地结合于一体的纽带呢?①

答案是由于礼的观念。礼是中国社会思想的根本基础②,并再现为支配中兴时代社会思想的力量。

使儒教国家一体化的结合物是这种把社会从上到下划分成等级森严的体系,明确规定每一位个人和每一个集团的权利与义务。当这些权利得到承认,应尽的义务得以履行,以及作为仲裁者的国家也这样做时,一种普遍的和谐便产生了。在数千年的历史长河中,这种和谐已经成为中国社会占主导地位的明确价值观念。

这种结合的力量依靠国家对儒家思想的维护,依靠中国社会各个阶层对儒家思想的普遍接受。然而虽然思想意识上的问题是首要的,但是为复兴这种正统教义所进行的斗争并不是一场西方意义上的有关信条的战争;所斗争的首先不是百姓被虚假的教

---

① 见《北华捷报》1868年8月14日。
② 传统上中国人所理解的礼,十分接近当代社会学家们所理解的"规范":"那时一种规范在一个集团成员的头脑中便是一种观念。这种观念以陈述的形式能够规定出该集团的成员或者其他人要做什么,应该做什么,在既定环境下期望做什么……无疑,一个集团内部所接受的规范从一个人到另一个人,从一个子集团到另一个子集团稍有变化,然而这个集团的成员在他们所具有的规范方面比他们公开的行为方面几乎更为相像。为了使问题更清楚,他们在嘴上说他们应当做什么方面比他们实际上做了什么更加相像。"[霍曼斯:《人类的集团》(纽约,1950年),第123、126页。]这些规范的完备发展表现了相当多的传统社会特征,致使克拉克洪把你要做你不得不做的事情以及你不得不做你要做的事情这样一种情况界定为"一种儒教状态"。

生活于传统中国社会中的所有观察家都被有关礼仪和冒犯礼仪的无休止的闲言碎语所打动,而且在克拉克洪看来,这很重要。因为"闲言碎语最流行的地方恰恰是那种文化价值观最厚重的地方。对价值观的这种式样的讨论,乃是他们最基本的财产之一",尽管这种讨论可能是无诚意的,或者是虚假的,不会把这种讨论称为一种有关价值观的思考[《在行为理论上的价值观与价值观的倾向性》,引自帕森斯与希尔斯合编的《关于行为的一种普遍理论》(坎布里奇,马萨诸塞州,1951年),第404页]。

义引入歧途,而是由于传统教义的软弱无力削弱了政府,因此间接地引起百姓造反并遵奉虚假的教义。所以恢复正统教义的努力即复兴良善政府并因此消除引发大众错误信仰原因的努力是绝对必需的。对虚假的教义展开直接进攻显然处于次要地位,因为造反的指导思想被认为是症状而非起因。中兴官员是传教机构和教义的热心者,但并非西方意义上的热心者。

中兴政策以宇宙和谐和人性善良的观念为基础,还基于主要的社会控制手段不是法律而是由惩罚(刑)所补充的社会规范(礼)的观念。恭亲王在《礼可以为国论》中论述道:"夫礼,国之干也,坏国者必先去其礼。"①宁静舒适的生活要依靠社会统治集团,而社会统治集团则是对这些教义予以适当注意的产物。用恭亲王的话来表达,社会统治集团或许可以是满汉统治阶级中的任何成员。"辨上下而定民志者,礼也;上下之分既明,则威福之权皆出;自上君君臣臣,国本固矣。"②相反,上下之间的混淆是所有动乱的主要原因。他还说:"欲求天下之治,而不可得其故,何也?民志之不定也。民志之不定,何也? 上下之分不明也。"③

不仅在基本哲学术语上,而且在日常实际用语中,对这个统治集团的认可都源于道德上的权威——礼,人们通过礼得到教化和改造。甚至正像《北华捷报》所承认的,"这种制度作为一种体制拥有保持事物各安其位的固有权力"④。而使用物质力量执法是次要的。无论是从理论上还是从实际上讲,政府主要是个发挥"道德力量的政府",它的力量取决于各级官员道德上的权威及对

---

① 奕䜣:《乐道堂文钞》(1867—1868 年)第 1 卷,第 5 页。
② 奕䜣:《君子辨上下定民志论》,见《东道堂文钞》第 2 章,第 25—26 页。
③ 奕䜣:《乐道堂文钞》(1867—1868 年)第 1 卷,第 5 页。
④ 见《北华捷报》1868 年 8 月 14 日。

礼的普遍接受。

由这种思想意识结构所致,中兴政治家们首要的任务就是重新强调儒家社会原则,肯定使它们为文人学士和普通百姓所接受。同复兴的儒家学说仍然具有强大的吸引力这一点相对照,太平天国那种思想上的左道邪说对知识阶层几乎没有任何吸引力。由于知识界因所珍爱的生活方式被破坏而震惊,所以他们便向北京寻找其精神上的领导,甚至一点微薄的礼品也会得到暂时的满足,因而另作抉择是令人生厌的。况且,这种礼品并不是微薄的,一种复兴的、改良过的新儒家学说得到热烈的宣传。

中兴所期望的中国社会的重新统一,打算包括"百姓"与绅士。在孟子提出的劳动分工规则支配下,百姓为了供养高贵人士将用他们的双手参加劳动,但是百姓和上层人士属于同一个社会。有两条令人肃然起敬的口号描述了要加强他们效忠思想的计划。该时代的政治作品中充斥着这两个口号:确保百姓生活的安定(即安民生),稳定百姓的情绪(即固民心)。据设想,如果百姓生活安定,而且"高贵人士"在精神道德上的领导地位得以恢复,那么百姓的不满将会停止。然而,应当注意的是,对刑也从未公开予以放弃。如果说服无效,而且百姓不再扮演指定给他们的驯良角色,那么刑不仅成为必要手段,而且他们理应受罚。这便是教化。并非偶然的是,曾国藩——那个时代最伟大的哲人及政治家——也是刑的最严厉执行者。

社会变化的观念

同治中兴的伟大目标是复兴儒家价值观念及其制度。这些观念和制度被加以修改,以使它们有可能存在得更为持久。在已

第四章 中兴的思想

被接受的传统内部有着丰富多样的关于如何实现传统目标的思想财富。在正统思想的界限内依据前例改变行政管理方法是可能的。

这种有关变通的教导起源于中国文明的形成时期①,在整个中国历史过程中,很容易促进改革。同治中兴期间以出自《易经》的古典阐述方式所表现的这一教导,在倡议变革的奏折中被反复引用,即"法穷则变,变则通,通则久"。

同治中兴的所有支持者,无论是中国人还是外国人都聚集于传统"变"的观念。因为两千年来,儒家思想和制度连同赋予灵活性的变通教义一起业已被证明有益于稳定,"为确信中国的新生像食品中的发酵剂发生效力一样,不会涨破盛装的器皿就会取得成功提供了某些依据"②。重大的问题是:这种变能够像中国人传统上所设想的那样,包括在19世纪60年代已迫在眉睫的那种变化吗?

通过回顾,我们目前能够发现中兴的政治家们比他们的先辈具有强烈得多的变革观念。太平天国前期论证统治技巧(经世)的作品与中兴时期论统治技巧的作品形成鲜明的对比。然而当依次把它们同19世纪90年代的作品比较时,中兴时期的材料表明"变"的观念还是相当有限的。中兴的政治家们并不希望开创一个新社会。他们想要恢复一个他们所坚定相信的建立在永恒真理之上的社会,恢复一个经过调整便可永世繁荣昌盛的社会。

《北华捷报》的编辑们对《易经》的思想观点很感兴趣,被要求对此进行评论。但是他们认识到:他们自己的有关中国应如何变

---

① 《易经》及其评注已成为辩证法哲学的主要范例。
② 卫三畏:《中国总论》第2卷,第742页。这是该书常有的结论性的句子。

的思想与中国人的传统思想大相径庭。一位受过挫折而又富有经验的传教士杨格非赞同这种说法,即中国人的变化思想缺乏任何进步因素。他说:"关于建立事物新秩序将是对旧事物的一种改进的思想从未进入任何人的头脑。……如此之类的变化,百姓既不期望也不钦慕。他们所寻求的一切就是排除某种由于管理不善而引起的一些冤情,扭转腐败之风,改革陋习及彻底恢复原始的秩序。他们的希望和抱负从未超越过这种观点;本应试图取得更多的东西的一位政治领导或起义的首脑会成为一个受到几乎是普遍咒骂的对象。"①

虽然阿礼国了解中国传统的循环变易思想的局限性,但是他仍然认为它具有可能性。为了努力发现相互之间都可接受的有关中国逐渐现代化的条件,他对恭亲王引用了《易经》上的名言:"法穷则变,变则通,通则久。"

赫德既从一种中国人的观点看到这种变革教义的潜力,又从西方人的观点看到它的局限性:

> 当问到是否中国当局本身希望走上改革之路以及如果是这样,那么朝什么方向,在哪段确定的时期进行改革时,一个明确答复假如是肯定的,那么对西方公众则是不公正的,就像假如答复是否定的对中国本身是不公正的一样。就大批中国官吏而言,改革一词不会表达符合西方人观念中有关改革一词的思想寓意。②

威妥玛向中兴的官员们指出:关于变的传统理论依赖于并不

---

① 汤普森:《杨格非传》(伦敦,1906年),见第253—254页的1869年底的信函。
② 赫德:《赫德先生对华事务的评论》(北京,1869年6月30日),该文重印于方根拔的《蒲安臣使节真相》一书的附录二。

适用于近代的假设。他同意大部分中国历史能以循环来加以解释。他能够很好地理解为什么中国人总是把变易理解为回到旧的方式上。但他认为,旧式的循环变易是不足以解决问题的。为了保持中国的独立,当前首先要谋求中国向前发展。

似乎清楚的是:甚至中兴中最"开明"的政治家也没有设想到已被后来事件证明对中国存亡攸关的那种根本变革。公平地说,必须归功于他们的是,他们已把传统意识形态扩展到了它的极限,以便在新的历史条件下努力使儒家制度发挥效率。超出这些极限,他们就可能要失掉他们旨在保存的那些价值观念。他们并不是愚蠢盲目或顽固僵化的人。他们是伟大传统的真正保守派,生活在一个制度上的革命性变革已不可避免的时代。

不难发现,在同治时期教义上的正当变化只是方式上的变化,而非目标上的变化。冯桂芬比张之洞的著名格言"中学为体,西学为用"早30年就预见到此点。冯氏没有接受中国只靠引进技术就能迎接西方挑战的天真观点,相反,由于他已经把握技术对19世纪西方社会内部实力的贡献这一关键,因此他敦促重新考察中国自己的文明,并提倡利用中国的物力创造一个强大的近代中国。这无疑是正在向西方学习,但是除了在有限的技术领域,这种学习并非模仿西方。19世纪的中国显然与19世纪的欧洲是不平等的。在儒家社会秩序的范围内克服这种不平等现象是中兴的奋斗目标。

……人又奚不如(按:指中国不如西方)?则非天赋人以不如也,人自不如耳。天赋人以不如,可耻也,可耻而无可为也。人自不如,尤可耻也。然可耻而有可为也。如耻之,莫如自强。夫所谓不如,实不如也,忌嫉之无益,文饰之不能,

> 勉强之无庸。何时中国积习长技，俱无所施，道在实知其不如之所在，彼何以小而强，我何以大而弱，必求所以如之，仍亦存乎人而已矣。
>
> 以今论之，约有数端，人无弃材不如夷，地无遗利不如夷，君民不隔不如夷，名实必符不如夷。四者道在反求。①

19世纪60年代的中国人比起19世纪90年代的中国人对西方文明了解得更少，也缺少那种对日本模式一会儿迷恋、一会儿排斥的现象，明显没有30年以后所遇到的各种著名思想的冲击。因此毫不奇怪，这种回答主要限于挑战的条件，即方法。正像19世纪60年代的中国人所能观察到的那样，西方的价值观与中国传统价值观比较而言是野蛮的、狭隘的、幼稚的。

中兴的目标是要恢复古代最完善制度的活力，没有不加选择地恢复废弃了的形式的意图。再引用冯桂芬的话来说明这点：

> 古法者有易复，有难复；有复之而善，有复之而不善。复之不善者不必论，复之善而难复，即不得以其难而不复，况复之善而又易复，更无解于不复。去其不当复者，用其当复者，所有望于先圣。②

中兴的总纲

中兴的政治家们确信：在前10年中，国家没有起到它在全面系统中应起的作用。他们迫切感到：为了在制度与实施之间重建

---

① 冯桂芬：《制洋器议》，见《校邠庐抗议》第2卷，第70—71页。
② 冯桂芬：《校邠庐抗议》序言，第2—3页。

运作的平衡与和谐,不得不对它们加以重新考察。虽然像广泛的伦理思想一样,中兴的计划被阐述得尽可能地详尽,但是这个计划依然言简意赅。

曾国藩被其同时代的人当作那个时代的主要政治思想家,现在仍被认为是中国保守主义在近代最有能力的代表人物。他承认在财政、公务、法律以及修复工程等领域中特殊改革的重要性,但是他更强调人才的遴选和培养,以及对农业经济的保护。曾氏反复使用"民生"这个字眼,而且有力地重申了农业为治国之本的传统观点。①

虽然比起曾国藩来,人们对冯桂芬所知甚少,但是在19世纪下半叶,冯氏的观点有广泛影响,而且有极大的内在影响。在冯氏看来,应对中国的积贫积弱负责的有三大弊端:"吏也、例也、利也;任吏挟例以牟利,而天下大乱于乎尽之矣。"②像古代一样,百姓起义是由官不体民造成的。冯桂芬针对中国社会的各个侧面,诸如教育、技术近代化、财政改革、地方行政、有选择地借鉴西方、军事组织等作了天才的论述。

这种类型的重要政治分析不仅仅限于杰出的知识分子。这一时期的各种政治作品集——奏折、文章、信函等收录了大量有关儒教国家中兴以及拯救中国的"最佳良策"。下面举出某些表明它们范围和一般性质的例子。

御史杜瑞联上奏说:"盖固本之计,先民食而后军储。安民之径由根本而枝叶。变通补救之方不可不急讲也。"③他认为需要

---

① 有关这些题目中对曾氏观点一个有用的叙述在何贻焜的书中发现[即《曾国藩评传》(上海,1937年)],对曾国藩观点按题目分类排比。
② 冯桂芬:《省则例议》,见《校邠庐抗议》第1卷,第14—16页。
③ 《同治中兴京外奏议约编》第3卷,第17—19页。

采取基本社会措施,并且提出详尽的计划。据一位因治水而闻名的浙江道台刘汝璆的说法:

> 治民之道农事为先,而治民于大乱之后尤以养民为急。官不能养民,要在使民自养。①

前府尹蒋琦龄提出供参考的"十二策",其中包括从进一步加强儒学研究到抑制腐败、改善军事组织的内容。福建巡抚王凯泰倡议:停捐例以肃吏治;汰冗员以清仕途;限保举以慎名器;复俸廉以勖官常;重学额以励士风;立练营以修武备。

对改革地方政府的重要意义一般有一致看法。把起义归咎于外部原因,从而推卸官吏们的责任,这种轻而易举的辩解在真正的儒家政治理论中,是绝对不可能寻到依据的。如果百姓纷纷从贼,那么错误出在政府身上,特别是与百姓密切相关的地方吏胥。

总之,在同治期间,大多数中国官员承认中国所面临的巨大难题,并把注意力集中到十分重要的改革上来。他们并没想到他们正在对传统永恒的有关良好政府的原则进行改革,他们寻求的只是调整他们的方法,以便在新条件下认识最初的目的。镇压起义和稳定对外关系是两个当务之急。然而,长远解决这两个难题比掌握外交技巧和近代武器装备要费力得多。正如下面各章将说明的一样,它要求恢复由高级文官管理的政府系统,重建控制地方所依靠的复杂网络,在既关心国家利益又重视百姓利益的基础上恢复经济,重新组建主要军队,在对外事务上提出新展望,并在其中每一个领域里进行旨在重申儒家思想的教育和学术研究。

---

① 1869 年(同治八年),摘录于《皇朝续文献通考》,第 7618 页。张念祖:《中国历代水利述要》(天津,1931 年底),第 150—151 页。

第五章　文官政府的恢复

人员的使用

依儒家观点看来,稳定政府及社会和谐的必备条件是官吏的才能与德行,一些名言、谚语以及正式作品反映了这种观点。为了得到本国的最佳人才,中兴的首要任务是训练他们的思想,培养他们的品格,对他们量才任职,并对其行为奖惩分明。讲求实际的学者左宗棠写道:

> 天下之乱,由于吏治不修;吏治不修,由于人才不出;人才不出,由于人心不正,此则学术之不讲也。①

据认为,官吏的才能与其道德品质密切相关。没人能不受指责地提出:一位道德高尚的人可能是任职无能的人,或者一位道德败坏的人可能具有非凡的才能。正如当耆英几乎要向咸丰帝提类似的建议时他所意识到的一样:"如果一个人被委任某种职位,而由于其才能有限因而不称职,那么虽然他是位'好人'(君子),但是他完全有可能有损于他的事业;假如他被委任去干他有

---

① 秦翰才:《左文襄公在西北》(上海,1946年),第160页。

能力履行的事业,那么虽然他是位'卑鄙的人'(小人),但是他可以仍然受到任用。"批示的上谕谴责耆英的论述是言辞过激的恶语中伤,并有力地支持了倭仁所提出的传统观点,即道德的价值在任何活动中都是至高无上的规范。

中兴的政治家们肯定对"人才"的思想发生了浓厚的兴趣。"兴军在人不在器"这句格言所代表的观点,甚至浸透了技术性最强的军事讨论。相似的是,同治时期降低田赋的效果被认为有赖于胡林翼、曾国藩以及左宗棠的才能,而不久它的失败则归咎于缺乏人才。用《中庸》的话说,"其人存则其政举,其人亡则其政息"①。

中兴期间几乎没有进行行政体制和程序方面的改革。在这些微乎其微的改革中只有总理衙门的创立以及海关总税务司的出现是重要的。两江总督曾国藩反对当时流行的观点,即把长江当成划省的边界线而重新绘制地图并使行政地图合理化。他认为:"疆吏尚贤,则虽跨江、跨淮而无损于军事、吏事之兴;疆吏苟不贤,虽划江分治而无补于军事、吏治之废。"②

一位知名度不高的中兴官员阐发了同样的思想:"自来非常之事必赖非常之人,而非常之人乃建非常之事。"③

中兴官僚的总特征

在西方人看来,19世纪60年代镇压起义、复兴清帝国的人

---

① 例如:王信忠的《福州船厂之沿革》中的引文,见《清华学报》第8卷,1932年第1期,第5页;夏鼐的《太平天国前后长江各省之田赋问题》,见《清华学报》1935年第2期,第473页。
② 曾国藩反对御史陈廷经奏折中的建议,见《同治中兴京外奏议约编》第7卷,第11页。
③ 见金召棠在1862年为《张公襄理军务纪略》(1910年第1卷,第1页)一书作的序。

第五章 文官政府的恢复

物不是军界人物。他们基本上是文职官员,是科举制度的产物。他们之所以被擢升到显赫地位是因为他们处理文武事务的能力已得到证明。他们在文学及学术上的造诣也颇为引人注目,一开始工作就要笔杆子。甚至在严格的军事问题上,他们也注重人与社会方面的精神面貌,即通过品行修养获得教化、道德及领导艺术。他们所具有的军事才能对他们崛起掌权显然是次要因素。

清代的绝大部分官员以科举考试为晋身之阶,而产生最多官吏的省份也产生了最多的学者。例如:在都察院任过职的3087人中大约有2168人是通过"正途"——文字写作考试为官的。他们中的绝大部分人被授予最高学衔(进士),这些人在需要耗费半生去准备的全国竞争中好不容易才赢得胜利。

在太平天国时期以后,清朝官僚仍然由学者构成,甚至像湘军之类的新式组织也由科举制度培养出来的人物来统领。正如中兴的杰出领导人物的生平表明的一样,实际上他们是清一色的学者兼官员。

"中兴功臣"已成了中国人有关19世纪内所有评论中的一个通用语。守旧派以赞扬的口吻使用这个通用语,马克思主义者则以嘲弄的口吻使用它,较少数充满热情的文学家把它当成事实的真实写照。然而,在主要观点上,各派都一致认为:在中央和地方的"功臣"小集团恢复并延长了传统秩序的寿命。

实际上,在所有名单上都可以见到同样的名字:中央有恭亲王、文祥、沈桂芬以及李棠阶;地方有曾国藩、左宗棠、李鸿章、胡林翼及骆秉章。他们中的大部分人均有分别在中央和地方任过职的亲身经历,没有明显的中央与地方的分界线。

中兴的主要中央官员

中兴伊始,中央政府的构成就有了显著的变化。从前的政治家们官复原职,取代了已失信的载垣集团的成员,实际支配权移交给恭亲王和文祥。虽然恭亲王于1865年曾受到皇上的严厉谴责,但是他短暂的降职似乎没有影响他在中兴其余时间里的权力,直到同治时期以后,他才成为一名傀儡,慈禧太后也才变成一位独裁者。

恭亲王和文祥都未表现出任何满人的特殊的行事目标或者思维方式。他们的作品及方针策略都是深受儒家传统熏陶的人所期望的。作为学者,他们与曾国藩不是一个级别;作为政治家,他们是在中央可以与曾氏相提并论的人物。

虽然文祥的著述不及恭亲王的著述影响大,但是他那简明扼要的自编年谱及有关其特殊使命的叙述显示出他敏锐的洞察力、竭诚尽职的工作态度和坚定的道德信念。在有机会追踪其活动的外国人的眼里,他是"政府中最进步和最具有爱国热忱的人物"①,"也许是帝国最有才能和最开明的官吏"②,"公认的北京政府中最有能力的成员"③,"被外国大使馆全体成员认定为总理衙门中汉族*大臣里最有头脑和最有能力的人"④。

最有资格的观察家们都一致称赞文祥。阿礼国认为文祥"在

---

① 密福特:《使馆馆员在北京——书信集》(1900年),第85页。
② 同文馆的英文教习(无其他身份)写给《北华捷报》的信,见1870年1月25日的该报,这封信引自方根拔《蒲安臣使节真相》(1872年),第656页。
③ 见《北华捷报》1868年2月29日。
* 原文如此。——译者注
④ 见《北华捷报》1867年2月14日中登载的驻天津通讯员发来的文章。

总理衙门和内阁*优秀大臣中是最进步的"①。卜鲁斯的评价是"从未遇到比他更有影响并具才智的人"②。依蒲安臣的观点看来:"在中国政府中有位伟大的人物,那就是文祥,他掌握着局势而且了解事务的严峻状况,殚精竭虑,廉洁清正地保持政府的诚实完善"③。卫三畏说,文祥是"气度非凡的人物,也许是与外国公使馆打交道的所有官员中最令人尊敬的人……是中国政府的一位最有远见而且最有能力的顾问。由于他的逝世(1876年),中国政府失去了一位无私的爱国者,失去了一位对于国家利益最为相关的那些事务的敏锐观察家"④。赫德把文祥称作"我曾熟悉的最聪明、思路最宽广的汉人**之一"⑤。丁韪良强调了文祥的"启蒙思想",以及尽管他身居高位却保持清贫淡泊的品质。⑥

文祥同样也受到汉人的格外尊敬。翁同龢赞誉了他的忠诚、他的勤奋以及他对内外政策的贡献。金梁写道:由于文祥的勇气及他为国家制定了意义深远及远见卓识的计划,因而他在历史上处于"一名中兴主要支持者"的地位。⑦

在恭亲王与文祥的保护下,有才能的汉族官员不仅在地方统治集团,而且在中央统治集团里也得以占据高位。人们认为:像

---

* 原文如此。——译者注
① 1868年1月1日《阿礼国致斯丹莱》,见《英国议会档案》,《中国卷》第5号(1871年),第114页。
② 引自丁韪良《花甲忆记》(1876年),第360—363页。
③ 1862年10月25日《蒲安臣致西华德》,见《美国的对外关系》(1863年)第2部分,第831页。
④ 卫三畏:《中国总论》第2卷,第715页。
** 原文如此。——译者注
⑤ 裴丽珠:《赫德爵士传奇》(纽约,1909年),第221页。关于赫德与文祥之间的密切关系,见魏尔特《赫德与中国海关》(1950年),第198—199页。
⑥ 丁韪良:《花甲忆记》(1876年),第360—363页。
⑦ 翁同龢著作的摘录,引自金梁《近世人物志》,第50页。金梁:《四朝佚闻》,第17页。

曾国藩、李鸿章、左宗棠是地方行政权力的复兴者一样,恭亲王、文祥、沈桂芬、李棠阶是中央权力的复兴者。在梁启超看来,19世纪60年代是"文祥和沈桂芬的时代"①。

沈桂芬于1847年获进士学衔。他有一个典型的提升经历,从地方官到京官,先后任山东、山西巡抚及兵部尚书,直至升任军机大臣及内阁大学士。当时的中国人普遍认为他是中兴的领导人,但相对而言对他所知甚少。他是位有能力的官员,特别是他于1867年膺任大学士以后。但是由于记载支离破碎,所以用它来证明他声望卓著的事实是可以的,而作为中兴领导人的依据却不足为凭。

中兴伟大的中央官员中的四号人物——李棠阶首先是位新儒家学派的理论家。他于1822年中进士,从那时起直至1860年,他担任并从事各种职务和活动。例如,他曾出任地方官,潜心于个人的研究,加入曾国藩领导下的军事组织,等等。虽然他于1850年谢绝了北京的任命,但是他响应了1862年的召唤。抵达京城后不久,他便和倭仁就"所有问题"展开了长时间的讨论。倭仁曾审阅过后来李氏著名的《论条陈时政之要疏》的奏议草稿。李氏的奏折强调了皇帝的教育、京城的道德气氛以及复兴国内政府的重要性。"臣窃谓:欲平贼必先安民;欲安民必先择廉干之督抚。"②吴庭栋(竹如)是一位地方官及杰出的宋学家。他写道:"近日朝政清明",倭仁先生及李棠阶先生"于左右以为培植根本,大计其见,一目得其行,所学以为启天之资,知必有以大慰……"③

---

① 梁启超:《李鸿章》,无出版日期,未注明出版商,第5页。
② 原文见李棠阶的著作《李文清公遗著》第1卷,第1—8页。
③ 吴廷栋:《拙修集》第9卷(1871年),第19页。

在中兴政府的领导下,李氏很快被擢任高职:礼部侍郎、都察院左都御史、军机大臣。因为他放弃了写作而与人们展开书信往来,所以他比他的同事沈桂芬知名度更高,然而究竟他怎样施加了他的影响,人们却不甚了解。虽然他呈递的那些奏议有广泛影响,但是相对而言,他本人写过的奏折为数极少。从他来北京以前数年间的日记中可以发现,他在危机的年代里全神贯注于历史的教训。但在1862年以后的日记对事件的记载变为不加虚饰的注释,这种注释未给《实录》添加任何东西。正如目前所知,他的生涯主要表明新儒家哲学在中兴政治中的重要作用,以及中央与地方利益结合的方式。有关他1862年以前生平的一切事情使人联想到"地方主义",但是他已被作为中兴时期在京的一个支柱载入中国历史。

一些中国历史学家写道:同治中兴的失败主要是由于中兴主要只影响到高级行省官员而未得到"除了那些尊敬曾、李,诸如文祥等人之外"的中央政府的支持。① 其主要论点是:"像文祥这样的人物"的确控制了中央政府,地方及中央有能力的汉族领导人擢升有赖于北京的决定。虽然在朝廷内部有形形色色的派系集团,但是没有一个集团能与恭亲王及其同事们的权威势均力敌。

中兴的主要地方官员

中兴中伟大的地方领导人的才能远比中央政府官员的才能引起更多的注意。曾国藩、左宗棠及李鸿章被视为中兴时期整个历史的时代豪杰,或者对共产党来说他们是反面人物的代表。对

---

① 金兆梓:《近世中国史》(上海,1947年),第122—123页。

他们生平的评价仍然是中国政治中的一个长期存在的问题。

曾国藩 曾氏竟然支配了他的时代,致使对其人的评价成为对整个中兴的评价,甚至成为对在守旧派重建活动中所有近代中国人努力成果的评价。由于社会革命问题逐渐支配了中国的政治,对曾国藩其人的评价也与对他所代表的儒家社会的评价一样发生了很大变化。然而,在他自己的时代里,他是一位前所未有受到普遍尊敬的人物,他的荣誉是当之无愧的。虽然濮兰德和巴克斯在虚伪的儒家学说外表的后面很快地发现了欺骗和诡计,但是他们写道:"曾国藩是哲学家中一位具有英雄行为的人物。他这种英雄行为是由带有各种弊病的儒家学说体系屡屡训练出来的,而且以后还会为了中国人民的巨大利益不断训练出来。在中国杰出人物中,曾氏仍然名列前茅,用忠诚的明智的爱国主义这个家喻户晓的同义词来描述他是恰如其分的。"①

曾氏去世时所举行的传统追悼仪式比正式礼节更隆重,赐予他的谥号为"曾文正公",这是一种特殊荣誉,在"庙号"(templename)的规格中地位居首。赞词着重强调了他为人正直俭朴,给予他一种生动、富有魅力的榜样力量。赞词还强调了他在与所有人的交往中的勇气、才智、真诚以及正直;强调了他竭诚尽职、克己奉公的品质。在军事生涯的危急关头,他坚持返回故里为母守丧的行为证明了他对儒家伦理观念的忠诚胜过了他在政治及军事上的抱负。

曾氏的日记全面表现出他严格律己及生活节制的品质。当他年轻的时候,显然他嗜好"鸦片、女色和不合礼仪的谈话",三十出头时他彻底戒掉鸦片,但是他继续指责自己对其他两种罪孽失

---

① 濮兰德与巴克斯合著的《慈禧外纪》(1910年),第64—65页。

检。对曾氏来说，不易自满是可能做到的。真理和谬误不得不像黑与白一样被清楚地辨明。一个人必须理解事情的规则及他在其中所扮演的角色，而且要付出毕生的努力以使角色演得更好。唯一的途径在于努力工作，自知及律己；虽然在事业的规划中也许可能、也许不可能取得成功的声望，但是通过个人奋斗则有可能获得聪明才智。

从没有人对曾氏本人按照这些准则生活有过怀疑，但是他从不满足，不断地批评自己要求不严。他写信告诉他的弟弟：他担心他可能疏漏最直接的职责——呈写奏议及考核官吏，而在书法和学问方面花费过多的时间。他主要担心的事情之一便是他的子女和他本人可能会居功自傲。他个人的开销显然很低。据一位外国人说："他身着最寒酸的衣服，绝不摆架子。"①

因为其家族地位并非显赫，其天赋显然也不属于头等之列，所以这种吃苦耐劳的品格是他在公共事务中取得惊人成就的基础。他凭着坚忍不拔的决心走自己的路，并动员其他的人走他的路。他是位无可争议的伟大统帅。实际上，他同事中的每一位都反复评论了他作为士兵领导人的非凡能力，而且他们的看法受到太平军杰出将领石达开的肯定。他论述经济问题的著作是值得注意的。他广泛地论述了有关公共福利的每一个问题，例如：军队改革、农业复兴、全民道德、对外事务、工业化、教育、税收以及所有形形色色的行政管理问题。他的奏议总是清晰、有力而又简明扼要，这些奏议既注意到了细节，又不忽视棘手问题中的主要难题。

对曾氏仅存的批评就是过于残酷地镇压农民起义，屈服于由

---

① 哈克：《太平军叛乱中的事件》(伦敦，1891年)，第463页。

天津教案引发的外国人的要求,以及宁肯提拔其湖南同乡而不提拔其他候选人。虽然有关其残酷的指责不可否认,但它像曾氏所认为的一样,不是野蛮或者疯狂人的那种残忍,是对错误与邪恶实行控制和极度残酷无情的行为。有关对外国人屈膝投降的指责是绝对不公正的,在维护中国传统的过程中,他一直努力调整与西方的关系。当时天津教案戏剧性地揭露了中国人对外国人潜在的刻骨仇恨,他为了企图寻找某些体面的妥协姿态受到内外双方公众的嘲笑。对他倚重与他长期共事的湖南同乡的指责是正确的,但是由于所提及的湖南人是有才能的官员,因而这种指责无伤大雅。没有证据说明他们或者曾氏本人以牺牲国家利益为代价去谋取地方利益,也没有证据证实他对来自其他省份有才干的人紧闭大门。

不论批评得怎样激烈,批评家都承认曾氏有才能,肯干,清廉,有影响力,受人尊敬,对其事业肯于奉献。在此,像太平军领导人一样反对曾氏政策的条约口岸的外国人提供的见证是中肯的。他们承认他在整个中国卓著的声望,他所获取的"前所未有的荣誉和光荣",以及他的"广泛影响"。他们认为,像李鸿章在肉体上难以折服一样,他在道德上难以战胜。虽然他们把他划为"排外、反进步一方"的成员,但是他们不得不承认他的"才能、聪慧和政治上的诚实",以及他"绝不耍花招"的事实。①

外国商人也许已经恰如其分地嘲弄了曾氏是他们的工具这一奇妙看法。他是最令他们头痛的敌人。他的权威建立在赢得他们不情愿或情愿赞扬他的各种品质之上。他十分了解他力量

---

① 见1865年1月7日、8月5日、12月9日和1868年8月28日的《北华捷报》。又见《每日新闻》1868年9月19日,1868年12月11日的《北华捷报》转载其文。

的源泉不是外国人的支持而是中国人的支持,而且外国商人对已经唤起这种支持的人品略知一二。当曾氏于1868年离开两江总督任上时,《北华捷报》评论说:"预计他由达官显贵们陪伴到至少扬州以远,这种伴送总督的状况以前从未发生过。因为他的官署不受达官贵人清规戒律弊端的束缚,所以他总是和其部下打成一片。他很严厉,但是人们总是能够理解他的意旨,结果与通常所发生的情况相比较,在他手下遭殃的官员总是微乎其微。"①

马格里在曾氏总的指导下工作过,他赞同中外权威人士对曾氏品格的评价。他证实说:甚至在使他于8天后去世的病首次发作后,曾氏仍坚决不许放松他的工作时间表。

左、李和其他地方领导人 左宗棠作为一名思想家几乎没有什么杰出之处,但是他同曾国藩一样是一名儒家社会哲学的杰出实践者。他在建立福州船政局、平定西北回民起义以及恢复并计划实现西北经济近代化等诸方面的成就为人所熟知,然而几乎没人知晓他在复兴科举考试制度、宣传儒家学说以及保护传统农业经济等方面的成就具有相当的重要性。他的许多重建工作可以很好地同掌握着更多技术知识和物质资源的后来中国人及中外合作所作出的各种努力相比。

像曾氏一样,左氏受到了解他的外国人的尊敬;更重要的是他热情而又易冲动的性格使他受到爱戴。相似的是,他廉洁、不计较个人得失。他不太在意家庭财产,并为公共事业作了慷慨的捐赠。结果其家庭相当拮据,致使他激励其后人继承他作为农民及学者的遗产。

中兴的三位地方杰出人物中的三号人物李鸿章继中兴结束

---

① 见《北华捷报》1868年10月31日。

后获得最高的声望和权力。他同曾氏和左氏相比更少参与中兴问题,他的声誉主要不是靠儒家政治家的身份获得的。在中兴时期,他是位活跃而年轻的军事天才,曾氏对他的发展起了很大的作用。他采纳了曾氏的思想方式,但是从最初起,他就擅长处理对外事务及统率军队。虽然他受到敏锐的儒家学说的理论家冯桂芬的深刻影响并感激他的这位顾问,但是在冯去世以后,他选择了不同的顾问并且从儒家的正统学说中游离出来。

胡林翼和骆秉章在中兴的三位伟大地方领导人的名单上经常取代左宗棠和李鸿章。当时李氏,在一定程度上也有左氏,正忙于由于中国与西方联系的增多而引起的问题,胡氏和骆氏则参与了更多的、传统上的国内问题。曾国藩曾把自己的经历发展归功于胡氏,而胡氏最接近曾氏,并且无论在他的时代还是后来,都受到同样的尊敬。胡氏作为一名学者、一名地方巡抚以及一位卓有成效的儒学军事家都相当出色。大概因为他于1861年过早逝世,他的声望才不能与曾氏相伯仲。

骆秉章具有曾氏与胡氏两个人的品格,但他从未获得像他们那样的全国性声望。他的声望有赖于身为一名地方巡抚在每一领域中取得的非凡成就,也有赖于正直,而这种正直在他之后的中国地方当局中被迅速地废弃殆尽。

在整个中兴过程中声望不高但具有才能的人充任大部分主要省份的领导岗位。马新贻任闽浙总督,后为两江总督,他在恢复公共工程、赈济救灾、重建战后灾区、宣传传统学问以及裁汰军队方面成绩卓著。虽然外国人认为他极端保守而且排外,但是又不得不承认他的正直与诚实。郭嵩焘由于后来的外交生涯而成为众所周知的人物。他在19世纪60年代代理广东巡抚,而且忙于稳定该省以及精简该省行政以便效率更高地工作。他的继位者——蒋益澧的工作受到广泛的赞扬；他后来被降职大概并不反映他的能力。另一位学者兼官员——丁宝桢有典型的中兴成绩：恢复了捻军破坏的山东,治理了黄河及大运河流域的水患,加强了地方团练,改进了海防,改革了盐政,等等。像他的大部分同僚一样,由于他的勤奋、正直以及对公共福利的献身精神,他享有很高的声望。

虽然我们对中兴官僚所知甚少,但似乎清楚的是,有一些忠诚、有才能、受人尊敬的儒家官员与吴棠和官文之类趋炎附势者相对。它似乎还清楚说明：中兴期间比以前或者后来的阶段更加集中了身居高位的人才。人才荟萃从理论上看,是一次中兴的关键因素,同治时期在实践上确已实现了人才荟萃。

求　才

在咸丰统治期间道德败坏及混乱的阶段里,选拔官吏的传统制度——科举考试制度已丧失了它的大部分功能。下级官僚中包含许多不合乎传统标准的官吏,这使有能力的老资格高级中兴官吏认识到：除非提高年轻官员的质量,不然他们的政策将无法实施。再者,除非立即制止这种腐败现象,否则未来的高级官僚将从这些庸碌无能的低级官吏中选拔。因此迫切的问题是淘汰通过邪门歪道获取官职的官吏,同时呼吁再次把科举考试作为授以高职的正途。

然而,尽管中兴政治家实际上一致赞同一旦对科举制度施以适当的管理,它便会为选拔官吏提供保险系数最大的依据,但是显然不可能完全地或者机械地根据无偏见的考试选官。因此,由一位高级官吏为有前途的年轻人作保的荐举制便成为科举制度的一个必然而重要的补充。

理想中荐举制与科举制不存在冲突,科举制的最热烈支持者竭力提倡荐举制。曾国藩、胡林翼、左宗棠等在广泛探访及搜寻新的人才上花费了大量时间和精力。他们没有就他们的批评者攻击此点作任何歉意表示,相反却为其实际行动进行了雄辩而充分的辩护。王闿运轻率地观察说:"胡林翼能求人才而不识人才,曾国藩能用人才而不求人才,左宗棠能识人才而不容人才。"①像大多数妙语一样,有关人才问题的这种评论是不公正的,然而它阐明了寻找人才的重要性。

曾氏备有人才的系统名单,并写信鼓励他们,探访他们,向他们授课。他复兴国内政府的方案是广泛招募、小心任用、勤于指导、严格控制。第一个步骤是广泛地结识②,第二个步骤是记下不同人与不同类型才能的长处与弱点。曾氏的估价是精明而现实的。虽然他相信所有人才最终取决于道德修养,但是他承认特殊的才能各不相同,而且为了养成特殊的潜在人才以及恰如其分地使用他们,需要坚持不懈地努力。正如他对此问题所阐述的一样:"三代之丁习于耕一地,如未修耕之地,非良丁也。"③

所有其他的中兴领导人都进行了类似的实践,因而他们都同意左宗棠的意见,即"占尽人才,人才尽用"④。镇压捻军起义后,山东巡抚丁宝桢立即出发探访人才,并报告他所发现的人才。⑤

---

① 引自秦翰才《左文襄公在西北》(上海,1946年),第160—161页。
② 根据曾氏的一位私人幕僚的日记,曾说过:能"寻到"第二及第三流的人并进行储才,而第一流的"则可遇而不可求"[陈乃乾:《曾文正公语录》,见《古今》(1944年第41号),第27—31页,这段语录引自赵烈文日记。]
③ 引自王之平《曾胡左兵学纲要》,第80页。
④ 引自王之平《曾胡左兵学纲要》,第81页。
⑤ 1868年10月3日的奏折见《丁文诚公奏稿》第6卷,第17—18页。

郭嵩焘呈递了一份奏折,其中论述了他所发现的有才能的地方学者,里面包括了数学家李善兰,李氏后来官升同文馆教习。郭嵩焘极力主张像康熙帝平定三藩之乱①后所做的那样,朝廷以邀请地方学者到首都讲学的方式促进学术活动的大恢复。

冯桂芬是在探访人才中所发现的众多人才之一。1832年,江苏巡抚林则徐把冯桂芬带到南京,推荐他为翰林院编修,他在那里一直从事研究工作。在冯氏早期论述水道、盐税及军队组织的文章中,他阐明要抓应办事务和经济问题,因此在咸丰统治之初的1850年,他得到"举荐"。冯桂芬的情况说明在选贤举能中,科举制与荐举制是怎样互补的。

然而,在科举制与荐举制之间一直存在冲突的可能。左宗棠写道:"至我国家自强之道,莫要于捐文法,用贤才。任亲贤以择督抚,任督抚以择守令。政事克修,远人自服。"②这种程序比起科举制的冗长程序能更迅速地达到人尽其才、量才任用的目的,只要确保通过科举考试的人才有资格得到选拔,那么这种程序也不会损害儒家制度。当需要采取有力的行动时,特别需要像左宗棠一样具有能力和魄力的行政管理者。同时,如果道德败坏之风盛行,或者停止作为科举制度补充的荐举制,就会产生滥用人选的极大可能性。

作为一名保护人的高级官僚需要凭可靠的依据进行举荐,同时他们本人要对其被保护人将来的任何失误负责。即使如此,御史胡家玉在1873年的奏折里说:举荐任命的资格仍然太低,结果造成中进士的人几乎没有升迁的机会。值得一提的是胡氏特别

---

① 郭嵩焘:《养知书屋全集》,《奏书》第10卷,第1—3页。
② 1866年7月14日的奏议,见《筹办夷务始末》(同治朝)第42卷,第45—48页。

抱怨给予总理衙门过多(三次)任意授予官职的特权,军机处本身也被允许这样做。虽然,尽管尽全力把西学引进传统制度中,科举制度仍不能足够地产生能处理新问题的人。

虽然没人提倡废除举荐制,但是许多富有思想的官员努力使它从属于科举制。①

科举制的复兴

虽然关于文明社会高度的能动性和关于德才兼备的最佳人选组成政府的中国神话从不能与历史现实完全相符,但是科举制度在其最佳时期确是一种使理想变为现实的卓越制度。这种神话的复活和这一制度在很大程度上的复兴展示了同治中兴的特征。

科举考试的庞大网络体系以三种方式为儒教国家尽力。(1)科举考试选拔出聪明的深受儒家伦理思想熏陶的官吏。科举制度无疑禁锢了人们那富有创造力的自由驰骋的思想,但是它并非像对科举制经常抨击的情形一样,用无能的诗集作者来填充官僚机构。(2)它使士绅的注意力集中在正统学说上,而且为有才能和有抱负的人提供了正途。(3)它通过为百姓提供当官的机会而赢得了百姓的支持,而官吏的权力与行动是以普遍接受的教规为依据,而不是建立于财富、出身、军事权力或者皇帝任性行为的基础之上。

科举制度在太平军起义期间已经瓦解了。荣誉头衔的官阶以及给予不先通过低级考试就参加更高一级考试的许可是基于

---

① 例如:王凯泰的奏折,见《同治中兴京外奏议约编》第1卷,第36—42页。

军功或捐资。而且情况日益证明在主考人中存在越来越多的腐败现象。结果，在同治中兴之初，有两种类型的人——暴发的商人和军人在官僚队伍中滥竽充数，他们的出现正在破坏政府的整个传统体制。实际上，已经买到官职的商人根据"生意经"而非父亲般的仁慈进行统治。军官则寻求通过暴力及惩罚而不用道德的榜样力量来控制百姓。

由于在发生战争的地区里已多年未举行选拔举人的乡试了，因此，负责一个业已收复地区的官员首要行动之一便是宣布按计划重开科举考试。在1864年10月22日，从太平军手中收复南京两个月后，曾国藩要求从北京派遣所需要的官吏去监督计划冬季举行的江苏省选拔举人的乡试。从1855年至1865年的10年间，在贵州省一直没有举行科举考试。1866年时，由于和平已来临，张亮基上奏皇上，不仅要求准许举行1866年当年的科举考试，还要举行长期耽误的1855年至1858年的科举考试。在瑞麟和蒋益澧结束了广东客家战争，并且重新安置了客家人后，他们像广东省"当地人"一样，被授予选拔一名年方二十的青年人参加考试的特权。左宗棠一平定陕西，他就宣布举行已过期的乡试。

由于在整个帝国恢复了秩序，因此科举考试在此时的新闻中突出地显露出来。1867年蒋益澧在广州安排了给人留下深刻印象的庆祝活动，2万名候选人参加了南京举行的乡试。令《汉口时报》感到吃惊的是，来自社会各个阶层的1万余人云集一处准备参加1867年举行的湖北省乡试。该报称颂科举考试为："一个最令人钦佩和最有益的计划……打破所有观念范围，为国家和百姓提供了一种内聚力。"①地方的举子们群聚在通往北京的道路上,在为获取最高学位的京城会试中展开角逐。

据估计,在那个时代,每年有200万名候选人参加某一级或另外一级别的科举考试,其中仅有1‰或2‰的人最终获得功名,在历年举行的地区岁考中,要从大约2000人中选拔出20名或更多的生员。每三年举行一次省级选拔举人的乡试,也许在正常省份的1万名候选人中选拔出100名举人。举子们在北京三年举行一次的获取贡士的会试中展开竞争,近三分之一的人会获得成功。通过会试的200—300人又在殿试中为最高荣誉,包括为最高学衔(状元)展开角逐。通常情况下,中进士和状元的殿试在皇宫里举行。

各省能够授予功名的限额得到稳步提高,以期在没有削弱科举制的条件下保证授予军功及捐纳者官衔的方式。地方功名的数额越多,受益者做官的机会就越多,但是要通过正途。例如:1865年按李鸿章的意旨,作为对当地百姓忠诚的奖励,在上海和宝山地区授予候补学衔的数字有所增加。类似的有,1867年在江西兴国县增加了10名生员作为对捐赠军费的人的一种奖励。与此同时,湖南的衡州府和衡阳县分别增加了5名和3名生员,以此作为向江南水师捐资的奖赏。1872年丁宝桢要求提高浙江和广东生员的数额,目的在于奖赏对镇压起义作出贡献的当地商人与绅士。②

这种通过在一定地区立下军功和捐输所获得的奖赏显然有其弊病,因为在这些人中存在着降低考核标准以适应平庸生员的

---

① 见引自《汉口时报》的文章,该文被《北华捷报》1867年11月4日转载。
②《皇朝道咸同光奏议》第42卷,第6—7页。

危险。虽然1868年张之洞报告了许多生员低劣的分数,一通上谕下令要更严格地控制选拔合格官吏的标准,然而,在那时最关心业已得到改善的选官制的人通常赞同适当增加名额。

熟悉中国近代许多管理机构一直存在着裙带关系和腐败现象的人发现,很难相信科举制度能够公平地加以施行。然而,根据可以得到的证据,其公正诚实的程度可同当时西欧相媲美。1858年顺天乡试中舞弊败露,致使举国哗然,导致军机大臣柏葰和另外三人被处以死刑。这场巨大的轰动暗示欺诈行为是个例外现象。虽然连续发布的规劝官吏一丝不苟地遵守规章的敕令指出:务必时刻保持警惕,但是这不应反被理解为官吏们放松了警惕。

中兴的目的不仅在于鼓吹科举考试作为获得权力与威望的唯一途径,还在于通过修改其内容而提高其实用性。此时期的政治家面临着变革的需要,他们总是有足够的理由争辩道:一项显著的革新实际上恢复了被人忽视了的古代美德。人们普遍断言:明朝末年科举考试的命题拘于旧框框是明朝垮台的一个主要原因。因此恢复"古代"制度成为中兴的主要目标,因为据说这个"古代"制度强调历史及社会的实际问题。

给事中吴焯抨击了颓废的"近代",强调正文体以培风化,要求以政府遇到的主要问题作为科举考试的主要依据。1862年4月13日的上谕批准了吴氏的建议,并规定了在即将举行的三场考试中的基本考题范围。头场,以"四书"为据,考行为之道;二场以"五经"为据,考人伦原则;三场以历史与时事为鉴,考时策。①在此点上,年轻的张之洞因为在1863年的殿试中评论了太平天

---

① 《皇朝续文献通考》,第8453页;《大清历朝实录》(同治朝)第22卷,第25—26页。

国起义及其他现实问题,所以军机大臣宝鋆和其他人高度赞扬了他。①

1862年的上谕下令广泛讨论吴焯提出的原则(并下令把这一原则广泛应用于考试制度中)。在围绕着这一问题呈递的奏折中,一名小官吏——桂文灿在1864年表现尤为突出。在桂氏看来,过多地强调在过去半个世纪里发展的形式,已经使学者几乎没时间去读经书和史书,分析当前事务,以及努力争当能够拯救时代的名副其实的有识之士。为了整顿局势并把注意力集中于公共事务,需要整个教育制度重点的转移。桂氏就他所处的时代的官吏问题评论说:他们"所习非所用,所用非所习"②。由于这种嘲弄源于不超出科举制度范围的建设性的自我批评,因此后来经常被国内外的批评者用来抨击科举制度。那种关于在19世纪里,所有重大的历史、行政、哲学问题都排除于科举考试之外的观点,对于中兴时期来说是不正确的。下面的例子可说明这一点。

1867年和1870年在武昌举行的两次乡试中所提出的问题,是有关中兴初步训练计划内容的一个很好的例子。生员们论述了经书、历史、地理,以及当前的行政管理等问题。然而,他们获得奖赏是凭实际知识,而不是凭分析或者判断。

在更高一级的科举考试中需要更多的思考和解释。在1868年举行的殿试中,第一个和第二个问题要求论述在特定的古文引文中某些字的用法。第三个问题是列出一定的书目,问询这些书是否适合于皇帝的教育。第四个及第五个问题涉及对《大学》的诠释。第六个问题提出:为什么汉学和宋学在经史的一些篇章的

---

① 恒慕义:《清代名人传》,第27页。
②《皇朝道咸同光奏议》第42卷,第3—4页。

重要性上发生了分歧?第七个问题要求对统治者的俭朴美德予以历史的解释。如果较早期的统治者较为节俭和有才能,那么好的与坏的统治者之间除了节俭程度不同,还有别的差别吗?在各种不同的事例中,节俭是名副其实还是有名无实的?第八个问题是如何能消灭奢侈腐败。第九个问题要求分析周朝和汉朝的军训方法。第十个问题问为什么唐朝的府兵计划是成功的。按这个计划,男子一段时间为士兵,一段时间为农民,轮次交替。第十一个问题要求评价宋代军队的配置,当时战斗力强的军队拱卫京师、战斗力弱的部队轮番驻扎各地。第十二个问题直接问某部论军训历史的著作所命名的六种方法。第十三个问题问军队怎样能用最少的开支得到最大的改善。第十四个、第十五个及第十六个问题涉及中国刑法的起源与发展。第十七个问题问怎样才能实现皇帝关于无严重罪恶发生的希望,以便无须秋季行刑。①

　　在1867年4月至5月间,当时任江苏布政使的丁日昌举行了一场特别考试,计划从在苏州等待任命的众多捐购官衔者中剔除不合适的人选。所提出的所有问题都是有关当前行政管理的问题。第一试所提的问题难以找到,暂时阙如。第二试中提的两个问题是:(1)你会提出什么样的计划去杜绝衙门中下级官吏的舞弊行为?(2)既然不再要求"兵勇"服役,你会提出什么建议来使他们保证得到安置,成为安分守己的臣民?第三试中提的两个问题是:(1)目前尚存为数众多的候补人员,而能授予他们的新缺却实在是少得可怜,你认为怎样才能克服这一困难?(2)下级官吏把本应提交给知县审理的案件归由他们自己办理。你建议如何纠正这种恶行?根据外国的新闻报道,丁氏本人亲临考场,并

---

① 1868年5月13日的上谕,见《清实录》(同治朝)第230卷,第1—4页。

严加控制;捐购官衔者几乎都未能通过考试。①

当然,这些考试对政府官员教育的普遍问题不会提供任何一劳永逸的解决办法,甚至充其量也不过是援引前例的繁文缛节。但是这些考试在其最好的时候,毕竟产生了远别于并胜过后来受到讽刺的那些无能腐儒官员。

赫德在1865年呈给清政府的《局外旁观论》中指出科举制的弊病。他承认以前的科举制是有用的,但是科举制过分强调读书,阻碍地方官吏学习他们真正需要了解的东西。当时江西巡抚刘坤一的反驳是中兴思想的杰出典范。在刘氏看来,读史、读经并不妨碍了解公共事务。相反,真正可悲的却是近代官吏宁肯喜欢诗文而不喜欢研究古代和近代的政治。因此,刘氏提倡朝着把科举制恢复到其古时的作用与活力的方向进行改革。

显然,在短暂的同治中兴期间不可能阻止整个科举考试的衰落趋势。虽然国内起义遭到镇压,但是起义给科举制造成的损失不是一夜之间便可挽回的。同时,随着与西方联系的日益增多,开始产生了旧学与新学问题相关的诸多疑问。据报道,1868年在包括上海在内的地区中无人为唯一候补生员的学衔展开竞争,而且其他城市也有类似的报道。在条约口岸及沿海地区正在出现一个新型的混合社会,在这一社会中,权力与地位不再是非文人学士莫属了。《北华捷报》公正地评论说:"因此,就我们已经扩大的影响而论,我们已经削弱的恰恰是中国政治制度的基础。"②

凭借这种证据有人指出,从19世纪初叶起,与科举制为之服务的国家一样,科举制本身也逐渐衰落了。关于此点本书则认

---

① 见《北华捷报》1867年5月23日。
② 见《北华捷报》1866年4月14日。

第五章　文官政府的恢复

为:中兴期间为阻止这种衰落并恢复传统制度元气而作出的努力比普遍认为的要更显著、更成功。

表面上似乎矛盾的是,守旧的文人学士是阻止这些努力成功的最严重障碍。曾国藩*最初曾猛烈抨击对诗词和文体的过分重视。然而,在他达到事业的巅峰之际,他却好像丧失了信心,不愿强制推行遭到诸多学者反对的变革。①

限制捐纳

"捐纳"即对公共基金的贡献者授予官衔。虽然"捐纳"自秦朝以来在历代一直存在,但这种捐纳制(捐纳或称捐输)在清代达到登峰造极的地步。1673 年,为了筹捐镇压三藩之乱的资金已实行卖官鬻爵。然而,一般情况下只卖官衔。虽然直到 18 世纪末叶,中国依然保持繁荣的景象,但是危急时刻便需要额外资金。在嘉庆年间,"捐纳"日益增多,而到了道光及咸丰年间,这种状况就更加显著。

鼓励捐输一直被认为是有关军费、控制水患,或者是赈济救灾等方面的一种应急措施。再者,并不直接出售实际官职。然而,官衔的捐购者成为官职的候选人,而且事实上,在行政机构中已逐渐授予他们低级职位。

在官僚队伍中反对捐纳的活动始于道光中期,而且至 19 世纪 60 年代,反对的呼声日益高涨。当时一些主要官员认为:儒教国家本身可能处于危险之中。尽管这些官员出于争论目的在捐

---

* 从本节末注释来看,这里的"曾国藩"应该为"张之洞"。——译者注
① 张之洞:《劝学篇》,《变法》。

输问题上可能夸大了其危害性,但通过捐输所得的财政收入似乎微乎其微,不足以为捐纳制所造成的威胁而辩解。在北京有这样一种说法,即已经通过科举考试做官的人是半"高贵"半"卑微"的人,而那些靠捐纳做官的人则纯属"卑微"之流。①

根据诸如此类的理由,经常争论的题目是中兴的头等大事应为废除捐纳制。冯桂芬写道:"近十年来,捐途多而吏治益坏;吏治坏而世变益亟;世变亟而度支益蹙;度支蹙而捐途益多。是以乱召乱之道也。居今日而论治,诚以停止捐输为第一义。"②

1862年,当御史上奏"商贾人等只准捐虚衔杂职"时,他说明了清政府进退维谷的窘境。皇上批谕:从今以后"不准报捐正印,实在官阶当令吏部、户部会议具奏",即不授予"商贾人等"实缺。但是,户部奏称:"捐铜局按奉此旨后,捐生观望,有碍饷需。"③这时,第二道上谕又下令:仍照"旧章"办理。于是,另一位御史刘毓楠上奏说:"前后所奏谕旨未符。"皇上批谕说:第一道上谕关乎原则,第二道上谕因恐捐生畏难观望,不能不权宜一时。承认捐输制是军费必不可少的补充手段,待军务稍平,再行遵奉第一道上谕。④

山东巡抚阎敬铭就捐纳后果对政府本身的影响以及在不减少国家岁入的情况下限制这种腐败行为的可能手段等问题作了大段分析。在阎氏看来,因为那时一个家庭只肯为有才能的子弟投资,所以只要仅仅以高价售出很少数量的官衔,那么其损害就会微乎其微。但是迄至同治时期,以低价出售了大量官衔。因此阎氏写道:有钱有势的无能之辈为争夺官职而发生

---

① 冯桂芬:《校邠庐抗议》,《变捐例议》。
② 冯桂芬:《校邠庐抗议》,《变捐例议》。
③ 大概给户部书吏带来的损失比户部本身的损失更严重。
④《皇朝续文献通考》,第8531页。

争吵,而其他的人则借资捐官,并确信很快就能偿还债主。结果官吏不能安心于工作,学者不能安心于学问,而百姓起来造反。"弊不在于制度,而在于降价以求。"

阎氏指出,捐官者70％是名誉头衔,只有30％值得被授以实缺。后者中仅仅有三分之一的人(或者说占总数的10％的人)在道、府、州、县任实职。对于国家而言,在道、府、州、县四个岗位上官吏的质量问题远比国家通过捐输所获少量国库收入更为重要。即使如此,阎氏也并未奏请停止卖官鬻爵,而只是要求收全银钱直接解往北京。

给事中郭祥瑞奏:近日捐班流品太杂,竟有市井驵侩及劣幕蠹书、土痞无赖、舆仆之徒亦皆张罗杂凑溷入仕途,并且这些人等在百姓中引起更大的不满。皇上的批谕说:"军兴以来,需费浩繁,国帑支绌。捐铜事例之设,实朝廷出于不得已,现既难于停止,即不得万思所以补救之方。若如所奏,此辈滥于官途,贻害百姓,适至激成事端,仍复耗费军需,则是捐铜之设非徒无益而反有害。"左宗棠和沈葆桢提议,捐纳者到省接见时,早有一番考察,如果才具品行概不能称职,"非唯不可令其到任,且必当从严甄核"。以此法纠正这种混乱局面。皇上朱批说:这是一种妥协措施,"庶吏治可望肃清,流品不至混淆,而于军需亦仍无妨碍"①。

一些诸如此类的妥协的解决方式受到普遍的赞赏,无一人赞同继续维持这种现存制度。极个别的人(其中有福建巡抚王凯泰)鼓吹彻底废除捐纳制。② 江苏布政使丁日昌通过考试在南京

---

① 《皇朝续文献通考》,第8531页。
② 王氏建议:通过考试从已在各类衙门等候任命官职的捐纳者中淘汰70％到80％的人(《同治中兴京外奏议约编》第1章,第36—42页)。有关王氏奏折及皇上批谕的概述,见《清史稿》,《选举制》第5部分,第14页,时间是同治十二年,即1873年。

淘汰了一些有希望做官的人。通政使于凌辰以不同方式提出了同样的观点,即只出售头衔给那些值得授予官职的人。御史袁方城提出另一个不同的建议,即对所有任命的官吏都应施以严格的考试,有才能和学识的人才应被视为正途官吏,而其他的人应被遣送回原籍。废除这种制度,或者变革程序,致使实际上捐纳者不通过资格考试便不会获取职位,这种建议或做法也受到大学士祁寯藻、湖南巡抚恽世临、顺天府尹蒋琦龄以及为数众多的其他人的支持。

甄汰官吏

虽然传统的政治理论认为,良好政府的主要保障在于适当地训练和筛选官吏,但是人们认为无论怎样精心筛选,官吏们仍必须靠一种奖惩制度加以激励。在职官员每隔一段时间要加以考核,他们的活动受到同僚的不断考查和批评。虽然都察院负责监督网,但是整个行政统治集团都有内部考核。《北华捷报》的编辑们观察到:几乎每天都有针对个别官吏能力的调查材料,而且每三年就有一次针对整个统治集团官吏的优缺点的考核报告,因而他们评论说:

> 中国政府的各项原则通过一种明确有序的官阶予以推行,每一位公职人员完全处于其顶头上司的控制之下。一位玩忽职守者要逃避甄别是不容易的(尽管有弊病)。这种体制可以谋取相当多的利益,而它具有极大的保守性……它像一个延伸到整个社会表面的网络,每一个人都在自己的网眼位置上受到隔离,而且有责任同他周围的所有人进行联系。①

---

① 见《北华捷报》1868年8月14日。

第五章 文官政府的恢复

皇帝经常发布的上谕告诫高级官吏要把更多的精力投入甄别和报告他们下级官吏的活动中去。当1864年攻陷南京后,曾国藩于12月14日复任两江总督,立即针对众多官吏的行为施行了"严格的考核";根据他考核的情况而决定这些官吏的升迁和降职。

按规定,总督或者是巡抚通过奏折报告他们的推荐人选,如果吏部通过了,那么皇上便会颁布上谕,批准其推荐。吏部偶尔也对地方巡抚的推荐吹毛求疵。假若发生这种情况,皇上可能或者支持吏部或者确认巡抚的推荐。如果巡抚的推荐得到支持,那么皇上的谕旨便会强调:这是一种特殊情况,而不会影响文官制效力的先例。

给予小官吏降职和罢免处分的最常见的理由有:在反对违法者的活动中玩忽职守、年迈、智力低下、耳聋或者有其他身体上的缺陷、轻薄、不合体统的发言以及坏脾气,等等。对主要官吏的指控很可能更严重,但是在同治期间几乎没有轰动的事件。1862年,一位御史指控在上海负责办理洋务的薛焕在书行及钱庄占有权力,凌辱群众的感情,疏理军务。① 虽然经调查后,薛焕被降职并迁职他处,但是行政当局的首要动机很可能是要为李鸿章铺路。

降职和罢官作为控制官僚的手段,其效力受到保证复职的各种补充方法的限制②,正像科举考试作为选官的手段其效力受到优先取得官职的各种补充方法的限制一样。在这两种情形下都

---

① 《清实录》(同治朝)第22卷,第9—10页。
② 整饬官僚制度比这一小段论述所提示的要复杂得多。它不仅仅限于简单的罢免和降级。被降级的官员可以指望立功赎罪。被"罢免"的官员可以无衔留任,因此,他有各种动力,通过出色的表现来恢复自己的头衔。

不可能完全消除金钱、军功以及有权势的友人的作用,但是在这两种情形下关于限制对国内政府的损害方面所作的艰辛努力取得了某些成效。禁止地方官吏推荐"永不叙用者"重新为官。一位受到罢免的官吏利用捐资要求保证官复原职(实际上是要把这种惩罚变为罚款)一事归由皇上复审。一旦受到罢免的官吏因捐资或因军功而官复原职,他们就会到偏远的省份任职,在那里他们以前的劣迹无人知晓,因而不会动摇公众对官府的信任。在此还应提到关于对太监甄汰的情况。虽然太监从来就不是官僚集团的成员,但是由于他们与皇宫的关系,他们也扮演了政治角色。尽管中兴期间对这些人有些非议,但在此10年间太监们并没有采取独立行动的充分权力,或者取代正式官吏而成为皇上代理人的权力。当太监安德海在去山东旅途中假冒文官称号、行使文官职能时,尽管他受到慈禧太后的宠幸,但终被恭亲王和丁宝桢迅速诛杀于济南。

打击腐败

腐败即私吞公帑和供应品,以权谋私。必须把腐败同捐纳官衔和官缺明确区分开来。卖官鬻爵的制度允许可能有腐败劣迹的人进入官僚统治集团,但是这种捐纳制本身并不是一种腐败实践活动。

从西方人的观点来看,中国人在所有公私交易上付给与接受佣金的习俗是不合常规的,因为这种交易的条件受先例而不受成文法和契约的支配。然而,在和平、繁荣及生机勃勃的政府统治时期,值得尊重的习俗和"社会所使用的规范"会对滥用权力进行有效制止。但是在混乱及幻想破灭的时代,中国的制度较之西方的法律制度为防止出现腐败失控局面提供了更少的防卫措施。

在18世纪晚期,和珅开始嚣张地盗窃国库,结果贪污腐败之风迅速蔓延。判处和珅死刑也未能制止其他人中饱私囊的活动。面对"内忧外患",咸丰帝病重,从而导致了威胁儒家社会基础的混乱和幻灭。由于官吏们形形色色的腐败日益增加,给儒家社会带来的幻灭感也在恶性循环中日益加重。

在道德败坏的80年以后,纠正似乎是不可能的,然而在短暂的同治中兴期间,一些弊病还是得到清除或者制止。在传统中国政府之中,如果不恢复传统道德,那么甚至在习惯法的束缚下,也不可能杜绝腐败。因此,看来通过培训道德禁绝腐败的中兴普遍原则便成了当时对这一基本问题的"现实主义"讨论内容。

特殊腐败案件遭到有力的打击。这一时期的文献报道了对纳贿案件持续不断的调查和惩罚。虽然在一些案件中,受到行贿的官员本人告发了此案,但是通常由御史、翰林院的成员、地方总督及仓库的守官提出指控。所有此类指控都按照一个复杂的程序仔细加以调查。如果它们被证明是凭空捏造,那么提出指控的人便会受到惩罚。在大多数情况下,指控显然证据确凿,被指控的官吏便受到处罚。

尽管中央与地方高级与低级官吏因被发现犯有腐败罪行而受到控告并受到惩处,但是地位显赫的皇亲国戚无疑会预先阻止调查或减轻处罚。先前为国服务的苦劳能够轻易用来作为宽恕的理由。例如:1867年有权势的湖广总督官文因盗用国库厘金收入而受到指控。这一案件被提交到吏部进行"严格的调查与惩处"。吏部建议削夺他的大部分官衔、官级及俸禄。但是1867年2月15日颁布的一道上谕宣布:他历经10年镇压起义,为大清效命之功远远抵消了这些小的罪孽,因而要从轻处罚。至5月

10日他再度成为军机大臣,随即又出任刑部尚书。最终,于11月20日他又被委任为直隶总督。

显然,行政管理制度对最高级官吏也确实具有某种抑制力,惩罚却经常是从轻的。

腐败的一个主要原因是这样一个事实,即中国官吏的俸禄过于微薄,以至于没有某种合法的补充收入,便不能全心全意地投入正当的行政工作中。当一位外国人赫德指出这点时,两广总督瑞麟及广东巡抚蒋益澧反驳说:一位官吏究竟是审慎从事还是腐败堕落取决于他个人的品质,一笔小数目的钱对于节俭的人而言就足够了,多少钱也满足不了奢侈无度的人。然而,这两名官吏还是对皇上表达了这样一种希望,即由于军费缩减,因而能够恢复过去较高的俸禄水平。那时诚实的官吏们就会展开竞争,而腐化堕落的官吏就会失掉避免合法惩罚的借口。关于实行一种符合现实的俸禄制度的重要性在19世纪60年代得到广泛的承认,但是没有找到真正的解决办法,这一问题始终烦扰着后几代的中国改革家。

回避制度

根据中国的行政管理规定,既不准许官吏在原籍省份任职,又不准许长期持续在任何省份任职。赞同这一"回避"原则的看法认为,只有摆脱家庭和朋友压力的外籍人才能公正无私地处理地方事务。同样显而易见的是,从中央政府的观点看来,外籍人"保险",因为他很少有可能领导和发展危险的地方上的不同政见。另一方面,显然一位外籍人无论他怎样公允和保险,仍不可避免地对当地条件所知甚少,因此过分地依靠永久性的衙吏。

中兴期间针对此问题提出了许多解决办法。骆秉章认为:为了防止一个人在他长大成人的省份居官任职,无论该省是否正式被列为其家庭的"原籍"省份,既应当更加严格地施行回避制度,又要再次明确重申这种制度。① 两江总督刘坤一也赞成保持这种规章,但他持有一个不太极端的观点。他承认:"各省不应回避本籍,武则尚可,文则经理地方词讼,难保其于亲友亲面,真能破除。"然而,刘坤一并不赞成不断地迁调官员,他认为,在一个既定的地区里,一位已被证明具有才能的官员可能适合于在那里长期任职。② 瑞麟和蒋益澧采取了同样的立场。他们援引东汉左雄的话说:"吏数更易,则下不安业。久于其任,则民服教化。"瑞麟和蒋氏认为:坚持不断地调迁非但未实行回避制度反而滥用了这种制度。③

冯桂芬走向另外一个极端,他极力主张废除这种制度本身,而且无论何时只要显示出这种任命合乎需要,那么就应任命一位官员到其原籍地区任职。冯氏说这种制度并不是古代的惯例,而是明朝的遗风,并且"不闻明之治胜于古之治也"④。

"回避原籍"制度和经常调迁的原则是支配中国政治思想的中央集权制总理论的组成部分。地区和地方上的官吏从来就不是当地已建立的统治集团的最高首脑,他们毋宁说是代表中央政府,被派遣到地方上的管理人。由赫德开头的向中国现代化提建议的外国人已经竭力劝告应当修改这种制度,而中国的改革家们也不得不经常在原则上同意这种观点。然而,中央集权制的思想

---

① 《同治中兴京外奏议约编》第2卷,第27—30页。
② 1866年5月29日奏议,见《筹办夷务始末》(同治朝)第41卷,第43—50页。
③ 1866年7月30日奏议,见《筹办夷务始末》(同治朝)第42卷,第60页。
④ 冯桂芬:《免回避议》,见《校邠庐抗议》第1卷,第6—7页。

存留下来,虽然晚清政府及民国政府有"地方自治"的宣言,但是这些政府一般都尽一切努力注意由"外籍人"把持直接对中央政府负责的省级和地方上的行政权力。

专才与全才

根据中国人的理论,称职的官吏是一位有多方面能力的"通才"。如果他需要专门的帮助,那么他可以从来自下层、巴结奉承官僚的那些特殊阶层的人得到它。这些人在国内政府体制中没有地位,因此他们对政府的思想控制不必有反应。因为政府被想象成一门安排人类关系的艺术,而不是合法管理的科学,所以儒家官吏本身被设想成对有关所有事务(不论这些事务多么复杂)政策进行评判的一位富有能力的法官。

由于政府的问题在19世纪成倍地增加,在政府这种人文主义体制中一度潜藏着的弊端也就更形扩大。从军机大臣到地方行政官员,每位官吏都面对着比他的前辈们曾经面对的更加棘手的问题,却仍然期望自身能为所有问题提供英明的解决方案。对外事务绝不是唯一的新问题。清政府坚持按先例办事,引起复杂的法律问题。把徭役折成以银缴纳的赋税的日益增加,加大了财政上技术问题的难度。学者兼官吏及捐官者均无能力处理这些问题。然而在有清一代,通向官职的可供选择的路却少于明代。当一位官吏的职责增多时,在统治集团内部他可以支配的下属人员也就显得更少了。

在专业化的问题上,儒家的改革者面临着一个根本性的困窘局面。虽然他能提倡微小的调整,但是不打破通过有身份人物进行道德劝告的这种施政的基本观念,那么他就不可能提倡劳动分工及人才专业化。

在传统制度内部产生的私人助手（幕僚）制度为此提供了部分答案。私人幕僚是一种兼有旧学、法律、军事或者财政能力的人。但是这类人尚无正式官职，他不应公开露面，却经常充当他为之效命的官吏的代表。由于他不是这位官吏的下属，因而期望他自由提出批评，而且缓和学者兼官吏同富有实际经验的职员之间的长期冲突。

私人幕僚制在中兴期间特别盛行，而且在不损害文官制度的情况下，提高了制度的灵活性。有相当大比例的幕僚是来自文化悠久的绍兴地区。然而，通常雇用当地人作为幕僚是因为他们熟悉当地的环境，而且他们能操当地的方言。例如：左宗棠是湖南人，他曾在张亮基和骆秉章的门下做幕僚，十分得力，据称骆氏的成就便是左氏的成就。

然而，对于为数众多的目的而言，很难寻到技术上比较得力的私人幕僚，因为幕僚也同官员一样，如果他要有效地发挥职能，就不得不成为儒家传统的一部分。中兴的政治家们在处理专门化问题上的努力表明，这个时代的官吏能够充分掌握他想要掌握的新技术。但是，他们能自由作出这种选择又保持儒教改革家身份的领域实在是太狭窄了。

缺乏专门人才的其他政府，诸如彼得大帝时期的俄国、奥斯曼帝国和16世纪后期的英国有时能雇用外国人。中国政府仅仅能在非常有限的范围内做到这一点，因为几乎没有外国人能够适应儒家价值观念体系。

由赫德设计并负责管理的中国海关总税务司是中兴期间聘用外国专家的杰出范例，但是它对中国19世纪经济只产生了微小的影响。有些外国人受雇于厘金及盐政管理，但是在国家的主要行政部门中则无一位外国人受到聘用。外国雇员的态度常常加剧了这种困难,可是这种态度并未引发这种困难。不管外国人多么努力,他们都不能扮演好派给所有官员的那些难以胜任的角色。

衙门胥吏

从中兴官吏的眼里看,对中国有效的儒家政府的最大威胁是握有实权的衙役。虽然这是一个长期存在的问题,但是其严重性随着政府日益复杂化而日益加重。儒家的文官们发现他们自己随时随地都处于这些胥吏的包围之中。他们依赖这些人所掌握的关于自己所管辖的区域以及技术性的行政问题的知识。由于几乎没有专职文官曾在一个固定的岗位上工作足够长的时间,以便对其职责与管辖区问题拥有与胥吏相等的知识,因此胥吏经常处于破坏官员的政策并向百姓敲诈勒索的地位之上。改良派汪康年后来宣称:中国真正握有实权的并不是皇上,更不是高级官吏或者普通百姓,而恰恰是衙门胥吏。①

衙门胥吏这种事实上的权力使儒家政府的全部理论所依据的前提丧失了效力。人们视为自然的是:任何对学问、政治感兴趣或者热衷于权威的、有才能的人都想步入仕途,除了直接的个人收益外,仕途还集中了所有刺激人的东西。相对而言,衙门胥吏则被认为是精明而又不讲道德的趋炎附势者,这些人的经历否定了所有儒家的价值观念。

据估计,中兴时期整个帝国共有119万名胥吏。根据冯桂芬

---

① 《皇朝经世文新编》(上海,1901年)第18卷,上,第12页。

的说法,每一个部至少有 1000 名胥吏①,而且每个部里的胥吏都利用职权之便中饱私囊。例如:户部的胥吏从到部里领取薪俸的每位官吏那儿扣银索费。② 其中一位胥吏变得相当富有,以至于人们把他称作"第七号部级大员",而法定的排号是六位。

整个清代,特别是在三次大改革(即 17 世纪末叶、19 世纪 60 年代及 19 世纪 90 年代)的时期里,胥吏一直受到谴责。尽管胥吏的危害清晰可见,一再被加以讨论,但是批评者很少发现随着书面工作的增加,书吏的作用也必然会加大。他们也没看到儒教国家能够控制书吏的唯一办法是在儒家统治集团内部给予他们一席之地,从而使他们服从于国家的训导和控制。

像往常一样,冯桂芬提出一种激进的解决办法。他建议为了适应新条件,要重新解释并扩大儒教行政管理原则。他主张委任地方推荐的年轻人充当胥吏,从学徒性质的服务做起,一直过渡到终身供职。③

假如冯氏的办法证实是可行的,那么就会使胥吏成为已经扩大了的统治集团的一部分。针对冯桂芬的建议,所有政府职能部门都仿效军机处,使用"军机"的字眼,而不用胥吏二字。李棠阶回答说:既得利益是很强大的,需要整个帝国都行动起来。④ 中兴不是一个彻底行动的时代,对胥吏仅有的控制仍是保持胥吏那种低下社会地位的不明确状态。

---

① 冯桂芬:《易吏胥议》,见《校邠庐抗议》第 1 卷,第 12—14 页。
② 《清实录》(同治朝)第 1 卷,第 12—14 页。
③ 冯桂芬:《易吏胥议》,见《校邠庐抗议》。
④ 李棠阶:《李文清公遗书》第 2 卷,第 29—30 页。

小　结

　　关于贤人治理国内政府的儒家理论在同治中兴期间受到了严格的检验。中兴时期是一个享有盛名的时代,它同其先前的时代及紧随其后的时代形成鲜明的对比。纵观整个中国历史,有为数众多的"贤人取得非凡成功"的时期,但是这些时期总是短暂的。虽然清代的记录和其他朝代的记录相比十分有利,尽管中兴毫无疑问是那些短暂的偶然时期之一,但是结果是短命的。这种制度即使在最佳年代里仍存有它的弊病。正如康有为所评论的那样,这种制度导致过分依赖于个别官员的特殊才能,如果巡抚是文人,那么全省便会文风大盛;如果他对财政有兴趣,那么全省便会着迷于货币改革。[①]

　　一部卷帙浩繁的普及性清代历史,反映出了人才极端匮乏而导致清朝灭亡的普遍性观点。[②] 中兴说明传统国家政府已尽了最大努力。中兴具有令人印象深刻的表现,然而由于新问题接踵而来,中兴各项原则的不足便令人痛心地变得明朗起来。

[①] 康有为:《康南海文钞》(上海,1916年)第4册,第28—43页。
[②] 蔡东藩:《清史通俗演义》(上海,1921年)第8册,第56页。

第六章　镇压叛乱*

一个普遍性问题

同治时期是中国历史上最不安定的时期之一。在这一时期中,曾爆发四次大规模叛乱和多次地方性叛乱。然而,中国以往的历史学家却习惯地称这一时期为"同治中兴"。这种说法自然也有它一定的道理:四次大规模叛乱每一次都出乎意料地被镇压下去,并开始重建,而且着手消除那些引起叛乱的各种因素。如果考虑到这些问题的重大和困难的程度,那么就不能不承认清政府所取得的成就是惊人的。

在同治登基之初,清政府虽然面临着应付外国征服者的紧迫任务,但是更加刻不容缓和异常重要的则是尽早扑灭国内叛乱,原因如下。

(1)镇压叛乱所需要的军费是惊人的,财政的极大消耗既影响了军事的自强计划,又影响了经济的重建计划。

(2)国家在人力方面的消耗也是巨大的,以致像儒教中国这

---

* 本章与全书翻译原则一致,译者遵循龚书铎先生的嘱咐:"按照原文翻译,'信达雅'首先是'信'。西方学者的观点不可能与我们的观点相同,读者有必要了解。"——译者注

样稳定的农业帝国也难以长期忍受这种过分紧张状态。

(3)中兴诸臣充分认识到国家的动荡招致了外国的干涉。正如总理衙门的一道奏折所说："外侮之来,多由内患之不靖。"①

(4)对清政府生存的严重威胁已压倒了其他问题。定都于南京的太平天国公然宣称要夺取全国统治。定都于大理的云南穆斯林王国——平南国,在杜文秀的领导下宣告独立。捻军和西北穆斯林虽然尚无称王立国的计划,但他们最骁勇善战,已控制了许多要害地区。

清政府最担心的是这些叛军联合起来。它们在有限的范围内也的确实现了联合。1864年以后,捻军的主要领导人都是前太平天国将领,尽管太平天国起义和捻军起义的原因不同,但这两支义军从1856年起就建立起密切联系,并一直同西北穆斯林保持联系。由于石达开曾率太平军两次袭击贵州,也由于受到邻省云南穆斯林起义的影响,贵州的动乱愈加严重了。许多地方匪徒,如教匪、会匪、土匪、私盐贩子、赌徒、马贼、烟贩子以及地头蛇等,虽未构成对清帝国的直接威胁,但是他们加入起义,使起义军的力量迅速壮大起来。

这些起义爆发于不同的地区,社会原因不同,领导者的个性和士兵的性情各异。其教义,从受基督教强烈影响的太平天国的帝国地方自治主义、穆斯林极端分子的激进的新教,到捻军的朴素的秘密结社,五花八门。太平天国建立起一个帝国,云南穆斯林建立起一个王国,捻军则是一个松散的流动帮派。每支义军都有自己的政治和军事策略,只有太平天国企图发动大规模军事进攻以夺取全国政权,其他义军都局限于攻打衰朽的地方政府和保

---

① 《同治朝筹办夷务始末》第27卷,第26页。

卫、巩固已建立起来的根据地。

但是在各次起义中也有某些相似之处。每一次起义都是由对地方长期郁积的不满引发的。对这些不满,清政府是知道的,但未采取适当的补救措施。19世纪50年代安徽的连年水灾,60年代初陕西地方官的劣行,诸如此类,每一次都使人民忍无可忍,而随之,便是有着更明确的宗旨、纲领、组织和策略的起义的迅速蔓延。在每一次起义的最初几年中,清政府总是因为执行犹疑不决、自相矛盾的策略而失败。

直到每一次起义达到高潮时,清政府才真正感到惊慌,并且不得不重新现实地估计局势,彻底检讨它的军事和政治策略,于是中兴的新领袖们掌握了实权,控制了军队。他们(以及在云南的一名效仿者)镇压了全部大规模起义和大多数小规模起义。而清政府在贵州的失败,则是因为那里没有这样的领袖人物。

每一次起义的动因、实力和弱点各不相同,因此清政府的对策也不是一成不变的。但是历次平叛都是根据这样一个基本观念,用左宗棠的话说就是"剿抚兼用"①。凡实施新的中兴政策,都导致一系列胜利,直至出现一个转折点,如安庆大捷或金积堡大捷,然后就可以开始初步的重建工作了。此时,叛乱尚未瓦解,危机依然存在,但是叛乱力量的源泉已遭到破坏,距离其结束已为期不远了。在叛乱平定之后,中兴诸臣面临的根本任务就是如何维持安定的局面。

本章即叙述一系列粉碎叛乱的政治策略和军事战役,正是这些策略和战役使清政府维持安定局面的努力有了可能。

---

① 王之平:《曾胡左兵学纲要》(南京,1935年),第9页。

镇压太平天国

太平天国起义(1850—1864年)是中国历史上重大的社会革命之一。它爆发于广东和广西,并非偶然。那里,由西方的冲击所造成的不安定因素长期存在,此外,还存在着客家和少数民族不能完全融合的问题。鸦片战争以后,清政府对这两个偏远行省的统治急剧衰落。因此,在命运多蹇的咸丰皇帝继位不久,著名的金田起义就爆发了。

太平军从广西出发,仅3年就到达并建都于南京。在1853年至1856年间,太平军在迄自南京的长江流域频频获胜。在1857年至1860年间,战斗主要在安徽、湖北进行,太平军仍继续顺利发展,它虽然在湖北败于胡林翼和其他新起的团练头子,但在安徽大胜清军。在太平天国鼎盛时期,它已控制了中国中部的大部分地区,并多次威胁上海,甚至能够派出一支先头突击队指向北京郊区。在15年中,它纵横16个省,攻占城池600多座。

太平天国的纲领主张平分土地,发展打破传统垄断的小型贸易,建立新的普世君主制度——"太平天国"。它的教义是儒家学说、中国秘密结社的信条、原始共产主义、反满的民族主义和基督教思想的奇怪混合物。其他起义军都没有它这样精心设计的教义和设置这样一个准帝国的行政组织。而且,唯有太平天国留下了大量的有价值的历史文献。

最初给洋洋自得的清政府以极大震动的是太平军于1853年攻占南京。过了7年之后,中央政府才采取了必要的大胆步骤,而身任督抚的中兴诸臣则立刻着手建立为形势所需要的新式军队。他们研究了这次起义的原因及其弱点,这项评估最终决定了清政府的平叛纲领。太平天国的领导人拙于行政管理,尤其在农村地区。鉴于这种情况,清政府提出了一项减轻农民负担、恢复农业生产的广泛计划。太平天国另一个可能更为致命的错误是疏远知识分子。中国共产党的历史学家已经指出了这一点,并认为它是太平天国失败的一个主要教训。

太平天国不恰当的教义使清政府不仅能够争取文人,而且能够争取其他阶级的支持。曾国藩曾说:在太平天国控制地区,"农不能自耕以纳赋,而谓田皆天王之田;商不能自贾以取息,而谓货皆天王之货;士不能诵孔子之经,而别有所谓《新约》之书"①。马克思主义者在批评清政府政策的同时也承认,尽管统治阶级受到震动,但是几千年的封建思想、习惯、伦理纲常的影响依然存在。

但是这绝不意味着太平天国的错误完全在思想意识上。即使在太平军成功时期,它也未能控制湖南,而它的死对头湘军后来却能够据之得以发展。太平军经常洗劫它攻占了的城市,其中包括像武汉这样的战略要地,然后又放弃它。结果,它的都城南京就总是处于敌人的压力之下。它也未能攻取上海(并非由于明显的军事原因),因此也就未能控制整个江苏。

然而,仍然保持着实力的太平军和接踵而来的第二次灾难,迫使清政府实行一项新的基本政策。这一次灾难发生于1860—1861年。当时在长江下游重新组织起来的清军遭到失败,太平天国最杰出的将领李秀成迅速攻占了杭州、苏州、常州和这一重要地区所有的重要城市。在遭到这一连串失败之后,清政府再也派不出一名大员去统领旧式清军以对付太平军了。

英法联军在北方的胜利,使中国的国务要员们以一种新的更

---

① 胡哲敷:《曾国藩》(中华书局1943年版),第21—22页。

有希望的方式来处理外交事务；与此同时，太平军在长江下游的胜利，也迫使清政府以新的方式处理国内叛乱问题，由此产生了新的军政领袖和新式军队。曾国藩的湘军已经证明了它自己的价值，于是，清政府采取了一个前所未有的措施，任命曾国藩节制江苏、安徽、江西和浙江四省军队，一揽军政大权。

　　清军从攻取安庆以后，开始呈现出明显的优势。当时也出现了"吉祥"的天文现象：日全食和五星连珠。这被认为是出现"转机"的预兆。清政府认为攻取安庆有重大意义，因此授予有功将领高级荣誉。

　　在以后的三年中，清方接连获胜。首先平定了江西，继而收复了浙江和安徽的战略要地，之后，曾国藩包围了南京。李鸿章、左宗棠和其他人则重新收复了长江下游地区。1863年年底，清军攻陷了苏州，1864年上半年，攻陷了常州，这表明叛乱即将结束。太平天国的失败如同它的兴起一样迅速。当初，它仅用三年多的时间就控制了浙江、江苏两省和江西、安徽大部，威胁上海，并派兵北伐。

　　1864年春天，《京报》连续报告胜利嘉奖的消息。但是，由于南京的攻陷指日可待，清廷在春天和初夏就多次发出上谕，把各种决策推延到"南京收复之后"。1864年8月1日，《京报》以夸耀的词句宣告收复南京这一期待已久的重大胜利。曾国藩因此获得了皇帝能够赐予的最高荣誉，其他高级官员也几乎个个都得到了赏赐，其中包括许多没有参与这一战役的人员。一时举国欢庆，并从修葺南京明太祖庙开始，举行了一系列庄严的仪典。

　　清方的文献自豪地指出：太平天国叛乱是中国历史上最严重的破坏之一，因此平息这场叛乱也是中国历史上最辉煌的胜利之一。太平天国的可怕威胁已经过去，欢欣的情绪大大加速了对危机的克服,并且恢复了对中国未来的信心。"长治久安"是当时的座右铭。有关叛乱的文献被编辑成书,加以研究,并被视作万世太平的镜鉴。在南京陷落以后,虽然太平军余部继续战斗了许多年,并且联合了捻军和其他义军,但是清政府的危机毕竟过去了,一个新纪元开始了。

我们在此对太平天国失败的教训的关注,仅限于那些可以说明中兴成功的原因的部分。在太平天国最虚弱的地方,正是中兴最强大之处,这具体表现在领导人的素质、行政管理、意识形态和士气上。太平天国有一个李秀成,在中兴的阵营中就有五十个"李秀成";太平天国只满足于占领城市,清政府却密切注视着它自己统治区域内的行政管理;太平天国的民族主义和宗教的混淆未能打动大多数中国人,而曾国藩复兴儒学的宣传却容易赢得人心;某些太平天国领导人看到了意识形态的危机,并企图修改他们教义中的反儒部分,但他们的做法是明显机会主义的,太笨拙,也太迟了,而在另一边,清方的领导人却真诚地相信他们为之斗争的东西,因此,一旦投入战斗,他们的士气就远远高于对手。

外国的帮助是清政府获胜的第二位因素,这是明显的,虽然有些外国人将其歪曲为主要原因。外国的帮助可能加速了长江下游最后阶段战斗的结束,但是它没有,也不能决定这一结局。

镇压捻军

在白莲教起义之后出现的捻军,其早期历史已湮没无闻。捻军起义的原因可能与太平军的一样。太平军起义造成的混乱和山东、江苏、皖北(捻军活动的中心地带)遭受的自然灾害,则是其导火线。1853年"长捻"起义正式开始。

"捻"这个词的意思是"搓拈"或"揉捏",但"捻军"的"捻"究竟是什么意思,一直有争议。官方解释说,这是因为叛乱者的标识是披着搓拈得像醉汉一般的头发。在其他的一些解释中,最合理的可能是这样的:起初是许多小股匪帮,后来"揉捻"成大股的匪帮。

1853年以后,捻军从其发源地皖北迅速地发展到山东、河南、江苏和湖北。尽管清政府在这一地区有时也取得有限的胜利,但是有一点是很清楚的:到1862年前后,清政府几乎完全失去了对淮河流域的控制。捻军首领张乐行和反复无常的团练头子苗沛霖控制了这一地带。

1863年春天,帝国亲王僧格林沁俘获并处死了张乐行,但是这对整个局势影响并不大。张乐行的侄子张宗禹继续统领捻军,到1864年前后,僧格林沁已失去了对局势的控制。1865年,张宗禹和赖文光率领捻军在山东曹州西部给清军以粉碎性打击,僧格林沁也被击毙,此时捻军的力量达到顶点。

由地方匪首组织的捻军是一个拼凑的混合物,而不是一架可以集中控制的机器。它的旗帜和标识反映着一般宗教社会的习俗。它扩张的主要手段是渗入地方团练,夺取其控制权。它的军事进攻的对象通常是圩寨(所谓圩寨,原本是在清政府赞助下建立的防范土匪的城堡)。起初它主要是打阵地战,后来吸收了太平军的经验,也把重点转向在广阔地区进行高度灵活的运动战。它的流动性如此之强,以致一些观察者认为它的许多胜利的战斗其实是由广阔而分散地区的农民干的。然而捻军并不只是流动的土匪,他们起初是流动抢掠,但到1858年,他们的中心根据地巩固了;他们的组织虽然松散,却很有效率。1863年以后,他们被迫流动,但一直试图返回根据地。

第六章 镇压叛乱

捻军的首领是杰出的。李鸿章证实:赖文光、任化邦、张宗禹和其他捻军首领是勇敢、有能力的。据说,他们比太平军的首领更富有战斗力。他们在反映人民的需要和愿望方面所表现出的敏锐的洞察力,是他们的力量的巨大源泉。在夺取某一城镇之前,他们总是先劝诱和争取当地居民的"自然"领袖,在攻取之后,他们总是小心地避免打扰居民,而去打开监狱,凌辱可恨的地方官。一旦控制一个地方,他们就把重点放在筹集粮食给养上,因为仅靠打劫清军的粮草是不够的。他们很重视粮食生产,并派遣从前线返回的小分队去帮助保卫和收割庄稼。

长期以来,人们一直认为捻军不像太平天国那样有自己的纲领和教义。① 中国的马克思主义者和共产党人也倾向于这种观点,认为民众起义如果没有一种学说作指导是必然要失败的。② 然而最近的研究表明,捻军不仅有政治纲领(如上面已经指出的),而且有明确的意识形态和学说:"相反,捻社会所继承的白莲教的遗产提供了一种明显可辨的意识,它把捻军与普通土匪分离开来,而士绅的参加又使捻军初期的鼓动具有更广泛的政治意识和组织能力,这种政治意识和组织能力使它成为真正的起义。"③ 但是很遗憾,这个结论还缺乏来自捻军方面的文献证明。

在1865年以前,清政府对捻军作战,无论在政治上,还是在军事上,都失败了。官员们报告说乡下人都支持捻军而不支持清军,可是他们似乎不明白这到底是为什么。甚至有一次,清军因偶然的胜利而进入捻军的根据地中心,但由于民众的敌视,还是

---

① 例如,《北华捷报》1868年3月14日说:"这些反叛者没有明确的政治要求,没有一致的政治信念。"
② 朱其华:《中国近代社会史解剖》,第108页。
③ 蒋相泽:《捻军叛乱》,第52页。

135

失败了。

僧格林沁之死使清廷第一次真正感到震惊,结果导致了一个新政策——实行曾扑灭太平天国的那种政策。1865年5月27日,清廷任命曾国藩指挥山东、河南和直隶的全部帝国军队,他以前担任的两江总督一职暂时改由李鸿章署理。最精锐的神机营也被派去保卫通往北京的道路。如果起义军在此以前能够越过黄河,那么它通向首都的道路将几乎是没有阻挡的。正在清廷加紧调动布防的时候,它接到了关于捻军在直隶南部、山东和苏北取得了令人惊恐的胜利的报告。

在1865年夏季这一紧要时刻,曾国藩制定了新的消灭捻军的基本政策。值得一提的是,这一政策(后来由曾国藩的继承者李鸿章继续执行)在中国以后消灭"土匪"的努力中起了重要作用。

曾国藩的计划本质上是防御性的,它可以概括为这样四个字:"画河圈地"。曾国藩认为清军企图像捻军那样"流动"作战,那是自杀性的,因为在流动中,捻军能够获得大量的粮食给养,而清军却不能。因此他在安徽临淮、山东济宁、河南周家口和江苏徐州设立四镇重兵。起初,曾国藩是以传统的方式来运用这四镇重兵的;当一个地区受到威胁时,其他三镇即派兵增援。以这样的策略来对付流动的捻军是无用的,因此它为残酷无情的"画河圈地"策略所取代。三年以后,这一策略获得了成功,它限制了捻军的流动。

清政府调动一切力量,想尽一切办法来对付捻军:在苏豫皖鲁四省建起九支辅助部队,沿着运河和黄河筑起堤坎、长墙,开挖壕沟。而在所有的力量中,最重要的是中兴诸臣的政治洞察力。

曾国藩十分清楚,关键在于争取捻军地区人民的忠诚。当他北上就职时,他首先视察了捻军地区。他认识到许多"良民"跟随捻军是由于贫苦,因此他试图把他们划分开来,争取过来,用奖赏和身份证制度来使他们保持忠诚。然而,"人民"和"叛乱者"完全混合在一起,这使"剿抚并重"的政策遇到很大困难。因此曾国藩在这一地区实行"筑城清乡"政策比在太平天国地区无疑遇到更大的阻碍。但是,他还是能够切断乡民与捻军首领间的联系和重建地方政府。他向当地提供紧急救济,实施开荒计划,征募当地人入淮军,并给予较好的报酬,同时对军队加以严密控制。由于这些措施,到1867年,士绅和平民重又归顺大清,并重新构筑工事以防范土匪。

当然,在最初几年中,曾国藩的策略无论在政治上还是在军事上都不是完全成功的。在1865年下半年和1866年,捻军运用运动战继续取得胜利。曾国藩"失败"了。1867年年初,显然是由于他自己的请求,他又返回两江总督任上。李鸿章接替了他,继续实行他的总政策。

1866年至1867年冬天,捻军在东西两路都取得了进一步胜利。① 在西安附近的十字坡战役中,经过一天战斗,西捻军击溃了陕西省清军的主力。在湖北罗家集战役中,清军提督郭松林被俘*。

1867年年初,第一个真正的危险是捻军对北京展开钳形包围运动。西捻军跨过大运河干旱的河床,击败前去阻截的清军,

---

① 1866年秋天,由许多小股组成的捻军已形成两支大军。西捻军首领张宗禹率军向陕西进攻,并同反叛的回民建立了联系。东捻军首领赖文光、任化邦主要在河南、湖北、山东和江苏作战。参见吴曾祺《清史纲要》(上海,1913年)第12卷,第176页;罗尔纲《捻军的运动战》,第18页。

* 1867年1月,在罗家集战役中,郭松林兵败负伤,但未被捻军俘获。——译者注

从南面威胁北京。如果湖北和陕西的捻军能够强行进入山西,那么他们就能够从西面威胁北京。2月,朝廷连日发布谕令,表明清廷对陕西、湖北和河南的形势十分惊恐。它任命李鸿章为湖广总督,负责制止捻军在湖北的进军,命令曾国藩和湖南巡抚李鹤年前往徐州,左宗棠立即去接管陕西。对这些著名指挥官的任命,反映出局势的严重性。

1867年6月,战争进入决定性阶段。当时东捻军主力向战略要地徐州运动,然后进入山东。他们希望在那里得到长期沉寂的山东捻军的帮助。1867年6月14日,清廷谕令各路军队守住山东省界,但是捻军还是突破了运河防线,进入山东。

这时,山东成为关键地区。丁宝桢打算从南、北同时进攻,而奉命赶到山东的李鸿章则打算把捻军驱赶到山东半岛的顶端,然后再行剿杀。

1867年7月,增援的清军涌入山东和苏北,围剿计划最终付诸实施了。清军把黄河和大运河之间的地带分割成几个部分,以防止捻军流动。李鸿章在距山东海滨40里处筑起封锁线,并派人去南京请水师派船队北上山东,炮击捻军营地。据农村逃出的难民说,沿海村庄被烧毁,芝罘一片恐慌。李鸿章受命全权指挥山东军队。清军捷报频传。

1867年8月初,清军显然已控制了局势。李鸿章开掘了一条从莱州到牟平县长达100英里的壕沟,把捻军困在山东半岛的顶端。沿黄河、胶莱河、大运河的防御准备工作似乎已经就绪。因此李鸿章十分自信地抽派部分在山东的直隶部队返回直隶去帮助镇压地方土匪。他自己则进入前线。捻军似乎不可能逃脱了,除非它从海上逃走,而官员们已接到命令,不得允许任何船只在海岸逗留。

然而,8月28日,3000捻军出人意料地安全通过了清军的防线。而且,很明显,在此以前,捻军多次获胜的消息已经传到北京,因为8月27日李鸿章遭到谴责和降职处分,丁宝桢被摘去顶戴,至少有一个战场指挥官被处决。

在随后3个月中,东捻军似乎又可以自由流动了。如果李鸿章往南追击它,它就可能同时向北和向西运动。然而,当一支从"满洲"调来的骑兵增援部队到来时,清军的形势有了稳定的改善,运河防线得到了加强,补给系统也恢复起来。

皇帝不相信关于政府军重新获胜的最初一些报告,但到1867年12月,对胜利已不再有任何怀疑了。清军在潍县附近获得了重大胜利,有三四千捻军被杀死,剩下的向东北逃去。在随后的几次战斗中,3万多捻军,其中包括赖文光,全部被清军俘获、斩首。至此,最富有战斗力的东捻军实际已被消灭了。

1867年秋冬,清廷认为东捻军已不再是威胁,便把注意力转向西捻军。其时,西捻军在陕北已立住脚跟,并威胁着山西。山西是北京的外围防线和钱粮的主要来源区。捻军通过袭击包头地区,把清军从黄河防线吸引过来,然后在张宗禹的率领下突破黄河防线,进入山西,迫使清军把主要防线退到山西和直隶交界处。

此时,清廷不得不全力保卫直隶。从西部尾追捻军的清军,已被捻军远远甩在后面,因此,清廷命令正在赶往陕西赴任的左宗棠立即到直隶来,从东边堵截正向京师逼近的捻军。左宗棠受命指挥直隶清军,恭亲王奕䜣和神机营则负责保卫北京。

1868年1月底,由于西捻军的进展,东捻军(它在上年12月被"镇压",在本年1月初被"肃清")又大批出现,并从山东进入直隶。李鸿章被认为应该对此负主要责任,因此被褫夺黄马褂、拔去双眼花翎、革去骑都尉世职。根据2月3日和5日的谕令,左宗棠、李鹤年、官文和其他一些人也受到了处罚。

现在形势危急。文祥描述1868年年初京师的紧张局势说:张宗禹率西捻军从山西沿着太行山脉进入直隶,抵达卢沟桥,同时鲁南的捻军渗入到保定几英里内的地方。这局势并不比1853年或1860年更可怕,但是需要严厉的措施。保卫北京的方案已经制定出来,规定对一切出入这座城市的人进行检查。虽然除失败的消息之外,也有胜利的消息传来,但是捻军毕竟是逼近北京了。

到3月初,清军已经显然能够控制直隶了。到了3月底,东西捻军已从直隶撤回到山西、河南和山东去了。

但是捻军仍在继续自由活动,而且其先头部队似乎很快就要攻打京师。清廷于4月27日发出处罚李鸿章、李鹤年和左宗棠的上谕。5月1日,李和左两人受到警告:圣恩不能长久地保护他们不受严惩。5月9日,清廷命令李鸿章在一个多月的时间内完全消灭捻军。

尽管有前面所说的回光返照,但是因为捻军的力量从1865年起就不断遭受损失,所以从1868年7月中旬起,清军的胜利已逐渐多起来。当张宗禹率领最后一小部分捻军试图游过徒骇河*到安全的地方去时,溺水而亡,捻军完全失败了。

1868年8月27日,清廷正式宣告捻军大叛乱已被平息,谕令嘉奖所有的战斗指挥官、高级参赞以及每一个官员,并派一位亲王去祭告已故的咸丰皇帝。

虽然捻军从来没有过一次真正的机会去推翻清廷的统治,但

---

*"徒骇河"为译者所加。——译者注

是,如果没有中兴诸臣的新政策的话,那么它凭着地形的优势,凭着灵活性和战斗技巧,是能够继续在中国北方流动的。捻军的失败是因为它在与清廷竞争获取人民支持的斗争中失败了,也因为被封锁了西撤的去路,不能流动作战了。曾国藩在1865年所制定的两项策略到1868年被证明是成功的。而清军在1866年以后在武器上的优势并不是重要因素,向清军提供武器是外国援助的唯一形式。

镇压西北回民起义

19世纪中叶西北回民大起义有两个显而易见的根本原因:(1)清地方官吏对回民的歧视;(2)出现于18世纪晚期的狂热的穆斯林"新教"的影响。这两个原因,前一个更重要,清政府的官方政策是提倡汉回平等的,但是由于清王朝的日益汉化,它在汉回争端中很难保持中立。

"中国本土"的穆斯林比西域的穆斯林更汉化。尽管他们坚奉伊斯兰教和宗教婚俗,戒食猪肉、酒和不洁净之物,但是他们在许多方面同汉人的关系比同玉门关外的同宗教的穆斯林的关系更密切。然而,他们有着长期反抗中国地方政权的历史记录,在人民中一直流传着反清英雄的传奇故事,在这些英雄中,有不少人曾参加过明末李自成起义。不过,19世纪中叶爆发的这次回民大起义,除了坚持新教以外,很少反对儒教国家,它主要起因于对地方歧视的长期不满。

直到今天,人们也没有完全弄清楚新教是怎么回事,但是一个不容置疑的事实是,它无论伸向哪里,总是同政治上的不妥协和反叛相联系的。它最初产生于黄河右岸中国的"麦加"——河州西边的十几个偏远的撒拉人村庄。这一地区在有清一代的穆斯林叛乱中一直起着重要作用。西方学者对新教有各式各样的说法。有的说它与伊斯兰苏非教派有关,苏非教派在中国被修改,因为其鼓吹者并不完全理解伊斯兰神秘主义①;有的说它与中亚逊尼派有关,其教义是正统逊尼派教义但省去了神秘的冥思②;也有的说它与瓦哈比派有关。③ 日本学者对此一直摇摆不定④,最近根据中国清代有关史料证实,新教领导人是苏非派。⑤很明显,无论是中东学者还是中国学者,都一直未涉及这个题目。前兰州长官被认为是研究这次叛乱的主要权威,他后来谈到,老教和新教的冲突引起了这次麻烦,但是他未说明新教与老教之间的不同。⑥

新教最初引起注意是在1762年,当时在西宁附近撒拉地区的新教领袖和老教领袖在中国地方官面前互相指责,结果都被查明有罪,从这一地区给驱逐出去了。1769年,双方再次相互指控,而这一次对新教的惩罚比较重。

新教是马明心创立的,他曾游历过中亚,返回以后传布真信仰——新教,并领导新教进攻老教。1781年撒拉地区的难以遏制的骚动爆发为公开的起义。这导致了清政府派人对这一地区进行了一次视察,在视察中,一个来自河州的官员谴责了新教,结果这个官员当天夜里就被劫持和杀害了。在兰州,许多老教信徒

---

① 奥隆:《访问中国的伊斯兰》(巴黎,1911年),第245—246、275、307—311页。
② 马丁·哈特曼:《伊斯兰百科·中国》(莱顿,1913年)第1卷,第839—854页。
③ 赫罗特:《中国的宗派主义和宗教迫害》(阿姆斯特丹,1903年)第2卷,第311—329页。
④ 太宰松山郎的《支那回教徒的研究》,回避了新教教义的来源问题。
⑤ 佐口透:《中国伊斯兰的神秘主义》,《东方学》1954年第9期。
⑥ 奥隆:《访问中国的伊斯兰》(巴黎,1911年),第267—268页。

第六章 镇压叛乱

也被杀害了。一场反清起义已在进行中,清政府进行了一场大镇压,并伴有肆无忌惮的掠夺。爆发于1783年的规模更大的第二次起义也被镇压下去了。清政府向这一地区增派了驻军,取缔了新教。

然而新教继续反对清朝的统治,并在19世纪60—70年代的回民大起义中起了重要作用。左宗棠遇到的最大的军事问题,如他自己所承认的,是新教信徒顽强而激烈的抵抗,最大的政治问题是在被蹂躏的新教根据地进行重建。

有一个叫马二的人,据清朝官方的材料说,他继承了新教领袖穆大阿浑阿訇的白帽子和红袍子。穆大阿浑在临终前命令他的儿子和信徒们拥护马二。后来,马二被清政府凌迟处死,而他的儿子马化龙则成为左宗棠最难对付的敌手。

一系列琐屑的事件导致了19世纪回民大起义。1858年,在陕西,几个回族儿童在汉人的镇子上卖水果,同汉人发生了争吵,清地方官不予排解,待到回民代表们进行第三次请愿时,他又失去了忍耐,命令打他们。回民被激怒了,几千人冲入一个汉人村庄,结果双方都死了人。清政府把这个地方官召回西安去,并派军队去恢复秩序。但是回民都认为清政府偏袒汉人。

在1861年和1862年间,回民起义者在陕西和甘肃到处采取激烈的行动。1862年,一支太平军通过西安附近时引起了骚扰,由此形成了陕南大规模回民起义。一支被河南巡抚遣散的600人的回民队伍,在返回甘肃途经陕西华州时,未经汉族主人的允许就砍了他家花园的一些竹子,这位汉人召来了一群人和民兵。据回民方面宣布的消息说,冲突中有两个回民被打死,附近的回民家宅在当夜被烧毁。而官方的报告则说,这是回民阴谋策划大规模叛乱的第一个证据,因此派军队前去帮助民兵。

战斗沿着渭河迅速展开,回民大起义随后爆发。起义军杀死了民兵首领,包围了西安。白彦虎和其他几个人成为起义的首领。1862年秋天,他们同太平军建立了联系。

整个西北回民迅速响应起义,陕西巡抚瑛棨请求援助。他和朝廷首先考虑的是多隆阿,但多隆阿当时正在对付太平军,因此清廷改派胜保负责陕西军务。胜保未能取胜,于1863年年初为能干的多隆阿所取代。多隆阿发动了一次猛烈的袭击,占领了许多叛乱据点。太平天国派去帮助回民的指挥官,有两个被杀死,其余的投降了。陕南回民起义失败了。据说,在白彦虎带领回军残部去甘肃时,200平方里的地区被清军扫荡一空。

然而,清军的胜利是暂时的。1864年,多隆阿兵败身亡,起义迅速发展。新教的主要领袖马化龙控制了从宁夏到秦安一带,其中包括平凉和他的出生地金积堡。往西,河州有马占鳌,西宁有马桂源,肃州有马如龙。在几年中,回民占领了宁夏府、肃州、兰州和许多小城市。形势日益险恶。

到1866年,清政府的政策发生了明显、急剧、根本性的变化,但是,如同在1864年平息太平天国以前不可能全力对付捻军一样,在镇压捻军以前也不可能全力对付西北回民起义。在1866年晚些时候,清廷任命左宗棠为陕甘总督,负责镇压回民起义,但是左宗棠的计划直到1868年9月才被批准。11月,他抵达西安。

左宗棠和其他官员清楚地知道政治攻势必须建立在这个传统箴言的基础上:"不论汉回,只辨良莠。"新教信徒当然是刁民了。而当务之急是纠正不合理的税收,为受冤者申冤,惩处不法的军队——他们在居民中引起骚乱。左宗棠强调,平叛的基本方策不能仅仅依靠军事策略。

然而，左宗棠优先考虑的还是军事。他面临的是一个棘手问题：补给线太长，而且得通过人烟稀少的贫困的敌对地区。当地几乎没有可以动用的资源。他的对手不仅是老练的游击队领导人，而且是有着狂热信徒追随的宗教领袖，他们能够利用古老的种族、文化、地域之间的仇恨进行煽惑。从1864年到1871年，他们一直在攻打历史上唯一的一条通往新疆的通道。激烈战斗就沿着这条经过内蒙古和西藏间的沙漠和山脉的狭窄通道进行。

左宗棠计划在5年中平定陕甘，结果他成功了。他于1868年11月抵达西安后，即兵分三路：北路，由刘松山率领，从陕北跨过黄河奔向绥德，他的实际目标是马化龙的金积堡；南路，由周开锡率领，经泾州进入河州地区；中路，由左宗棠和刘典率领，从陕西沿大路奔向甘肃。

北路具有决定性。刘松山的第一个行动是清除由董福祥率领的在陕西、甘肃、绥远交界地区进行骚扰的"地方"回民土匪。董福祥后来在义和团运动中享有盛名。刘松山到达绥德时，发现董福祥的堡垒散布在延安和榆林间。他发起进攻，打垮了董福祥，并追击其残部直到鄂尔多斯南部。董福祥的父亲和董福祥先后投降了，此后一直忠于清朝。董氏的部队一直是流动而独立的。平叛胜利后，清廷鉴于董福祥的忠诚，把这一地区许多不屈服的回民家庭的财产赏赐给他。这奠定了董氏家族其后几十年家业的兴盛。陕西回民余部向西转移进入甘肃。到1869年秋天，陕西已大体平定，于是左宗棠转而全力对付甘肃和宁夏的回民起义。

1870年年初，刘松山向回民义军的主要根据地金积堡——新教的发祥地、叛乱的堡垒、中国伊斯兰的麦地那、马化龙的大本营——发动首次进攻。在这一战役中，清军转败为胜并无情地屠杀对方幸存者。马化龙是一个顽强的对手,他的追随者比其他回民起义者更贫穷更愚昧,他们认为他们的领袖是圣灵的化身,等同或超过穆罕默德,他通过神启而无所不晓。

这是一场残酷的战斗。刘松山的第一次进攻失败了,伤亡惨重,刘松山本人也阵亡了。马化龙巩固了他的阵地,而且能派兵去陕西袭击左宗棠的交通线。当白彦虎赶去援助马化龙时,感到极大震惊的清廷立即命令李鸿章前去拦截。然而,左宗棠设法恢复了他的阵地。他任命刘松山的侄子刘锦棠去金积堡前线指挥。残酷无情、决心报仇的刘锦棠迅速切断黄河堤坝,并紧紧包围金积堡。1871年年初,金积堡陷落;马化龙投降了,他这样做是否为了拯救正在挨饿的居民,不是很清楚。无论如何,大赦是没有疑问的。马化龙全家被凌迟处死,家宅被铲平。此后不许回民住在金积堡。马化龙的远亲都被发往黑龙江(实际是某种死刑),此前清政府已查明那里没有这可怕又可恨的新教的踪迹。

收复金积堡是西北战役的第一个大胜利。左宗棠生动而洋洋得意地报告了这个镇子完全毁坏的状况和匪首被处死的情景。左宗棠因此获得了许多崇高的荣誉和赞扬,这次战斗的所有有功人员都得到了奖赏。

收复金积堡之后,清军在西北已占有明显优势。左宗棠向清廷报告了先头侦察部队已到达甘肃通贵堡地区和他打算招降对手残部的计划,而清廷正急切盼望着最后的胜利,因此一再谕令左宗棠不要用招降来浪费时间,不要只采用怀柔之策,而要抓住有利时机获取军事上的全胜。①

如果考虑到这一地区的地形,那么左宗棠是不应该被指责为

---

① 《清实录》(同治朝),第304卷,第5—7、9—10、14—15页。

闲混的。1871年4月22日,清廷在接到收复通贵堡的报告之后发出一道温和的上谕。尽管当时有许多回民起义首领都躲在设防的回民居住区内,但清军并没有肆行抢掠和屠杀,相反,发布了一个布告,敦促"良回"揭发他们隐藏起来的不肯改悔的叛乱者。

新的胜利接踵而来,下一个主要目标是攻取河州。几年来,河州的回民义军一直在议论谈判投降的问题。义军首领马占鳌虽然一直成功地顶住了周开锡所率清军的进攻,但是他不相信回民能够获得最后胜利。而在帝国一方,左宗棠也想避免再来一次像金积堡那样的围攻,他表示要大赦。于是,马占鳌投降了。这里也有些惩罚,但是避免了金积堡那样的死刑、流放和大规模迁移人口。一批河州回民的头面人物被授以政府的头衔和官职;马占鳌一家后来成为甘肃穆斯林社会中最有权势的一家。在西宁,马桂源甚至在刘锦棠的大军于1872年12月到达以前就失去了地盘。刘锦棠到达后,有些回民被处死,有些投降了。马桂源率残部逃到巴燕戎格城,不久被俘,此消息于1873年4月7日被公布。

平定西北各省战役的最后阶段是从向肃州发动大规模强攻开始的。从1865年以来,肃州一直被马文禄占据着。在好几年中,清廷多次谕令乌鲁木齐提督成禄进攻肃州,但是他毫无进展,最后被召回处死。1872年夏天,左宗棠发动了夺取肃州的新战役。1873年秋天,他亲临城下指挥。11月,城陷,清军大肆烧杀抢掠,甚至超过在金积堡所为。为数不多的肃州回民,其中包括白彦虎,逃往新疆,从那里进入俄罗斯境内,他们的后人一直生活在那里。

在这最引人注目的中兴战役中,清廷谢绝了俄国提供援助的建议。除了由左宗棠谈判的几笔私人贷款而外,也没有西方的援助。

清军收复肃州,不仅平定了西北,而且平定了全国。太平军、捻军、西南回民和各地方起义,都早已被镇压下去,这个中央帝国终于平静了。

平定云南

对于清政府来说,西南回民起义(所谓的班泰叛乱)似乎太遥远了。曾国藩曾说:虽然云南非常遥远,贵州非常贫穷,但皇上将保卫每一个臣民和每一寸土地。然而他提出的方案表明他无论对云南、贵州,还是对穆斯林,都是无知的。

在19世纪50年代杜文秀起义以前,云南的起义已如火如荼。在这一地区,村庄离县衙很远,就像县衙离省衙,省衙离北京一样遥远,因此官员们稀稀落落地分布在各处。这里一向土匪众多,特别是靠近边界地区,而且他们不怕官府。土地税和军赋非常重,而且回民比汉民更重。由于管辖的范围太大,吏治腐败,省抚大员臭名昭著的无能,法律不能公正地执行。回民最不满意的就是地方官在处理回汉争端时偏心。

云南大多数的骚乱是起因于各种地方矿厂的暴乱。在19世纪中叶,由于这个省人口的增加,汉人所开的矿已经枯竭,于是他们转向更远但资源更富集的地方去开矿,而那里的矿正由多年前被他们驱赶去的回民开采着。这就引起了冲突和暴动。1845年,一个银矿发生暴乱。1855年至1856年冬天,一个金矿爆发了起义。有关的史料很少,准确的情况不得而知,但是可以肯定,在地方官采取行动以前,局势已失去了控制,而且在1856年2月,许多回民村庄被焚毁,死了许多人。在当地汉人呼吁昆明(云南府)给予援助时,回民已进行了报复,而且事后大多数回民头头都逃跑了。这使许多汉人相信,一场大规模的回民起义已迫在眉睫。因此,一些官员发出命令,定于1856年5月19日对回民进行预防性大屠杀。云贵总督因未能阻止他的下属所为而自杀了。他的继任者也没有更好的命运。汉人在地方官的支持下疯狂地滥杀,于是回民和其他少数民族大起义就爆发了。

回民义军发展迅速。马如龙于1857年攻打首府昆明,并切断其粮道。次年,杜文秀攻占大理,并在那里建都,长达15年。

19世纪50年代末,云南地方官都是平庸无能之辈,他们不但未能镇压叛乱,反而使之扩大了。在1856年回民起义以后,局势一片混乱,许多地方官弃职逃往昆明,昆明的官员更加胆怯无能,不负责任,并且彼此猜疑。史料中有一串惊人的刺杀、自杀、突然免职的人名单。在这一时期的督抚中,一个被刺杀,一个自杀,一个疯了,一个拒绝到该省就职,还有几个因为十足无能而被召回。清廷命令黄琮仿照曾国藩组织新团练,他未能成功,也自杀了。

当时,马德新(字复初)和他的两个追随者马如龙、杜文秀掌握了整个起义。马如龙在滇南,杜文秀在滇西。云南和西北的回民义军首领有某些相似之处:杜文秀战斗到底,像金积堡的马化龙,马如龙则像降清的董福祥。马德新是个著名的宗教领袖,他设法保持中立,在西北回民起义军首领中没有与他相似的。他是大理地区一个商人的儿子,先后受过汉文化教育和伊斯兰教育。他曾去麦加朝圣,到过埃及,在君士坦丁堡逗留两年,于1846年返回云南。马如龙出生于一个颇有资望的穆斯林家庭。他曾跟从马德新学习阿拉伯文(他们可能是亲戚),考取过武秀才。在这次大起义爆发时,他是一个矿厂的管理人,他的胞兄在第一次大屠杀时被杀*。有关史料说,他是一个勇敢善战的战士。杜文秀深受太平天国起义的影响,他有远大的理想,他在大理建立了平南国,使用精致的国玺,筑起了紫禁城,人人都穿着明朝的衣服。

同为回民的领袖,马德新、马如龙和杜文秀早就有联系,但是他们的学说有重要区别(以马德新、马如龙为一方,杜文秀为另一方)。饱学、虔诚的马德新认为穆斯林的信仰必须保持纯洁,不能浸没在普通汉人的人生观中,但是他的信条与儒家教义并无不同。云南提督(兼管云南的教育,本人还是一名翰林)在1859年写道:马德新是一个优秀的人,他所提倡的生活方式与儒家的纲常和传统道德是一致的。云南巡抚也有类似的看法。马德新的信徒们说他不仅教穆斯林懂得其信仰的真正意义,而且通过指出伊斯兰教义与《易经》、孔子、孟子、理学和汉族著名诗人的相似之处,与墨子、杨朱和其他令人疑虑不安的学说的不同之处,向儒家学者说明伊斯兰教的真义。① 马如龙紧紧跟随着马德新,并被中兴之臣视作可以招抚的"良回"的好榜样。

杜文秀则不同。1860年以前,他接受马德新的学说,承认他的权威,而且直到死前,他一直因为马德新的宗教地位而尊敬他,但是并不追随他。奥隆猜想杜文秀可能皈依了新教;他在大理会见了许多穆斯林,从他们的离奇回答中,他确信新教在那里曾经是很流行的,但是对大屠杀的鲜明记忆,使他们不愿意承认曾经信奉过它。②

1860年,像整个中国一样,云南也处于危机中,清政府显得

---

* 马如龙的胞兄马云珍于1855年5月在与汉绅潘德争夺云南南安州(今双柏)石羊银厂的冲突中被杀。——译者注
① 参见《合印马复初先生译述大化总归四典要会》的各篇序言及其他著作。
② 奥隆:《访问中国的伊斯兰》,第206页。

毫无希望了。回军可以自由地通过两三个省,并且包围了昆明。但在此危急时刻,云南巡抚张亮基与马如龙谈判成功*,接着马如龙以一个清朝将领的身份于1861年进驻昆明,回军入城时纪律严明。

马如龙的投降使整个形势发生了转变,虽然又过了12年整个云南才平定下来。由于马如龙的降清不是起因于被收买,他的降清动机就引起了许多猜测。他可能在他的力量达到最高峰的时候就已认识到穆斯林最终不可能战胜清朝,旷日持久的战斗会使这个省破碎。除去这种观点外,对于他这样一个武秀才来说,清方提议授予他高级武官,也一定是有诱惑力的,更何况清廷已作出了"无论汉回,只辨良莠"的保证。最后,马如龙可能和杜文秀在对待新教问题上发生了分裂。

无论马如龙的动机如何,他最终成了清军的一个能干的将领。马德新,尽管他拒绝接受清朝的头衔,但总是同马如龙保持着联系。

尽管马如龙投降了,但清军仍无甚进展。1862年爆发了许多新的起义,而且云贵总督潘铎在1863年被刺杀了。官员们无力收降其他回民义军,而且著名的反回清将岑毓英和马如龙之间还存在着激烈的敌对。马如龙保持着忠诚,但形势在不断恶化。最后,一个杰出的中兴之臣劳崇光继潘铎之后出任云贵总督;马德新同意去杜文秀那里,劝他投降,理由是当一个清朝官员比当一个独立的但被战争破坏地区的苏丹要好得多。杜文秀接待了他,但拒绝了他的劝诱,并向昆明进军。劳崇光在昆明被围时病

---

* 此说有误。1860年10月,马如龙包围昆明,云贵总督张亮基主张招抚回军,而云南巡抚徐之铭从中作梗,张即托病去职。1862年3月,徐之铭派何自清、岑毓英与马如龙议和,方获成功。——译者注

死了。

此时清廷充分认识到形势的严重性。内阁、军机处与六部九卿会同议决任命总督之事。由于不能抽调四川总督骆秉章,当局任命年轻的湘军将领刘岳昭为云贵总督。刘岳昭的籍贯是湘乡,他是曾国藩培养出来的。

1868年夏秋,形势仍然很危急。昆明的战斗处于胶着状态。杜文秀的围军由于疾疫和缺粮而遭到削弱。而且,马如龙,作为一个穆斯林,他能够利用杜文秀内部的不和来削弱其士气。杜文秀最后不得不于1869年秋天撤围,此后他就一直后退,终于在1873年失败。

在以后的四年中,岑毓英进行了无情的镇压,马如龙则展开外交攻势,而同时,刘岳昭一面给岑毓英以必要的约束,一面给马如龙财物以支持他对回军的招抚。清军一个个攻取杜文秀散布在川贵滇交界地带的53座城池,最后进攻大理。当大理于1873年1月陷落时,杜文秀自杀身亡。清军大肆烧杀抢掠3天,有5万人死去或下落不明。据说有一支义军逃到中缅边界地区,他们的后代至今仍生活在那里。

清政府在云南的胜利,如同它早些时候的胜利一样,首先是政治上的胜利。诚然,当别的叛乱被镇压之后,清廷能够把更多的军队调集到云南,并且有马如龙和岑毓英这样各显才能的杰出战士。但是更为根本的原因是:劳崇光、刘岳昭等人能够通过提供和平、公正和重建来争取穆斯林首领。而在这一方面,杜文秀的缺点大大地帮助了中兴之臣的努力。尽管杜文秀一开始就强调回汉团结反对清朝,但他从未真正相信任何一个汉人,从来不愿把权力交给非常忠诚于他的汉族将领。随着时间的推移,他的宗派思想更加浓厚,并企图强制实行伊斯兰的衣食习惯和宗教信仰,结果失去了大量汉回跟随者。当意见分歧在这一地区爆发时,士绅们,包括大多数回民士绅,都倒向清方,因为他们相信清政府关于纠正地方弊政和确保所有臣民平等的许诺。

到目前为止,尚无确实的史料证明外国人帮助清政府镇压了云南回民起义。据说法国曾出售军备给岑毓英,帮助他在云南制造枪炮、训练军队①,而且所制造的武器优于杜文秀在缅甸向英国人买的欧洲制造的武器。但是也有史料说,杜文秀的主动表示基本上被英国拒绝了,因为英国认为在云南和在别处一样,它的利益与清政府的利益是一致的。② 更为可靠的说法是:尽管法国和英国支持清方,但是清政府能够镇压云南回民起义主要不是因为得到这种帮助,而是因为国内复杂的因素,其中云南穆斯林对中兴之臣提议的和平和公正所作出的反应是决定性因素。如果"外部"物质上的帮助拯救了云南,那么也只是四川省给予了这种帮助。

平定地方叛乱

除了对付四大叛乱,中兴政府还得与遍及各省的地方性叛乱进行斗争,甚至"可靠"的四川也不完全安定。然而,除了贵州(那里长期存在的一系列不同时的或同时而松散的暴动直接汇成一次大起义),这些地方性骚乱的主要危险在于:(1)它们给总的中

---

① 一个叫涂普义的人(他后来在1873年法国占领河内时起了作用)在1868年出现在昆明,他是云贵总督和其他官员的亲密朋友,在1870年他被委派到安南边境地区镇压叛乱。这个事件的主要意义在于涂普义一直利用他作为中华帝国皇帝的代表(中华帝国皇帝是安南的宗主)的身份去扩大法国在中国的权益。参见霍斯凯尔《通往云南的贸易之路》(巴黎,1883年),第6—7页。
② 白寿彝:《回回民族的新生》,第62—63页。

兴重建计划造成更大的困难;(2)这些"地方无赖"经常参加到那些大叛乱中去。

贵州从道光末年起就处于骚动中,而现在,隐藏在骚动之后的不满情绪又加上了苗民的特别不满和附近太平天国起义、云南回民起义的影响。偶尔零星的暴动发生于 1854 年到 1858 年,从 1858 年到 1867 年蔓延开来。起义共有 54 起,贵州七分之六的城镇被义军攻陷,有些被多次反复攻占。参加起义的有苗民、回民,也有汉民。

19 世纪 50 年代初,当年轻的胡林翼在贵州担任知府时,他列出三条引起地方骚乱的原因:治理不当、军力不足和歧视苗民。有些人认为胡林翼可能拯救贵州,但是他后来被调任为湖北巡抚。在这关键的几年中,清廷把贵州交给了一个未充分受过"正确行政管理"训练的巡抚,这位巡抚让那些弊政继续存在。

直到 1867 年,清政府在平息了几起大规模起义之后,才开始注意贵州的叛乱。巡抚曾璧光报告说,贵州的叛匪乃乌合之众,如果给他经费去组织团练,并派有能力的将官领导团练,那么这个省是很容易平定的。结果经费拨来了,将官也派来了,在表面上,汉人起义和苗、回起义先后在 1868 年和 1872 年至 1873 年结束了。

在华北平原上,盐匪和追逐他们的清军表现得很滑稽。有时报告说"没有多少"盐匪,可是接着报告说清军杀死了几十、几百个盐匪,继而又说他们有"上千人"。胜利的消息不断地报告上来,而盐匪又总是重新出现。官员们把这种混乱状况归咎于将官们竞相邀功、军队训练差和缺少骑兵。而一个更为根本的原因,据 1868 年 1 月 1 日的一道谕旨说,是这些盐匪能够轻而易举地从普通人民中不断地补充人员。如果这是真的,那么单靠军队是不可能把他们镇压下去的。

中兴诸臣非常重视盐匪问题,这一方面是因为他们夺去了政府非常需要的税收来源,另一方面是因为他们可能联合捻军。① 直接参与镇压盐匪的官员崇厚认为镇压盐匪的最合适的对策是依靠地方士绅的帮助。

在整个中兴时期,来自"满洲"的报告表明,那里的骚扰是零星的。这些骚扰主要是:马贼、林匪和一些会道门干的。据说,土匪数量逐渐增多,到1866年,共有土匪20股,3万人。但是文祥很快把他们镇压下去了。形势被很好地控制住了,以致清廷能够命令盛京将军都兴阿移师直隶,去平定那里的骚乱。

在太平天国起义爆发后,华中也骚动起来,有些秘密结社卷入,偶尔有村庄被烧毁,但是这些行为与其说是起义,毋宁说是无赖捣乱。

清廷对遥远的广西土匪不大重视,负责在那里进行镇压的是冯子材,他后来在中法战争中起了重要作用。一般说来,中兴诸臣非常重视中国北部边疆,而很少注意安南边界。逃窜的匪徒,其中包括刘永福率领的太平军余部,发现在安南是很容易躲避的。

广东的骚乱主要是由客家②和当地"土著"间的冲突引起的,清廷对此很重视,因为客家人在导致太平天国起义方面起了重要

---

① 据信捻军首领张宗禹就出身于富豪的私盐贩子家庭(《剿平捻匪方略》第3卷,第4页)。
② 客家在东晋以前一直居住在山西—河南—安徽部分地区。后来他们迁移了5次,最后定居在广东、广西、海南和台湾。他们的一些特征使他们同其居住地区的汉人区别开来:维持着聚族而居的习惯,土地公有;勇敢、冒险,甚至虚张声势;限制等级;妇女在社会和经济生活中起着较大作用;对有争端的问题往往采取极端的和偏执的立场。参见罗香林《客家研究导论》(1933年)第7章,第63—64页。

作用。战斗主要发生在 1856 年和 1857 年,由于清朝官吏承认错误常常在"土著"一方,因此对客家主要实行安抚政策。巡抚蒋益澧于 1866 年宣布大赦,表现出远大的眼光和慷慨大度的气派,为中兴重建作出了贡献。尽管后来在国民党时期客家人仍很活跃,但这次招抚确实是一次成功,有关官员得到了应得的升赏。

走向中兴的第一步

中兴诸臣关心的主要不是哪一个叛乱能够夺取全国政权(在太平天国于 1861 年度过它的高峰之后,这是很清楚的,哪一个叛乱也不能取得政权),而是怎样才能在清军恢复的地区实现真正的安定,正如左宗棠所说:要设法实现长治久安,而不是一时的胜利。①

头一个问题是怎样对待幸存的叛乱者。传统的观点认为,叛乱的士兵是无罪的,他们是些普通百姓,因为处于弊政和苦难的环境中而受到坏头头的引诱,所以肃清叛乱就要求无情地消灭主要首领,而赦免普通士兵。

困难在于判断谁是可以改造的良民(包括某些首领),谁是势不两立的敌人——他们的投降仅是蒙混过关。那些滥杀幡然悔悟者的将官受到清廷严厉的处罚,而任何一个错误判断敌人意图和接受顽固不化的叛军投降的将官都更有可能惹怒清廷,因为他得对他所宽恕的那些人以后的行为负责。

清廷对太平天国领导人决不实行仁政,他们被指责违反了天理和人道。但是一般说来,对胁从者和与叛乱有牵连的平民实行

---

① 王之平:《曾胡左兵学纲要》,第 9 页。

了赦免。那些为叛乱者服务的知识分子通常得到了宽恕,理由是在叛乱者长期占领期间,他们除了与之合作,别无选择。清政府尽力区别自愿合作者和非自愿合作者,在"非自愿合作者"中,那些在僧格林沁死时被捻军俘虏去的骑兵得到了宽恕。

清政府起初对待地方叛乱首领是很宽容的。在最早投降胜保的捻军首领中,有些保持了忠诚,有些则反复无常。最有名的反复无常者是苗沛霖,当清政府的政策变得强硬时,他被处决了。胜保也因为收降苗沛霖而受到处罚。在后期,清政府对捻军首领已不再宽容了,但是在1868年8月宣布对捻军士兵实行大赦,当然是慎重的。

清廷对卷入回民起义的汉族官吏和回族首领的处理是不同的,它处死那些与叛匪勾结的汉族官吏,却不这样处理回族首领。在中部各省,如果清政府能够依靠当地士绅,那么它就能够破坏叛乱力量。在回族地区,清政府一再声称必须依靠那些有可能成为叛乱首领的地方头面人物。因此,一个大胆而鲜明的争取回民领袖和士绅的政策是必要的。而且,由于回民的大多数反抗斗争都是针对地方弊政,而不是清朝国家和社会,冲突通常是可以调和的。西北的董福祥和马占鳌,西南的马如龙和马德新,都是清政府重新征服这些地区的工具。许多跟随他们投降的小头头,在表现了忠诚之后,也得到了清廷赏给的财产和军阶。

招抚政策并非没有危险,北京不断地命令必须细心查明那些要求投降的回民的真实意图。然而,在对付回民起义者时,除了在像金积堡和大理那样的死硬堡垒地区,招抚政策比军事镇压更有效、更必要。

在地方叛乱中,投降是很容易被接受的,只是在贵州,要判断那些表示改悔的匪徒是否真诚是很困难的,特别是对苗民。

然而,处死顽固的起义首领和宽恕一般跟从者并不等于完全肃清了一场大叛乱。只有在广大流离失所的人民重新定居和恢复有秩序的政治、经济、社会生活之后,一个地区才能真正安定下来。这些工作——在任何情况下都是困难的——由于空前的破坏而变得更为复杂了。

外国目击者曾这样生动地描写过太平天国起义失败后的社会景象:这次造反"甚至改变了这个国家的面貌:交通破坏,河流改道,海防毁坏。在起义持续期间,肥沃的土地变成了荒凉的原野,设防的城市变成了倾毁的废墟,江南以及江西、浙江的平原上铺满了白骨,河流上漂浮着尸体,来自山里的野兽在平地上自由地闯荡,并在城镇的废墟上造窝,野雉在往日繁忙嘈杂的集镇上啼叫,田地无人耕种,杂草覆盖着曾经辛勤耕耘过的田地"①。

"当他们从上海被驱赶回去的时候,这幅悲惨荒凉的景象就显露出来,它超过了以前关于这场战争的任何报道;在戈登后来恢复的那个地区,不幸的居民们正在食人肉充饥。"②

南京给毁了:"这个靴子的城市像浓密的丛林,而不像一座城市。屋舍已被铲平。它成为野生动物的极好的栖身所,或许能够吸引猎手们,却没人认为它是一座城市。"③

在一些地方,人口减少了三分之二,遭受的破坏在某种程度上使后来日本人入侵和第二次世界大战后内战的损失相形见绌。

破坏不限于长江流域,华北平原的一部分和贵州、云南和西北的大部分地区,在捻、苗、回造反被镇压下去之后,已是一片废

---

① 金斯密:《1865年中国和日本事件的回顾》,《皇家亚洲学会北中国分会杂志》1865年第2期,第143页。
② 见《北华捷报》1864年4月30日。
③ 见《北华捷报》1864年8月6日。

墟。衰减的人口经过两代人以后也未见增长。据估计,十分之九的陕西回民和三分之二的甘肃回民消逝了,剩下的又都被赶走和重新安置,死亡的总数可能超过300万。40年后,旅游者们看到许多大城市的空空景象时,仍然感到震惊。在云南,估计有30万回民被杀死,全省人口减少了四五百万或二三百万,除了3个县,几乎所有地方的财产都遭到破坏。在贵州,大约有500万人死去,财产损失惊人,官吏伤亡严重,苗民失去了土地,或变成佃户,或返回山区,在60年以后提到往事时,他们仍然心惊胆战。在客家起义中,也有五六十万人死亡。

面对如此严重的破坏,清政府采取了一系列必要的措施:迅速妥善地遣散军队,鼓励垦荒,澄清土地所有权,恢复信心,提供紧急救济,抢救一切可能抢救的东西。

清政府在收复的太平天国占领区执行了一项重要的中兴土地计划。在捻军地区,曾国藩从一开始就努力迅速恢复正常的经济生活。早在1868年秋天,就通过免除赋税而开始了重建工作。在直隶东部,崇厚的救济工作尤为卓著。一个外国观察者报告说:"大约两周以前,崇厚从前不久被叛乱者占领的地区视察回来,他使那里的官吏重新各就其职,并排解了一些有关财产所有权的纷争,恢复了地方政权,免除了所有的土地税。"①

丁宝桢在山东也执行了类似计划。

在西北,左宗棠的首要问题是重新安置那些真正的贫民。1871年年初,在洗劫金积堡之后,他立刻对流离失所的人实行救济。他印发了圣谕,向当地回汉居民宣读。他留出一部分军需费用,为归顺的回民购买食物、种子、土地和牲畜,并请求清廷为此

---

① 见《北华捷报》1868年11月24日。

提供粮食,又上书请求朝廷进一步提供救援。这些措施不单纯是为了恢复民政,部分也是为了军事需要,目的在于巩固后方。他的许多办法常常是严厉的,有时甚至是无情的;宽大的措施被认为只会鼓励那些顽固不化的造反者假投降,使他们混入已安定的地区、伺机组织新的起义。

即使在左宗棠非常温和的政策中也没有伊斯兰文化的地位,他信奉汉化主张。他剥夺了穆斯林首领们的权威,把他们的权力自然地转移到地方官手中。他反复强调儒家伦理道德。从儒学的观点来看,穆斯林宗教领袖把普通人引入了歧途。一旦战斗停止,医治的措施就放在——如同在中国别处一样——选择优秀地方官,确立正确的司法制度,注意人民福利等方面,而首要的是放在引导社会风俗上。

恢复云南的努力开始于攻占大理之前的1872年。由于缺少有关的证明文件,确定财产所有权的工作遇到许多困难,但是这项工作仍然取得了显著的进展。衰减的城镇人口又有所增加,商业、矿业和农业迅速恢复了。在以后的几十年中,云南的繁荣使它能够从中国其他地区吸引移民。它不是一个典型的中国行省,但是清廷的统治又被承认了,分离主义的基础遭到了破坏。

在贵州,结果不大愉快。清政府官员在分析叛乱原因和制订恢复计划方面无大毛病。他们认为"贵州苗民不明礼教,不知文诰"[①],"欲永绝苗患,必先化苗为汉"[②]。因此,重建计划的重点就放在加强汉官与苗民的联系,改置州县,增置官员,广开学校,广设义仓,实行救济,改革赋税,加强保甲,减少军队,特别是减少来

---

① 凌惕安:《咸同贵州军事史》第5编,第1页,引曾纪凤文。
② 凌惕安:《咸同贵州军事史》第5编,第6页,引陈宝箴文。

自外省的军队等方面。但是实际上，苗民的土地被没收，转给被重新安置的汉人；他们保持着非汉化的本民族的特点，就被认为应对叛乱负责。即使在汉人居住区，混乱和不安定也是继续存在的。旨在肃清叛乱的中兴计划，原本设想由一批能力杰出、眼光远大的官员来实施。这些官员应该能够依靠当地那些有深厚儒学修养的社会贤达，或在少数民族地区培养出这样的贤达。但是很遗憾，这里没有左宗棠那样能干的人。

在其他发生过地方性叛乱的地区，重建工作比较简单。在广东，清政府着手一项大规模的计划来破除隔离的客家居住区，并为客家提供更合适的复兴计划。在"满洲"，破坏不大，有一片田野遭到践踏，需要一些车辆。重建是很简单的事情：根据破坏程度而减免捐税。

在遭受完全破坏和中等程度破坏的地区，清政府采取的一切紧急措施都是为了恢复人们对政府的信任和安置流民。这一系列的措施，是重建公共生活和私人生活的长期计划的一个序曲。

第七章　地方行政的重建

传统平衡的根源

中兴的成功或失败取决于传统社会可以在怎样的程度上重新整合,而同时又不损害清廷在军事和外交领域中有限近代化的新计划。传统中国地方行政管理的特点,使清政府折中新旧的企图面临着一系列难以克服的根本性困难。

有组织的地方管理机构当然是存在的,但是它们的作用在很大程度上是依靠说服。民政机构缺乏足够的官吏,如果没有民众的默许,很难维持秩序。① 在广阔而分散的战略点上,只有很少的一部分驻扎有军队。直接管理的观念是违反传统政治理论的。地方行政官员的传统管理方式是利用社会力量,特别是利用地方士绅来作为他本人和他辖下的广大民众间的桥梁。这种依靠士绅的方式被普遍认为不仅是必要的,而且是正确的、合适的。在

---

① 据威尔斯·威廉斯说,在中国有着几亿人口的18个行省中,辅助性地方官员以上的官员不到2000人(《中央帝国》第1卷,第438页)。据张仲礼说:京师和各省的城、乡官员总数大约有27000人。其中大约20000人是城市官员,7000人是乡村官员。在城市官员中,大约2000人是各级行政官员,1500人是教育官员(《中国绅士》,第116页)。行政管理的职责就放在这大约2000个各级官员身上。

这样的环境下,地方官既不能挑动士绅和人民间的关系,也不能支持人民反对士绅。

通过士绅来管理地方,这种制度在清朝统治的前二百年中就已经成熟。在 19 世纪中叶,地方社会的稳定给每一个外国观察者都留下了深刻的印象。很明显,地方社会是在实行自我管理,而且它在任何方面都不损害中央政权。在中兴时期到过中国的英国传教士阿礼国曾指出:这个"孔教帝国"是历史上各帝国中唯一没有建立在军事力量、宗教或迷信基础上的帝国。① 另一个英国官员在内地进行了广泛旅行后报告说:尽管这个帝国可能是虚弱的,"但是它的到处可见的绝妙组织和安排仍是特别惹人注目的"②。这个"绝妙组织和安排"是基于对儒学的普遍接受。每一个人(包括皇帝本人)和每一个机构(包括中央政府)都努力扮演他(它)的合适的纯正儒家角色。因此,胡林翼说:"天下治乱之机,不外乎义利二字。人心嗜利,则乱;嗜义,则治。"③尽管军事力量有时是必要的,但它只能治标,治本则需要在地方运用民政原则。

这种古老、谐调、温和,然而独裁的、以社会为中心的意识形态,几乎完全适应在这个广大而分散的帝国维持着最大限度的中央控制。当这个制度运转时,士绅们就开始发挥他们的作用,并接受随之而来的特权和责任。他们"并不想为了自己的利益去控制政权,而是竭力提倡一套伦理道德原则来约束政权"。农民也被教化,因而认可自己在整个体制中的地位。

---

① 阿礼国:《中华帝国及其命运》,《孟买季刊》1856 年 4 月,第 249 页。
② 1869 年 3 月 1 日欧南森的报告,见《英国议会档案》,《中国卷》,《英国驻中国和日本领事馆的报告》(1869 年),第 21 页。
③ 引自凌惕安《咸同贵州军事史》第 1 编,第 6 页。

国家之所以能够得到地方民众的理解,这不仅是由于它的深入的教育灌输,而且由于它一方面保证士绅的法律和经济的特权,另一方面支持实行救济农民的社会福利措施。国家向这两个阶级宣布要建立一个和平的有秩序的社会,在这个社会中,根据公认的标准,所有的人都可以得到他应得的位置、富裕和正义。社会是通过说服来进行控制管理的,并辅以保甲网和高度发达的法律系统。在所有的管理形式中,地方官的品质是最重要的。地方官不仅是具有各方面管理才能的人,而且必须是体现具有最高权威的儒家教义的化身。

在19世纪中叶,国内叛乱和外国侵略破坏了儒家士大夫的性质,威胁了士绅们的既得利益,因此引起了民众广泛的怀疑,首先是对国家的信任发生动摇,其次是对传统思想的正确性产生怀疑。然而传统制度的惰性如此之大,以致某些东西甚至在最坏的岁月中也仍然保存着。中兴诸臣认为,他们的任务就是在尚存的基础上重建旧社会。

恢复士绅的作用

在传统上,绅士①对政府有用处,因为他们对民众有影响;士绅对民众也有用处,因为他们对政府有影响。他们的忠诚对这个国家来说是必要的,同样,这个国家对于保证他们的经济社会和

---

① 士绅这个概念一直有很大的歧义。我这里是在这样一种意义上使用它:根据19世纪中国文献上和20世纪中国学者的专著中使用这个词的一般意义,它指从有闲的地主到适合于做官的士子们这个广泛的社会阶层。士绅是个开放的阶层,其身份有多种规定,因此,为了眼前的研究目的而给它下一个简单的定义是合适的。张仲礼把士绅严格限定为有功名的人,这个缺点已为弗里德曼在评论《中国绅士》时所指出,见《太平洋事务》第19卷,1956年第1期,第78—80页。

法律的特权来说也是必要的。

知识分子是士绅的核心,士绅家庭竭力鼓励它的最有才能的成员为参加科考而读书,因此这个阶级整个接受经常性的儒学灌输。士绅的人数不多①,但是他们非常均衡地分布在全国,能够影响每一个村庄。

士绅是一个开放的阶级。在农民看来,士绅的生活方式是正途,因此他们的最高愿望就是使自己的家庭进入士绅行列。一个成功的商人,通常也是把他的钱财转移到土地上,或者把他的时间转移到读书上,通过这样的方式来获得士绅的身份。其他阶级的人才都逐步被士绅所吸收,并失去原来的色彩。这条道路是相当开放的,例如现在有一个著名的武训的例子,他生活在19世纪后半期,是一个贫农,他经商获得成功,进入士绅中,最后建立起私塾,并帮助清政府安定地方。

有关士绅参加公共事务活动的记录非常多。他们不断地为铺路、修桥、筑坝等筹集资金,组织地方防卫,进行道德训导,仲裁争端,从事慈善事业。虽然这些活动都与生产有关,但是没有一项是直接生产性的。此外,他们还是政治人物,他们有效地发挥作用不是依靠专门知识,而是依靠圆熟的处世之术。士绅们在这些活动中的领导地位和他们与政府的联系,使他们能对农民产生相当大的影响。农民"必须支持士绅,而士绅阶级中有学问的官

---

① 没有一个可靠的办法来估算士绅的总人数,关于在19世纪后半期有科考功名的人数占中国总人口数的比例的估算是很粗糙的。

据班德瑞统计,在同一时期中有科考功名的平均人数是:状元14人、进士4900人、举人21698人。班德瑞:《构成中国中央及地方政府高级官吏历史年表》,《中国评论》第7卷,1878—1879年第5期。

据张仲礼统计,同一时期中有科考功名的平均人数是:进士2600人、举人10000人、生员910597人。张仲礼:《中国绅士》,第102、122、125页。

中国的人口差不多有4亿,所以,有功名的人无疑占极少数。

员在农民与政府进行旨在防止更严重冲突的谈判时是向着农民的"。

在这种情况下,地方官如果得不到士绅的支持,就不能履行其职责。《牧令书辑要》指出:官府的命令必须经过德高望重的士绅的解释和说明,民众才能够懂得或接受。① 正如一个19世纪的外国观察家所说:"由于中国知识阶级掌握着舆论和维护舆论的合法权力,它就起到了贵族和牧师的双重作用,起到了一种缔合作用。由于人民在地理上的隔离、(中国)语言的特点以及土地贵族的缺乏,就使这种士绅制度更为必要。如果考虑到中国的这些特点和士绅制度对这些特点的巨大影响,那么除了这些士绅制度,要设计一个确保政府永存和在这个政府下人民都满意的更好的方案是不可能的。"

中兴之前的叛乱震动了整个身份等级制度,大大地削弱了士绅对国家的责任感。然而对于清政府来说,幸运的是,太平天国未能为士绅提供任何可以替换儒家的新制度,因此中央政府仍然可以恢复儒学的权威。

曾国藩主张通过奖赏来鼓励士绅重新发挥他们的传统作用。谕旨高度赞扬士绅,对在叛乱期间保持忠诚的士绅给以褒扬,并为死者树碑。②

作为巩固士绅地位和忠诚的第二个手段,国家严格尊重士绅们在法律上和经济上的传统特权。士绅的土地所有权得到恢复,土地税优先减免。士绅向北京告状的权利得到确认。例如,一个山西省老童生认为对他课税过重,在向县府申诉失败以后,他先

---

① 《牧令书辑要》第6卷,第25页。
② 《皇朝续文献通考》,第8469、8576—8577页。

告到州府,又两次告到省督,最后设法告到了皇帝那里。① 另有一个士绅,他的财产被捻军抢去了,在捻军平息之后,未得归还,地方官又未能给他以满意的回答,于是一个御史就把他的案子呈给了皇帝,皇帝当即谕令一个调查委员会调查此事。②

当然,士绅的要求并非全都能得到满足,但是从来不被忽视。江苏一个举人曾向都察院申请提高一个地方的船闸的水志,被否决了,但都察院仍把他的申请呈递给皇帝,皇帝则谕令三名高级官员予以考虑。③

实际上,对于士绅来说,恢复儒家社会秩序和儒学教义的活力比其他措施更加重要。士绅更感兴趣的是秩序和地位,而不是政治权力。在全部历史上,士绅总是把他们的砝码放在儒教君主一边来反对无法无天的农民,同时也放在儒教农民一边来反对无法无天的暴君。他们总是不断地这样做,这不仅是出于一种信念,而且是出于一种完全合理的假设。产生于古代封建中国的儒家制度在两千年的历史发展过程中已经成为一种体现"士大夫的利益、愿望和理想的完备制度"④。这个制度给他们以地位,并且承认它和永远保持它;他们所能够要求的,除了这个被宣传的制度,不能更多更好了。因此,鼓励读书和做学问是中兴的主要政治措施之一。

---

① 见《京报》1873年9月23日,第91页。
② 见《京报》1873年9月23日,第116、121页。
③ 1868年5月27日上谕,《清实录》(同治朝)第231卷,第10—11页。
④ 巴拉兹:《中国的社会风貌》,载《亚洲研究》第6号,第77—78页。

恢复教育

清政府恢复儒家传统教育的目的是加强对地方的多方面控制。首先,正如上面已经提到的,士绅对国家已不很忠诚,除非国家能够保护他们所依赖的那种制度和价值。清王朝,作为一个非汉人的王朝,不得不表明它坚持那些制度和价值。其次,士绅对农民的影响在一定程度上也是依靠对农民进行儒教灌输。如果农民对意识形态的控制作出了响应,那么他们必须继续相信他们所继承的传统价值。再次,在内忧外患的时代需要更严密地控制少数民族和边疆地区的居民;清政府相信,儒教的灌输是使他们就范的最佳手段。最后,中兴诸臣敏锐地认识到政府需要更多的有才干的人,而这些人必须接受儒学教育,才能具有才干和道德影响力。

在太平天国起义之前,半官方的学校、书院、藏书楼和地方的社学遍布全国。这些文化教育机构一般是由地方知识分子创立和维持的,同时也得到官方的赞助。在叛乱的岁月中,国家顾不到这方面,许多大藏书楼遭到洗劫,学者们都投笔从戎,也几乎没有用于教育的公共基金。平息叛乱以后,清政府为了纠正这种状况,采取了许多紧急而重要的措施。

有关中兴时期重建学校和书院的史料给人留下了深刻的印象。冯桂芬——他对这一时期的高级官员有巨大影响——坚决主张不仅要重建遭到破坏的学校、书院,而且要建立新的,特别是免费的学校(义塾)。① 在中兴初期,行省官员奉命立即在收复的

---

① 冯桂芬:《校邠庐抗议》,《收贫民议》;《显志堂稿》第3卷,第11—14、30—31页。

地区重建书院和归还书院的土地。1864年,苏松太道台丁日昌在上海创立龙门书院。1865年,曾国藩和李鸿章奉命恢复南京和常州几乎全部被毁的书院。1867年,闽浙总督吴棠提出了一个恢复闽浙两省书院的计划。湖北学政张之洞创建了经心书院,随后王凯泰创建了致用书院。

向没有完全汉化的少数民族进行灌输,这一特别问题受到了相当的注意。19世纪60年代末,当左宗棠逐步恢复对陕甘的控制时,他就上奏建议要重视在迄今被忽视的甘肃地区发展教育,以便为这个省提供一个持久和平的基础。他创立和恢复了许多书院,并为蒙古族和回族规定了特别的教育内容,力图使这些少数民族接受汉族的意识形态。陕甘学政开列了一份关于这一地带问题的细目表,并指出:为了发展公共道德,需要人才,而为了造就人才,就需要学校。在贵州苗族地区和广东客家地区也有类似的努力。虽然满族与其他少数民族的情况有所不同,但是也采取了一些特别措施来改善旗人儿童的教育,在直隶,崇厚建议国家支持办学,因为旧的私人学校已经衰落,御史杜瑞联表示赞同,他指出:虽然旗人面临着许多困难,但读书比衣食更重要。①

各级政权所关心的不仅是形式上建立学校,而且关心学校管理机构的效率,特别是教学内容。这一时期所有重要的教育长官,像著名的曾国藩、倭仁、李棠阶、郭嵩焘等就教育问题都发表过深思熟虑的长篇议论。李棠阶认为,不是做做样子的,培养士人是移风易俗之本,因此读书人必须用正确的方法去学习正确的书籍。他的看法代表了其他教育长官。② 张之洞在他的经心书

---

① 《同治中兴京外奏议约编》第3卷,第17—19页。
② 李棠阶:《李文清公遗书》第5卷,第7页。

院中,鼓励学生学习他所认为的真正学问与合乎他的观念的学科。

恢复教育自然也就要求重建藏书楼。在江浙地区原有500多座私人藏书楼,经过反传统的太平天国起义,毁坏了一多半。随着中兴到来,官员和士绅协力收回散失的书籍,重新入藏。丁氏兄弟二人搜集到杭州文澜阁在太平军占领时散失的大部分书籍,这些书籍后来成为江苏省立图书馆的核心收藏。另一位浙江的学者官员孙诒让在19世纪60年代买下了一批散失在日本的中国图书。日本当时的主要兴趣在西方,这间接地说明明治维新和同治中兴的不同。

经籍和史书重新刊印,有关政府的新书公开出版。1864年,曾国藩在安庆建立了印刷所,雇用了一些从军队中精简下来的官员,让他们在杰出的学者们的指导下担任校对。在南京、苏州、扬州、杭州、武昌也都建立了印刷所。

江苏巡抚丁日昌资助出版那些关于地方行政管理的书籍。有关历史教训的文章汇编被进呈给皇帝,受到皇帝的赞扬。在西北,主要是在兰州,左宗棠资助重要著作的出版,并将此作为这一地区重建计划的一部分。他重视经书,认为经书(1)规范了个人行为准则,(2)是公共生活的教科书,(3)使平民百姓的思想循规蹈矩。①

随着叛乱的平息,御史们要求迅速地重印经书。在那些曾经进行过激烈战斗的地区,这项工作有些耽搁,原因是印版已毁坏,而在新印版的准备时期,高级官员们恰好有机会雇用地方的贫穷学者。政府利用每一个机会给这些人以鼓励和帮助。

---

① 秦翰才:《左文襄公在西北》,第203—216页。

清廷鼓励读书和做学问,除了希望它能够影响绅士,还希望它能够影响百姓。比如说,有这样的设想:重新印行那些有关行为规范的书籍能使骚动不安的民众平静下来。① 鼓励读书人研究学问,部分原因是他们能够向农民进行道德教育。那时,读书人还没有被完全吸收到城市中,仍然生活在广大农村。在各地区,学者们都在拼命地研究学问和讲课,那里有为穷人开设的"冬三月"学校。毫无疑问,儒学已渗透到社会下层;"通过这些学者对农民和绅士共有的道德观念的一再重新解释,古代圣贤的学说就影响了农民"②。

儒学的普及被认为是控制地方的基本手段,而轻薄的或异端的教义的蔓延则被看作不安定的原因。丁日昌在资助出版有益于安定的读物的同时,又发起反对小说的运动。在关于禁止《红楼梦》《水浒传》和其他一百多部作品的声明中,他宣称:风俗是人心的外在表现,我们必须看到,近年来的叛乱是由于邪说传奇流行的结果。③ 这些反对小说、戏剧、赌博、男女混杂等的告诫,清醒地表明任何轻薄的东西都被认为与严肃的儒学礼法不相容。政治讽刺作品也是危险的。1867 年,一部讽刺诗集引起了巨大的惊恐,高级官员们枉费心机地寻找它的作者。④

对民间宗教信仰和习俗也有类似怀疑。尽管某些"忠义"的

---

① 比如,天津地区人民爱争吵,因此就重印有关社会生活规范的书籍,并且举办有关讲演(张焘:《津门杂记》第 1 卷,第 41—42 页)。
② 罗伯特·雷德菲尔德为费孝通的《中国绅士》所写的导言,第 12 页。这个特点给那个时代的外国观察者留下了深刻的印象。例如阿礼国曾提到过通俗的孔、孟著作,并注意到:"在中国各阶级中都流行……其中蕴藏着关于政治责任和生活关系的丰富知识。"(《在对外关系中的中华帝国》,《孟买季刊》1856 年第 6 号,第 228 页)
③ 《同治中兴京外奏议约编》第 5 卷,第 7—8 页。
④ 《清实录》(同治朝)第 196 卷,第 14—15 页。

地方鬼神①可以纳入儒学系统中,但是国家还是尽力防止儒家体系之外的群众团体的发展。各省的哥老会后来就遭到了镇压。御史王书瑞建议对叛乱期间遭到破坏的庙宇只修复土地庙。《北华捷报》对此发表评论说:"这是值得注意的:主张采取这一步骤的理由完全是政治性质的,目的是防止大规模群众集会。"②甚至山东的黄崖教——它宣称是儒家的一个派别——也在1866年被消灭了,因为它被怀疑为异端。

讨好民众:社会福利政策

国家控制普通民众的主要诱导性措施是社会福利和救济计划。很少有政府能像中华帝国的专制政府这样树立起如此热爱人民的形象。传统上,国家的稳定取决于人民的幸福。人民是国家的基础,因此君主必须爱民如命。恭亲王奕䜣写道:"天生民,而树之君,使司牧之","天子代天而治","故为民上者,抚有四海,统一寰夏,不以天下奉一人,而以一人养天下"③。

曾国藩写道:"……国贫不足患,惟民心涣散则为患甚大。自古莫富于隋文之季,而忽致乱亡,民心去也;莫贫于汉昭之初,而渐致入安,能抚民也。"他特别指出康熙统治的经验:"我朝康熙元年至六十年中间,唯一年无河患,其余岁岁河决,而新庄、高堰各

---

① 《北华捷报》在评论皇帝的代表朝拜地方神庙一事时指出:"政府通过这种朝拜所得到的政治上的好处是显而易见的。这种朝拜使皇帝得到人民的称颂,因为这种朝拜表明皇帝关心他的子民的幸福。人民希望由于'天子'这样崇高的人朝拜地方神庙而能够使地方更加繁荣,他们因此对'天子'的统治者更加满意了。"(《北华捷报》1867年9月28日)
② 见《北华捷报》1867年10月19日。
③ 奕䜣:《乐道堂文抄》第2卷,第16页;第3卷,第4页;第4卷,第15—16页。

案为患极巨,其时又有三藩之变,骚动九省,天下财赋去其大半,府藏之空虚殆有甚于今日,卒能金瓯无缺,寰宇清谧,盖圣祖爱民如命,民心固结而不可解也。"①认为治国必须密切关心人民的反映,统治实际是人民的统治,这样一类观点在那一时代的政治著作中随处可见。

正如御史朱潮所指出的:"今之时务尤必以爱民为急务,非敢骋虚词而袭陈言也。"②通常,"爱民"首先表现在维护国内和平、秩序及促进农业的措施上,其次才表现在国家对社会福利和公共救济的直接干预上。在正常的情况下,家庭和社区有能力以一种明显有效的方式关心自己内部的不幸者。

然而,即使在稳定时期,国家也被认为有责任提供特别救济来应对紧急情况。而且,由于正常的生活标准不过是勉强糊口而已,就使这种紧急状况经常出现。19世纪60年代,自然灾害、战争和叛乱所造成的社会后果,需要清政府提供特别救济。有几个国务活动家似乎模糊地意识到:只有提供更多有组织的长期的公共福利,才能够消除以往存在而未被完全认清的社会动乱。

大面积的自然灾害是经常发生的,并且经常要求特别救济。在1867—1868年的华北,当时所有的福利、救济机构都受到了严重考验,因为这一地区由于捻军起义已造成了严重压力,现在又接连发生干旱和水灾。在1867年夏天,干旱造成大片庄稼枯死,大小水流干涸,用作燃料的秸秆缺乏,灾情异常严重。各种救济建议、计划纷纷呈送到北京。由于粮价暴涨,通常冬季免费供应的米粥持续到整个夏天。

---

① 《皇朝道咸同光奏议》第30卷,第3—4页。
② 《皇朝道咸同光奏议》第21卷,第5页。

直隶总督和顺天府尹奉命负责救灾工作：清查户口，安置流民，促使当地居民向其他地区移民，建立孤儿院。从南方采买来的稻米有时免费分配给饥民，有时投入市场以平抑米价。采取特别措施以检查私吞救济粮款的行为。倡导私人捐助救济也获得了明显的成功，以致地痞流氓冒充募捐征集人的事屡屡发生。免费粥厂广泛设立起来，发放救济品的委员们被派遣出去，从邻区向饥馑地区调进了粮食，整个中国北方的公私救济机构如雨后春笋般地出现了。危机持续到1867—1868年冬天，除了分发熟食，清廷还根据受灾地区的人口数量拨给钱粮。

在这样大的范围内，救济工作是很复杂的。迫切的工作是救命，但这不仅要有良好愿望，而且要有周密的计划。粥厂不能随便建立，因为担心贫民哄抢粥厂，吃光喝净后引发暴动。如果在中国北方某地买救济粮，可能导致粮价进一步直线上升，因为粮食确实短缺，而不能归咎于囤积居奇。因此，必须从南方买粮食。这就需要采取措施，确保及时运输和有效的价格管理，防止粮食流入粮价高的地区去。

首要的问题是如何确保把救济送到那些需要救济的人手中。虽然目前还缺乏有关的史料，但是可以推断，有一种重大的努力在发展普遍的公共福利，而且这种扶危济贫的观念得到了普遍赞成和接受。有一个外国人，他亲眼看到一辆辆满载救济粮的大车挤满了道路，因此，他用赞扬的词句描写了官绅所作出的努力。①

官员们还建议用"以工代赈"的方式进行非直接的救济。这样做既帮助了受灾的人民，又重建了一系列公共工程，如水利工程、城墙和其他在战争中遭到破坏的公共建筑。

---

① 见《北华捷报》1868年3月14日。

在中兴时期,还有许多其他公共的和私人的社会福利活动。曾国藩就曾倡议和支持地方富户举建义仓。① 一位英国领事说,中国人和英国人一样慷慨。② 上海道台为那些无依无靠的人建立了收容所。③ 社会上一般人都认为,建立孤儿院,防止溺弃女婴,这些是公共责任。能干的官员们经常能够在危急时刻迅速采取救援行动。例如在1867年,当汉口兵工厂发生爆炸时(报告说有800人被炸死),总督就亲临现场指挥抢救。④

清廷也不忽略公共卫生问题,当报告有瘟疫时,就命令进行调查和诊治。它也注意防止死人埋葬的过分耽搁,尽管生、养、婚、丧通常由家庭自己负责。在南京、苏州、上海,地方官安排了免费接种牛痘,而且上海道台还向那些接种牛痘的最穷苦人家的孩子提供水果和鲜鱼。

我之所以强调这些细节,是因为一直有一种广泛的倾向认为,在传统中国每个家庭都只关心它自己的利益,而国家则将救灾、济贫、公共卫生、儿童福利等问题置于考虑的范围之外。这种看法是错误的。实际上个人和政府都关心公共福利。在正常的情况下,地方机构适当地处理这些问题,在危机时,则可望国家采取行动。在中兴失败以后,公共福利被忽略了,这不是因为缺乏关心公共福利的意见,而是因为反映这种意见的旧机构(这旧机构是旧秩序的组成部分)已不适应新情况了。

---

① 唐庆增:《曾国藩之经济思想》,《经济学集刊》第5卷第4期,1935年。
② 英国驻天津领事吉必勋的报告,载《英国议会档案》,《中国卷》第3号(1864年)。
③ 见《北华捷报》1862年3月1日。
④ 见《北华捷报》1867年11月30日。

同治中兴：中国保守主义的最后抵抗(1862—1874)

共同责任网

为了确保安定，也为了给国家提供一条能从农村获取粮食和人力资源的直接渠道，国家在地方上建立起一系列居民组织，这些组织使一向通过劝导来进行管理控制的儒家制度得到了加强。在这一类组织中最重要的是保甲制度和与之相联系的负责征税的里甲制度。每一个行政区都保存着居民名册，以便进行人口统计。每十户组成一"排"，每百户组成一"甲"，每千户组成一"保"，所有的成员都必须互相负责。虽然保甲的头头是由当地民户提名的，但必须得到地方官的认可，而且这些头头的职责也仅仅是让地方官满意。

关于保甲制度的起源，它与家族、家庭制度的关系等问题，一直是有争议的。起初，它没有得到主张通过家族进行行政管理的儒家的支持。但是从宋朝起，由于大家庭的衰败和中国士绅结构的变化，这种邻里组织就越来越成为由家庭单位所形成的社会凝聚力的重要补充。

王安石(1021—1086)就曾鼓励发展保甲制度，以作为中央集权的一种手段和在不需要大量常备军的情况下就能保证公共安全的一种工具。但是农民的强烈抵制，导致了这一制度的失败，王安石也因此被司马光保守集团所取代。这种制度在明代又兴起了，清政府在理论上也支持这种制度。然而直到19世纪，它一直处于衰落状态，对地方管理并无帮助。而在中兴计划中，却把恢复这种组织作为主要目标之一。

无论在中国历史上早期家庭制度和保甲制度之间的关系如何，在中兴时期，这两种制度都被当作地方控制的理所当然的机构,而不是一种权宜之计。极力主张恢复保甲制度的最有名的人物都是大儒。李棠阶说,保甲制度对保证官民和睦是必要的。①曾国藩(他可能是这一制度的最热心的倡导者)赞扬这种制度是一剂补药,说它将能使人民平静下来,就像从久病中恢复过来的孩子。②

冯桂芬主张重建宗法制度和保甲制度。他认为这些制度是有用处的,能够起到政府所不能起的作用。据他说,保甲制度和古老的宗法制度是中国社会的"经"和"纬"。在古代,在夏商周,中国社会是有凝聚力的,但是它后来分裂了。在他看来,宗法制度可以用来恢复家族的统一,保甲制度可以用来恢复国家的统一,而实现了这两种统一就能够使中国社会恢复到先前的隆盛。③

冯桂芬的看法很有代表性。哪里有土匪出现,就在哪里厉行保甲制度,以使土匪和普通居民分离开来,这样土匪就无法得到粮食,也无处藏身了。御史王书瑞写道:如果保甲制度一直坚持下来,太平军和捻军的造反就不会爆发。④ 御史朱庆澜在谈到嘉庆时期的许多小规模叛乱时也发表同样的看法,说保甲制度能够控制匪徒亲属的活动。⑤

与保甲制度密切联系的是民兵制度。保甲制度是为了清除地方内部坏分子的,而民兵制度则是为了保护地方不受外来坏分子骚扰的。但是中兴诸臣对民兵制度心存怀疑,因为它花费大,

---

① 李棠阶:《李文清公遗书》第1卷,第12—15页。
② 闻钧天:《中国保甲制度》,第318—320页。
③ 冯桂芬:《校邠庐抗议》,载《复宗法议》第1卷,第49—52页。
④ 《同治中兴京外奏议约编》第1卷,第26—31页。
⑤ 《同治中兴京外奏议约编》第1卷,第20—25页。

并且容易引起地方对立。曾国藩一有机会就反复申说"重在团，不在练"。这种观点似乎集中概括了当时中兴诸臣的看法。

关于如何评价19世纪的保甲制度问题，20世纪一直有争议。虽然保甲制度不是一种地方自治组织，但是它的头头都是当地人、邻居或同族人，它能够同当局一起进行干涉，而且它为农村繁荣所依赖的公共秩序和安全作出了贡献。

很明显，对于一个中央集权的农业国的行政管理来说，类似保甲这样的制度是必需的。它通过士绅为地方管理提供了一个有效的、廉价的补充手段，它充其量是一个非常温和的监督制度。但是，随着中兴的失败，这一制度异常严苛的特点就明显暴露出来了，如不对它进行控制，就会激起人民的愤怒，最后，在企图对它进行根本改造时，它彻底崩溃了。

法律的作用

十分明显，儒家意识形态的控制和儒家社会机构的控制与法律至上或绝对人权、财产权等观念是不相容的。然而，西方人通常所认为的中国传统法律仅限于刑法或认为它在维护社会秩序方面几乎无所作为的看法是非常错误的。

从罗马法的观点来看，中国的法学混淆了法律和道德。社会习惯法、自然法（"礼"）和实在法（"法"）被视作一种普遍和谐的不同方面。维护这种和谐首先依靠的是道德教诲，中庸和折中；但是如果必要，国家也准备强迫人们遵守全部法典。

法律系统不是为了维护国家或公民的绝对或抽象的权力，而是为了防止和解决实际冲突。说到"公正"，中国官员了解的是着眼于一个特定案件的所有具体因素的具体的公正，而不是根据逻辑范畴的公正。

> 尽管法官自称遵照某种公正原则进行判决,但是判决的结果在很大程度上是受到当地习惯的影响,甚至更多的是受到案件的特别环境的影响。这种判决完全是自圆其说,而不是像在欧洲那样,申明根据何种和谐体系。①

"中国的法律并不抽象地判断谁是正确和错误的。"②

通过十分精巧的界定和区分,把法律等同于一种具体的公正,其结果就形成了一部法典和一种审判制度——它是这个稳定的传统社会中令人赞赏的工具;而同时,把法律看作一种具体的公正在很大程度上是一种偏见,它阻碍着一种能够得到广泛应用的法律的发展,而这种法律在传统社会解体时依然支撑着其基础。

适用于各种情况的详细法规不是依靠口头流传或具体案例积累起来的。一部法典包括有平衡法在内的全部法律,以及根据政治和道德进行调节的原则。中国没有西方那样的专职法官(西方的民事法官不是仅仅应用具体条文,而是通过解释公认的学说来创造法律),只有地方行政官员。行政官员断案时不得不考虑多种因素,这些因素就是某个案件所处的特殊环境,而不是与之相关的抽象法律关系。这种工作需要的是一个"优秀分子",而不是独立的司法系统。

中国的法典包括民法和刑法。在形式上,这部法典是刑法,

---

① 《北华捷报》1867年6月29日,概述阿拉巴德为混合法庭做准备而对中国刑法的研究。
② 宝道为爱斯嘉拉和热尔曼所译梁启超著作所写的序言,见爱斯嘉拉和热尔曼所译梁启超的《先秦法律和法学理论观念》,第9—10页。

它只适用于那些被认为可能是反对国家的犯罪行为,而没有关于解决私人争执的法律条款,由此就产生了中国没有民法的错误看法。实际上,没有任何一种纠纷是中国政府所不关心的,因此,中国的"刑法"事实上适用于西方"民法"所适用的一切范围,如继承制度、孤儿抚养、财产抵押及出售、土地转让,甚至建立贞节牌坊等。民事诉讼完全是按照刑事犯罪处理的,例如要求收回一匹马或一块地,就将控告某人偷窃或侵夺财产。政府对这类事情一向是关心的。

一位法国权威人士曾给"民法"下过这样的定义:民法是"为了共同利益给全体公民规定的行为准则……这一准则(必要的赏罚)规定每个公民为了社会的共同利益应该干什么,不应该干什么,可以干什么,不可以干什么"①。如果我们接受这个定义,那么就应该承认中国的法典具有高度发达的民法性质;如果民法的意思是指大陆法即法学家所说的不成文法,那么中国的法律超过了大陆法,更明显地具有民法性质。它还可以被视为一部公法。作为一种地方控制的工具,中国的法律涵盖了人与人之间的全部关系。它并不过多地强调罪轻罪重,它只是一部具有约束力的成文法,其处罚不是针对个人,而是为了保卫社会。

中兴诸臣从未想过从根本上修改法典。清政府从顺治皇帝到预备立宪以前一直在重新汇编全部传统法典。同治年间发行的新版中毫无更新之处。

像所有的保守派一样,同治时期的官员们对立法活动持怀疑态度,他们把注意力放在改善行政管理上。他们所要解决的是司法管理中的一些特殊问题,即司法制度中的滥用权力问题,而不

---

① 图埃勒:《法国民法》,引自庞德《法学讲授大纲》(坎布里奇,1943年),第67页。

是这一制度中的缺陷。引起抱怨的最常见的原因是办事拖沓,衙门中的胥吏对司法程序的干扰,地方治安权力的滥用以及刑罚过于苛刻,等等。

审判的拖沓被认为是引起人民不满的主要原因之一,并且经常遭到能干的行政官员的谴责。1866年,有一道上谕指出:苦难是由拖沓引起的。① 地方长官认为执法的拖沓是对地方安定的主要威胁。②

第二个主要问题是衙门中胥吏的作用。在有资格的外国观察家看来,中国官员处理案件通常是公正的,但是要将案子呈到他们手中是很难的。"尽管法官可能希望公正断案,但是胥吏不这样想,而胥吏是'渠道',只有通过他们状子才能呈送上去。"③ 稍晚,张之洞和刘坤一(他们是中兴时期的有为年轻官员,到预备立宪时成为老资格的大臣)在一道关于法律改革的奏议中指出:必须清除这样的胥吏,才能制止这类枉法之事。④ 有些冤案是由御史平反的,当胥吏阻挡了正常的上诉渠道,御史是向中央政府上诉的一个渠道。

第三个问题是法律的实施。在正常时期,中国司法制度是有效率的⑤,但是在骚乱的19世纪中叶,这一制度出现了相当松弛的迹象和基层捕役滥用权力的现象。据御史们说:捕役抢夺百姓

---

① 《皇朝续文献通考》,第9974页。
② 《同治中兴京外奏议约编》第2卷,第1—2页,卞宝第的奏议。
③ 见《北华捷报》1867年10月19日。
④ 迈耶:《中国现代刑法导论》,第128页。
⑤ "这个制度可以把一个罪犯或一个嫌疑犯关进任何一个衙门或小屋里,如果他是一个有顶戴花翎的官员或挑担的苦力,那么这个制度就必然引起畏惧。但这并不是一种奴隶般的畏惧,这种畏惧是因为相信法律是公正的。"见《北华捷报》1868年8月14日。

的钱财,接受贿赂,更改案情,等等。① 然而,没有证据表明法律和秩序已经崩溃。既有关于不胜任的刑狱部门的报告,又有关于极其胜任的刑狱部门的报告。在这方面,上海道台丁日昌有着非常好的名声。

第四个问题是重罚——这是一个最富争议的问题。随着众多叛乱的发生,即使最相信通过示范、说服的保甲制度进行管理的人,也都主张严刑重罚。然而,中国的制度仍然有对被告的保护,法律虽是严厉的,但也常根据公平、道德、策略等原因给予宽大处理。御史继续发挥他们的传统作用,其手段是通过揭露来限制那些滥用权力的人。此外,犯人的人权也得到承认。

总之,虽然有许多明显不完善的地方,但是中国的法律制度在中兴时期仍是维持地方统治的有效工具。一些有经验的外国观察家说:"在(中国)大多数城镇乡村比在我们的大城市更有生命和财产的安全保证。"②最终引起这一制度崩溃是那些难以克服的困难,而这些困难只是证明这样一点:"中国人的观念——无论它可能具有怎样内在的价值——很难适应现代世界的经济和社会组织。"③

地方统治的基石:地方官

左宗棠说:"窃维封建之天下,其治乱在诸侯;郡县之天下,其

---

① 《清实录》(同治朝)第 241 卷,第 5 页;第 238 卷,第 5 页。
② 阿拉巴德:《关于中国刑法和同类性质论题的评注》,第 5 页。
③ 宝道为爱斯嘉拉和热尔曼所译梁启超著作所写的序言,见爱斯嘉拉和热尔曼所译梁启超的《先秦法律和法学理论观念》。

治乱在牧令。"①

倭仁说:"官是苦人,做官是苦事,以官为乐,必不能做好官也。"②

两千多年来,中国从来不是一个采邑制帝国,而是一个分为若干行政区的统一帝国。在每一行政区都有一个由中央任命的官员来掌握全权,他直接对中央政府负责。他保持着同当地士绅的联系,鼓励读书和做学问,负责赈济,控制保甲,解释并执行法律。

在中国人看来,如果一个地方官有能力,那么各种地方管理机构就有效能;如果一个地方官无能,那么这些机构就是无用的——士绅与政府疏远,做学问被视为迂腐而受人嘲笑,赈济管理不善,保甲制度会激怒人民,法律形同虚设。丁日昌关于正确任命地方官的重要性的看法是很有代表性的:

> 得其人则治,失其人则乱,自古为然,于今尤急。
>
> 天下者,各省之所积,各省者,州县之所积,各省之大吏得人,则州县得人,州县皆治,则天下治矣。③

山东巡抚阎敬铭也持同样的看法,他说:"自古未有不慎选牧令而能治天下者也。"④

当然,强调地方官的品质并非同治中兴的创举。道光朝编辑的《牧令书辑要》就指出:"天下事,莫不起于州县,州县理,则天下无不理。"⑤然而,在中兴时期这却是一个新的急迫问题。《牧令

---

① 左宗棠等的奏议,见《同治中兴京外奏议约编》第 6 卷,第 38 页。
② 倭仁的信,见《倭文端公遗书》第 8 卷,第 11—14 页。
③ 《同治中兴京外奏议约编》第 5 卷,第 7—8 页;《皇朝道咸同光奏议》第 6 卷,第 6 页。
④ 阎敬铭的奏议,见《皇朝续文献通考》,第 8532 页。
⑤ 《牧令书辑要》,1869 年,徐栋序。

书辑要》又被大张旗鼓地重刻了,李鸿章为之写了新序,序中指出:在多年动乱之后,地方官的责任比以往更加重大了。① 倭仁致信给一个即将上任的地方官,说:自从军兴以来,大江南北遭到蹂躏,因此地方官的责任更加重大了。为了恢复稳定,一个地方官必须奖掖读书之风,网罗新进人才,赏罚严明,不徇私情。他认为,赏罚不明是最近时期地方政府的主要问题之一,这是因为地方官受到了地方势利小人的影响。②

几乎所有的奏议都主张完全通过科考来选拔地方官。虽然科举制度的恢复对哪一级政府都有重大影响,但哪一级也没有地方行政所受的影响大。地方官是大量的,他们直接同广大民众打交道,如果一个地方官自己不能恪守儒家传统,那么他就不能管理好士绅和普通百姓。正如曾国藩所说:地方官若非优秀分子,士绅和百姓就不会安定,就可能出现动乱。③

一个外国传教士证实:每当传统的铨选制度遭到破坏时,地方就失去了控制:

> 尽管贿赂成风,但科举仍然是铨选的主要根据。对科举制度的任何严重背离,总要引起人民对犯有过失的地方官的强烈不满;而对传统原则和惯例的任何严重背离,都必定导致人民对政府的严重不忠。的确,那威胁清朝统治的长达十年之久的骚乱,追溯其原因,大抵都是由于这样的事实:是财富而不是才学成为升官的阶梯。④

---

① 《牧令书辑要》,李鸿章序。
② 倭仁:《倭文端公遗书》第8卷,第11—14页。
③ 引自胡哲敷《曾国藩治学方法》(上海,1941年),第95—96页。
④ R. H. 科博尔德:《中国的状况》(伦敦,1860年)。科博尔德一直是宁波地区的副主教。

中兴诸臣认为任命那些立过军功、做过捐纳然而并不合格的人当官是迫不得已的,他们建议对这些"外行"进行严格补考,否则不能当地方官。奏议者提供了丰富的证据,表明无能的地方官引起了普遍骚乱。李棠阶评论说,只有经过教育的地方官才能够促进政府和人民间的谐调,而这种谐调能够消泯那些引起严重对抗的因素。① 1867年夏天,清廷谕令两广总督瑞麟要特别注意地方官的任命,因为这一地区的土匪刚被镇压下去。② 甚至有一个像僧格林沁那样严厉的军事将领也报告说,骚乱是由无能地方官引起的,并且破坏了他的军事计划。③ 吏部定期制作一张表,表上注明全国哪些地方缺少有特别才干的地方官。皇帝亲下谕旨对这张表进行修正和补充,显示出对此事的异常重视。④

许多奏议一再指出:地方官所实行的政策直接关系到帝国的稳定。冯桂芬写道:"人性无不善……天下之乱民,非生而为乱民,不养不教有以致之。"造反是由饥寒引起的,因此地方政府应该保证人民衣食住的需要,并进行道德教育。⑤ 倭仁指出:在历史上,饥民总是不安定的,地方官只有向他辖内的人民提供粮食,才能实现安定。⑥

御史王道埠在一道奏议中说:"……治世莫要于安民,安民必先察吏,察吏之方,自州县始,州县之贤否,天下治乱之基也。"又说:某些政策的错误是由于一些"市井之徒"和军人混入地方政府机关造成的,"由是吏治日坏……臣愚以为方今时务如久病然,剿

---

① 《李文清公遗书》第1卷,第12—15页。
② 《清实录》(同治朝)第204卷,第26—27页。
③ 《同治中兴京外奏议约编》第8卷,第10—11页。
④ 《清实录》(同治朝)第223卷,第4页。
⑤ 冯桂芬:《显志堂稿》第3卷,第30—31页。
⑥ 倭仁的奏折,见李棠阶《李文清公遗书》第1卷,第10—13页。(译者按:原注如此)

贼以治其标，尤必安民以培其本"，而"安民之道，非牧令之得人不可，欲牧令之得人，非澄清流品不可……臣不敢谓举贡文生之为州县果皆贤才也，但念国家重名器之心与鼓励人才之意，必当澄清流品"①。

很明显，根据这一理论，成功的行政管理不能有任何一成不变的精确公式，《牧令书辑要》也没有打算提供这样一个公式。官员们只是被告诫说，他们应该为人民的利益工作，因为只有人民得到真正好处才能服从统治；地方官的职责包括行政管理中大大小小各种问题，因此官员必须一贯认真地注意其辖区中所有事务，并根据中国人长期积累的经验灵活行事，才能够有效地实行管理和维持统治。②

由于地方官的行政职责非常广泛，《牧令书辑要》详细罗列了一个地方官应该事先有所考虑的一些实际事务：办事程序，预算，人员机构；农桑问题，包括水的管理、肥料、森林、土地的使用和出租；社会福利和救济；关心、教育青年（包括孤儿）；犯罪问题；地方保卫；等等。

面临如此繁杂事务的地方官，他应该做什么，能够做什么？这一直是政府高级官员讨论的问题。地方官一直处于被监察中，特别是在御史的监察中，御史们经常提出包揽一切的劝告。例如，御史游百川就曾非常正确地指出：重建地方行政就要求迅速采取赈济措施，加强保甲制度，督抚大员应注意整顿吏治。③ 御史马元瑞提出了地方官应该采取的最重要的四条措施：(1)"薄赋税以厚民生也"；(2)"慎讼狱以平民怨也"；(3)"善抚循而使民得

---

① 《同治中兴京外奏议约编》第2卷，第7—8页。
② 《牧令书辑要》第1卷，第2、12页等。
③ 《同治中兴京外奏议约编》第8卷，第14—15页。

所也";(4)"勤晓谕使民咸劝也"①。

一个士绅出身和受过长期儒学教育的地方官比一个有军功或输纳背景的地方官显然更胜任。一个儒家官员从哪里获得适应如此广泛领域的专门知识技能,是一个问题。他如何在很短的任期内熟悉他辖区的情况,又是一个问题。而整个行政制度的目的在于把全部地方权力都交给这样一个人掌握,这个人应不受地方的压力,应超脱出狭窄的专门技术之上,应是一个小"哲学王",他的人文视野应以整个帝国和整个社会为经纬。

正如前面已经指出的那样,这种政治体制把巨大的非官员的权力授给了那些"常备的专业人员"即衙门里的办事人员,特别是衙役,因为他们熟悉地方情况和办事门道。一般认为,衙门中的吏役对政府特别有害,他们经常滥用职权,比如向纳税人勒索,因为州官、县官很少懂得复杂的地方纳税制度。这类案例可能而且事实上已被报告给皇帝,但是滥用职权的情况仍然经常发生。结果,随着地方行政管理的技术性问题越来越复杂、越繁多、越重要,不断增强的权力就被那些不仅未受过正统儒学教育,而且已完全陷入地方压力和偏见中的人合法地取得或非法地篡夺了。

中兴诸臣一般都认为,只要按照传统路线来实现地方政府和地方社会的稳定,吏役的权力就可能再一次地被限制在一定的范围中。他们几乎没人提出这样一个根本性改革意见:让那些有专门知识技能的下属来掌管专门部门。如果有这样的意见,它也会被大多数人所拒绝,因为它背离了他们正在设法恢复的传统社会生活。

---

① 《同治中兴京外奏议约编》第1卷,第17—19页。

地方统治受到西方冲击

中国同西方世界的联系日益发展,这必然威胁到地方行政管理制度。首先,它没有一种法律,也没有一种逻辑能使中国的法律适用于外国人和他们日益扩大的活动。结果在执行某项条约的条款时,地方官就不得不采取某种违反传统地方管理原则的做法。其次,受雇于外国人的中国人,特别是在租界中的中国人,可以避开集体责任网(保甲制度)。随着时间的推移,新的观念就威胁了儒教的统治地位。有才干的年轻人越来越怀疑那种经过长期苦读而谋得一官半职的人生目标。士绅和士子们的地位首先受到了威胁。

在商业城镇,特别是在通商口岸,司法管理已经崩塌。外国人不仅自己享有治外法权,还企图使他们的商务雇员和宗教皈依者享有治外法权。而且,这些城镇中不断增加的人口是从全国各地招来的,他们背井离乡,很少感到旧的压力。行政官员丧失了原有的控制渠道:家庭已经隔离,邻里不再相识,最有影响的人物不再是士绅,而是一些背景不明的新兴买办。

这一时期的涉外问题大多数实际上是中国的地方管理问题,因为中外条约主要是关于如何保证外国传教士和商人所要求的地方条件。地方官处于两难境地:一方面他们得对坚持遵守条约的朝廷负责,另一方面得对在儒教制度下生活的人民负责。许多官员由于发布了背离士绅愿望、违反人民习惯的命令,而使他们作为地方官的影响力遭到了不可避免的损害。

中兴政府所面临的地方管理中最严重的问题,是地方士绅对外国人日益增长的仇恨。清廷为改善外交地位而采取的每一个慎重步骤都可能疏远士绅集团,而他们的忠诚又是必需的。一个在外国人看来懂得维多利亚时代商业要求的地方官几乎不可能保护士绅的经济利益;对他的任命本身就威胁着士绅的社会地位。而且,一个在外国人看来对基督教和西方政治观点开明大度的中国人是不可能复兴儒学的。

传教士总是爱发起挑衅性的争论,以公开证明中国知识界的"无知"。结果是不可调解的仇恨日益增长——不仅针对传教士和外国人,而且针对中国的"洋务派",地方知识界称"洋务派"为叛徒。年轻人参加同文馆的考试承受压力,中国第一任驻欧洲公使郭嵩焘在启程之前返回他的老家湖南时,遭到了攻击,他乘的船被正在孔庙举行集会的人烧毁了。曾纪泽也遭遇同样的命运。在科考期间,哪里有知识界的集会,哪里的排外事件就明显增加。那些要求赶走一切外国人的非官方声明明显出自士人之手。

中兴政府不可能试图打破知识界的儒学偏见,因为这个传统国家的幸存就是依靠这些观念的复苏。同时,很显然,这个国家的生存又依靠同外国人的关系。在这种情况下,这个政府努力恪守条约,而不管是否能够得到愤怒的士绅的同情。它劝导知识界接受有限的制度改革,在外交事务方面跟上中央政府。在天津教案发生以前,它的这种努力取得了明显进步。这显然要依靠劝导。中兴诸臣知道:只有得到被统治者认可,他们才能有效地进行统治;知识界抵制改革的力量牢固地植根于儒教社会中士人对普通人民的影响力中。

中央政府、督抚、高级知识界能够高瞻远瞩地设计一条渐进的保守的现代化发展道路,虽然它只能在形式上而非实质上引起中国人生活的变化。但是下层士绅为日常琐事所困扰,他们的眼光局限在地方的狭小天地和一些燃眉的问题上,因此他们不可能看穿几千年形成的儒教社会基础。他们坚持要全面保卫现存秩序,而当他们这样做的时候,却促进了它的全面崩溃。

第八章　中国经济的恢复

传统经济学

经济是所有中国政府主要关切的事情,并在政治家所受的教育中占有一席之地。然而与我们今天学习的"经济学"相比,他们学习的更接近重商时代的"经济学"。① 经济问题被认为是与所有政治和道德问题复杂地联结在一起的。中国的政治家们相信,他们能够操纵经济的发展,使之从属于政治的目的。简言之,要使经济从属于政治,而非政治从属于经济。中兴的经济政策——遵循着政府在其他方面的中兴政策——是建立在这样一个假设之上:通过适当地采纳传统的中国经济学的原则,能使传统的经济再次繁荣。在一个绝大多数人口的收入直接来源于土地,以及土地税向来是政府的主要收入的国度里,保护农业生产者是经济学的主要目标。"重农抑商"的原则在经典和史籍中被一再强调,

---

① 这一章只是对中兴政府经济政策的一个鸟瞰,它并不打算研究晚清经济的结构和运行。如果读者感到这里所提供的关于这些政策的原因和结论的材料不够精确,那么就不妨回忆一下:对这个领域一直缺乏探索,今天的学者们仍然在运用卫三畏在很久以前所用的同样的记录。卫三畏曾指出:"所有这些计算都是很容易的,但是它们并不能被满意地验证,它们只是近似的数字。"(见卫三畏《中国总论》第10卷,第290—292页)

农业不仅继续被认为是中国经济唯一可行的基础,而且是唯一合适的基础。①

然而,这绝不是要扩大农业生产和增加农业税收,或按现代西方眼光,"繁荣"农业经济。中兴的目标是重建一个朴实和稳定的农业社会,在此社会中提倡节俭,强有力地抑制政府的开支、绅士的奢侈和农民的物质欲望。②

凡是节俭和精明的管理相结合的地方,就不会有经济危机的发生。如王庆云——一位有经验和才干的经济学家——在1850年所指出的那样:

> 时下,朝野上下皆惶恐不安,惊呼贫困。臣窃以为断无惊恐之理。毋庸另寻致富之途,只须严肃纲纪,治理得当,何有贫困之苦?③

基本沿袭了明朝制度的清朝财政机构,依现代标准来看无疑是臃肿的,但在当时是高度发达的,在其早期被证明是有效率的。当政府能够维持和平并提供有利于发展农业生产的条件时,它不用增加人民无法忍受的负担就能筹集到它所需要的金钱。然而,户部及其有关机构应对危机时期税收减少和开支增长的能力是很差的。

---

① 马寅初:《中国经济上之根本问题》,载《东方杂志》第24卷第4号(1927年),第11—19页;另见王海波《中国古代的经济思想》,载《经济学季刊》第3卷第2号(1932年),第177—206页。甚至同治中兴后的一些改革家,如郑观应、陈炽、梁启超、康有为等,也持有类似的看法,见赵丰田《晚清五十年经济思想史》(北京,1939年),第19—41页。
② 清代有关经济方面的著作都是以讨论节俭而开始的,王庆云的《熙朝纪政》卷1就提供了这方面的例证。
③ 转引自威妥玛《在中华帝国的使命:寻求忠告和政府的答复,1850—1851年》(伦敦,1878年),第5页。

咸丰时代(1851—1861年)之前,田赋、漕粮、国内商业税和盐业垄断,是清政府税收的四个主要来源。清朝所保留的明朝的各种杂税,在经济上无关宏旨。田赋占了整个税收的三分之二,其税额是永远固定的。1712—1745 年间的一系列上谕,正式宣布永不加赋。漕粮也是固定的,关税和官营盐价同样不能轻易地增加。在这样的情况下,遇到一些不大的紧急事变,清政府可以赖其丰年结余下来的积蓄以及出售功名或偶尔卖官鬻爵的所得来应付开支。① 尽管 19 世纪严重的内忧外患所需要的新的支出对旧的秩序是一个真正的挑战,但直到光绪时期,开辟和扩大永久性的税源的重要性,才真正为人们认识。②

把商业发展作为一项重要的税源的想法是不可思议的,因为士大夫总是把那些不直接从事生产的人视为寄生虫,当然他们自己不包括在内。由于担心形成一个富有的与之竞争的阶级,他们经常并有效地抑制着一切商业和工业的发展。国家垄断,通过常备粮仓来调剂粮价,周期性地打击高利贷活动,惩罚性的税收政策以及意识形态的禁锢,等等,使他们的这种抑制获得了成功。与中国的商人阶级相比,明治前的日本商人阶级要强大一些,中世纪晚期的欧洲商人阶级则可称为巨人。

除政府的重农抑商政策外,中国高度自给自足的地方性经济也不利于商业的发展。尽管某些专业化农业早被承认,像"蚕丝区""棉花区"这类名词已经使用,但每个村庄几乎都能生产它所需要的一切物品,每个家庭都能从事多种手工业。士绅家庭也和农家一样纺纱织布。曾国藩在其家书中就询问过儿媳的织布数

---

① 罗玉东:《中国厘金史》(上海,1936 年),第 1—3 页;C. J. 斯坦利:《1852 到 1908 年的中国财政》,载《中国问题论文集》,第 3 册(1949 年),第 1—23 页。
② 赵丰田:《晚清五十年经济思想史》,第 269—273 页。

量。只有在养蚕区,才相对存在着很少一部分"职业专家"。这些人只从事纺织而不干其他活计。其他一些"专家",如陶工、泥瓦匠、木工、五金工人,也主要是农夫,他们利用农闲季节从事手工业生产,其产品主要是归自己或左邻右舍使用。货币虽然存在,但不是货币经济。集市贸易自明后期以来就得到了广泛的发展,但它不是市场经济。由于对节俭的尊崇,由于缺乏追求财富的渴望,由于农民和士绅在经济上的相互依赖,由于这种制度给这两个阶级提供了相对安全的保障,自然经济的稳定性得到了加强。

国外贸易比国内贸易更受到了传统的严格限制。人们觉得任何进口都无法补偿白银和茶叶、蚕丝这类有用物品的大量外流。采矿业虽然早已存在,但其重要性到19世纪时仍然受到怀疑。之所以如此,一方面是由于它具有分裂社会的作用;另一方面,从道德上来说,既然没有人"种植"过矿业,那么,任何人都没有权利开采、占有这一财富。①

人们也可能认为,如果没有国家和意识形态对社会变革的强大反对,中国人所具有的工艺主义倾向将使中国开始其工业时代②,因为"前现代"技术已发展到了一个显著的程度。犹如在此之前的耶稣会士,19世纪的观察家也已注意到,中国人用各式各样的方法采矿、熔炼合金,有的方法连当时最发达的欧洲国家也不会。例如,他们能够熟练地焊接银块,雕刻玛瑙,修补铸铁中的孔眼,以及仅仅借助楔、杠杆和车轮,就能搬运体积和重量巨大之物。印刷业和丝织、制茶、制瓷、造纸业的工艺显示了他们在实际文明中的能力。费孝通简明地指出:

---

① 王庆云:《熙朝纪政》卷5,第24—28页。
② 艾田·巴拉兹:《论中国社会的重要特点》,《亚洲研究》第6期,第86页。

> 自然世界的知识是用于生产的知识,它属于农夫、工匠和其他以此为生的人们。而伦理道德的知识则是那些治人的劳心者所占有的工具。①

清政府的政策不仅没有违背经济学的古老原则,而且使这些原则得到了进一步的强化。当西方商人变得急不可耐的时候,清政府则采取了一切措施以防止真正重要的外国贸易的发展。在整个清朝的统治时期,国家鼓励小农的发展,并对大土地所有者和他们的雇佣政策实行相对严格的控制。依据传统的政治经济学原则,后来的许多"不符合儒学的"特权被废除了,越来越多的佃农成为自由的土地所有者。②

咸丰年间(1851—1861年)的经济崩溃

清代前期长达一个半世纪的经济稳定——依据传统标准可称为繁荣,并不是随着咸丰皇帝的登基而突然结束的。自18世纪末,几乎在各个领域就已开始缓慢凋敝。③ 经济上的周期性变化是伴随着皇位的更替而出现的。继康熙和乾隆年间的繁荣之后而来的是嘉庆和道光年间的民间困苦和财政赤字。由于叛乱的增加,可耕地的减少,人民的粮食也减少了。政府无法征收到全部的土地税,然而不断增长的军费开支则要求有更多的收入。因水利工程的失修和农民被大量征募、可耕地的进一步减少,一些地区开始出现了饥荒。

---

① 费孝通:《中国绅士》,第64页。
② 马佩罗,见前引书,第308—310页。
③ 有关咸丰前经济衰退的情况见《清史稿·食货志》,第1页。

越来越依赖于腐败无能官吏的清政府面临着因国外贸易的增长所引起的其他经济问题。家庭手工业——农民依靠它获得必不可少的附加收入——也因西方的棉布输入而受到损害。除此,自 1800 年开始的因进口的增加所引起的白银外流,导致了银价的上涨和铜钱的贬值。加上田赋和漕粮都以白银计算,白银被大量贮藏,致使银价不断上涨。①

太平天国的叛乱给凋敝中的清朝经济以致命的一击。耕地急剧减少。根据当时人的估计,人口减少了一半。"在中国内地,那些曾被富裕的城市和良田所覆盖的大片土地现在荒芜了。"②例如,安徽只有一府二州三县没有遭到破坏。当原先田野肥沃、人口稠密的江苏和浙江最后被清军收复时,西方观察家对土地的大片荒芜以及农民和地主所处的困境感到吃惊:"他们的田园荒芜了。他们没有耕种农具……就像新发现的国家一样,许多地区都对移民实行开放。"③

在军费开支增加的同时,田赋、漕粮——税收的主要来源——则在中部许多最富饶的地区无法征收。例如,根据威妥玛的报告:

> 江苏省按规定每年应上交近 150 万担,或 9 万吨。1859 年只要求该省上交 40 万担,但藩台宣称他至多只能征收到

---

① 19 世纪前半期中国经济的衰退在夏鼐的《太平天国前后长江各省之田赋问题》[载《清华学报》第 10 卷第 2 号(1935 年),第 429—474 页]一文中有概述;有关银价的上涨情况,见汤象龙《道光时期的银贵问题》,《社会科学杂志》第 1 卷第 3 号(1939 年),第 3—31 页;有关 19 世纪军费开支的增长和工程费用、教育费用及公共福利费用减少的情况,见陈兆鲲《清朝的赋税制度,1644—1911 年》(纽约,1914 年),第 33 页。
② 见《北华捷报》1866 年 3 月 24 日。
③ 见《北华捷报》1866 年 3 月 24 日。

25万担。其结果连25万担也没能完成。田赋几乎在所有地方都被拖欠,漕粮也远远没有达到当局所希望的数量。①

据估计,19世纪50年代,北京得到的从未超过应得总数的三分之一,到1857年时,仅仅达十分之一。②

在此情况下,财政紧迫的帝国政府很少能够履行它的正常职能。公共工程被普遍忽略。由于形势的恶化,甚至连军队也经常无饷可付。

采取的一些补救措施是不成熟、敷衍和彼此矛盾的。政府既想增加一些税收,但又要坚持它永不加赋的承诺,并继续执行减免灾区税收的传统政策。虽然征收了新的商业税——厘金,卖官鬻爵也在加速进行,但其收入则令人失望。

铜钱与白银的比价在继续下跌,来自云南的铜钱供给线因回民的叛乱而被切断,谷物与铜钱的比价也在下跌。为了兑换钱,农民不得不出售更多的谷物。既然农民兑换的只是铜钱,而纳税仍要按照白银的比价来计算,因此农民所交纳的实际税额不啻增加数倍。此外,自1853年开始,政府不得不求助于经过深思熟虑的通货膨胀政策,发行没有任何信用的纸币,铜钱改铸成大面额的硬币。铸造铁币后,伪造之风盛行,以致除了白银,其他一切钱钞在北京之外已变得毫无价值。到1861年,帝国纸币的价值已降至票面价值的3%,地方纸币的价值已降至票面价值的4%。中国商业的萧条和高利贷的盛行反映了公众信心的普遍缺乏。

---

① 有关中国这些数据的估计,见《北华捷报》1858年7月31日;《关于中国情况的通讯,1859—1860年》(第17页)中也有报道。
② 同上。

同治中兴：中国保守主义的最后抵抗(1862—1874)

总的经济复兴计划

在近代中国的经济史上，如同在中国的政治史上一样，中兴时期是一个极为重要的时代。由于传统经济的崩溃，由于那些对西方工业革命的成就有所了解的新领导人物当权，变革的时机似乎已经到来。然而，虽然新政府是一个"明智的政府"，关心人民的福利事业，但它并不打算建立现代经济的基础，也没有一个如同日本明治维新那样的经济计划。

这并不意味着中兴时期的领导者们不重视经济问题。相反，曾国藩、李鸿章、左宗棠、胡林翼以及他们的一些同僚，都以自己的言行在中国经济思想史上争得了一席之地，因为他们不作离奇幻想，而是抓住了生产和分配的现实问题。然而他们感兴趣的是恢复传统经济的"富强"，对牺牲传统制度以获致国家"富强"的措施则兴趣索然。

在经济领域内国家采取的每一个措施都要以它对传统经济学的两个目的——国计和民生的贡献来评判。这不是新的观念，但在中兴时期得到了新的强调。崇厚和苏廷魁据此分别主张发展直隶东部的水利和开垦黄河的旧河床。为了国计民生，增加治理黄河的费用是正当的：洪水会摧毁广大地区内的人民生计，随之而来的是盗匪盛行，然后酿成叛乱，最后国家出兵镇压，其军费开支远比兴修水利工程的费用为多。在刚收复的地区，特别强调对国计民生的重视。

胡林翼在湖北实行的那种减轻土地税的赋税改革方法成了一种模式，它明显地增加了国家的税收，同时也减轻了人民的负担。同样的原因，沈葆桢对江西地税征收方法的改进也受到了赞扬。但随后江苏地税的减少则引起严重问题，并由此围绕如何使国计民生这两个目的协调一致而展开了讨论。亚当·斯密（Adam Smith）在世的话，他会认为儒家的公众财政原则在当时的环境下是十分合理的。

中兴时期的官员们认为，在制定一切经济政策时国计民生是相互依赖和同等重要的。这种观点值得重视，因为：第一，在前现代的专制国家里，类似的观点很少见；第二，这些词的现代意义很容易使人产生误解。中兴时期的国计民生概念与西方的资本主义和社会主义概念毫无共同之处。

犹如其前辈，中兴时期的领导者们也把农业视为国计民生唯一可能的基础。他们从未怀疑过重建农业的优先权。在给地方官吏的指示信中，曾国藩写道：

> 军兴以来，士与工商生计或未尽绝，惟农夫则无一人不苦，无一处不苦。农夫受苦太久，则必荒田不耕。军无粮则必扰民，民无粮则必从贼，贼无粮则必变流贼而大乱无了日矣。故今日之州县，以重农为第一要务。①

不管怎样，"重农"就意味着给那些勤于农事的人民提供了生存的机会，但无论从哪方面而言，都不存在任何提高生产率、增加空闲时间和改善生活水准的动机。恭亲王在指出了不给人民提供生存的机会任何政府都无法维持后，接着赞誉了节俭，并抨击了奢侈。

---

① 《皇朝经世文续编》卷16，第3页。有关曾国藩对农业总的看法，见唐庆增《曾国藩之经济思想》，载《经济学集刊》第4卷，第53—54页。马克思主义批评家曾指责是在发展农业的口号下保护农村中的封建主义，见朱其华《中国近代社会史解剖》（上海，1933年），第5页。

其中官员的类似思想，见《皇朝经世文续编》卷35、36；赵丰田：《晚清五十年经济思想史》，第19页；夏炎德：《中国近百年经济史》（上海，1948年），第16—17页。

需要指出的是，士绅本身也不渴望得到更多财富。在日记和家书中，曾国藩就一再指出，官员们建房置地是可憎恶的行为，他也谴责那种为儿孙们积聚财富的努力。就儿媳的行为举止，他给儿子提出了如下要求：新媳妇必须早起做饭，空闲时间从事纺织，绝不能让她认为，由于自己出身名门望族，就可以不参加生产劳动。

这当然不是平均主义。不追求财富的儒家思想告诫人们要注意适合他的阶级地位和环境的节俭，但它并不反对特权和地位，只是反对会引起社会分裂的聚集财富的努力。无论士农工商，无论家庭大小，只要节俭，就没有不兴旺的；反之，如果它奢侈，也就没有不衰落之理。

人们希望政府也像士绅和百姓一样，能抑制浪费和避免搜刮新的财源。尽管帝国的都城华丽壮观，但政府本身还是承认奢侈和浪费是令人憎恶的现象，追求新的财源在道德上应严加申斥，因为毫无疑问它会摧毁儒家的经济学。中兴政府比以往任何政府更远离下述观念，即认为增加生产、增加收入和增加消费是健康的现象。

中兴时期关于经济问题的大多数奏折都是从陈述进一步节约的必要性而开始的。如倭仁所指出，国家的收入是固定的，如果皇帝的婚礼铺张浪费得越多，那么，政府必需的开支就会越少。宫廷的巨大开支成了被不断批评的对象。无论实际上采取了何种步骤，使宫廷经常处于被批评的位置和不断发布反对奢侈的诏令，是具有重要意义的。

对政府节俭的真正重视在德泰事件中得到了证明。这一事件被一切近代编年史者和教科书作者视为中兴时期的五六件大事之一，并把它与太平天国的被镇压和总理衙门的设立相提并论。1868年御史德泰向皇帝呈递了一个计划。这个计划由内务府官员贵祥拟订。依据这个计划，不需动用内务府的钱，就能把圆明园修复一新。正当这个计划按照正常程序交军机处讨论时，突然遭到了一份来自军机处的奏折的严厉谴责。军机处认为，这个计划是想通过征收土地面积、村庄和户头税，机巧地增加北京附近地区的税收。最后，上谕指出，这个计划是丧尽天良，不爱民而掠民、压民的极端例证，并分别给予德泰和贵祥以剥夺官职、流放黑龙江的处罚。上谕还宣布，朝廷已吸取了明朝因增加赋税而亡的教训，将遵守先帝永不加赋的承诺。

皇室的奢侈也许仍在继续，但遭到了连续不断的抗议。1872年，两江总督李宗羲要求停止复修在1860年被英法联军烧毁的圆明园工程，以便使中国面临的严重问题有可能得到解决，中兴最后获得成功。

"抑商"的措施是中兴时期重视农业、谴责牟利行为和推崇节俭原则的自然结果。以抵抗太平军而著称的著名历史学家和地方官员徐鼒曾坦率地就隐藏于这一措施背后的动机作了说明：如果商业利润越少，从事耕织的人将越多。徐鼒观察到，经商比农耕容易，也更有利可图；凡是商业繁荣的地区，人们就纷纷弃农经商。对于徐鼒及其同辈来说，这充分证明自古以来的抑商政策，对于维护儒家的农本社会是必不可少的。

对外贸易更被视为洪水猛兽。这里不存在任何新的优质消费品的诱惑，因为欧洲进口的商品在美观耐用方面是无法与传统的中国产品相竞争的。如果低廉的价格意味着中国家庭手工业的破产，那么对于当时中国的政治家们来说，价格低廉的欧洲商品并非一种优势。

用于先进的制造业和交通业的机器尤其受到憎恶。然而并不能指责中兴时期的领导者们头脑蒙昧,惧怕机器这一可怕的怪物。对于一些乡下人来说,这些新的机器无疑像恶魔一样可怕,但官员们对机器的抵制则是基于两个推断:(1)机器的使用会加强外国人对中国的控制;(2)这种新工具能使那些与外国人有联系的中国商人容易聚集财富,将破坏稳定的、节俭的和传统的社会秩序。

那些迫切要求实现经济现代化的欧洲人,也同抵制机器的中国人一样,承认濒于危险的是整个传统的文明。《北华捷报》赞同中国官员在这一问题上的立场:"经验向他们表明,西方文明的进步是多么地阴险狡诈,对他们的国家制度是何等致命的威胁。"①一个赞成者写道:

> 我们还将继续掩饰真相吗?……它将意味着所谓的中国哲学的消失和"士大夫"权力的废除。在占人类四分之一的自然财富被毁灭之前,为了人类的彼此利益,我们必须全力发掘和利用它。②

半个世纪后,当一系列保守的改革努力已经失败,现代的机器和观念摧毁了儒家社会,但没能提供一种新的共同体结构和国家生活结构时,中兴时期的观点,即要维护传统的文明就必须坚定不移地反对经济的现代化,受到了中国共产党的创始人之一李大钊针锋相对的批评。1920年李大钊奚落那些主张复兴儒学的领导者说:

> 你们若是能够把现代的世界经济关系完全打破,再复古

---

① 见《北华捷报》1865 年 10 月 14 日。
② 《中国的铁路》(未署名),《中国评论》第 2 卷第 5 号(1874 年),第 288 页。

代闭关自守的生活;把欧洲的物质文明、动的文明完全扫除,再复古代静止的生活,新思想自然不会发生。①

在1920年使中国免遭工业时代及其结果的影响的努力是愚蠢的,但在19世纪60年代这种努力也许是徒劳的,但不是愚蠢的。

中兴时期的经济计划是要通过一系列措施,使农业经济恢复到能继续作为国计民生的主要支柱的水平。这些措施包括:整治水利、恢复荒芜土地的耕作、开垦新的土地、努力提高单位面积的产量。与此同时,进行地税改革,以减轻农民的负担,增加国家的收入。

通过征收厘金、盐税、贷款和捐纳,传统经济中非农业部分的赋税收入达到贸易所能承受的程度,这既是为了增加国家的收入,又有利于抑制商业的发展。中国对新的不断增长的国外贸易征税很轻,这是因为条约对关税率作了规定。关税收入对于中兴时期的政府来说是非常有用的,但它并没有因此想到要鼓励国外贸易,以增加税收。

在金融和财政政策领域,政府勉强保持着货币的稳定,并尽量加强对国家收支的控制。尽管政府的开支在不断上涨,然而这种上涨却从来没有被认作长期高支出的政府的时代之开端的标志。新的开支主要用于临时出现的紧急事件。如果奉行节俭,那么,正常的状况将会得到恢复,在农业生产稳定的形势下,固定的相对轻微的税收将再次够用。

---

① 李大钊文见《新青年》第7卷第2号,第47—53页。

同治中兴:中国保守主义的最后抵抗(1862—1874)

土地政策

耕地面积的增加 在19世纪60年代,中国官员主要关切的是增加耕地的面积。在当时大量可耕土地已经荒芜、众多人口流离失所的情况下,显然这是一项明智的政策。既然传统的耕作方法是精耕细作,所以官员们对增加单位产量兴趣不大。因为要按人口增加粮食产量,他们就必须为数百万的难民、投降的叛乱者和被遣散的士兵寻找农活。

随着叛乱的逐渐平息,中兴政府所面临的问题是十分严重的。卫三畏写道:

> 1865年中国所面临的形势犹如《威斯特伐利亚和约》签订后的中欧所面临的形势一样严峻,其被破坏的程度是一般人难以想象的。然而,恢复的速度——居民不仅恢复了旧业,而且重建了住所,整顿了贸易——甚至使那些一贯诋毁他们的人也感到吃惊,并转而赞誉很被人瞧不起的中国文化所显示出的复兴活力。①

在整个长江流域和其他遭受破坏的地区,军事行动一结束就开始了重新安置的工作。欧洲目击者的报道证实了中国官员的说法,那些不久前还为叛乱者占领的地区的重新安置工作当年就已开始。来自苏州、杭州以及湖广、安徽和广西的报道,都称恢复了繁荣。例如,九江的人口,据估计1862年初时不超过8000人,但到第二年9月,已达4万人。1864年春,苏州地区的农民仍居

---

① 卫三畏:《中国总论》,第692页。

住在小茅屋里,但农业已得到了恢复,河道已被疏通,桥梁得到整修。据说在军事管制被取消之前,附近地区的农产品就已源源不断地运进了苏州。1866年底,闽浙总督马新贻报告说,移民大量进入了浙江,除破坏最为严重的地区外,这个省农业和养蚕业的形势总的来说还不错。

虽然人口向恢复地区的流动是自发的,但清政府为鼓励移民而采取的一系列给予开垦者以土地的措施也起了重要的作用。在整个江南地区,荒芜的土地被没收,然后以合理的价格重新出售。优先照顾那些有现款直接购买土地并立即耕种的人。其他难民则通过贷款,获得土地、种子和农具。贷款的条件不太苛刻,有可能在三年内还清。一些欧洲人在访问了一些从河北迁到江南的农家后,惊讶地承认,这个计划"表明了一种与我们熟悉的中国政府的通常做法不太一样的经济学知识"。在有的情况下,土地显然是无偿地分配给了能够从事耕种的农民。在另一些情况下,移民允许保留他们收成的70%。新设的招耕局负责鼓励互耕、分发种子和农具,每月给难民提供定量的口粮直到新粮出来。上谕要求各省官员都必须积极地招募流民,耕种土地,并在全国张贴告示,鼓励无地农民迁往那些需要农业人手的地区。①

虽然这些措施名义上是在两江总督李鸿章、闽浙总督左宗棠这样的高级官员主持下进行的,但那些杰出的地方官吏卓有成效的合作则是此计划能取得成功的基本原因。

荒田废土的重新垦殖不可避免地要影响到土地占有制度。

---

① 见刘庆的奏折和上谕,《皇朝续文献通考》,第7519页。例如,英翰和马新贻在奏折中就将安徽的骚乱归因于那些响应告示的号召从湖北和浙江迁来的移民[1867年7月21日上谕,《大清历朝实录》(同治朝)卷206,第24—25页]。实际上这不是骚乱,而是广大农民响应告示的号召。

随着社会秩序的恢复,原来避祸到中国偏远地区的地主和农民陆续返回故土。例如,一度哀鸿遍野的安徽在移民的努力下得到恢复。但这时许多原来土地的所有者回到家乡。争斗、诉讼接踵而来。司法对此无能为力。地主仅仅保留田面的所有权,而农民则获得了永佃权和自由转卖权。这种事实,往往使诉讼更为复杂化。①

所有重新安置的地区都存在着混乱。土地所有权是不明确的,叛乱者的土地被黑市出卖。在此种情况下,要实现已宣布的恢复以前土地所有权的政策,无论如何都十分困难。尽管清政府的目标是维持一个稳定的保有不动产的农本社会,但一些地主似乎已经接管了那些失踪了的亲戚、朋友和邻居的土地。尤其是存在着这样一种倾向,即那些有钱的"大户"购买废弃土地,成为大土地占有者,并把土地租佃给那些没有永佃权的农民耕种。

清朝官员的直接目标是要使土地恢复种植,但他们没有认识到,那些从土地短缺地区迁移到荒芜地区的佃户对获得再次成为雇农或佃农的机会是挺高兴的;他们也没有认识到,无意中给予地主增加其占有土地之机会的种种宅地法令已导致直接与中兴目的相对立的土地制度的形成。

中兴时期,沿着"满洲"到新疆的边界开垦新土地的政策,是内地垦殖荒地政策的自然延伸。在"满洲",这是对早期制定的政策的否定,早期的政策意在保护满族人的发祥地免遭农业化和汉化的侵害、保护游牧部落的蒙古人的利益。蒙古人的支持,在早期清统治者看来,是统治中国必不可少的条件。然而到了中兴时期,把"满洲"圈围起来的好处已大部分丧失。虽然传统的禁令偶

---

① 见《北华捷报》1868 年 5 月 30 日。

尔付诸实行,但政府主要致力于利用人口稀少的边境地区来安置难民,以增加粮食生产和税收。在圈禁地区,对那些被非法耕种的土地,中兴政府想使其合法化,从而征收其土地税。①

在新疆,政府提供各种牲畜和农具以鼓励难民重返家园,恢复和扩大他们的种植。② 内蒙古的垦殖,在北京授权的蒙古王公的领导下,进展迅速。1863 年,瑞麟授权招募农民开始耕种热河文昌附近的 8000 多顷被保留的旗地。这些土地被赊账出售。计划很快就突破了原来拟定的界限。针对这种扩展,清政府力图防止未经允许的垦殖,但没有作出任何努力以扭转当时向边界地区安置难民的明显趋势。

虽然"满洲"的垦殖比蒙古和新疆的垦殖限制更严,但实际情况大同小异。非法的耕种虽受到调查,然而得到允许的"例外"却越来越多。扩大种植的原因和其他地方是一样的,即为了增加粮食产量和税收,安置难民、流浪的金矿工人和其他不安置下来就可能闹事的人。随着树木的砍伐和野兽的绝迹,北京政府减少了对保存早期皇帝狩猎区域的关心,而更重视追收土地税。

现存的很少几件有关清朝耕地面积增长的研究资料,没有提供 19 世纪 60 年代耕地面积增长的确切数据。户部在 1869 年只是报告说,虽然耕地面积的增长令人满意,但仍有许多荒地有待开垦。最稳妥的说法是:叛乱所造成的耕地荒芜迅速得到了垦殖,清朝的耕地面积仍在不断地增长。

亩产量 中兴时期除了有一个扩大耕地面积的计划,还有一个不太重要的旨在增加粮食和棉麻亩产量的计划。尽管中国传

---

① 见《皇朝经世文续编》卷 33;有关冯桂芬的观点,见《皇朝政典类纂》卷 3,第 86 页。
② 1868 年 1 月 27 日上谕,见《大清历朝实录》(同治朝)卷 221,第 6 页;1871 年的上谕,见《皇朝续文献通考》,第 9598 页;这两份上谕都包含有奏折的概述。

统的农耕技术是集约农业,农业劳动力也很充足,但当改进的农耕方法能适应现存的农业经济时,它们仍能迅速引起人们的兴趣。冯桂芬就主张在南方那些经过战乱、人少地多的地区使用外国农业机器。至少有一个中国人在看了蒸气犁的图片后订购了一套。左宗棠在浙江和福建致力于棉花栽培和养蚕方法的改进,在陕西和甘肃则注意改进棉花栽培、畜牧业、羊毛生产和植树造林的方法。

在福建布政使的指导下,科学的养蚕技术得到了系统的推广。外国观察家不无惊异地报道说:

> 缫丝机和其他有关养蚕的器具早已备好,当面就能交货。无论城里人,还是乡下人,只要想种植棉花、栽培桑树或养蚕,都能从当局那里得到棉种、树种和蚕种,以及必要的相关器具。①

由于农业集约化程度太高,中国的农业没有机会通过引进改进的耕作方法来实行彻底变革。但值得注意的是,对于那些切实可行的技术改进则阻力很小。

水利治理 水利治理既可使旱涝的土地的耕种成为可能,又可增加贫瘠土地的产量。在叛乱年代之前,水利工程早就被逐渐忽视。实际上,在叛乱期间,中国的每一条江河和每一个湖泊的堤岸都受到破坏。因此,老的水利工程的整修和新的水利工程的兴建,以及改进水利灌溉系统就成了中兴时期复兴计划的重要内容。

开垦一亩土地就要得到一亩土地的收入,这是崇厚对直隶东

---

① 见《北华捷报》1866 年 12 月 22 日。

部荒地复耕的要求。那里的水利工程在前一个世纪时就已逐渐失修。卞宝第报告说,天津和宁河之间的水利灌溉工程可使目前杳无人烟的1.5万亩土地得到耕种。开垦直隶另外两个更偏远地区的6万亩土地和在直隶其他地方试种水稻、兴修水利的计划得到批准。山东、陕西、四川和其他省份也有类似的兴修水利计划。

中兴时期的水利工程是多种多样的。有些水库,由于要从很远的地方拉运石头,所以花费较高。沿海省份为了防止海水淹没农田,不得不修筑拦海大堤。为福州造船厂修筑的拦海大堤则不是用来保护农田,而是用来保护原料仓库的。清政府还投入了大量的人力和物力,修建了一项不太重要的水利工程,以防止御花园和陵墓附近的洪水。

当然,人们最关心的是如何防治海河和黄河的经常性破坏。1866年,一本提议将海河流回到它的旧河道去的书的刊印引起了人们极大的兴趣。第二年,此书的作者丁显,劝说管辖淮河流域的官吏们①,设立一个总的衙门,以负责淮河的治理工程。

如同中国历史上的其他时期,中兴时期最大的治水问题是治理黄河。19世纪初,黄河像它多少世纪以来所流经的那样,是经南道而流入山东半岛南边的大海的。人们虽然注意到了河床在逐渐增高,但没能给予应有的重视。1851年到1855年间,黄河数次向北道移动,其结果造成了巨大的灾难,无数肥田沃土被冲毁,军事交通线被切断,大运河变得十分危险,甚至许多河段不能通航。

中兴初期,地方官员花了很大力气来降低河床,重筑河堤。

---

① 他们是两江总督曾国藩、漕运总督张之万和江苏巡抚郭柏荫。

1864年,谭廷襄和御史胡家玉上奏议,陈述不惜代价扩大此项工程的重要性。1866年,其他地区的洪水过后,山东巡抚阎敬铭实施了一个规模宏大的水利工程计划,利用从灾区来的难民充当劳动力。这个计划后来由丁宝桢继续实施。

那些年间刊印的奏议和报告表明,人们对治理黄河的重要性以及需要一个协调的宏伟规划的认识在逐步加深。1871年初,直隶总督提出了一个跨省合作的计划。这年年底,曾国藩又提出了一个将黄河引回到南道去的总计划。同时代的外国观察家们认为,曾国藩的计划大胆但可行,并发现它"与中国政府及其他官员通常表现出来的那种冷漠相比,令人耳目一新"①。

凭借自己在朝廷和地方任职的经历以及对各个方面的影响,曾国藩在寻求一种新的协调方案,这一方案将使中央的最终控制权与地方的自主权、责任感协调统一起来。清初,通过建立一个有实权的管理跨省的多功能水利工程的衙门,提高了黄河河道总督的权威。② 但在中兴时期之前的几十年间,由于该职务的许多职权被直隶、山东和河南等省的督抚所接管,其重要性逐渐减弱。既然"目前东省临黄,皆属民堰,已无官工。"③,因此,中兴时期要求废除河道总督的呼声颇为高涨。

曾国藩的折中努力失败了。清政府没有采取任何措施防止1867—1868年的特大洪水。曾国藩提出的治理黄河的杰出计划,只是昙花一现,便石沉大海。这一计划在表面上从来没有被

---

① 《北华捷报》1867年6月29日载有这一计划的细节;另见《北华捷报》1867年9月28日和蒋星德《曾国藩之生平及其事业》,第164—165页。
② 星斌夫:《明清时代的巡漕御史》(东京,1951年),第591—606页;胡昌度:《清王朝对黄河的管理》,载《远东季刊》第14卷第4号(1955年),第505—514页。
③ 《皇朝续文献通考》(1863年),第8914—8915页。

拒绝,但也没有被执行。这可能是由于镇压捻军需要增加军费开支。治理黄河的河道总督是不可能与军队争抢经费的,只好暂停活动。治水工作只得断断续续地进行。①

土地税改革 在中兴时期的经济政策中,田赋和漕粮制度的调整,对于国计民生来说,其重要性仅次于耕地面积的恢复和扩大。这项改革虽然主要只涉及田赋,但在同类的法令中也牵扯到了与漕粮有关的许多问题。漕粮的定额,像田赋的定额一样,在许多地方都太高,迫切需要减轻。漕粮和田赋的征收超过规定数额的现象也很普遍,大户往往利用权势,胡作非为。田赋和漕粮的征收效率很低,也很难对其进行核查和监督。此外,漕粮还存在着运输方面的特殊问题。

中国的史籍都把江苏土地税的减少作为中兴时期的几件大事之一。然而这绝不是土地税减少的唯一例证:全国的土地税估计减少了30%。② 只有减轻土地税,并且更公平地分派其负担,政治的稳定才能得到充分的保证,这是中兴时期的共识。

1723年,土地税和人头税合并成单一的地丁银。不久,如前面所指出的,又通过上谕,使地丁银的数额固定下来,并宣布永不

---

① 《北华捷报》1869年12月24日,张念祖《中国历代水利述要》,第153页。见给河工总督苏廷魁和被洪水淹没地区的地方官员的上谕:《大清历朝实录》(同治朝)卷212,第3页;卷216,第1—3页;卷238,第15—16页;卷237,第21、25—28页;卷238,第6—8、22—23、24—25页;卷24,第21—22页。
② 在对全国的估计中,税收和定额的减少与由于其他方面的原因引起的收入的减少之间的分别经常是不清楚的。既然在大规模的叛乱爆发之前的年代和大规模的叛乱,与镇压下去之后的年代之间存在着相似性,那么不能征收到叛乱地区的税收就不可能成为一个错误之源。在此情形下,定额的减少或许是生产的下降和救济百姓之动机的结果。但显而易见的是,减少实际税收的动机还是存在的。这种减少税收的动机是同治时期的一个显著特征:见清代所有另类资料集中地税部分所收集的同治时代的有关资料。[罗玉东:《光绪朝补救财政之方案》,《中国近代经济史研究集刊》第1卷第2期(1933年),第198页;吴廷燮:《清财政考略》(1914年),第18页下]

增加。然而,土地的"特别"税几乎同时开始征收。咸丰初年,开始征收一项声名狼藉的"田赋附加税",这种附加税与清政府自己许下的"永不加赋"的诺言是相矛盾的。

随着太平天国和其他叛乱的蔓延,清政府的土地税收入由于它管辖范围的缩小和交通的阻断而急剧减少。例如,贵州藩台就报告说,自1854年起税收逐渐减少,最后府库已空空如洗。在此情形下,那些仍为清政府控制的地区则担负起更沉重的苛捐杂税。

中兴时期的政府对这种危险的局势特别警觉,对地方上的负担也很敏感。基于紧急需要,赋税被广泛减免。日复一日,年复一年,上谕不断地给那些遭受水灾、旱灾和战争破坏的地区以仁慈的赋税豁免权。虽然,希望减免赋税的请求通常出自受灾地区,但北京政府有时也主动提出减少灾区赋税,或拒绝同意灾区官员的征税请求。

更重要的是,一些地区的地税率也降低了。胡林翼带头减轻了湖北的土地税。1864年春,巡抚阎敬铭废除了山东的土地附加税。马新贻为浙江金华府争得了赋税减免权。左宗棠为绍兴和宁波以及杭嘉湖地区、瑞麟和蒋益澧为广州也减少了税额。

江苏地税的减轻集中反映了中兴时期的农业政策,更确切地说是近代中国保守主义的农业改革的一般成果。这个省的所有州县的税额差不多都逐步有所减少,最为显著的例子是减轻苏松太地区的土地税。清政府认为减轻该地区的土地税如此重要,以至减税的上谕是用一天500里的速度——通常给前线军队的紧急命令才用此速度——送去的,并且是在特别的夸耀声中宣布的这份上谕。

在长江流域,尤其是在苏松太地区,许多世纪以来,土地特别税一直在持续和不合理地增长着,但在1820年以前,这种增长并没有引起任何公开的反对。兴隆的蚕丝生产增加了这一地区的财富,此外,当时驻扎在附近的八旗部队也能有效地维持社会治安。然而,由于道光年间农村经济的凋敝和八旗部队的腐败,发生了民众的骚乱,征收全部赋税也变得日益困难起来。这一地区受太平天国叛乱的破坏最为严重,因此中兴时期的清政府也就不得不对这一地区采取一些迅速而又优惠的补救措施。

减少苏松太地区过高的税额的建议首先是由光禄寺卿潘祖荫和御史丁寿昌提出来的。他们用典型的中兴时期的措辞极力主张新的税率必须符合时势,必须对国家和人民都有利。李鸿章和曾国藩以这一地区税率过高和遭受破坏特别严重为理由,上奏支持潘祖荫和丁寿昌的建议。大量的并且还在不断扩大的国有地(此地享有免税权)的存在,更加重了这一地区的赋税承担者——土地所有者——的负担。1863年7月7日的上谕,原则上同意了减税的建议,并设置了一个专门机构来负责拟订具体方案。

在减轻江苏土地税的问题上,最富有政治和经济洞察力的要算冯桂芬了。正是他坚持要实实在在地减少基本税额的三分之二,也是他对乐观的一般改革法令和具体的切实可行措施进行了认真的区别。

清政府经常怀疑减轻赋税的法令可能得不到执行。这种怀疑是正确的。北京宣布,减少人民实际缴纳的税额比减少法定的税额更为重要。当时有些土地不用纳税①,而有些土地缴纳的赋

---

① 不可靠的里甲官员负责税册的编纂。既然边疆省份有许多未注册因此也不用纳税的土地,因此中国的确存在着大量不用纳税的土地。根据1872年(同治十一年)户部的一份奏折提供的数据,自1854年(咸丰四年)以来,仅顺天府就发现有2万亩未入册的土地,随后编纂入册,见《皇朝续文献通考》,第7528页。有关进一步的材料,见《皇朝续文献通考》,第7519,7521页。其具体证实,见1868年8月2日的上谕,《大清历朝实录》(同治朝)卷235,第29—30页。

税则比法定的数额多得多,这些超过的部分都落入了征税者的私囊。丁日昌发现衙门胥吏谎传法定税率,便张榜公布税率,遏止舞弊行为。

征税中所存在的弊端是很难发现和纠正的,因为征税者不是帝国的官员,而是本地的里长甲长。在里甲制度中,当地豪族左右一切。当然,里长甲长并不是完全独立的,他们征税须经地方官员的授权,并被告知要防止大户逃避他们应承担的赋税。在此问题上,不是革命者,而是清政府自己指责大户对赋税的垄断。

由于近代中国保守的土地改革的失败,人们很容易低估中兴时期所取得的成就的特殊意义。长江流域六省的土地税每年减少了1000万两。这有利于人民的生计和农业恢复计划的实现。同时,国家在这几省的赋税收入也因打击了贪污中饱而得到了保证。因此,无论国家的税收,还是人民的福利,都获益匪浅。

然而,中兴时期为近代中国建立一种切实可行的土地制度的改革努力却明显地失败了,因为在繁荣和稳定了二三十年后,老的问题重新出现,且相比以前有过之而无不及。导致失败的原因有以下几个方面。

(1)法律起草得不够完善。各种苛捐杂税未得到整顿。税收上交给政府时最终折成白银,但银价在继续上涨,使改革的好处被部分抵消。

(2)冯桂芬提出的有系统地丈量全国土地并确定纳税等级的建议——赫德也单独提出过——没有被采纳。

(3)中兴时期的土地改革计划,像这一时期的其他计划一样,其效果依赖于有能力的官员。由于中兴领导者们崇尚"强人"政府,而不是考虑建立非人格化体制,即无论什么人供职都能合理地运转的体制。在中兴初期,当那些拥有巨大个人权威的官员能使自己的命令被狂热地一直贯彻到州县一级的时候,现有体制还能顺利运转。遗憾的是,犹如中国历史上的其他时代,人才荟萃的时期极其短暂,随后的几代官僚都是一些平庸之辈,他们那更不合时宜的命令很容易为中国的官僚体制所搁浅。

(4)中兴时期的土地改革计划的致命弱点,是没能处理好日益严重的承租人和大户滥用他们的地位问题。实际上,每一个官员所关心的是依据公正和法定的税率向"土地所有者"征税的方法。① 只有冯桂芬看到了减轻地租的紧迫性。1863年那道减少苏松太地区税额的上谕,就根本没有提及佃户。1865年,由于冯桂芬的坚持,减轻了江苏三个县的地租,但很明显,这仅仅是一个例外。②

对传统商业的态度

中兴时期的土地计划尽管有局限性,但毕竟是一个全面的纲领,它包含了生产与分配、农民收入与国家税收、长期利益和短期利益。然而经济中的非农业部分被认为是寄生的赘疣,经济上无足轻重,而于社会和政治都十分有害,因此连一个总的计划都没有。从事这些职业的人虽然也是百姓,并且也有资格蒙受一点儿皇恩,但这些职业本身得不到任何奖励和保护。如果国家能截留其部分财富,那是好事情,因为这样可以转嫁农业的一大部分赋

---

① 丁日昌:《抚吴公牍》卷22,第1—2页。左宗棠的上奏和两道上谕,见《皇朝续文献通考》,第7523—7524页。
② 冯桂芬:《江苏减赋记》,载《显志堂稿》卷4,第12页;朱庆永:《同治二年苏松二府减赋之原因》,《政治经济学报》卷3,第528—529页;夏鼐:《太平天国前后长江各省之田赋问题》,《清华学报》卷10第2号,第472页。

税负担。如果这种截留能堵塞其财源,那就更好了。一切有可能影响农业繁荣的情况都得到认真的考虑,但那些有可能影响贸易和工业发展的情况则从来没有作为问题被提出来。在中兴时期的清政府看来,厘金、鬻官、贷款和食盐专卖,不过是轻易榨取私人财富的手段。

厘金和其他商业税　清初商业税很重,但从康熙开始,为了获得其异族臣民的忠诚,商业税和农业税一道逐渐减轻了些。然而,随着19世纪中叶政府开支的上涨,增加商业税就成了重要的补救措施。

最重要的商业税是臭名昭著的厘金,它最初由清帮办江北大营军务大臣雷以諴于1853年在扬州一带开征,1854年清政府批准在整个江苏征收,到1857年已在全国大部分地区实行。厘金的收入主要供清军镇压太平天国之用,其数额大约占军费总开支的三分之一。

厘金名义上是一种商品销售税,但由于运输中的或转运他处而尚未出售的货物也经常被征税,因此,同一商品多次被征税的现象十分普遍。与传统的税收不同,厘金由地方和各省官员征收和使用,没有建立起一套系统的申报制度。

对厘金的抨击几乎从开始征收时就出现了,批评的主要理由是它缺乏必要的监督,鼓励了贪污中饱。1861年,户部曾做过第一次也是最后一次努力,试图建立起一套监督全国厘金征收情况的制度。但它宣布的申报程序并没有遵照执行,全国只有一两个省汇报了征收情况。后来很少再进行改革的尝试。

南京收复后,要求取消厘金的呼声日益高涨,因为南京的收复似乎预示了减少军费开支之时代的到来。要求取消厘金的主要发言人是老资格的都御史全庆。他指出,所有特别的战争税都已弊端丛生，朝廷不可能建立起有效的控制，而且也没有继续征收的必要，因为随着和平的到来，传统的赋税就能提供充足的财政收入。全庆也表达了他对广州等地区有越来越多的民众反对厘金的忧虑，这些地区的商业利益是很显著的。

厘金的辩护者们并不否认这些指责，他们也从来没有把厘金看成常规税，并且认为一旦它所提供的收入能够节省就应取消。他们只是争辩说，厘金的收入仍必不可少，需要做的不是取消厘金，而是努力制止它的严重弊端。

一般认为防止税卡的大量设立对消除弊端是很重要的，因为这些税卡很难管理。骆秉章和毛昶熙指出，只要给省而不是给县以征收厘金权，其弊端就可得到限制。依据这类意见，1864年8月31日的上谕，命令取消所有小税卡，同时加强对主要税卡的管理，直到军事形势允许将它们全部取消时为止。

当这一命令被证明只收到部分的效果后，清政府又连续颁发了一些上谕，宣布下层地方官员征收厘金是非法的。大部分税卡在同治后期事实上已经关闭，剩下来的税卡的管理也明显地有了改进。用毕尔（Beal）的话说，在中兴时期，"清朝的厘金已接近取消"。这是中兴时期一个具有典型意义的成就。虽然没有发生任何重大的变化，然而与随后数十年间相比，其成就要大得多。最严重的弊端受到遏制，回到无须厘金的时代已是指日可待了。

迄今人们经常指责厘金为地方军阀提供了财源，使他们在财政上可以独立；厘金扼杀了中国资本主义乃至整个国民经济的发展；厘金导致了后来的官僚腐败无能；厘金是用于对付外国人的。但很少有人注意到这一事实，即当时中国一些最杰出的政治家支持征收厘金。就中兴时期的主要目的来看，征收厘金并非没有理由。它的辩护者——其中包括曾国藩、骆秉章、毛鸿宾、郭嵩焘、刘坤一等人——认为,农业负担太重,但相对来说容易获利的商业并没有为不断增长的军费开支作出应有的贡献。尽管商人可能会怨声载道,但农民则欢迎厘金。他们指出,如果不征收厘金,那只有增加土地税,而这是不可思议的。历史证明他们是对的,因为经过75年的争论,厘金在1931年最终被取消后,商业虽然"自由"了,但是主要由农民负担的土地附加税则剧增起来。①

厘金不是唯一的商业税。② 根据御史王宪成的报告,特别的船税和特别的户税对江苏百姓来说比厘金的负担更重。各式各样的商业税和把一切看得见的货物都视为合理的征税对象的倾向导致了多重税制,因为同一商品不仅要抽各种不同的税,而且同一种税也要多次征收。

中国人抱怨商业税,是因为没有任何切实可行的征收规章,而不是由于它们对中国商业一般发展具有不利影响。只有那些眼光不同的外国人才从后一方面考虑问题,其说法也充满矛盾。一方面,他们声称商业税不仅反对他们自己的事业,而且对中国商业的发展也极为不利;另一方面,他们又充分地证明,尽管有这些商业税,但中国的商业活动出现了复兴。一份外国人的报道,解释在享有治外法权的上海地价下跌和贸易衰落的情况。其中写道:"那些拥挤在上海租界街头的成千上万的乡下人,搅乱了市容并打破了市政法令的约束力,使其又回到了肮脏、混乱和苏州河的时代。"这些报道与那种认为这种有害的商业税堵塞了中国商业发展的意见是相互矛盾的。如果说中国人的报道几乎没有提及这种商业复兴,那是因为商业根本不是报道的对象。

---

① 何会源:《论田赋附加》,《独立评论》第89号(1934年),第6—9页。
② 有关清商业税的一般情况,见王庆云《熙朝纪政》卷6,第1—37页。

中兴政府没有任何鼓励商业复兴的政策,只要有损于商业利益,它便能毫不犹豫地采取其他任何合乎需要的措施。然而,很显然,它没有制订一个旨在扼杀商业的总计划。第一,任何这类的过火行为都将引起麻烦,遭到外国人及其所庇护的中国人的反对,而中兴政府不想增添麻烦;第二,中兴时期的领导者所受的教育,除最基本的方法外,没有告诉他们如何去处理商业问题;第三,最重要的是,中兴时期的领导人没有花很多的时间去考虑商业,甚至没时间考虑它的弊病。在发布了一些惩罚性的命令后,他们的注意力又回到了农业。商业不值得有计划地去根除。

盐业垄断① 与厘金不同,盐业垄断被认为自始就是清代经济政策的一个失败。尽管有关盐务以及中兴时期盐务改革的文件堆积如山,然而当时的盐业垄断计划与土地计划不同,似乎缺少一个总的指导原则。关于土地问题的报道和建议虽然特别具体详尽,但都是围绕几个主要的思想和目的展开的,报道者和建议者都能把握住主题。与此相反,有关盐业垄断的文件则特别混乱,涉及管理的弊端、昂贵的价值、剩余的利润以及破产等种种问题,很少有一个依据公认的经济学原理进行争论的清晰线索。②因为盐业垄断,虽被认为是合理的,但从来都不是一种值得尊敬的儒家制度。相反,在它实行的整个年代里,它的反对者总是借

---

① 除农业和小规模的零售贸易外,盐业垄断也支配着中国传统的经济。从事任何重要贸易的权力应由国家来特许,收入的绝大部分也应归于国家,作为回报,这种剥削的权力应该是专有的;这是理所当然的事情。虽然只有盐业垄断涉及中兴时期总的经济政策,但其他垄断的实施也是增加税收的一种普遍形式,其中一些垄断,如著名的台湾樟脑垄断,曾引起国际纠纷。
② 例如,自称的四川的盐务改革者仅仅求助于1651年的一份上谕,这份上谕严厉地要求公正地征收盐税,并且通过检查机构给予广泛的申诉权(《四川盐法志》卷首,第1页)。这与政治经济学的主要原则——围绕这些原则展开过土地税的争论——形成了鲜明的对比。

助于儒家原则来抨击它。

19世纪前,盐的贩运和出售为享有特许权的一小部分商人所垄断,这些商人与官府联系紧密,被课以重税,拥有很大的权势和影响。例如,8家有特许权的盐商控制了整个淮南地区的贸易和金融业。在整个清代,盐业垄断提供了全部税收的1/4,而淮南地区占其中的40%。从明中叶起就已腐败的盐业垄断制度,到1830年时实际上已经瓦解。

1832年,杰出的盐务改革家陶澍采用了一种票盐制。在此制度下,任何人都可以买一张从事盐的贩运和出售的票。票盐制的目的是要打破世袭盐商的垄断权,增加盐的销售量,这样就可以在不减少税收的情况下,降低税率和盐价。

根据新的制度,盐的生产者要为他所使用的土地支付一笔特殊的租金或税款,并把生产出的盐寄存在盐商购盐的官仓里。盐商持有各种面值的盐票,每票可以购买100斤至500斤盐不等。然后,他将盐运到指定的地区按规定的价格出售。

虽然票盐制得到了迅速推广,但它并没有成为全国统一的制度。旧的制度仍在一些地区被采用;在另一些地区存在着新的票盐购买者成为小垄断者的倾向;还有的地区盐仍由政府直接出售。所有被保留下来的清朝盐制都被太平天国的叛乱摧毁了。一些地区盐的生产遭到了破坏,机器设备或被捣烂,或已失散;另一些地区的生产繁荣等于灾难,因为没有办法将生产出来的盐贩运到规定的地区去出售。到中兴前夕,盐商已经破产,税收严重不足,食盐供应奇缺。

中兴时期有关盐务改革的奏折中有大量的仅适合特殊情况的详细建议,如左宗棠指出,盐务的弊端不是一天形成的,也不只有单一的根源。各种盛行于不同地区和不同时代的制度都有其残存,甚至弊端都不一样。

原则上,中兴时期的目标是恢复票盐制度。曾陪同蒲安臣穿越苏伊士运河到达西方的志刚,充分表达了公众对这一问题的普遍看法。他说,在票盐制下,盐容易买到,于人民有利,政府也增加了收入;而在旧的引盐制下,管盐业垄断的官员富裕了,但盐价昂贵,走私盛行,国家获利甚微。

然而,在实际中,为适应具体情况所做的调整是如此的广泛,以致搞乱了正在调整中的盐制。例如,曾国藩承认,左宗棠在闽浙实行票盐制,打破了旧的垄断,但是他认为,既然在这动乱的年代只有大商人才有能力得到盐票和从事贩售,那么,票盐制的精神也就丧失了。

曾国藩本人一贯是个折中主义者。他试图建立一种折中的特许票(引票或票贩)制度。根据这种制度,盐票的有效期很长,能多次交易,对出售地区有严格规定。与旧的垄断制相比,曾国藩赞同把许可证发给更多的商人,以便使利润多少有些分散;但比票盐制发给的数量则要少得多,因此,走私可以得到严格的控制。他设计出的这套盐制,是要通过保证相对高的销售价格,在运输上提供官方帮助以及减少从事此种贸易所需要的资本来保护盐商,但同时又要防止他们变得太富裕或具有更大的权势。

不幸的是,曾国藩的盐票很快就被认为是永久性的许可证,持有者一生都有效,甚至可以继承。当盐税的收入减少时,李鸿章再次进行调整:增加购买盐票的机会,同时严格管理措施。只有冯桂芬主张根本改革整个盐制,以期降低盐价,增加销售,减少政府的控制。

同治年间盐业专卖的实际情况,比起众多的改革盐务的建议来说,更是一个混乱不清的问题。反"盐匪"的军事行动证实了大规模的有组织的走私活动的存在,至于小规模的走私更是普遍现象,因为法律允许任何15岁以下60岁以上的"穷人"每天走私盐40斤,而不受惩罚。

政府不断地和盐商发生纠纷。一类是地方官员要求从盐商那里得到更多的报偿;另一类是盐商不按规定的价格售盐。有时商人拒绝从事盐的贸易,这样官府就不得不直接从事贩运和销售。

政府和产盐者也有矛盾。如直隶的一个产盐区,盐的产量迅速下降,据说当地盐的生产者担心,中兴政府重新征收管理税和实行国家管理,是要把他们的盐田充公的前奏。在长江下游的一些产盐区发生了一些骚乱,在一次骚乱中,一名官员被一群高举"官逼民反"旗子的人杀死。

除所有这些因盐业垄断所引起的国内麻烦外,那些希望进口廉价的外国盐的外国人也给清政府增添了不少麻烦。阿礼国认为,如果没有垄断,盐可能会便宜些,进口大量廉价的外国盐的税收要比目前由少量昂贵的本国盐所提供的税收多得多;那些从事盐业的中国人也将会转向更有利可图的行业。他还举例说,当英属印度进口外国盐的限制取消后,各种各样的好处都接踵而至了。

恭亲王对阿礼国的建议的答复,提供了研究中兴时期基本经济思想的绝好例证。他坚持认为,由于条约制度规定的进口盐税率比垄断制度下国内盐的税率还要低,因此,进口外国盐将会减少税收。他没有领会阿礼国关于增加盐的销售数量的观点。就选择哪一种职业对中国产盐者和盐商更有利可图这一问题而言,恭亲王写道:

中国人头脑简单,不会像英国公使所建议的那样放弃正发达兴旺的谋生手段,去种植黄麻,而且也没有空地供他们耕种。①

总理衙门在外国压力面前坚持其盐业垄断的成功,是中兴时期的外交政策,而非经济政策的一大胜利。虽然盐税收入稍许有些增加,但始终没有达到计划的数额。生产者、商人和消费者的不满依然存在。谋划过多次改革,有的改革主要是想增加税收,有的改革则主要为了解决某一地区的生产者、商人或消费者的困苦。但是,由于具体的措施没有一个明确的政策依据,因此,在管理上总是自相矛盾。

卖官鬻爵 卖官鬻爵不是新鲜事,自中华帝国统一之日起,为了确保官吏的优越地位和使他们免遭肉刑的痛苦,就建立起一种赔偿制度。然而,为获取商业财富的清代"捐纳"或"捐输",则是中国历史上最复杂的卖官鬻爵制。② 康熙时虽卖过官,但时间很短,主要是为了筹集镇压"三藩叛乱"的军费。乾隆年间,经常和有计划的出卖官爵的复杂制度已完全运转起来。

随着19世纪初叛乱的扩大,出卖官爵得来的收入虽然数目相对小些,但已必不可少了。由于官爵的大量出售,很快就达到了饱和程度,官爵开始贬值。官爵虽越卖越多,但总的收入持续减少。③ 出卖官爵收入的减少是导致征收厘金的一个因素。

从理论上来说,出卖爵位不会破坏科举制度,因为它没有让

---

① 1869年11月初,阿礼国和恭亲王的往来信件,见《英国国会档案》,《中国卷》第1期(1870年),第18—19页。
② 许大龄:《清代捐纳制度》,哈佛燕京学社1950年版,"序言"。
③ 汤象龙:《道光朝捐监之统计》,《社会科学杂志》卷2第4期(1931年),第434—436页;许大龄:《清代捐纳制度》,第1、5页;罗玉东:《中国厘金史》,第3—9页;毕尔:《厘金起源》,第44—47页。

购买爵位者担任官职,只是允许他们不参加一些必要的资格考试。但事实上,毋庸置疑,出卖官爵势必使官吏在公众面前丧失威信,并降低其工作效能。鉴于此,中兴时期的政治家们明确指出,这种颇受非议的收入相对来说并不重要,出卖越来越多的官爵的努力必须停止。当然,他们也不是要取消这种制度,只是主张用高价出售少量的官爵。在他们看来,通过给那些具有传统抱负的商人以荣誉而不是以权力的方式,哄骗出他们手中的钱财,这并没有什么不妥,但很明显,这既不是主要的资金来源,也不是利用商业财富的主要方式。

发展经济的政策

犹如他们对复兴传统经济中的商业不感兴趣一样,中兴领导者对中国经济的现代化也毫无兴趣。他们的目标是要恢复旧秩序。他们也十分明智地认识到,其目的在于加速生产和分配,而提高人们消费水平的西方新技术,无疑会扰乱旧秩序的稳定。

改良交通 在缺乏现代交通工具的情况下,中国广阔的国土和高低不平的地形给经济改革带来了严重的困难。然而,19世纪60年代的官员之所以对改良交通感兴趣,只是因为改良交通有助于军事防御和京师的粮食供给。60年代末,疏浚大运河和在沿海水域使用轮船似乎是必要的。但铁路和电报线甚至被这些讲究实际的人视为洪水猛兽,因为它们以加速西方对印度的军事和经济渗透而为人所知。

快速的交通工具对于自由市场的活动必不可少这一外国人的看法,没有产生任何效果。例如,对于当时的西方人来说,宁波附近的田价比同一省份的金华高出10倍,简直不可想象。

如果有了铁路,荒凉的金华的劳动力供给和市场出口就不会存在任何困难。与此相反,中国官员虽然致力于重新安置工作,但他们根本没有打算使浙江人口依据市场变动的情况而四处流动。那些按照市场供求法则行事的商人都是"唯利是图的下等人"。

外国人认为:实现交通的现代化是总的经济发展不可或缺的组成部分,在相互关系的现代经济中某一部门的变化必然会引起其他部门的变化,中兴领导人则从相反的意义上来理解这种观点,把它看成一种警告:一次让步必然导致另一次让步,直至最终完全摧毁传统经济的整个结构。

所有的中国官员都认为,疏浚大运河和东南的一些小运河特别重要。运河是向京师运输稻米、铜钱和其他贡品的传统而又安全的航道,同时它也为成千上万的中国人提供了传统而又安全的生计。然而,即使在整个中兴时期,疏浚运河的工程一直在进行。治黄的主要目的也是保护运河免遭洪水的破坏。但要把运河体系恢复到 1853 年以前的状况是不可能的。因此,讨论的重点则转移到了发展沿海运输以供应京师和北部中国的问题上。

反对海运者争辩说,海运易遭外国人的攻击,中国也缺乏适合海上航行的船只,而且运河沿岸的传统利益将受到竞争的威胁,失业的运河船夫的骚乱也会日益增多。主张海运的人则指出,运河运输缓慢、危险,成本也太高,在对黄河缺乏有效治理的情况下,易受破坏。此外,既然外国人使用的是海上运输,那么,他们也就没有理由反对中国采用海运。1867—1868 年北方的干旱和水灾,使争论达到了顶点,必须用最快最便捷的运输方式将大量的谷物运到受灾地区。地方官员接到命令,经海路用船装运贡米,甚至粮商也被允许使用免税的海上航线。

在沿海水域加速使用轮船的观点很容易就取得了胜利。外国商轮早在这些水域航行。中国军舰也正在投入使用。虽然中国商人在一段时期内名义上被禁止使用轮船，但纸上的禁令很快就放松了。只要轮船一经使用，它们必然会得到推广，因为旧式帆船无法在沿海水域与之竞争。各处巨大的旧式海船被廉价出售，仅值其成本的十分之一，甚至二十分之一。清政府为阻止这一倾向，用高价租用旧式海船运输粮食作为船主津贴，但这一努力不久即宣告失败，因为此时在沿海水域采用轮船航运的好处已被普遍承认。到1867年，甚至士子也乘坐轮船北上参加京城的考试。

外国人关于在内陆水域使用轮船的要求遇到了十分强烈的反对。外国轮船在内河、运河和湖泊的航行既威胁到国内经济，也构成了一种军事威胁。对中国人来说，他们从中得不到任何好处。

归中国人所有和经营的商船发展缓慢。不仅政府反对，而且中国资本也几乎没有力量在这方面投资。即使有投资者，他们也主要是通商口岸富裕的中国商人，他们宁愿投资于外国轮船公司。1862年成立的上海轮船航运公司事故频仍。这是英国和美国商业扩张的灾难，与中国的经济复兴几乎无关。

1872年创办的中国第一家轮船航运企业——轮船招商局之不景气的历史表明，虽然中兴领导人不太情愿地鼓励航运业的发展，但他们并不放过任何好的赌注。

引进铁路的主张所引起的问题比采用轮船（甚至在内陆水域采用轮船）所引起的问题更为严重。那些最有商业头脑的中国人也对可能因此而引起的失业、破坏墓地风水、占用良田、士人和农民强烈反对以及外国影响增长等后果忧心忡忡。虽然外国人也承认这些担心有一定的根据①,但他们认为,与铁路最终将导致进步和繁荣相比,这些危害是微不足道的。用接替蒲安臣担任美国驻华公使的劳罗斯的话说:"一英里的铁路在10年内为中国的富强和进步所做的贡献,比政治理论家和民族主义者的学说在一个世纪中能取得的全部成就都要多。"②《北华捷报》对这两种态度作了如下的概括:"对于我们来说,铁路意味着自由交往、启蒙、贸易和财富;对于中国官员来说,铁路则意味着胡作非为,意味着废除长期受尊重的习惯和传统、骚乱和毁灭。"③

当时的中国官员们知道铁路能起什么样的作用,对这新玩意儿也并非不感兴趣。一位英国驻华公使馆官员在拜访兵部某官员的府邸后报道说,这位"杨老爷"是一位废寝忘食的业余摄影师,他还收集有许多枪、望远镜和温度计,并喝柑香酒。他好像也赞同修筑铁路,但他对其兴趣的解释则颇有启发意义:"他的确和我谈到了在山东他的家乡修筑铁路和架设电线的问题,而目的是便于与他的佃户和代理人联系。"④

中兴时期的中国官员更喜欢的是玩具而不是铁路。他们担心的是那模模糊糊的新中国形象:它的社会结构被外国人所有和控制的铁路网破坏了。沈葆桢、郭嵩焘、李鸿章等少数人相信,保

---

① "很容易理解恭亲王的这些担心,因为其变化是如此的巨大,就如同蒸汽机的采用,往往会引起一个国家的不满和骚动;中国人的不安将导致大的骚乱。"《北华捷报》1867年3月23日,对阿礼国同一问题来信的评论,此信谈到了他和恭亲王的会晤。)

"一旦铁路修通,那些成千上万的失去了生计的人就没有希望能找到工作,因为中国每一寸可利用的土地都已利用,甚至连牧场都废了。"《北华捷报》1864年9月3日)

② 保罗·H. 克莱德在《美国驻华公使劳罗斯的对华政策,1868—1869》(《太平洋历史评论》第1卷第3号,第317页)一文引用过这段话。

③ 见《北华捷报》1867年4月22日。

④ 弗里曼—米特福德:《驻华公使馆员》,第231—236页。

护中国的最好办法是自己修筑并控制铁路,但他们的大多数同事则视铁路为一种控制不了的危险的爆炸力量。没有一个负责的官员把修筑铁路视为总的经济发展和现代化计划的一部分。后来的历史为中兴时期的观点提供了支持。1882年中国开始的第一条铁路修筑工程所遇到的麻烦,远比日本或印度的早期铁路工程所遇到的麻烦大得多。

架设电报线路的主张引起了在本质上与修筑铁路相同的争论,但没有那么激烈。中国官员很喜欢看电报机模型,但如果外国人真要装设,他们就兴趣索然了。1869年,总理衙门拒绝了阿礼国关于允许架设沿海线路的请求。当第二年威妥玛再次提出这一要求,并证明架设沿海线路仅仅与海口、码头有关,而不会对中国产生任何影响时,答复的上谕明确规定,所有的线路都必须铺设在水下和船的末端。

中国官员懂得高效率的通信联系对于统治的重要性,并致力于维持传统驿站投递的速度。他们不需要比这更快的联系。犹如他们所指出的,外国人抱怨中国各地之间联系缓慢是基于他们视贸易为头等大事。外国人想从他们的代理人那里获得最新的商业情报,并根据世界市场的最新变化情况发出"买"或"卖"的指示,他们希望商品流通越快越好。

中兴政府则对此一点也不需要。一旦传统的陆地和水上交通被恢复,再加上沿海轮船的使用,那么对于中国官员来说,一切重要的活动都将有了充分的保障。

外贸及收入 中兴开始后不久,中国官员就把对外贸易视为国民经济的一个重要方面。鸦片战争之前,清政府认为对外贸易毫无用处。16世纪时,利玛窦观察到:"人们精神和物质生活的一切需要，无论衣，还是食，甚或精巧复杂之物，应有尽有，无需进口。"①1858年，阿礼国也证实：

> （中国）也许是当今世界上唯一的一个天生就自给自足，不要与其他国家交换物品的帝国。……用商业语言来说，我们不要抱有这样的希望，即诱使中国忽视与外国交往中的危害。②

正如乾隆帝给英王的信中所指出的那样，外国输入中国的都是些外表美观，能满足人们的新奇，但无益于社会之物。这样的对外贸易的存在，只是一种仁慈的特许。③

鸦片战争后，除了对外国产品的蔑视，还有一种对外侮内乱的愈益强烈的担心，因为外国人对中国的战争看来主要是由贸易引起来的。早在康熙年间，中国官员对西方在其他地区的征服就有所耳闻，19世纪上半叶的一系列事件，在他们看来，意味着中国成了西方征服的下一个目标。

上述对外贸的看法，虽有所变化——这种变化在后面将有论述——但基本贯穿整个中兴时期。英国的商品肯定没有法国支持的天主教传教活动和俄国的领土野心更令人忧虑，并且中国人对外国商品的担心因条约的订立而有了某种程度的减轻。但这一切都被否定了。没有一个重要的中国人具有外国人在这一问题上的普遍观点，即增长着的对外贸易将为中国经济的繁荣带来最好的希望。用刘坤一的话说，外贸对中国最好的制造业是一种

---

① 利玛窦：《十六世纪中国，利玛窦日记，1553—1610》（纽约，1953年），第10页。
② 阿礼国：《对外关系中的中华帝国》，利玛窦《十六世纪中国，利玛窦日记，1553—1610》（纽约，1953年），第238页。
③ 有关中国人对对外贸易之重要性的认识，见小竹文夫《支那的贸易观念》，载《支那研究》第17期（1928年7月），第55—75页。

危害。像其他一切经济活动一样,当对外贸易也是依据它对国计民生的影响作为评价的标准时,中国官员发现它不符合需要。

迄今对"中国人"的外贸观之所以众说纷纭,原因就在于人们不能分清以中国官员、士大夫以及地方绅士为一方和以通商口岸的中国商人小团体——"买办"——为另一方之间的区别。后者放弃了社会地位,成为机警和能干的商人,并很快学会了与外国人竞争外贸利益的能力。如《北华捷报》就曾冷静地评论道:

> 如果说保护本国利益是促使中国政府继续闭关,以防止外国人想方设法侵入内地的动机,那么,近来的经验应能使它相信,它的臣民能够很好地保护好他们自己。贸易正在完全落入中国人之手这一来自所有通商口岸的呼声,将消除与外国人竞争会危害中国商人的一切担忧。①

中国商人不仅稳健而迅速地打入沿海贸易,而且打入直接的进口贸易。他们开始包租自己的轮船,并参加了海上保险。他们不久就和外国商人一样,不仅对国外市场颇有了解,对国内市场的了解更是无人可比。在内地,他们利用其低廉的运输和经营费用及行业组织,使其外国竞争者破产。到19世纪60年代中期,所有的报道都认为,在所有的通商口岸,中国人现在经营着大部分的对外贸易,外国商人仍然要依赖于他们的买办,但买办再也不需要外国的商人了。

这种倾向似乎"将外国商人降到了本地商人之买办的地位"②:

---

① 《北华捷报》1867年10月12日。
② 见《北华捷报》1866年7月7日。

第八章　中国经济的恢复

很明显,必须开始一种新的贸易秩序,因为现在我们遇到了中国商人激烈的竞争,他们已完全控制了天津的贸易,并正逐渐地把我们挤出长江流域的贸易。甚至从香港进口大量的鸦片也是依据中国人的利益而进行的,外国人已暂时放弃了和当地人的贸易,买卖在牛庄或烟台,厦门或汕头的口岸间进行。①

由于中国人接办了贸易,他们希望减少在中国的英国侨民数量,英国外交部根据对英国总的外交政策的长远考虑,不得不为领事馆机构的存在而作辩护。②

随着中国商人从中国对外贸易中获得的利润日益增多③,对外贸易本身有了较大的增长。由于下述原因,这种增长对中国的经济有多大好处值得怀疑:(1)虽然中国市场由于它接纳外国商品的规模有限而使外国人感到失望,但进口对那些给农民提供了生活必需品的家庭手工业仍然是足够的威胁;(2)相对进口来说,出口比例减少,1864 年后,中国的对外贸易一直处于逆差的不利地位;(3)尽管出口贸易在一定程度上刺激了生产的发展,但"人

---

① 见《北华捷报》1866 年 9 月 29 日。
② 1870 年 2 月 17 日外交部备忘录。《中国卷》第 3 号(1870 年)、第 1 号。
③

年份	进口	出口	总数
1864	51 293 578	54 006 509	105 300 087
1865	61 844 158	60 054 634	121 898 792
1866	74 563 674	56 161 807	130 725 481
1867	69 329 741	57 895 713	127 228 454
1868	71 121 213	69 114 733	140 235 946
1869	74 923 201	6 143 988	142 067 189
1870	69 290 722	61 682 121	130 972 843

见忠秀见《中国的对外贸易》(纽约,1919 年),"附录 2"和《中国》卷 11(1869 年)。数字是海关银,其价值 1864 年是 6/8 先令,1867 年是 6/3 先令。

们抱怨出口的结果导致了这些出口物品价格的上涨";(4)虽然关税收入数量可观,但其中绝大部分被用于军备、战争和赔款——这在中国人看来,是由于对外贸易引起的。① 文祥在与他所尊敬的赫德的交谈中也许吐露了真情。他说:"如果你们外国人回到你们自己的国家,让我们能够过上你们来到之前我们所过的那种和平生活,那么,我们将很高兴地把你们带给我们的全部增加的收入付给你们。"②

毫无疑问,没有中国人会同意一位从事中国贸易的代言人在英国国会上的讲话:"实际上,清政府是一个外在华丽的笑柄,是泥足的布尼加尼撒的金像,如果它没有每年300多万两纯银的关税收入,明天它就会倒塌。"③

中华帝国的海关发端于1854年上海小刀会起义占领上海期间,外国领事代表中国政府征收关税这一事件。1858年的《天津条约》规定建立正式的中国海关,其部分职员由外国人担任,他们在一个对中国朝廷负责的外国总税务司的指导下开展工作。到1864年已有约400名外国雇员在海关任职,他们不仅参与征收关税,而且还参与统计表的制定,海岸的照明、港口的改进、巡查海关以及各种各样的行政改革工作。总税务司赫德是19世纪中外关系中的重要人物。

---

① 1860年恒祺声称:中国每年400万两的外贸收入与其对外赔款——1842年241万两,1858年600万两,1860年1000万两——相比,是微不足道的(1860年10月20日巴夏礼给额尔金勋爵的信,见《中国事务的通讯》(1859—1860年),第236页。
② 他"准确的话是":"海关建立后的几年",根据朱丽叶·布雷唐的《赫德爵士》(纽约,1919年),第221页。弗里曼-米特福德从其他人那儿得到了相同的印象:"总而言之,满洲人宁愿回到旧的时代,不和我们及我们的条约发生任何关系,牺牲那些因这种关系而得到的收入。"(1865年8月7日,《驻华公使馆员》,第118页)
③ 科尔·赛克斯1869年7月13日的讲话,见《英国国会议事录》卷197,第1790—1794页。

海关税务司曾被指控为维护外国利益的工具,这一罪名理应得到洗刷。19 世纪 60 年代的外国商人一直在激烈地抨击赫德,因为"他屈从于与中国交往的诱惑,并和中国人一样对中国具有完全的同情心"。外国商人也反对所有口岸的海关税务人员,因为他们执行中国的税则。

中国官员也很快就承认了税务司的行政效率。① 赫德因为他在中国人与外国商人和领事的争吵中对中国人有帮助,以及他管理海关的那一套方法使中国政府特别满意,而多次得到皇帝的奖赏。1866 年,根据李鸿章的提议,不少海关官员因关税收入的增加而被奖赏。

随着关税收入的增加和对外和平时期的到来,中国官员逐渐认识到了这种新的税收的用处。例如,1862 年赫德指出,关税可以用来购买外国的军事装备,而不需政府向外国借贷和接受外国的赠与;他还帮助总理衙门拟了一份计划,这份计划最后呈送给了皇帝。上海关税收入被充分地用来证明是这个城市免遭太平军占领的重要原因。1866 年,40％的关税收入(四成洋税)付清了《北京条约》规定的赔款后,对清政府来说,关税仍是一笔可任意支配的收入。

在中国人看来,对外贸易最重要的用处是能提供紧急的军费开支。主要的税收被其他方面分割了,而借贷,由于要偿还利息,令人憎恶,即使很开明的人,如沈葆桢,也从来没有想到利用贷款来扩大生产,以便用生产得来的利润偿还债务。中兴初期所借的几笔数额很小的短期贷款,是在军事危机的情况下不得已采取的

---

① 例如,湖南巡抚毛鸿宾就惊奇地发现,外国反走私法"甚至"比中国的更严厉,他于是建议,这些法律应用于所有的中国贸易[1862 年 3 月 5 日上谕,《大清历朝实录》(同治朝)卷 4,第 29—31 页]。

措施，借款者只是有关官员，而不是清朝政府。贷款者既不是中国民众，也不是外国政府，而是私营的外国公司。

即使那些有节制的贷款也引起了严重的不安。1867年，当左宗棠为解决他在西北地区——这一地区就是正常年份也入不敷出——用兵的军费困难，和外国人商谈第一批巨额的长期贷款时，引起了极大的惊恐。贷款虽然最后被批准，但尽了一切努力使数额限制在最小的范围内。历史证明，贷款通常是外国干涉和控制的先兆。因此，可自由支配的四成洋税，对中国政府来说，就显得十分重要了。

政府是如此急迫地需要关税的收入，以致它专门发了一道上谕，就如何避免延长传递和交换关税收入支票的时间的方法作了规定。但我们找不到任何一份要求采取措施，扩大对外贸易的规模以增加这些十分有用的收入的奏折。就整个中兴时期的书面材料来看，清政府感兴趣的是作为行政问题的关税征收，而不是作为经济问题的对外贸易。和中国官员所期望的相比，赫德和他的助手们能够更有效地"榨取"对外贸易，他们也上缴了全部所得。正由于此，他们得到了奖赏，他们提出的有关技术方面的建议也受到重视。但他们提出的着眼于扩大商业来调整帝国总的经济结构的建议，则受到冷落。

采矿和工业　采矿在中国经济中占有重要地位的观点，比起那种认为对外贸易在中国经济中占有重要地位的观点来说，较少遭到反对。从很早时候起，采矿业就已存在。在整个历史上，有关采矿业对社会之利弊得失的影响就一直存在着争论。明末时得出结论：采矿对社会是一种危害。17世纪晚期（康熙二十二年）的一份上谕断然宣称："采矿无益地方，嗣后有请开采者，均不准行。"

第八章 中国经济的恢复

当然,也有例外。盐矿是必不可少的,清政府也推进了云南铜矿、蒙古和新疆金矿的开采。早在道光时,就存在着一种强调采矿业在国民经济中之重要作用的理论。

但是,采矿业可能引起社会分裂的担心一直存在。直到光绪时期,这种担心才被消除。1868年夏秋,在烟台出现一股淘金热,据总理衙门称,一些外国人和中国人开采金矿的事件在山东其他地方也时有发生。朝廷命令中国官员阻止这些中国人的活动,也要求外国公使阻止外国人参与这些非法活动。最后,军队奉命开进了有关地区,用武力阻止非法的开矿行为。

然而,从整体上来看,中兴时期对采矿业的抵制,要比对其他任何经济发展之形式的抵制小得多。据报道,地方官员鼓励天津附近的私人煤矿的发展。中国人借助外国技术顾问,积极开采京西煤矿。中国读者写给《北华捷报》华文版《本地新闻志》的信,反映了围绕采矿业之利弊得失所展开的热烈争论。曾国藩、李鸿章和其他许多高级官员,不久就对试验现代化的采矿业变得热心起来,条件是雇用的外国人是在中国监督下的技术人员。① 犹如曾国藩所指出的,只要用人得当,发展矿业就不会扰民;在外国,采矿是一项经常性的生产,但并没有引起不安;根据外国人的理论,如果中国人自己不开采矿山,那么外国人将会开采。

困难在于中国无法找到一种组织起采矿企业的有效方法。除非采用现代的技术进行大规模开采,否则采矿将无利可图。外国的技术也许还能控制,但很有用处的外国资本也能控制吗?能

---

① 见第十一章。阿礼国指出,中国人不愿意接受由外国人提出的大多数改革,"如果我把煤矿除外,那么他们愿意接受外国机器和管理"[《英国议会档案》,《中国卷》第12号(1869年),第9页];他认为"中国人反对外国投资开矿是正确的,除非能保证不受干涉"[《中国卷》第5号(1871年),第112—113、123—124页]。

够投资于矿业的中国资本——无论是国家资本还是私人资本都很少,而且缺少能干的管理人员和技术人员。到中兴末期,曾试图用官督商办的体制来复兴云南铜矿业,但遭到完全的失败。①无论国家还是个人,或两者的结合,都无法筹集到资本和发挥现代采矿业所需要的那种企业家的才能。

如果说中兴时期的政治家们对采矿业表现出了一定的兴趣,这就如同他们对商业表现出的必要的宽容一样,也不过仅此而已。工业被他们完全忽略了。同治年间一直被认为是中国现代工业发展的第一个时期,但当时绝没有这样一种观念,即工业化应超出制造船舰和军器的范围。即使是冯桂芬,他所主张采用的外国制造业,指的也只是火器制造。最初的军事工业收到了一定的成效,但为时短暂。那些提倡修建兵工厂和船坞的中国官员,没有人想到用机器和工厂制度来增加总的生产量。②

财政机构

中央财政的管理问题 清代精心设置的财政机构从来都没有完全置于朝廷的控制之下。赋税的征收采取的是承包制,朝廷

---

① 在旧的官办体制下,因管理不善,云南的铜矿业自 18 世纪中叶就衰落了。由于回民的叛乱,将近 20 年没有生产出一个铜板。当这一地区最终实现了和平时,就为采用新的制度开辟了道路,但这种制度在实行过程中遇到了所有可以想象到的困难,资本、管理人员和矿工不足,使矿山能继续运转的利润很低,现金短缺,甚至无钱整修。此时,经常还要受那些腐败官吏的干预。见严中平《清代云南铜政考》(上海,1948 年),第 26—48 页;《注释与问题》,载《中国评论》第 12 卷第 2 号(1883 年),第 135 页;陈灿:《宦滇存稿》卷 1,第 18 页。
② 见第九章。有人谈左宗棠是个例外。对此,我是持怀疑态度的,因为他所从事的"工业",属于后中兴时代。有关左在西北开办毛纺厂、炼糖厂和铁矿的情况,见陈其因《左宗棠》,第 57—78 页;《左宗棠:湘上农人》,前引书,第 219—225 页。

虽然知道除上缴北京的数额外,还存在着超征和中饱私囊,但它没有办法核查究竟超征和中饱私囊了多少。国库的分配虽为朝廷直接控制,然而那时的计算方法至少在实际的支出中允许误差。① 任何悉知其情况的人都会同意中华帝国的最后一部百科全书《皇朝续文献通考》的作者的观点:清政府的财政犹如一团乱麻。

像所有的政府机构一样,户部也被划分成一个带有地区性和职能性特征的复杂的官僚系统。这种臃肿的制度在稳定时期还能顺利运转,但到了有限的收入不得不用于支持农业复兴、军事和外交现代化的计划的时期,严格的中央控制就成了必要之举。

中兴初期,政府甚至缺乏传统的中央控制。税收制度是如此复杂②,支出的管理是如此无系统,以致太平天国叛乱期间,中央权力的削弱导致了混乱。中兴时期,恢复中央控制的努力取得了一些成功,这种成功足以暂时阻止国家财政中的地方主义倾向。然而,颇有典型意义的是,中兴时期的计划所关心的是恢复旧的清朝制度,而不是建立一套能促进中国经济发展的财政机构。

第一步是改进赋税的征收。没有人主张由朝廷的代理人直接征收赋税,以及在其他经济方面采用海关那一套成功的方法。中兴计划仅限于公布传统赋税的法定数额,要求各省更详尽地申

---

① 一份有关清财政问题的南满铁路研究材料,指出了那些等待着经济史家的陷阱,并警告说,尽管清代公共财政制度的结构可供人们详尽地研究,但它没有留下任何可靠的实际数据能供人们使用[松井义夫:《清朝经费的研究》,载《满铁调查月报》(1935年),第41—82页]。
② 除了我们上面已讨论过的那些复杂的主要税收,还有许多更复杂的较次要的税收,如多种茶税、酒税、采矿税、药税、竹税以及其他一些税收(《皇朝续文献通考》,第7955、7964、7983页);詹姆斯·T.K.吴:《太平军叛乱对清财政制度的影响》,载《和平历史评论》卷19第3号(1950年),第265—275页;C.J.斯坦利:《1852—1908年的中国财政》,载《中国论文集》第3卷(1949年),第1—23页。

报情况①和改善地方官员的素质。如厘金,由于既没有具体的数额规定,又没有传统的申报制度,因此,户部只能想办法减少厘金税卡,并希望最终能制度化地管理那些保留下来的税卡。虽然许多呈送北京的报告和清单是不完备和拖延的,但政府的预期目的并不是完全没有达到。② 由于改进了赋税征收方法,再加上其他原因,政府的总收入比太平天国叛乱开始之前的道光年间增加了许多。③

政府尽可能地委派廉正奉公的官员,努力改进核查账目的程序。有关日常开支的预算被询问、调查和辩论。虽然政府费用被挪用、侵吞的现象依然存在,而且实际使用情况也并不总是符合政府的设想,但是中兴计划总的来说取得了相当的成效。中兴时期没有发生过像乾隆年间或慈禧第二、第三次垂帘听政时期那样的特大丑闻。

中兴时期的官员满足于修补旧的机制,他们从来都没有想到要彻底改造这个制度。只有冯桂芬看得远一些,他主张对国库进行一次公开清理;要求每个部门公布其收入和支出,并鼓励人们报告他们所发现的任何与公布的收入不相符的情况;统一度量衡的标准;政府提供费用的机构,包括宫廷,都要按固定的预算活动。即使说这些措施是旨在不引起传统的道德、社会和经济秩序变动的情况下增加中央政府的财富和权力,但它们未受到重视,这不能不说是中兴时期的一个主要缺陷。

---

① 户部1869年(同治八年)奏折,见《皇朝续文献通考》,第7525—7526页。有关改进土地税申报制度的情况,见《皇朝续文献通考》,第7827—7831页。
②《大清历朝实录》(同治朝)卷206,第9—10页;卷207,第2—3页;卷217,第24—25页。《筹办夷务始末》(同治朝)卷3,第25—26页。
③ 贾士毅:《五十年来中国财政》,见申报馆五十周年纪念《五十年来之中国》第一篇文章。

货币和金融 在货币和金融领域内,中兴时期所采取的同样是一些东拼西凑的改革措施。传统的币制的稳定依赖于银钱比价的稳定与银币和铜币供应的充足。① 在 1850 年前的半个世纪,白银的外流和铜币生产的下降破坏了银钱比价的稳定,到 1850 年时,银价比钱价上涨许多。咸丰年间,如前所述,人为的铜币贬值和发行不能兑换的纸币及铁币,使清币制出现了混乱。只有币制在某种程度上恢复了稳定,中兴才有其可能性。

主要的问题是稳定铜币。曾国藩建议朝廷公布全国每年的银钱比价,铜币与白银的比价应通过在主要经济领域增加其需要来维持:用铜币支付部分军饷,部分税款必须用铜币交纳,等等。冯桂芬也主张努力扩大铜币的使用。

不幸的是,强制实行银钱规定比价的措施最后证明在分散的中国经济中是行不通的。无论其比价如何规定,有些利益总会受到不利的影响,一些地方的经济也会被干扰。例如,传统的银钱比价是 1/1000,但在河南的绝大部分地区,据巡抚张之万称,市场比价是 1/2500 或 1/2600。要是这种市场比价作为官方的规定比价,那么,河南的赋税额要比原来的赋税额增加两倍之多。此外,还有一个在奏折中没有提到的问题,即那些按官价买银又按市价卖银的商行将会受到损害。但是,除非规定银钱比价,并强制实行,否则,普通百姓仍将按黑市价卖银,又按官价折算支付赋税。在河南,御史吕序程主张规定银钱比价为 1/3000,他还认为

---

① 虽然在清代,银币和铜币这两者都是不受限制的法币,但由于在经济的主要领域银币起支配作用,因此,中国的财政制度并不是真正的复本位制。银大部分需要进口,铜从 18 世纪起大部分是由云南的铜矿提供的[张德昌:《近代中国的货币》,载《人文科学报》卷 1 第 1 号(1942 年),第 72—73 页]。有关中国货币流通总的情况,见王庆云《熙朝纪政》卷 5,第 1—25 页。

如此百姓就可以从统一比价中获利,而且是政府而不是收税人将得到旧的官价与市价的差额部分。这一主张被指为"有害和不切实际"遭到否决。而巡抚们继续维持旧的官价的建议则被采纳,因为这样不致有经济动乱的危险。①

在中兴时期的官员看来,稳定银钱比价的努力不仅因为银价的继续上涨,而且也由于铜的继续短缺——它使得铸造大量的与票面价值相等的铜币成为不可能——而受到了妨碍。1867年的一份上谕宣称,铜的供给比漕粮的供给成了更紧迫的问题,并采取了一些强制但很不现实的措施,以便把铜送到北京。清政府坚持贮藏大量的铜币,并一再重申各矿每年的生产数额,而没有注意到云南的铜矿开采已全部停止。在四川和湖南,采取了一些复杂的行政手段来购买云南的铜。②

中兴政府的下一步骤则是授权地方官员进口日本的铜,在17世纪末云南铜矿业发展起来之前,日本是中国铜的主要供应国,但从这种进口得到的好处则很少。③ 国家在寻找易开发的小铜矿,但没有取得什么结果。最后,沿海和长江流域的各省巡抚得到命令,购买铜币,用船把它们运到北京,以代替税银,并准备予以重铸。

虽然这些措施不可能提供最终的解决办法,但中兴政府也只能做到这种地步。即使在1874年,当云南回民起义被镇压使铜矿的恢复开采最终成为可能时,第一年的生产量也只有18世纪

---

① 1863年(同治二年)的上谕,《皇朝续文献通考》,第7520—7521页;1867年(同治六年)户部奏折,《皇朝道咸同光奏议》卷38,第10页。
②《皇朝续文献通考》卷21,第7709页;《大清历朝实录》(同治朝)卷235,第14—15页。
③ 1869年(同治八年)上谕和其他奏折,《皇朝续文献通考》,第7709—7712页;1868年4月12日上谕,《大清历朝实录》(同治朝)卷227,第13—14页。

正常年份生产量的十二分之一,随后采取的一些发展铜矿业的措施鲜有成效。

在此情况下,货币形势仍在好转这一事实,与其说是任何具体措施成功的证明,还不如说是货币在传统的经济生活中作用有限的证明。伪造的银币和纸币的流通好像有了某种程度的减少。铜币与白银的比价逐渐有所上升。尽管价格持续上涨达几十年之久,投机活动增加了地方的波动,但没有迹象表明通货在继续以高速度膨胀。一两纯银的价格大约保持在 6∶5 之间,自中兴后开始逐渐降低,到 1895 年降到 3∶3。①

中兴时的金融制度,和那时的货币制度一样,不适合现代经济。从中兴初期开始,山西钱庄就是政府国库的代理者。尽管它们已经相当发达,并受到某些外国人的赞扬,但它们的汇兑制度仍不能满足左宗棠的军事开支。由于这一原因,大量的银锭不得不转运到西北。没有一个总的组织或汇兑机构,不同的钱庄只能彼此帮助,依赖于相互的信任。此外,整个系统都缺乏严格的监督,其职能依赖于人,而不是方法。如果人不可靠,那么这种制度就要受到损害。②

负责金融的官员的任期都很短。他们从来没有想到要发展长期信贷业务,或利用信贷来扩大生产。他们只要求钱庄满足政府和他们自己的需要。像其他中国传统的行业一样,既然钱庄只有与官吏保持着友好关系才能运转,它们就不得不向这些官吏提

---

① 数据见《中国的对外贸易》"附录 2"。中兴后开始下降,1895 年时降到了 3∶3。见斯坦利《1852 到 1908 年的中国财政》,前引书第 64 页。
② 陈其田:《山西票庄考略》(上海,1937 年);杨联陞:《中国货币与信贷》,第 81—88 页;斯坦利:《胡光墉与中国早期外债》,第 28—31 页;《中国北方钱庄记事》,《北华捷报》1867 年连载 15 期,1867 年 10 月 19 日。主要办理借贷、利率、发行货币、货币流通、抵押等业务。

供没有偿还保障的贷款。现代银行制度通过香港和上海银行团引进中国,但它的活动主要限于通商口岸,对整个中国的经济几乎毫无影响。

在一个资本短缺和分散的国家里,不存在本国银行能提供经济现代化所需信贷的任何迹象。中兴时期的政府对此既不感兴趣,也没有认识到这一问题。

军费 中兴时期财政制度的基本局限,在军事财政领域里得到最直接的表现。由朝廷控制的传统税收,仅够负担八旗和绿营的费用。没有任何固定的收入来负担各地新建立的军队——它们是中兴时期最主要的作战部队——的费用。这些军队已不再是地方武装,它们经常远离本省外出作战。它们的费用主要来源于厘金和其他由省控制的税收。更糟的是,单独一省无力负担自己军队的费用,即使它获准为此截留应上缴朝廷的税收也是如此。然而,因为朝廷不能有效地控制新的收入,因此,北京政府至多只能在不同省份所报的收入上做些手脚。

一次军事行动的费用必须从各方面筹集。如果"满洲"需要一大笔钱,那它可以从户部的府库、本省的盐税、过期未缴的山东地税、过期未缴的河南各种税收以及山海关关税中得到。如果在甘肃的军队急需费用,那么可能由山西、山东和河南提供一半,另一半则由湖南、江西加上四川送去的谷物来提供。山西、山东、河南和直隶有可能得到相同的命令,把它们的钱送给蒙古和新疆的驻军。不仅为边远地区筹集军费采取的是这种措施,就是为内地筹集军费也是如此。例如江西、浙江、湖南、湖北就曾得到共同命令,要它们提供驻扎在江苏北部军队的费用。

户部几乎不能给急需粮饷的军队拨款,而且军队本身也在试着向地方征集粮饷。一般情况下,户部除了向地方征集外没有更直接的款项来源。甚至当驻扎在贵州的无饷、受冻挨饿的军队拒绝打仗时，当新疆的驻军断粮时，当甘肃乃至北京近郊的部队因断炊而即将哗变时，也没有任何应急的措施。

当户部准备向皇帝陈奏哪些省份可以上缴或完成各省应相互提供的款项时，它发现这种陈奏是不适当的；有时对一个省只要求它提供自身能够提供的数量。① 很明显，许多命令超过了地方的负担能力，但大多数命令不得不一再重复。因为款项经常直接从上缴机构送到接收机构，还因为装运银锭的船容易出差错，所以户部没有任何具体的办法来查核送出和接收的确切数字。钩心斗角的现象很普遍，借款不还也都心安理得。此外，那些粮饷短缺的部队并不打算按照命令将收到的款项运给另一部队，而是想占有它们。

显然，要控制按这种特别方式所征收和分配的款项的支出是不可能的，户部也听说过一些特别可耻的贪污浪费事件，并向皇帝作了报告，但没有一个严密的监督管理措施是可行的。值得注意的是，在此情况下，镇压各种叛乱的军事行动却都取得了显著的成功。无论如何，大量的现款被征收、转运，并在一定程度上实现了它们被征收和转运的目的。

随着和平的到来，直接的危险消失了，军队被渐次地遣散或缩小了规模。然而中兴时期的军费收支情况表明，对可能出现的紧急事件很少有什么准备。政府在财政改革方面成效甚微，因为它没有认识到扩大收入来源和建立一套朝廷能够严格管理的财政制度的重要性。

---

① 例如，1867年3月16日的一份上谕，就命令所有省份给左宗棠运去现款，并要求那些未经战乱的省份多送一些。当然，每省也有具体的数额［《大清历朝实录》（同治朝）卷196，第26—28页］。

经济萧条的问题

像对近代中国的研究是历史研究中的薄弱环节一样,对经济增长的研究也是经济研究中的薄弱环节。正因为如此,要想对19世纪中国经济的停滞作出评论就更是冒险了。我们甚至对国民生产总值都没有一个粗略的估计,更不必说有任何有关的确切数据了。我们不仅对劳动力雇用中的转移情况知之甚少,而且实际上还缺乏可靠的总的人口数据。迄今没有一部著作论述中国的人口历史,能提供除人口众多外的其他情况。我们既不知道各种赋税和各个地区的总收入,也不知道各个政府部门的总支出。我们不仅缺乏统计资料,也缺乏描述性资料。我们无法确切知道一些政府机构是如何运转的,以及文献中的许多术语的实际含义究竟是什么。

然而,经济学家告诫说,增长经济学的研究不能局限于西欧的框架;尽管资料相对缺乏,但对较早时期和遥远地区的研究是必不可少的;增长经济学的研究要求进行社会学和意识形态因素的分析,甚至在现代的西方,这些因素也不完全适合于量化研究。

很清楚,与同时代的日本明治维新不同,同治中兴没有为现代经济奠定基础。或许通过研究中国和日本之间的差异,即中国缺少日本哪种促成经济增长的因素,我们可以对这一问题有更好的理解。

(1)自然资源看来与此无关,因为在可耕地和基本资源方面,中国远比日本以及许多其他现代化国家为优。

(2)国民收入中可用于投资的份额有多少,这是一个很复杂的问题,但前现代的中国无疑是个一穷二白的国家,它的全部收入仅能维持其国民的生存。尽管有各种反对财富集中的势力,但在盐业垄断、钱庄、当铺、国内贸易、国外贸易以及官员的"存款"中,还是在积累财富。在19世纪60年代,许多商业部门的纯利润达20%或25%。在对外贸易中,尽管作为一个整体中国是逆差,但一些地区又是顺差。譬如,海关的报告表明,不到5年间,就有约4000万镑纯银用硬通货的形式支付给了福州附近地区的制茶业。如同当时的西方人所评论的:"如果使用得当,这笔钱就足以大大地刺激企业和贸易的发展。"①

(3)问题的关键在于消费财富的方法。阿布拉莫维茨(Abramovitz)指出:"不存在任何特殊的资本积累本性","在一些社会中,精力和才能被用于宗教、政治、艺术或战争,而在发达的资本主义社会里,它们则被用于商业"。② 在儒教中国,精力被用于政治和与政治有联系的文学研究,流动资金被用来购买土地、资助藏书楼或建立文学团体;此外不存在任何与之竞争的重要目标。盐商想成为士大夫,而不是大企业家,成了前者,他们便获得了显著的成功。商业投资仅限于雇几个帮手;实际上不存在对制造业的投资。官员未做官前是地主,退休后,他们又变成了地主。商人也力图尽快地成为地主。

投资土地的竞争使地价上涨,但它没有引起农业生产的任何重大变化。人们对专业化的经济作物兴趣很小。此外,尽管土地所有权在不断集中,但土地的耕作则日益分散缩小。几乎不存在任何投入大量的资本和少量的劳力,从而使粮食产量增加的可能性。相反,由于耕地的日益分散和水利灌溉长期失修所引起的生

---

① 见《北华捷报》1867年3月6日。
② 摩西·阿布拉莫维茨,前引书第159—160页。

产率的降低,要维持原来的产量就必须投入更多的劳力。

所以,19世纪中国农业的资本主义仅指土地能自由买卖,租佃或使用雇佣劳动力来耕作。除此,虽然地租从社会的观点来看很高,但从经济的观点来看则又很低,它们不可能导致大量资金的积累,而这种积累有利于继之而来的工业发展。

(4)限制财富积累和使积累的钱流向土地的相同原因,也限制了企业家才能的发展。真正的工商企业家人数很少,并被社会轻视。19世纪中国典型的商人大多不是官僚地主出身。[1] 地位日益上升并取代了盐商和行商之地位的买办也是如此。与他们的前辈——盐商和行商不同,这些买办与官员有着私人的联系,而不是与官府保持着正式的联系。他们缺乏家庭或官府的背景;他们自力更生,积累了大量的财富,但是除非他们到海外去,否则,他们就不能进一步去从事工业。早期的买办几乎完全脱离了生产领域,后来的买办不是作为企业家,而是作为高利贷者与生产发生着联系。通过消费借贷而非生产借贷,买办垄断了传统家庭手工业所制造的商品的销售。他的利润不是用于扩大生产,而是成为更多的消费借贷,最后用于购买土地。手工业者自己没有任何积累财富、扩大生产的机会。

根据阿布拉莫维茨的理论,所有有关不发达经济的研究都证明了这样一种观点:虽然存在着获利和可储蓄的收入的潜在机会,但主要的兴趣在政治或其他非生产性的活动,商人通常的愿望是要成为官僚阶级。与此相反,几个世纪以来社会流动性较小

---

[1] 由于商人和他们所从事的商业活动没有得到重视,所以有关这方面的记录没有保存下来,中国调查者很难确定其具体的日期。[王叙涵:《两淮盐务与钱庄》,载《经济学集刊》卷2第3期(1931年),第118—207页。]有关这一领域的重要性,见马里恩·利维和史国衡《中国商业阶级的兴起》(纽约,1949年)。

的日本商人阶级,则把他们的才能主要用于改进他们作为商人的地位。

(5)儒教国家是否有能力制定并指导一个经济发展计划是值得怀疑的。整个官僚集团以及君主自身的权威限于传统的社会关系,不存在任何超越世俗的义务和不论政策变化而始终如一的效忠体系。日本有一个封建的效忠体系,它保证服从当局发出的任何命令,包括使经济现代化的命令。在日本,忠于国家就是忠于皇室,忠于一个具体的岛国集团,忠于一个具体的家族。各种集团与势力为这个国家尽心尽力,就是其明显的证明。相反,在中国,忠于国家就是忠于儒家的生活方式,如果认为任何社会势力都能有益于儒家生活方式,那显然是荒谬的,是毫无意义的。

(6)19世纪中国缺少与经济发展相联系的劳动力类型。诚然,中国的劳动力是世界上最多的,并以诚实、稳重、勤劳、节俭和心灵手巧而著称。然而,由于儒家坚持自给自足和低消费的原则,劳动分工局限于狭小的范围内。由于普遍地坚持家庭和村庄的自给自足,明清时期一些地方官员发展地方纺织业的努力遭到了失败。

而且,农民的生活虽很艰苦,却相对安全可靠。他无须离开土地去谋生计,除了农闲季节,他的劳力是必不可少的。作为农民,他的地位要比他离开土地后所处的地位高得多。他从小受的教育,就是要他珍惜这种地位,珍惜他所得到的这种独立,蔑视超过他所习惯了的微薄要求之外的发财致富的前景。当世代躬耕的农民最终在工厂里找到一件事做时,他只是打算工作一段时间,挣一小笔钱,然后又回到他的村庄,他宁愿要其人身自由和社会地位,而不要经济的进一步改善。

(7)对自给自足和低消费的强调,不仅阻碍了适应工业的劳动力的发展,而且也阻碍了工业产品市场的发展。此外,通信设施十分落后,在经济活动中同整个货币和信贷体系一样,也不利于贸易。

虽然一些外国机器制造的商品找到了有限的市场,但是仅能吸收英国工业革命少量成果的市场对促进中国工业革命则完全无能为力。

(8)在技术领域,不是知识水平,而是对这种知识运用的限制妨碍了19世纪中国经济的发展。就像上面已经提到过的那样,中国的传统技术,尽管在一些领域内衰落了,但总体上维持着很高的水平,而且西方技术知识是很容易获得的。中兴时期是中国大量译介西方科技著作的时期之一,但这些新的科学技术并没有用于经济的增长,中国对西方科学技术的采用停滞了半个世纪。

外国技术专家是可以聘用的,康熙年间就有过聘请他们为技术工匠的先例。阿礼国建议,中兴官员在这一方面应向俄国的彼得大帝学习。然而重要的是,没有任何方法能使19世纪的欧洲工程师们促进一个没有任何工业发展余地之社会的工业发展。

(9)19世纪中国还缺乏与经济发展有关的其他几个条件。中国有高度发展起来的成文法规,但缺少有关抽象的财产关系或非人格化契约的法律条文。私人的商业财产很容易受到损害,并缺乏中世纪晚期西方城市所提供的那种基本的法律保护。

货币的流通量似乎受到了限制,从17世纪到19世纪增长十分缓慢。19世纪中期的纸币使用,如上所述,完全是一个失败。"自给自足"的农业经济有限和僵化的货币体系,不仅没有随着对外贸易的发展而有所改革和扩大,而且实际上在某种程度上比以前更加恶化了。现存的信贷体制对此也鲜有补救。19世纪的中国不存在任何类似加速了日本、德国和俄国的工业化的金融机构发展的迹象。山西钱庄或任何现存的金融机构都不能用于实现此类目标。

然而,所有这些都不是对19世纪中国经济停滞原因的真正解释,因为这些各种各样阻碍经济增长的因素在其他不发达国家也都存在,而且被某一时期的强人政府加以克服。尽管存在着财富向土地转移的倾向、自给自足和节俭思想的危害和借贷制度的缺陷,但是中国毕竟具有土地、矿产、劳力和财富等基本资源,而且有井然有序的行政管理和商业组织的长期经验。

也许,还有其他一些关键的原因?是因为那时的政府对国家经济利益不感兴趣吗?显然不是。是因为传统的收入十分充裕,乃至新的收入来源没有必要了吗?正相反,虽然清政府直到1894年以后才变得"没有偿债能力",但是商业税对土地税的重要补充作用在中兴时期已充分地显现了出来。19世纪40年代到70年代之间,土地税收入大约减少了30%,然而整个税收大约从太平天国叛乱前的3000万两或4000万两增加到了1874年的6000万两,其中大约有2900万两是厘金和海关提供的新税收。

各种迹象表明,中兴政府对经济发展不感兴趣,是因为经济发展在它所追求的道德、社会和政治秩序的中兴中没有地位。官员们都墨守着这样的信念:新的开支是特殊的开支,对新的收入来源的需要只是暂时的。膨胀的军队将被遣散,西方列强将会撤回,只要进行一些修补,中国就可以回到盐业垄断的收入几乎是商业税收的两倍,而土地税又使这两样税收都相形见绌的时代。

格申克龙(Gerschenkron)指出:经济越落后,使工业化的理智与情感的车轮受到损害的意识形态就越有力量。

要克服落后国家的经济停滞,鼓励起人们的创造力,使他们的精力用于经济发展的活动中,那么,就需要一服比许诺更公平地分配资源,甚至许诺实行更低廉的粮食价格更为有力的药方。在此情况下,商人,甚至最勇敢和最富有革新精神的企业家,也需要比高利润的诱惑更有力的刺激。搬开这些习俗和偏见的障碍所需要的是信念——用圣西门的话说,相信黄金时代不是在人类的过去,而是在人类的未来。①

中兴时期的中国缺乏"未来才是人类的黄金时代"的信念,而是将过去的儒家社会秩序视为人类成就的巅峰,在眼前和将来的西方经济秩序中看到的只是骇人听闻的新的蛮荒状态,而这种蛮荒状态注定使人类永远不可能回到真正的黄金时代。

---

① 亚历山大·格申克龙:《经济衰退的历史透视》,转引自伯特·F. 霍斯利茨《不发达地区的发展》(芝加哥,1952年),第 23、25 页。

第九章 自强运动

问题的范围

与根本的经济改革不同,根本的军事改革,对于中兴领导人来说,不仅合乎需要,而且是绝对必要的。虽然不断发生的叛乱必须镇压,急迫的外国侵略也需立即阻止,但实际上,当时所有的政治和军事领导人都承认,国家的长治久安需要一次彻底的军事重建。这种超越修修补补的改革努力,其结果就是人们讨论得最多的所谓"自强运动"[①]。

中兴时期的军事改革有两个主要的目的:(1)给新型的军队在中国国内的秩序中以一个适当的地位,由此提高军队的士气,确保公众对军队的支持,并强化迅速发展起来的地区性部队对清王朝的忠诚;(2)使中国的军队在训练和装备上能与同时代的西方军队并驾齐驱。

军队的重建取得了成功。这种成功与传统社会的基本要求是相冲突的。国内的叛乱被镇压下去,分裂活动暂时受到遏制,

[①] 有关"自强"这两个字的用法,见《筹办夷务始末》(同治朝)卷43,第13、15页;卷46,第5、30页;卷50,第9页;卷51,第186页;卷61,第286页。有关对长远而非眼前利益之重要性的特别强调,见王之平《曾胡左兵学纲要》,第11—20页。

现代的军事装备得到了有效的引进。军事重建计划产生了一代儒将,这些人有足够的能力制定和执行一种新的战略,增强军队的士气,争取公众对军队的支持,引进先进的军事财政和供给方法,锐减常备军的规模,改善军队的素质,使军事装备现代化。①然而重建计划又是失败的,它证明要使现代化的军队适应儒家的秩序是不可能的,真正的军事现代化则要求比清政府愿意进行的改革走得更远,发生更大的变化:在阶级结构、价值体系、赋税制度、帝国行政制度的组织原则等方面发生基本的变化。当时的政治家们深知船坚炮利的重要性,并证明中国能够制造这些武器。但是自强运动的目的很宏大:保卫传统的社会免遭"西洋蛮夷"的侵略和内部的颠覆。尽管取得了第一步成就,但不久人们就清楚地看到:要实现这一目的,要建立足以保卫中国的军事力量,就将使中兴时期的政治家们力图维护的传统秩序陷入危机之中。

中兴前清朝的军事制度

曾经强大一时的满人军队——八旗——已逐渐地衰败成为一个再也无法执行基本的军事职能的寄生阶层。根据当时人的观察,八旗兵就像他们穿戴的衣服一样参差不齐。老的、少的,强的、弱的,一目失明的、耳朵全聋的,这些似乎还不是最糟糕的服役者。②

类似的命运也发生在由兵部直接统辖的绿营身上。绿营的衰败开始于18世纪的末叶,日益的腐败导致了士气的丧失。嘉庆和道光皇帝都没有进行过重要的制度改革。当1850年太平军起义爆发时,绿营已有50年——自白莲教起义后——没有打过大仗。

---

① 对这一时期三位最主要的儒将之有关见解的简明概括(并附有注解),见王之平《曾胡左兵学纲要》,第21—30页。
② 弗里曼-米特福德:《驻华公使馆员》,第190—191页。

在太平天国运动期间,绿营被证明是毫无用处的。虽然生活费用在上涨,但他们本来就很少的粮饷一直没有增加。北京的兵部已失去了指挥他们的能力,统率权日益分散,部队被派到驿站或其他地方驻防,执行那些微不足道的任务,很明显把他们集中起来进行训练或作战是不可能的。换防制度——根据这种制度他们分成小股四处迁徙,而不是整营转移——破坏了训练效能和团体精神的发展。训练徒有虚名,而无任何实际内容。谎报兵额的现象很普遍,整个制度都渗透着一种松弛的官僚精神。朝廷发现自己依赖的是一支未经认真训练、难以驾驭的军队,它拒绝打仗,虚耗国库,遇叛乱者就降,而以抢劫平民为能事。正如赫德在 1865 年给中国政府的一份备忘录中指出,帝国军队只有当叛乱者已经撤退后才敢前进,杀几个农民来谎报胜利。如果叛乱者不后撤,他们便后撤。

地方军队的国家化

随着旧式的帝国军队在 19 世纪 50 年代的瓦解,地方及省级官员开始先后把绅士和比较富裕的农民组织成一种新型的有作战能力的军队。同治中兴绝不是一种排他性的都市运动,在各个领域它都体现着区域性和地方性的特点,其中也包括了军事。中央政府的任务不是抑制这些新军,而是使它们与自己保持一致,尽管实际上它们并不受兵部管辖。① 在很短的时期内,一个新的

---

① "有足够的力量组织起一场大规模的叛乱,但也有足够的保守的地方集团防止和镇压这种叛乱。问题在于,是叛乱头子还是政府官员能成功地从这些地方集团那儿得到更多的支持。谁能利用革新的士绅集团的力量,不惜代价使他们反对或站在政府一边"[弗朗兹·迈克尔:《太平天国时期的军事组织和权力结构》,载《和平历史评论》第 18 卷第 4 号(1949 年),第 475—476 页]。

全国性的军事计划,根据镇压各种叛乱所得到的经验教训制订了出来。

危机时期招募地区性的军队,这在中国历史上不是什么新鲜事。在明末和乾隆、嘉庆年间,都招募过"私人军队"以补充朝廷兵力的不足。然而,中兴时期的湘军和其他新军在两个方面不同于早期由地方士绅领导的团练:

(1)新军更强大,更有内聚力且更独立自主。军队的统帅亲自选择营官,例如,湘军中83%的营官是湖南人,由营官从他自己的家乡,有时从他自己的家族招募士兵,每五百人或不足五百人为一营,形成一种人身依附关系。犹如一个儒家家庭,营中强调道德的教育和引导。此外,新军还得到了不受中央政府控制的地方税收的支持。军饷是丰厚的,是当时一般水平的三倍。营官亲自负责发饷,每个士兵军饷的一大部分直接由营官寄给了士兵家属。个人间的关系进一步鼓励了战斗士气,因为没有人想惭愧地回到故乡。

(2)在早期的危机中,传统的军队还具有战斗力,因此,一旦叛乱被镇压,临时招募的地方性军队即被解散。太平天国起义被镇压后,振兴绿营的努力遭到失败,八旗实际上也被弃之不用,所以当时没有任何军事力量能代替以地方为基础的军队。①

当时的观察家们看到了新军所显示出来的这种不祥倾向。有些外国人发现李鸿章和曾国藩很容易成为独立的军阀,并怀疑李、曾实际上也许正在成为军阀。《北华捷报》曾指出:"如我们所想象的那样,江苏的叛乱使地方军队将在中国的未来中扮演重要

---

① 罗尔纲:《湘军新志》,第64、93—94页和第6章;罗尔纲:《清季兵为将有的起源》,载《中国社会经济史集刊》第5卷第2号,第249页;张其昀:《中国军事史略》(上海,1946年),第42—47、120—123页。我非常感谢房兆楹提供了大量的参考资料。

的角色。"①

上述预测忽略了已被恢复的儒教国家强大的向心力,这种向心力有助于抑制显而易见的离心力。湘军和其他新军的领导者都是士大夫,他们对现存国家的维护和加强有着浓厚的兴趣。正如罗尔纲所指出的:

> 可见湘军的立场原是出于自卫的,但因为书生与皇帝相依为命的关系,所以必须同时拥戴满清政府。②

后来中国的政治家们使用各种不同的形容词来刻画这些地方上的士大夫对清中兴国家的支持,但他们都承认这一现象。对于1927年以后的国民党人来说,它是一种有效地操纵20世纪社会力量的模式和方法。在一位青年党的领导者看来,它是国家的意识形态的利益超过个人或地方的物质利益的具体体现③;在一位马克思主义的清史专家看来,曾国藩利用儒家教义来诱惑和支持地方恶霸(曾所谓的"正绅"),并用它欺骗农民为清朝卖命④。用中国在这一问题上的研究权威罗尔纲的毫不修饰的话说:"皇帝利用他们(书生)维持清朝的势力,他们也依靠皇帝维持自己的利益。"⑤

新的军事领导

中兴的领导者们相信,军事方面的成功甚至比其他方面更依

---

① 《北华捷报》1865年8月10日,有关类似的声明见1866年6月2日、10月20日,1867年2月23日以及《北华捷报》1868年3月28日的文章。
② 罗尔纲:《湘军新志》,第66页。
③ 陈启天:《胡曾左平乱要旨》,第14页。
④ 朱其华:《中国近代社会史解剖》(上海,1933年),第123、129页。
⑤ 罗尔纲:《湘军新志》,第66页。

赖于品行端正的人才。犹如其他领域,没有优良的道德品质,只有专业技术的人,不仅毫无用处,而且是很危险的。曾国藩在日记中一再强调:道德品质和儒家制度的训练是选拔军官的唯一基本标准。如果一个军事领导人不仁不义,缺乏远见,部队就不可能服从他。他必须特别诚实、正直,不因自己的奢侈而扣发军饷,也不因个人的原因而役使士兵。他必须早早起床,严格遵守营规;否则,就会疏忽军务。营官身先士卒,部队才会勇敢地跟着他,就像小弟弟要兄长指导一样。良将手下无弱兵,这是一条不言自明的道理。更重要的是,依据这些原则进行训练和约束的军队,才会得到老百姓的支持。

当曾国藩谈论到道德的训练是军事方面的第一要务的时候,他并不是仅仅空谈道德,他也讨论了中兴时期的现实问题。如我们的统计材料所表明的那样,湘军是由训练过的士大夫们领导的。既然镇压捻军和西北回民的淮军是根据老湘军的建制和原则组建的,因此,湘军理所当然地就成了中兴时期军队领导的一般形式。

湘军的军官大多数是作为19世纪中叶新儒学复兴中的儒生而成长起来的。[1] 他们中的57%是以参加科举考试而开始其生涯的。更为重要的是,高级将领的10%取得过功名,仅在下级军官中行伍出身者超过了士大夫出身者。[2] 如果不是这样,那么,军事重建与文职政府重建的整合是不可能的。事实上,军事领导人所受的教育与训练使军事问题的社会意义得到了足够的重视,并且保证军队不会背叛任何维护传统的儒家秩序的政府。

---

[1] 蒋维乔:《中国近三百年哲学史》(上海,1936年),第41—42页。有关新儒学的复兴,见本书第四章。
[2] 对罗尔纲《湘军新志》第64页所列湘军军官出身表的分析。

第九章 自强运动

中兴时期的高级将领都是了解国家重建所面临的基本问题的忠诚官员,他们也都是很有才干的军事人才。尽管中国人对军事成就抱有一种传统的瞧不起的偏见,但在危机时期,最有能力和威望的领导人会站出来肩负大任。在中兴时期,这种情况表现得特别明显。除胡林翼、左宗棠、李鸿章和曾国藩之外①,还有许多其他著名人物。文祥对北京神机营的训练和指挥工作十分成功,崇厚在重建天津军队的活动中也获得了成功。刘长佑,虽因其打败仗而经常受到指责,不过在外国观察家看来,他是一位杰出的军事管理人才。② 多隆阿、都兴阿、刘松山和僧格林沁——这些不同类型的人——都表现出了他们的军事才能。

有才能的中级军官的短缺

虽然中兴时期产生了一批杰出的军事将领,但就整体而言,军事人才是缺乏的,难以应对军事现代化的挑战。犹如中国人和外国人都承认的那样,这是前一个世纪以来中国军队长期存在的弱点。《北华捷报》——它在李鸿章的大营里派有一名通讯员——写道,装备精良的帝国军队几乎总是被叛乱者打败,除非李鸿章本人亲自指挥作战;如果李能得到一批有军事才干的军官,那么,战争就不会拖得如此之久。③ 中法战争前夕,观察家仍

---

① 所收集到的中兴时期军事领导人的传记证明了这一点。见《中兴将帅别传》,朱孔彰编,孙诒让序,1897年版。
② 见《北华捷报》1867年6月29日"天津新闻"。
③ 见《北华捷报》1867年10月25日,也见《北华捷报》1866年7月7日。关于总督的重要作用,见埃默里·厄普顿少将《欧洲与亚洲的军队,包括关于日本、中国、印度、伊朗、意大利、俄国、奥地利、德国、法国和英国之军队的官方报道》(英国,1878年),第27—29页。

257

把军事人才的不足视为中国军队的主要困难。①

1860年后,由于中国力图使自己的军队现代化,军队人才不足的弱点比以前显得更加严重突出了,因为在现代的战争中指挥员的作用日益重要起来。

> 中国军队的训练主要是由一片花里胡哨的旗子遥相挥舞,每个人都凭着想象做动作,似乎在短兵相接。在这种训练制度下,军官们无知并不重要。在危险临近时,士兵从未想会见到一个军官,后者在这一点上也不会使他们失望。但在外国的训练制度下,一个军官亲临现场是很重要的。如果一个指挥员想教会士兵外国战术,但他又不努力学习最简单的口令,那就会造成混乱。②

中兴的主要领导人看到了这一问题,并力图着手解决它。1862年,总理衙门使皇帝批准了一个外国教官用外国战术全面训练满汉军官的计划。受训后,中国军官能够训练和指挥中国军队。总理衙门认为,要训练士兵必须首先训练军官,并仔细地拟订出这方面的计划。上谕一再要求推荐和选择军事人才,有关这个问题的无数建议也提了出来。③ 如冯桂芬就主张恢复军事考试制度的应有重要性,通过这种考试,鼓励和促进从下级军官中

---

① "中国军队"(无标题),1883年9月8日《泰晤士报》第4版。
② 见《北华捷报》1866年7月28日(无标题)。有关同一问题,见埃默里·厄普顿少将,前引书第21页,和《马克思论中国,1853—1867》,《纽约论坛日报论文集》(伦敦,1951年),第47页。
③ 1862年11月17日总理衙门奏折,《筹办夷务始末》(同治朝)卷10,第13—15页;1862年(同治元年)总理衙门奏折,《皇朝续文献通考》,第9742页;1862年12月3日上谕,《筹办夷务始末》(同治朝)卷10,第42—43页;劳崇光1863年2月12日奏折,《筹办夷务始末》(同治朝)卷12,第55b—58b页;1861年12月7日,《清史稿·本纪》卷21,第3页。

选拔人才。①

　　这类计划听起来似乎可行,但实际上是毫无希望的一厢情愿。就事实而言,中国社会被分成打仗的农民和上层阶级,后者的价值观妨碍了严格的军事训练及亲临前线指挥。这类计划之所以未能实现,不在于计划的制订者们没有看到对现代化军官的需要,而是由于不存在任何一个能够产生这种军事人才的阶级。那些善于带兵打仗的下级军官,很少得到提升;而那些即使经过三年的现代训练依然毫无实际能力的人,由于他们的社会地位,在中国的制度下,使他们有资格成为一名军官。这种地位——这是获得指挥权的先决条件——所决定的人的素质与在新的条件下所要求的指挥才干是相矛盾的。

　　军事人才的缺乏不仅妨碍了军队的训练计划,而且也破坏了以自强为目的的中兴计划的其他方面。中级军官的贪污腐败使改进供给和增加军饷的计划毫无成效,部队依然不得不劫掠老百姓,民众的怨恨有增无减。新建立的兵工厂和造船厂,经过很短时间的发展后,马上陷于停滞,并衰败了。因精干的下级军官不可或缺,上级军官只得容忍他们的不端行为,结果破坏了军纪。如陈国瑞不服从上级的命令,却明显地受到宽容。朝廷也知道它收到的大部分战地报告都是纯粹的伪造。庸才使劲吹嘘自己,有才干的人则为自己的下级掩饰,因为他们怕派那些更无德才的人来取代下级原来的职务。胜仗或败仗经常能够得到查证,但要想得到全部事实则是不可能的。

　　聘请外国军官也无法解决军事人才不足的严重问题。外国

----
① 冯桂芬:《减兵额议》,《校邠庐抗议》卷2,第64—65页。不像文官考试,军事考试如此容易以至无才能的人也能通过(埃默里·厄普顿少将,前引书,第22—23页)。冯桂芬视此为近来的衰败。

人是作为军事专家而被聘请的,他们不可能充当政治的、社会的和意识形态的角色,而这种角色是成为一个有能力的军事领导人的先决条件。西方人很晚才慢慢地懂得这一点。

部队的士气与公众的支持

使军队忠于国家,并获得民众的支持,这不仅是整个军事改革计划的基本问题,而且也涉及整个中兴的政治和社会计划。不言而喻,不为任何理想作战而又受到苛待的军队易发生骚乱;劫掠当地民众然后又闻匪色变、弃土而逃的军队,很难得到民众的支持。1860年张贴在杭州的一首匿名诗表达了民众的态度:

> 贼至兵何在？
> 兵来贼已空。
> 可怜兵与贼,
> 何日得相逢！①

所有的中兴领导人都特别重视与叛乱者争夺民众的支持,因为在他们看来,如果民众反对,那么,再好的计划也是毫无用处的。曾国藩对官军在农村比叛乱者更富破坏性的报道十分担心,他怕一旦失去民众的支持,便再也不能挽回。他认为,叛乱者之所以可恨,正是因为他们抢劫、烧杀老百姓,官军由于救民安民而得到老百姓的尊敬。如果官军也抢民、杀民,那他们与叛匪就没有什么区别了。胡林翼指出,老百姓是军队的基础,然而军人却对以礼义对待他们的村民施以淫威;士兵们的职责就是保护人

---

① 见《北华捷报》1860年4月21日复制的中文招贴。根据房兆楹的研究,早在18世纪初白莲教叛乱期间就出现过同样的招贴。

民,如果他们不爱民,那还要他们做什么呢?

1867年的一条上谕,要求对一份有关北方老百姓比怕叛匪更怕帝国军队的报告引起重视。外国观察家们指出,农民把真实情报提供给叛乱者,而给清军提供的则是很危险的假情报。新招募的军队在开往前线的途中经常与老百姓发生冲突。例如,在镇压西北回民期间,船主就拒绝装运官军。皇帝的谕旨是对军队的掠夺和抢劫的长年记录。军官们执行军纪软弱无力,他们本身也经常参加抢劫,并把抢得的东西拿到天津或其他地方出卖。

采取诸如焚毁不服从命令的船主的船这样的直接措施,并不能解决问题。它涉及更基本的东西。除非整个社会的思想观念得到恢复,否则,军队和人民就不可能具有捍卫这种观念的共同兴趣。除非军队军饷优厚,给养充足,否则,掠夺和抢劫就不可能被制止。这里不仅涉及军官的素质,而且涉及帝国财政的结构。

湘军和以湘军为模式建立起来的其他军队,是旨在提高部队的士气和争取民众的支持发展起来的。曾国藩一再强调,要使百姓相信他们遇到官军要比遇到叛乱者好,这里首先是士气和精神问题。在以后的70多年中,中国军队仍然被教唱曾国藩的《爱民歌》:"生灵涂炭盼官军"等(大意)。在著名的《讨粤匪檄》中曾氏指出:太平军的拜上帝会教义与中国人的生活习惯水火不容。[1]

曾国藩的基本目的就是要保护百姓和支持儒教。[2] 就这一目的而言,受过思想训练的湘军是一极好的工具,因为这种训练培养的不仅是忠于朝廷的态度,而且还有一种肯定能赢得民众支

---

[1] 陈启天:《胡曾左平乱要旨》第4章。《爱民歌》和曾国藩其他一系列措施都在力图改善老百姓和军队之间的关系。《曾国藩剿捻实录》,第25—26页。
[2] 有关这一问题的讨论,见王德亮《曾国藩之民族思想》(上海,1946年),序言和第1章。反对者也勉强承认这一观点。

持的行为准则。中国研究湘军的最主要权威把它称为"由士大夫领导的农夫军"。这种结合,由于特别适合当时的形势,因此,在复兴儒学的旗帜下具有强大的战斗力。①

其他领导人提高士气和争取民众支持的努力,遵循的也是曾国藩为湘军所制定的这种模式。在西北作战的左宗棠"楚军",就是一个很好的例证。左宗棠治军有方,军纪严明,而且能以身作则,与士兵同甘共苦。他要求部队按市价购买粮食,并派部队植树造林以及从事其他有益于农业的活动。某一地区一旦收复,他就立即着手制订和执行重建计划。

确切地理解这些告诫"爱民"的有关文件是不容易的,但不言而喻,这些文件也不能被当作毫无意义的官样文章而全部抛弃。以在平定西北回民叛乱的高级将领成禄被革职论罪案为例,左宗棠报告说成禄的部队凌辱人民,把良民当作叛匪。根据左的报告,御史吴可读上奏参劾成禄。不难理解,左宗棠迫切希望撤换长期与自己僵持不下的一位将领,并很高兴地希望从此搞掉潜在的对手。关键在于,指控虐待老百姓对于左宗棠来说不仅是控告一位将领的合适根据,而且也是比平庸无能更好的控告根据。它也使人想起吴可读后来通过自杀来抗议光绪的继承者的不孝行为,来表明他将传统的道德的考虑放在了第一位。

就忠诚、背叛和社会内聚力这些问题的研究而言,人们所言与他们的所为一样重要。一种学说——其信念得到了广泛和始终如一的承认——通常是一个时代的精神风貌不容置疑的关键。诚然,清政府最终没有为它的军队争取到民众的长久支持,但中兴的领导者们的确认识到了这一问题的重要性,并尽了最大的努

---

① 罗尔纲:《湘军新志》,第 73—74 页。

力想实现它。虽然这些努力不可能永远地挽救旧的秩序,但它们确实削弱了民众对叛乱者的支持,使国内秩序的恢复和稳定之时代的到来成了可能。

复兴绿营的失败

虽然中兴军事史很大程度上是一部湘军及同类新军的历史,但涉及旧军的计划也值得一提。到中兴时期,八旗被认为已不合时宜,有的建议将它们逐渐收编于公众的生活之中,而不是恢复它们作为军队的地位。然而,在重建绿营,使它们成为现代化的全国性军队方面,还是作了一些努力。如我们所提到的那样,新的地方性军队归它们的将领直接统辖,因此,只是间接地,甚至是很微妙地服从朝廷的控制。① 在此情况下,清政府自然力图复兴旧兵部直接统辖的帝国军队,以抗衡新军。

1864年攻克了太平天国的都城南京后,朝廷和地方上的一些官员纷纷上奏,主张逐步遣散地方性的军队,留下者在经过改革的帝国军队里注册。曾国藩本人也立即主动地遣散了他的湘军。如果说这一措施是他迫于压力而采取的政治策略,那么现有的证据表明:这也是一个为了支持清政府而采取的具有政治家风度的行动,这种行动符合他自己的政治原则。

然而,虽然曾国藩和他的同事们对复兴绿营的努力给予了正式的支持,但他们怀疑这种努力能否产生任何结果。复兴绿营的

---

① 康有为后来引用中兴时期的许多事例以支持自己的观点,即总督——他们也经常是大学士——权力大到如此程度,以致兵部尚书只知道他们上报的那些兵额,但对其实际兵额及其调遣情况一无所知[《康南海文抄》(上海,1916年)第4编,第32—43页]。

困难是巨大的。士气低落、军费不足、贪污和吃空饷的现象依然存在。那些在新军"练勇"中行之有效的教育和训练方法用于绿营,除直隶外,收效甚微。30年后的下一代改革家依然指出,绿营是一种赘生物,它们的饷需榨干了人民,结果却没有给人民提供任何保护。

团　练

既然团练能被传统认可①,并且合乎当时的要求,因此,中兴的领导人理所当然地也在努力恢复这一制度。在古代中国的理想中,至少在中兴的领导者们看来,兵农是不分的,农夫自备武装,保卫家园,所以就不需要大量的常备兵。就实际方面而言,一种好的团练制度既能节省钱财,又能加强地方治安。此外,团练的存在还能解决政府难以解决的边远地区的运输和通信的许多难题,例如甘肃,要向它运输军队和给养就很困难。

因为这些原因,赫德和各种各样的中兴计划的制订者们一道,主张推行其团练制度。虽然尽了多种努力,但大多草草收场。

---

① 根据雷海宗的研究,古代兵民合一,团练之制度化的丧失,是自东汉开始中国社会衰落的关键。在他看来,在春秋汉代期间还本来是合一的兵与民,却变成相互分裂和彼此仇视起来,中国历史也因此而成了被动消极的。受自然灾害、人口增长和外族入侵之压力的控制,从此,中国社会就不可能有长期发展,而只有周期性的安定、动乱和借用外族军队平定动乱,只是在隋唐初期才有真正的征兵,以及由此出现的民族复兴。王安石是少数几个能认识到中国的唯一希望就在于人民的重新武装和文人的专业化的人之一一[雷海宗:《中国的兵》,载《社会科学杂志》第1卷第1号(1935年),第1—47页;也见其《无兵的国家》,载《社会科学杂志》第1卷第4号(1936年)]。这两篇文章后收入他的《中国文化与中国的兵》(上海,1940年)。

尽管没有能双关使用的术语,但值得注意的是,清代编年史家有时发现,19世纪之前的古代并无团练存在,只是在8世纪平定安禄山叛乱时出现过(《皇朝续文献通考》,第9617页)。

与希望的相反,团练并没有得到当地的财政和民众的支持。曾国藩在湖南兴办团练的成功,与其说是普遍的规律,不如说是一个例外。曾国藩本人也终于认识到团练是行不通的和欠考虑的,它加给人民的负担太重,并且容易为地方劣绅所滥用。此外,也经常发生正规军与团练之间的严重冲突。

湘军和其他中兴时期的新军有时被错误地视为团练。经过细致的研究,罗尔纲着重驳斥了曾国藩是利用团练镇压了太平天国叛乱的观点——这种观点认为湘军是湖南的团练。随着湘军的发展,湘乡团练已不复存在。

中兴的军事领导者们在提高士气和争取民众的支持方面的确取得了成功,但他们是通过建立受训练的地方性军队,并使它们实际上从属于朝廷而取得成功的。团练的推广是一个完全不同的和次要的计划,也是一个失败的计划。中兴政府和它的后继者都没能以很低的代价,通过将团练纳入保甲制以使每一个村庄免遭"土匪"的暴虐。

中央的军事管理

太平天国叛乱后,兵部再也不可能对中国重大的军事活动加以直接的控制了。随着以地方为基础的军队逐渐成为主要的军事力量,各省越来越不愿向他省提供人力和物力。即使有合作的愿望,也常常没有合作的办法。

在发现重建旧的帝国军队已不可能后,清廷便集中力量加强对全国军队的实际控制。这个被人们视为依赖"能人"和东拼西凑调整而成的机构之上的计划并非无稽之谈。各种情况表明,各省的儒将们都会自觉地从整体上考虑国家的军事形势,他们中的一些人也的确这样做了。后一代的改革者康有为认为,只有胡林翼真正地超越了地方观念,从国家的利益出发来考虑问题①,但康有为又反对高度的中央集权。一份不太感情用事的有关中兴时期主要军事活动的考察报告表明,虽然个别从整个国家利益出发来考虑问题的努力并不能弥补中央集权的缺乏,但它们足以使许多大规模的协同作战成为可能。

然而,政府建立一个合理的军事管理制度的努力遇到了最后被证明是无法克服的困难。最大的困难是中国的经济,中兴的领导者们努力保持其稳定、停滞和无力扩大的状态。甚至在中兴时期费用昂贵的新军建立之前,军费与中国农业经济的总收入相比也是很高的。一个骑兵一年的费用就需 700 亩土地税的收入,相当于大约 35 家农户的全部财产。现代的军队花钱更多,这么多的钱,农业经济是无法提供的。

因此,遇到紧急的事件,通常的办法是命令那些可能有盈余的省份向在入不敷出的省份作战的军队提供粮饷。然而,经过多年的战争,富足的地区早已不复存在,勉强积攒起来的钱粮由于转运制度的笨拙,也在途中浪费掉了。不仅银锭,而且粮食都要经过长途转运。运到的给养一般都短缺,其分配也很混乱。根据这种制度,马新贻被命令给左宗棠送去了 5 万两白银,有五六个省受命给李鸿章提供了 100 万两白银,结果谁都不满意。

负责的官员们清楚地认识到了财政和供给的重要性,并且承认该制度所暴露出来的那些缺陷。理论家们如冯桂芬则指出了报告有关军费开支的全部情况以作为合理预算之前提的必要性,

---

① 康有为认为:"盖督抚以守土为事,疆土以外,非其责任,即非其所顾,天下大局,非其所预也。"康有为:《官制议》。

据此,1862年朝廷命令所有部队都必须按季度向兵部报告它们的开支情况。1864年军机处和户部联合要求所有省份报告它们的账目。1867年和1868年的上谕重申了上述要求。这个方案在理论上虽然很好,却是不现实的,所以上谕的要求没有受到重视。在8年期间,只有湖北和四川两省交来了它们的例行报告。

曾国藩相信财政情况好些的话,捻军就不可能侵入直隶,他起草了一个更适合现实情况的方案。他主张"依时调整",以便"变弱为强"。他写道,在当时混乱的制度下,几乎每一省都有责任向其他所有的省提供军费援助。他要求选定一些"根据地",作为某一指定的军事地区唯一和全部军费的援助者。他主张长江上游地区作为江南地区的根据地,四川作为云南的根据地,湖南作为贵州的根据地,等等。

在抨击责任混乱的同时,曾国藩也抨击了存在于所有的中国行政管理中的严重缺陷。从其他方面来看,曾国藩的方案也是当时最好的一个方案。但在能够让它试验一下之前,中兴就结束了。然而从长远的观点看,发展经济、增加收入、国家军事预算和集权化的管理等思想,虽然受到当时的中国领导人的抵制,但是对于中国来说是必要的。

裁 军

财政问题是与中国军队的规模紧密相关的。既然军费有限,那么一支现代化的军队就不得不限制其规模。在这个问题上,中兴的领导者们的看法基本一致。左宗棠指出:要是那些毫无用处和吃空饷的军队被裁减的话,那么,剩下来的军队将能得到更充分的训练。像其他人一样,左也忽视了地方的治安任务,而这需要一定规模的军队来承担。在1865年给中国政府的那份著名的备忘录中,赫德认为经过训练的9万人军队——每省5000人——要比当时注册的、参差不齐的百万部队更强大、更经济。尽管对一些细节有所保留,但那些被要求就这份备忘录发表意见的高级官员大致赞同赫德的观点。

冯桂芬认为有30万至40万的部队就足够了。他指出,法国和英国凭借相对来说规模较小的军队取得了世界霸权。文祥也主张只需保持一支经过训练的、更有战斗力的较小的部队。根据他1866年在"满洲"指挥作战的经验,文祥得出结论:一支经过很好训练的2000人的部队能够打败一支3万人的叛军。他把过去的挫折归于具体负责的军官不能有效地处理组织、训练和士气等问题。

御史王凯泰指出,朝廷花在军队上的数十亿钱毫无用处,这些钱并不能将如此众多的人变成好的士兵。由于他们的饷金太少,不能养家糊口,因此,那些被称为"练军"的部队,它们从事的主要是挣钱维生,而不是军事训练。王凯泰拟订了一份裁军、加饷和重组"练军"的详细计划。

裁军作为一项政策虽然得到了广泛的赞同,但在其实施中存在着两个主要问题:(1)在那些仍然还在打仗的地区,急速地裁减部队是很危险的;(2)那些被裁减的士兵,流窜到广大乡村,对社会秩序将构成一种巨大的威胁。然而,由于叛乱被逐渐地镇压下去了,1864年(同治三年)李鸿章将他在江苏的60万人的部队裁减了一半;广东的军队也在1868年被裁减了一部分。与此同时闽浙总督英桂得到允许,将在浙江的3.5万人的军队裁减1.3万人,并增加了未被裁减的士兵的军饷。1868年3月,官文阻挠一个裁减6支没有战斗力的直隶军队,用节省下来的钱增加其他更好一点的部队的开支的建议。然而,这只是将此裁减计划推迟了一步,接着发出的第二份上谕,重申了尽快地裁减军队规模的原则。

防止被裁减的军队引起地方骚乱是一个严重问题。有时候裁减好像不值得去冒险。例如,从鲍超部队中被裁减出走的士兵引起了1865年长江流域的骚乱。当1867年这种骚乱再次发生时,便决定将他的士兵分散到其他部队中去,而不愿冒建一支绿林部队的危险。凡是有相当多的部队被裁减的地区,就不得不保持高度的戒备。

当然也采取了一些重要的措施,以保证被裁减的士兵能重新过上和平的平民生活。崇厚为此目的而采取的计划是值得重视的。在山东,淮军剿"捻"取得胜利后,也立即采取了类似的措施。丁宝桢下令,那些老家就在山东的被裁减的士兵,让他们重操农工商旧业,并通过保甲制做好安排,以保证没有易引起麻烦的流浪汉。他请求朝廷向那些家在外省的被裁减士兵发放旅费。最著名和最广为称道的例子是曾国藩对平定长江下游地区的众多军队的遣散。曾国藩制定出一个方案,根据这个方案,最难驾驭的士兵被编入新成立的长江水师,留下来的不仅发放最后一次军饷,而且免费和细心地安排他们回到原籍,帮助他们重新安家落户。

武器的现代化

一般来说,19世纪60年代的官员们反对的仅是那些似乎可能引起社会变化的技术革新。实际上,他们都很乐意承认西方船炮的好处。那些主张制作现代化武器的奏折强调这只不过是一种中国人能够学会的技巧。火药局(附属于工部)和其他一些类似的负责军事装备生产的衙门早已存在。采用更有效的西方方法,只是一种技术上的改进。

在19世纪40年代已有少数士大夫和地方官吏开始对西方武器感兴趣,但这种引进西方先进武器的努力没有获得上层当权者的支持。在道光朝廷及官僚们看来,生产西方武器花费太多,并将危及既得利益。咸丰年间,中国政府变得更加保守和顽固。然而,对西方武器的兴趣从来都没有完全地丧失过。到19世纪60年代中期,鉴于与叛乱者和外国人作战的教训,这种兴趣迅速地恢复了起来。

在19世纪60年代采用西方武器的计划中,一个重要的新因素就是朝廷和地方官员的兴趣持久不衰。恭亲王和文祥热情地支持在帝国广阔的地区所涌现出来的各种各样的工程。对社会、政治和经济重建之重要性有深刻理解的左宗棠认为,中国的当务之急是铸造枪炮,然后才是浚河、掘井、制造呢绒。就是曾国藩,他虽认为战争的胜负依赖于人而不是武器,但还是致力于武器装备的现代化。

在自强运动中,重点放在建立和发展造船厂和兵工厂,这样中国可以制造自己的武器。清政府始终对外国政府向中国赠送或出售武器的行为深感怀疑。

现代海军的开端　自西方轮船被用来将湘军从安庆冲过太平军的河防运到上海之时起,现代轮船的重要性就得到中央和地方当权者们的承认。最初使用的轮船,许多是从外国租借和购买的,但阿思本船队事件(下面将会提到)使中国人更坚定了制造他们自己船舰的决心。

曾国藩的乐观态度——他于1861年相信在一两年内轮船就

会被成功地引进——证明是错误的。但即使如此,19世纪60年代仍是中国海军史上最有希望的10年。当然,那时的中国海军装备还相当简陋,直到1868年主要还是由帆船和舢板所组成,但它从中兴时代起在与叛乱者和海盗的作战中就被证明很有用处。都兴阿用它阻止了李秀成向吴淞口的进军,都兴阿和曾国藩还用它阻止了太平军从南京突袭长江北岸的清军。

1865年夏天,正式组建了长江水师,它包括6名高级军官、798名下级军官和1.2万名在册士兵。每年6000多万两的预算由长江流域的厘金局提供。其管理规则由曾国藩和彭玉麟拟订。大多数将领由曾国藩选派,但其他高级地方官员的人选也可向朝廷推荐。曾国藩发展长江水师的主要困难是缺乏有才干的海军军官,以及地方官员对陆军的偏袒。

江南制造局 正式成立于1865年的江南制造局最充分地体现了中国制造现代化武器的努力。在同治年间,它在东亚首屈一指,也是世界上最大的兵工厂之一。到1870年时,中国似乎在迅速地赶上西方,将与之并驾齐驱。然而这一前景始终未能实现。1870年后,由于从来都没有超出过江南制造局的水平,中国已经灾难性地落在了西方和日本的后面。

江南制造局的历史是从1863年曾国藩力图在安庆建立一所兵工厂而开始的。几个月后,李鸿章很容易地就使总理衙门相信在长江下游地区需要建立一所第一流的兵工厂。李自己到上海找外国人来指导武器的制造和使用,使外国人之长技成为中国人之长技。

江南制造局的成效可以从外国人的详细报道中得到最好的证明,这些外国人现场参观过它的成就,并且在开始时无疑对中国未抱任何偏见。1866年,李鸿章被外国人说成已拥有巨大的弹药库和大量的新式枪炮,"江南制造局可以与欧洲最强大的国家的兵工厂竞争"。1867年,它成立刚刚两年,《北华捷报》就评论道:"这里现在办事效率很高,在该工厂能制造所需的全部工具和机器。"1868年,中国人制造的第一艘现代类型的炮舰下水,其他船舰的制造也已设计。①

江南制造局在主要的政策方面和它的技术方面一样,也体现了很高的改革程度。它的翻译馆和语言学堂的工作颇为著名。据当今一位中国杰出的科学家看,翻译馆翻译的西书,其质量超过了随后半个世纪期间中国翻译的所有西方著作。② 在每一个机器车间,都有许多年轻的满人在学习操作机器。中国的管理者据说很有才干,并受过良好的训练。300名中国工人所拿的薪水是当时农民和苦力的4—8倍,他们直接领取薪水,每天工作8个小时。③

福州船政局 福州船政局所取得的成就,是中兴时期的中国能迅速解决一支现代陆军和海军的纯技术问题的另一例证。福州船政局是左宗棠任闽浙总督期间创办的,它与左宗棠的地方重建方案以及他的沿海防御总计划紧密相关。④ 船政局附设的学堂起初开设有两门课程:工程技术和法语、驾驶和英语。1873年这位船政大臣建议扩大课程,包括化学、冶炼和国际法。在中国人能独立操作之前,左宗棠乐意雇用外国工匠,但他也强调了培养中国人以尽快取代外国工匠的重要性。

---

① 见《北华捷报》1866年6月2日、1867年8月16日和1868年7月25日。
② 曾昭抡,前引书;也见陈其田《曾国藩》,第63—64页。
③ 见《北华捷报》1867年8月16日。
④ 左宗棠的两份奏折和1866年12月3日的上谕,《筹办夷务始末》(同治朝)卷45,第56—59页;《北华捷报》1868年11月24日;秦翰才,前引书,第31页。

第九章 自强运动

当左宗棠调任陕甘总督,指挥绥靖西北的远征后,沈葆桢接替他为总理船政大臣。沈葆桢被选为总理船政大臣,不仅是因为他那被证明的才干,而且也是因为他作为一名福建士绅能较容易地取得地方的合作。周开锡和左宗棠的法国监督日意格成了沈的助手。在沈任职期间(1867—1874年),船政局的进步和前景都是巨大而可观的。建造了15艘轮船,培养了大批有才干的青年人。① 其中有著名的翻译家严复。日意格似乎有充分的理由对这些学生作出预言:

> 不要几年,他们就一定能成为中国的工程师和部门管理人才,能建造所有类型的轮船及所需要的发动机,能成为和其他任何国家的同行一样富有经验的海军军官。②

一位来自大英博物院的观察家痛惜这种以牺牲基础科学的研究为代价的对应用科学的强调,但他又指出:

> 大约300名中国青年人在60至70名教师和工匠(他们的大多数是法国人)的监督与指导下,在这里学习驾驶和机械学。一位领半薪的英国海军军官主持驾驶学校,所培养的学生,可为被雇来沿海游弋的轮船提供能胜任的中国船员和工程师。几艘配备有大炮的运输船和炮艇已经造好下水,另

---

① 有关福州船政局的成就材料见沈葆桢的报告,《大清历朝实录》(同治朝)卷210,第35—36页;卷214,第5—6b页;卷224,第7—7b页;《筹办夷务始末》(同治朝)卷57,第3b—10页;卷60,第33—38页;卷66,第6—9页;卷68,第41—44页;《皇朝续文献通考》,第9777、9780—9788页;《国朝柔远记》卷16。
研究福州船政局最有用的文件集是《船政奏议汇编》;最有价值的专论是王信权的《福州船帮之沿革》,载《清华学报》卷7第1号(1932年),第57页;英文方面最好的著作是陈其田的《左宗棠》。也见邓嗣禹《沈葆桢》,载《中国名人》,第642—644页;日意格的《福州船政局及其结果,1867—1874》(上海,1874年)。
② 日意格:《福州船政局及其结果,1867—1874》,第34页。

外几艘也即将竣工。以前雇来向北方装运漕米的轮船虽由中国人操作、指挥,但值得注意的是,它们没有发生过任何事故。①

1874年后,福州船政局也像中兴时期建造起来的其他大多数兵工厂一样,逐渐地衰落了。一些人对船政局持顽固的反对态度,张之洞后来也指责保守主义的士大夫们通过造谣中伤破坏了它。但主要的困难似乎在于它失去了生气勃勃的领导以及社会的普遍冷漠态度。创建船政局靠的是左宗棠的胆识;在经营管理中,沈葆桢凭借的是自己的坚忍和威望。沈葆桢之后,其继任者官阶不高,地位较低。他们的经费要求往往得不到重视,也很少能获得地方官员的合作。随着西方海军计划的更为精致,费用不断增大,而中兴之后的中央政府却缺乏决心和能力,不能给船政局以坚定的支持。

江南制造局和福州船政局是当时总的趋向两个最显著的例证。左宗棠以他在遥远的西北地区主持武器制造而著名,天津机器局在道台的管理下,雇用了2000名工人,其中包括一些外国人和从东南亚地区来的工匠,据当时一位中国人描述,机器的响声达数里之外。其他一些兵工厂也在杭州和其他地方建立和发展起来。

外国军操　现代化计划的一个重要方面是训练中国军队使用新的武器。在通商口岸,以及在内地个别地方,训练计划证明:中国农民能够在很短时间内被训练成为第一流的现代士兵。天津崇厚的训练计划产生了值得称赞的结果。机动和装备精良的神机营主要用来保卫北京、"满洲"南部和皇陵,但它也能迅速地

---

① 道格恩爵士:《中国科学的进步》,《科普评论》(1873年),第382页。

赶到直隶的任何出事地点。就是中国最边远的内陆云南和贵州，中国军队也于1861年开始由一位名叫麦士尼的外国人指导操练。

作为中兴计划的一部分，战术的改进根据的主要是满族和蒙古模式，而不是西方模式。历史经验表明迫切需要加强军队的机动性，因此骑兵得到大大的扩展。满人的骑兵部队建立起来，并被派往"中国本土"各个地区，同时，"中国本土"的许多将领也开始发展他们自己的骑兵。

虽然中国的新军拥有伟大和颇具才能的将领、高度机动性的部队、很有希望的军事工业以及一个十分值得称赞的训练计划，但它缺少一样基本的东西，即能够按部就班地履行现代战争所要求的职能的一大批军官。中国新的军队依赖的是这一代杰出的领导人，一旦这些人死去，它就马上分崩离析。

对外国军援的态度

虽然对所有外国的军事援助都存有戒心，但同治时期的官员们还是区分了这样两种援助，即由中国政府控制的援助和由外国政府控制的援助。后者被视为一种干涉。在中国建立起自己的兵工厂和培养训练出自己的军官及军队之前，作为临时性措施，他们乐意雇用单个的外国人和接受外国制造的武器，但唯一的条件是，这种临时性的援助必须置于中国严格的控制之下。

雇用外国军官 中国人对雇用外国人的态度是很清楚和始终如一的。外国军官和技术专家必须接受中国的委派，并只对中国政府负责。此外，他不能指望得到一个特殊的地位，而只能在正式的等级制度中得到一个适合的位置。

常胜军领队美国人华尔的经历就是一个很好的例证。华尔有一个中国军衔,清政府认为他已成为中国的臣民,从属于地方军事当局。他取得了显著的胜利,并按中国的形式得到了奖赏。尽管如此,清政府还是对他怀有疑惧,一再告诫地方官员,别让他得到更多的权力和威望。

1862年华尔死时,另一位美国军官白齐文,由于他的胜利和据说他有成为中国臣民的愿望,而得到了中国人的高度赞赏。但当白齐文——他继华尔成了常胜军领队——后来公开地蔑视中国当局,并加入了太平军时,李鸿章以谋反罪下令将他拘留了起来。从外国人的观点看,李的行为违背了治外法权,即使外国人也很少有支持白齐文本人的;但从中国人的观点看,这是中国的主权和控制军事活动中的外国工具的权力。

有一个名叫"中国的戈登"的英国人,也就是1885年死于喀土穆的著名的戈登将军,似乎更接近中国政府对受中国雇用的外国军官的要求,或许这是因为戈登比其他人更少一些自由的冒险行为,而且是一个更值得信赖的清朝事业的支持者。在1863年初戈登被李鸿章委派为常胜军的领队后,戈登率领常胜军取得了一系列重大胜利。尤其在1863年12月收复苏州的战斗中,戈登给了李鸿章决定性的援助。根据李的奏报,他获得清帝赏赐给他的荣誉和1万两纹银。卜鲁斯很正确地指出:"恭亲王和他在总理衙门的助手们总是毫不虚伪做作地真诚热情地提到他(戈登)的名字。"①

中国使用像戈登这样的外国军官所面临的问题不仅是由于主权,而且还由于中国和英国之间行为准则的不同而引起的。戈

---

① 卜鲁斯1863年12月15日给罗素的信,见《中国》第7号(1864年),第1页。

登曾应诺保证投降的太平军将领的生命安全,并因此而促成了苏州的投降。但当苏州的太平军将领投降后,李鸿章立即将他们处死,因为他认为这些人是有思想的造反领袖,是无法通过再教育而改邪归正的。虽然戈登的动机也许很复杂,但他认为他的信誉成了中国人无原则的机会主义的牺牲品。对中国人来说,抛开一切原则都要将太平军领导人斩尽杀绝,戈登以一种难以理解的、无理性的和外国的方式来看待这一事件,因此是顽固不化。

在此情况下,中国人采用诱惑的方法,着手控制戈登。那些相对来说不重要的事件,戈登有自由处理权,但涉及的严重问题,必须受中国人的严格控制。由于总理衙门以娴熟的技巧与英国公使打交道,纠纷被避免了。赫德被派去向戈登解释中国人和英国人对一个军人信誉之看法的不同。这种成功的"诱惑",又使戈登回到了战场。苏州收复后,进一步的荣誉加到了他的头上,其中包括赏穿黄马褂和给予提督衔。[①]

其他一些西方军官也接受了中国的委任,并参与了中国的军事活动:他们是德克碑、日意格、勒伯勒东、乐德克、什罗德和其他人。只要他们保持适当的谦恭和驯服,他们的成就便得到适当的承认。随着他们人数的增加,中国政府设计了一种特别的勋章"双龙宝星",作为对他们的奖赏,这可能是为了防止过分地提升他们的中国军衔。

在兵工厂和造船厂里任用外国技术专家,碰到的是如同任用外国军官同样的问题。在中国人看来,外国专家提供的任何技术都不值得在主权上作出稍许的让步,他们只是中国政府的雇员,

---

[①] 1864年5月19日上谕,《筹办夷务始末》(同治朝)卷24,第29页。有关李鸿章和戈登之间的争吵的情况,见《北华捷报》1864年6月18日。

是用来帮助中国实现其军事现代化计划,直到有才能的中国人被培养出来为止。左宗棠、沈葆桢的雇员日意格,李鸿章的雇员马格里,都是那些使自己适应于中国需要的外国技术专家的杰出榜样。左宗棠在奏折中以令人惊讶的友好慈爱的语气谈到了日意格,沈葆桢后来又努力使他的工作得到承认。马格里完全赢得了李鸿章的信任。

马格里和日意格不仅仅是技术专家。他们对他们所服务的中国高级官员的影响是深远的。李鸿章甚至授权马格里,在自己离开两江总督的任职期间,他有权就可能引起的任何国际问题与南京官员合作。这些人以及诸如此类的人物之所以能扩大他们的影响,原因就在于他们并不声称这是他们应有的权力。①

英国官员和英国国内舆论一般同情中国人的有关受中国政府雇用的外国人应保持其合适之身份的观点。阿礼国写道:"如果外国人受到各自政府的庇护,中国人就不会与外国人打交道。中国人是对的。"他认为,只有外国人的政府不予干涉,他们才能帮中国实现其现代化。② 英国的国内舆论也同意这种观点。在讨论英国的侨民问题时,《经济学家》报写道:"我们的政府完全不应插手保护他们去反对他们所居住国之法律,以及他们所服务的政府之法令和活动。"③

在中国的外国侨民则一般持有不同的看法。《北华捷报》认为,受中国政府雇用的外国人想要有所成就的话,那他们就必须不受中国官员的控制,否则,他们的技术将被中国官僚机构的重

---

① 《北华捷报》1868 年 10 月 27 日。
② 阿礼国 1868 年 1 月 1 日给斯坦利的信,见《中国》第 5 号(1871 年),第 112—116 页。
③ 《经济学家》1863 年 6 月 20 日;《北华捷报》1863 年 9 月 12 日载引,但不赞成这种观点。

压所窒息。"由于把帝国主义与叛乱者相提并论,一个欧洲人的全部价值很少得到施展,因为中国人喜欢指手画脚,告诉被雇用者如何去传授他的课程。"①

购买外国武器 在中国自己制造的武器能充分供给之前,购买外国武器是当务之急。所有的欧洲人都向战火连天的中国(和美国)出售过克里米亚战争的剩余武器,这些武器的绝大多数在欧洲早已过时。中国人的难题是既要获得武器,又要避免政治干预的危险。1861—1862年间,训练中国军队使用从俄国进口的武器的计划,起先打算在位于蒙古和西伯利亚边界的恰克图进行,在收到中国驻库伦官员的报告,说俄国的影响有可能因此而增大后,训练便移到北京进行。

"阿思本舰队"事件充分地说明了中国人在购买外国武器问题上的立场。1862年初,宁波和苏州被太平军攻占不久,清帝就发出了一系列紧急上谕,命令总理衙门和长江流域官员继续讨论前年夏天赫德提出的购买外国军舰以进攻太平军的可能性,并将这一计划通告了各国驻北京公使,希望预先防止他们的反对。随后,当时在英国养病的中国海关总税务司李泰国得到指示,用中国的钱购买了一支海军舰队,这支舰队由已经脱离英国皇家海军的阿思本上校指挥下的英国水兵驾驶。

1863年舰队到达中国的同时,提出了一个在中国的军事计划中如何使外国人得到恰当的使用这一基本问题。在中国人看来,阿思本只是一位中国官员的副手,雇用他是为了增强中国的海军力量,而不是使中国隶属外国的指挥。与此相反,李泰国和阿思本则认为,他们自己就是决策者,而不仅仅是执行命令的工

---

① 《北华捷报》1866年11月3日,也见《北华捷报》1863年2月7日。

具,他们毫无只提供他们的技术服务以帮助中国实现它自己的目的的观念。结果,李泰国被免去了总税务司的职务,舰队被解散。

当事人就阿思本舰队事件作出了各种各样的解释。英国公使相信,李泰国对这种必要的缓慢的劝说过程感到不耐烦,其目的在于:

> 成为帝国收入最重要的来源和帝国行政部门最有力的机构之唯一的统帅……然而,中国政府立即理解了这一计划的范围和意义,并把它看作隐蔽的从他们手中夺取管理权力的阴谋。① 美国也赞同这种解释。②

轻视中国人的李泰国和阿思本,发动了一场对卜鲁斯的邪恶攻击,因为他持支持日益独立的中国人的态度。③ 方根拔完全把中国政府看成一个傀儡,并采纳了一种痴人说梦的观点,即美国曾策划反对阿思本,卜鲁斯则向华盛顿献媚。④ 丁韪良得出了一种隔靴搔痒的结论:既然阿思本舰队能够为科学的研究提供广阔的前景,那么它的解散就是一种"倒退行为"⑤。《北华捷报》很不情愿地承认,中国政府解散阿思本舰队是行使自己的主权,但它又遗憾地认为,中国人的行为"看来是对当时的外国干涉的一个打击"⑥。事实的确如此。

回想起来,很明显,中国朝廷和地方官员之所以"解散舰队,

---

① 1863年11月19日卜鲁斯给罗素的信,载《中国》第2号(1864年),第22页。
② 1864年3月21日西华给蒲安牙的信,《美国议会档案》,《中国卷》,《训令》卷1,第300页。
③ 其大量的引文引自卫斐列《维多利亚中叶在中国的外国人之态度》,载《人种杂志》卷8第4号(1918年),第419—422页。
④ 方根拔男爵:《蒲安臣使节真相》,第193—210页。
⑤ 丁韪良:《北京被围:中国对抗全世界》,第232—233页。
⑥ 《北华捷报》1863年12月17日和《北华捷报》1864年3月12日。

不是因为它是令人憎恶的外国工具,而是因为令人憎恶的外国人想要保留对它的控制权"①。

外国干涉 合作政策导致外国政府提出军援,但中国政府只准备暂时地和不太情愿地接受这种军援,而且要使这种军援限于"偏远的角落"。没有任何资料支持这样的观点,即为了挽救王朝,清政府宁愿卖国。一份又一份的上谕反复强调,尽管外国军队在上海可以提供暂时的援助,因为上海孤悬于一隅,但主要还必须依赖于中国的军队。② 中国人认为,可以允许英国和法国在长江下游地区帮助官军和太平军作战,但不能忘记他们的存在对中国领土所构成的威胁。③

就像其他许多问题一样,是曾国藩就接受外国军援可能冒的风险作了颇有说服力的分析。1860 年 12 月他上奏说:"自古外夷之助中国,成功之后,每多意外要求。"④他坚决反对在收复苏州、杭州和南京的战斗中使用外国军队,并且相信,这种使用所引起的长期的政治风险将很容易超过它在军事上所得到的好处。曾的意见得到了朝廷的支持。曾受命加快进攻,以使英国失去派遣印度军队参加作战的借口。

---

① 乐灵生:前引书,第 86 页;斯坦利·F. 赖特(前引书)也同意此种观点。
② 1862 年 1 月 26 日上谕,《清史稿·本纪》卷 21,第 4 页;1862 年 1 月 28 日上谕,《大清历朝实录》(同治朝)卷 14,第 47b 页;1862 年 3 月 4 日上谕,《大清历朝实录》(同治朝)卷 18,第 13—15 页;1862 年 3 月 14 日上谕,《大清历朝实录》(同治朝)卷 19,第 10 页;1862 年 3 月 24 日上谕,《大清历朝实录》(同治朝)卷 20,第 20 页;1862 年 2 月 7 日上谕,《筹办夷务始末》(同治朝)卷 4,第 1 页;1862 年 3 月 31 日上谕,《筹办夷务始末》(同治朝)卷 5,第 1 页;1862 年 2 月 25 日上谕,《筹办夷务始末》(同治朝)卷 4,第 26b—28 页;1862 年 5 月 5 日上谕,《筹办夷务始末》(同治朝)卷 5,第 35—36b 页;1862 年 5 月 24 日上谕,《筹办夷务始末》(同治朝)卷 5,第 53—54 页;1862 年 5 月 28 日上谕,《筹办夷务始末》(同治朝)卷 6,第 3 页。
③ 1862 年 3 月 3 日上谕,《清史稿·本纪》卷 21,第 5b 页。
④ 陈其田:《曾国藩》,第 69—70 页译文。

很多人都有和曾国藩相同的看法。一些人,如袁甲三,走得更远。他们甚至反对在上海的防卫战中也借用外国军队。袁甲三认为,如果中国军队能在内地取得胜利,那么他们也一定能在上海取得胜利,外国人知道清政府正在获胜,他们提供援助只是为了获得租界。

少数中国人愿意利用外国的援助。江苏和浙江的一些"士绅"就请求外国的保护。薛焕代表他们与英国谈判。薛焕赞同利用外国军队来保卫上海,但即使是薛焕,他也并不准备承认外国军队在中国有自主行动的权力。

南京的收复不仅是太平军威胁结束的标志,而且显然也是西方干涉威胁结束的标志。总理衙门提醒威妥玛,他和卜鲁斯曾一再劝促中国主要依赖于中国自己,至少现在外国的进一步援助是不必要的了。清政府请求威妥玛将这一满意的发展转告给在英国的卜鲁斯,从而使英国公众能尊重中国。

中国像反对来自海上的列强所提供的援助一样,也反对俄国提供的援助。1866年当伊犁驻军求援以镇压回民叛乱时,总理衙门大臣董恂在自传中写道,绝不允许俄国人帮助防守伊犁。在整个事件中,总理衙门更关心的似乎是俄国帮助镇压回民叛乱所引起的危险,而不是叛乱本身的威胁。

在捻军起义期间,个别外国人有时建议借用外国军队以恢复秩序,但严肃认真的建议从来没有人提出过。总的来说,所有的中国人都反对外国军队在中国领土上的存在。文祥注意到外国军队的军费是中国军队的两倍,他认为:"战不给费,岂为我用?若有此费,我岂无人?"[①]曾国藩虽然承认唐朝曾妥善地借用过契

---

① 董恂:《还读我书老人自订年谱》卷1,第52b—53页。

第九章　自强运动

丹的军队,但他又指出,这些军队只是在与中国军队的协作中才借用。曾国藩用近似隐喻的语言概括了中兴对外国干涉的态度:让他人帮自己润色文章是被允许的,但绝不能让他人替自己上考场。①

值得注意的是,中兴时的政治家认为,外国调停战争,这是外国干涉的一种形式,因此必须加以拒绝。英国——它的利益要求尽快地肃清太平天国的叛乱——提出派遣一支英国舰队沿江而上,宣布大赦,并让英国调停战争。威妥玛邀请文祥和其他中国官员到英国公使馆商讨此事。总理衙门反对其建议,他们认为停战是好事,但停战令应由中国政府完全独立自主地予以宣布。②

没有任何证据支持在教条主义的马克思主义的学者中所广泛持有的看法:中兴苟安地招致了外国的侵略。似乎也没有必要来讨论范文澜的观点:恭亲王的态度是"崇洋媚外",李鸿章是英国的傀儡,左宗棠是法国的傀儡,曾国藩是英国、法国和美国的共同傀儡。③

小　结

在短暂的中兴时期,中国的军事改革在两个方面取得了明显的进步:地方性的军事权力中心转换成了清代国家的支柱,先进的武器被生产了出来。半个世纪后再来看这段历史,湘军似乎是

---

① 1862年5月5日奏折,载《筹办夷务始末》(同治朝)卷5,第31b—33页。
② 1863年1月19日的奏折和上谕,载《筹办夷务始末》(同治朝)卷12,第1—4页。
③ 范文澜:《中国近代史》上卷(香港,1949年),第205—207页。

283

一个"历史的奇迹"①,而中国于19世纪60年代在军事现代化领域所取得的成就好像不那么显著。日意格于1872年写道:中国正在迅速地成为一个令人生畏的对手;整个官僚阶级都决心恢复中国的国际地位;兵工厂和造船厂的产量给人以深刻的印象;中国建造的军舰不久就将达到欧洲的最高水平;中国的军事力量与1860年时的情况相比有了很大的不同。② 据伦敦《泰晤士报》的一篇有关中兴成就的评论,自1860年以来中国军队发生了如此重大的变化,以至威妥玛、于克神父(the Abbé Huc)和其他一些人早期的著名报告变得毫无意义了。③

在1884—1885年的中法战争中,中国比法国投入了更多的武器装备,在1894—1895年的中日战争中,中国投入的武器装备比日本也更多。中国在这两次战争中的失败证明,一些比火力更必要的东西中国仍然是缺乏的。在取得了初期的辉煌胜利后,湘军一类的军队——它们被认为是中央政权的支柱——堕落成为军阀武装。

后来中国军队的弱点不是通过向它们提供现代武器就能克服的弊病。现代化武器中国自能制造以来就早已拥有了,但它不能有效地使用这些现代化武器。一支拥有一批有才干的军官的现代化军队,将瓦解新武器旨在保护的社会秩序。由于新的武器是闲置不用的,或不能被恰当地使用,因此,制造这些武器的能力就必将丧失。所以,中国后来的失败似乎是它的社会制度的僵化

---

① 蒋方震:《中国五十年来军事变迁史》,申报馆50周年纪念版第2编,《五十年来之中国》(上海,1922年),第1页。中国发展出这样一种有影响的并被视为模式的理论,即士兵、土匪、官僚和文人学者互为影响。
② 日意格:《自1858和1860年条约起的法国在华政策》(巴黎,1872年),第47—49页。
③ "中国军队"(未署名),《泰晤士报》(伦敦)1883年9月8日第4版。

所造成的,后来的武器短缺是征兆而不是原因。军事改革计划失败了,因为它们是建立在对改革对象的错误认识基础之上的。

20世纪初中国分裂成一系列由半独立的军阀统治的地区,这一现象的形成通常归因于中兴时期强大的地方性军队的兴起。如前所述,军事权力向新的军队转移对于中央政府而言无疑是一种潜在的威胁,也毋庸否认,它们也包含有军阀主义的种子。然而,在中兴时期,无论如何也不能得出这样的结论:即它们最终将变成军阀武装,而不是像他们的建立者所希望的那样,成为以地区性为基础的国家军队。

一种错误的意见认为,由于这类军队后来从瓦解中的中央政权中分离了出来,因此,这也就是它们在19世纪60年代创建时的最主要的意义。这种错误的见解忽略了那些引导中兴时期的地方领导者们创建这类军队的目的。他们感兴趣的不是确保自己的统治权,而是确保儒家秩序的生存;只是到了后来,当儒家秩序被明显地破坏后,这种灾难性的以小为好的态度才变得普遍起来。中兴期间,当旧秩序的恢复还大有希望时,像曾国藩这样有势力的地方领导者为实现这种希望比任何人都更热情地工作着。

第十章　中国外交体制的近代化

中国政府在 1859—1861 年的危机中所面临的最直接的威胁是外国侵略。为要排除这一威胁，负责筹办夷务的政治家们遇到了一个难题：必须尽快地将一系列新的概念和制度移植到传统的国家观念和行政管理体制中去。"中兴"政府迅速地掌握了西方的外交制度并以之服务于中国自身的目的，没有什么能比这一点更鲜明地表明这个传统国家在其末期依然具有生命力。

中国对外交关系的传统看法

中国在和平处理国际关系方面的技巧，并没有新的发展。普遍适用于为中国所知的整个地区的朝贡制度，多少世纪以来已被证明是一种持久有效的国际关系制度。这是一种等级制，其中各民族所处的地位，是由各自受"儒学"渗透和同化的程度来决定的。儒学世界秩序的引力中心是中国，文明的影响正是由此辐射到各国的。在支撑着朝贡制度的意识形态中，绝少考虑到这样一点：中国文明在其发展的整个历史过程中，受到过与外来民族交往的影响。中国"经书"中所阐述的教条是："吾闻用夏变夷者，未闻变于夷者也。"①

---

① 理雅各译：《孟子》(香港和伦敦，1861 年)，第 129—130 页。

"野蛮人"("夷")这个名词的含义,就等同于"未曾中国化";蛮族在此世界体制中的地位被认为低于已经部分中国化的民族。中国皇帝承认朝贡国及其人民的主权地位,并将中国文明中巨大的道德和物质的成果赐赠给他们。反过来,朝贡国派出朝贡使团向以君临万国自居的中国皇帝进献忠忱。

儒家的正统观念认为,包括夷人在内的人类的本性中,并不存在天生的恶。如果夷人通过教化得到了改造,那么宽容和仁爱就将成为一种合理的外交政策的基础。恭亲王告诫其同僚们说,可以仇视一个夷人犯下的罪孽,但不要仇视这个夷人,要依据古训,"善待远人"。他认为只要如此,四海必归静谧:中国将昌盛,朝廷以德为本终将征服全世界。①

虽然"中兴"的领袖们很快就懂得,在叛乱的年代里已遭到严重破坏的朝贡制度,是不可能重新恢复以作为控制西方各国的有效手段的;但这一制度在中国处理与其他亚洲国家的关系时,仍然有着重要的价值。因此在建立一种新的制度以处理与西方的关系时,此种旧的制度也被恢复起来以处理与亚洲各国的关系。而在同时涉及西方与亚洲国家时,例如1866年法国入侵朝鲜,中国就将新旧两种制度交相并用。

"中兴"的标志之一,是那些朝贡使团重新出现在因战争长久废弃而现已恢复的贡道上。外国观察家对中国凭借权威驾驭那些散布极远的民族的技巧,大为惊讶。这些民族"在实体消失之后,继续崇拜其影子"②。1864年11月19日的《北华捷报》评论说:"这是不可思议的:尽管自身十分衰弱,中国政府却执意要维

---

① 奕䜣:《乐道堂文钞》第1册第1卷,第1、2、17、18、25页。
② 见《北华捷报》1866年9月15日。

持对周边国家十足的宗主权。此种宗主权是中国昔日在更具雄才大略的皇帝手中获得的。"

不仅"中兴"的保守派固守朝贡制度的观念,太平天国革命者同样也将这种观念运用到了国际关系的某些方面中去。在宁波被清军收复之后,一艘英国兵舰曾访问过那里。舰上的官员们发现了一份显然可信的太平天国关于国际事务的文告。从这个文件可以看出,太平天国领导人是构想了一幅由天王支配的世界景象。世袭的各国执政官将由中国册封,并受中国外交总监的统一监督:

> 各国事务归总监统摄,遵从圣主之令。
>
> 各国执政官处理各国事务,但他们须一律遵照明晓其语言的总监之令行事。①

这样在"中兴"初始,中国的保守主义者和革命者都坚持了"中国即中央之国"这一共同的观念。依据这一基本观念,西方各国推进它们利益的种种努力,便被视为犯上,一旦使用了武力,那就是"造反"。传统的中国对外政策向来是与其对内的政策相一致的:顺我者昌,逆我者亡。

1859年卜鲁斯已经认识到这些"中国处理外部事务的准则"是问题的"关键":

> 留居中国的外国臣民被视为来自蛮族,以贸易为生(在中国人的心目中,这是声誉最差的职业)的一些人,缺乏文明,愚昧无知。因此他们总是被千方百计地限制在城外。
>
> 根据政府的准则,他们的权利不得超越皇上恩准的范

---

① 见《北华捷报》1861年6月22日译文。

围,尽管因实际情况和政府的衰弱,已经导致了在遥远的通商口岸地区向外国人割让重大的权益,但中国还在明显顽固地坚持自己的传统,常常将外国政府为替它们的侨民所受的不公正对待取得补偿而诉诸武力的行动,视为叛乱。①

在长达 20 年的时间里,此种国际交往的传统制度,无论是对中国人还是对西方人来说,都造成了遗憾。从外国的观点看,频繁地使用武力不仅代价高昂,而且并不是保护外国利益的有效手段。② 从中国的观点看,政策无法贯彻,因为外国人不能接受此种在中国政治思想基础上推导出的政策。将朝贡制度用于欧洲夷人,已被证明是不切实际的。在这种困境下,中国人不像迄今一直受到指责那样,向傲慢的西方乏味地重复儒家的陈词滥调,相反,他们学习了西方的国际关系制度,并将它加以改造以适应中国的需要。

在 1860 年的危机中,中国人决定放弃徒劳无益的传统做法:借助对儒家道德权威例行公事般的申论,来达到对一个在物质上更为强大的敌人加以控制的目的,转而诉诸敌人自身的道德准则。他们是一些十分敏锐的观察者,看到外国人所承认的是依据国际法、西方公法、书面协约和国际惯例进行的道德论证的合法性。中国人试图利用欧洲伦理中与儒家伦理相同的内容来约束在华外国人的行动。这正是"中兴"政府外交政策的本质。自咸丰皇帝逃跑后开始的一系列谈判以来③,恭亲王已经认定夷人是

---

① 1859 年 7 月 13 日《卜鲁斯致马麦斯布尼》,见《卜鲁斯先生通信集》第 10 集,第 21—22 页;另见 1860 年 4 月 7 日《卜鲁斯致罗素》,《在中国事务通讯集》(1859—1860 年)第 22 集,第 37—39 页。
② 参看第三章。
③ 参看第二章。

信守诺言的,因此至少在当时中外保持和平相处是可能的。

总理衙门

总理衙门作为一种近代的外交机构于1861年初建立。这是"中兴"时期最为引人注目的制度改革。依赖法令和惯例,中国的官僚机构已经保持了许多世代,巨大的惰性使任何变革都成为十分困难的事情。不过这个制度还没有腐朽到在危急关头仍然拒绝改革的地步。起初总理衙门不过是由个别杰出的政治家组成的一个脆弱的和非正式的机构,但是它的职能很快扩大了,它的地位也得到了巩固。作为一种机构,1865年的总理衙门和1861年时的相较,已是大不相同。它和军机处的密切联盟,非但没有削弱它自身的重要性,反而反映出"中兴"是一种典型的努力,它在不根本动摇其基本结构的情况下,使儒学的国家近代化。在整个"中兴"期间,该机构运转正常。此后随着传统国家的瓦解和如同李鸿章那样的一批地方督抚把持了政府的全部权力,总理衙门也和它所参与构成的中央政府一样,失去了它的效力。

在1861年前,中国没有处理外交事务的专门机构。礼部的职责远远超出了处理与朝贡国关系的范围。理藩院(管理蒙古族的机构)和各种其他机构把处理与俄罗斯关系的责任看成自己的副业。1860年战败的震撼和圆明园的被毁,都迫使当局重新检讨政策。

一道上谕令恭亲王主持和谈,并任命桂良和文祥做他的主要助手。恭亲王自己又增选了崇厚和崇纶。恒祺与兰蔚雯和联军代表们进行了接触。还有其他一些官员也受这几名钦命大臣的调遣。各地有关夷务的奏折蜂拥而至,其副本被送交这个新的机构参考。在《天津条约》最终被批准和各国公使驻节首都之后,这个机构的职能迅速扩大了。

1861年初,恭亲王、文祥和桂良奏请制定一项新的外交政策以适应夷务的新局面。1861年1月20日,恭亲王奏准建立一个正式的和永久性的办理各国事务的机构。他将自己新的身份通知各国公使,得到了他们的祝贺。这样,便第一次有了一个独立的政府部门来全面主持与西方各国的关系。北方三口通商大臣和南方五口通商大臣,均受总理衙门管辖。虽然与督抚衙门及地方上的高级官员一样,通商大臣可以就涉及外国人的问题彼此磋商和直接上奏,但他们往来函件的副本,如同有关的中央政府文件的副本一样,要送交总理衙门。

起初在总理衙门中辅佐恭亲王的大臣,只有文祥和桂良两人,所以增加人员的要求从一开始就提出来了。① 总理衙门大臣的人数不固定。最初3人,稍后6人,到1869年为10人。② 一开始他们的资格也是不固定的,后来才逐渐统一起来。早期的钦命大臣是亲王、军机大臣和受命兼任总理衙门大臣的各部尚书。随着时间的推移,新的成员一般都是独当一面的外交专门人才。

总理衙门的内部组织,在最初三年变动不定,但是到1864年改组之后,其结构稳定下来。当时颁定的体制一直延续到了1901年。尽管权限重叠和某些不合时宜的因素仍然存在,但是相对而言,这个体制是近代化的和有效能的。和1860年前的清朝政府的任何一个部门相较,它都更加类似于共和政体下的外交部。同时,与其他的政府部门相比,总理衙门受陈旧的清朝财政

---

① 1861年11月30日上谕,见《筹办夷务始末》(同治朝)卷2,第43—44页。
② 陈文进:《清代之总理衙门及其经费》,见《中国近代经济史研究集刊》第1卷第1期(1932年),第51—53页。

系统的损害也较少。这是因为它的许多开销,是记在别的一些部门的账上。例如,由于主要大臣是兼职的,他们的薪水和开销,就不是由总理衙门而是由原任职机构来支付。它的另外许多开支,则直接从海关关税中拨给。

中国政府竭力扩大和巩固总理衙门的威信和权力。其重要作用,如同人们所希望的那样,在它成立的第一年中便显示出来了。当时卜鲁斯公使要求允许外国人进入广州和汕头附近的潮州城。上谕在批复中担心外国人会认为总理衙门缺少办事的权力,特令总理衙门根据自身的权力采取适当措施以纠正外国人的这一印象。① 薛焕在上海抱怨说,尽管他明明是统辖六省十口的钦差大臣,但现在外国的官员们只和北京打交道,而把他忽略了。②

总理衙门一经成立,它须在国际关系的进一步发展中逐渐具有某种既得利益。它的既得利益在一定程度上与守旧仇外的地方官绅相对立,也与中央政府中那些更加守旧的部门相对立。外国公使们几乎成了它的被保护人。这样在总理衙门和外交使团之间,一种既反对不安分的外国商人和传教士,也反对中国的蒙昧主义者的共同利害关系得到了发展。外国外交官的中国化与总理衙门的西化③,是相辅而行的。

因此,英国下级官员使用局部武力的做法,使阿礼国深感为难,因为它使恭亲王在和其他中国官员的关系中陷入了窘境。在1868年的台湾事件中,当时一位英国领事使用了"炮舰外交"。这一行动立即被闽浙总督上报给了朝廷。阿礼国肯定是从总理

---

① 《皇朝续文献通考》,第 10781 页。
② 1862 年 6 月 13 日奏折,见《筹办夷务始末》(同治朝)卷 6,第 23—26 页。
③ 参看第三章。

衙门得到了消息,他向外交部报告说:

> 毫无疑问,闽浙总督在直接给朝廷的奏折中提出的意见,已经占了上风。由于这是蓄意的,亲王和由他主持的外交部,处境十分难堪。他既主持外交事务,那就应当对由于两名外国下级官员的攻击所造成的耻辱负责。……(每当这种情况下,总理衙门)就必须在朝廷和各部之前引咎自责。……而且恭亲王也必将会很快提出,如果我国的一些下级官员确实胡作非为,违反了条约、国际法或各国惯例,英王陛下的全权代表经过调查之后,就应当作出满意的答复,并尽可能为攻击所造成的损失提供赔偿。①

恭亲王在1868年给阿礼国的备忘录中,进一步强调了外国官员和总理衙门之间共同反对双方的过激分子所具有的利益的一致性:

> 在华商则欲薄待洋商,专擅其利;在洋商则不恤华商,独享其利,皆但思利己,不顾损人……是在习其得者,从公审量,两面筹思,彼此皆不徇商人一偏之见,则条款自能早定矣。②

迄今有人认真地批评说,总理衙门的组织是不完善的;它不允许专业化;它的成员花费大量的时间陪伴外国公使喝茶,而对自己依然茫然无知的国际事务,却很少去认真加以研究。从根本上说,总理衙门大臣仍然是反映自己服务其间的军机处和各部的

---

① 1869年2月9日《阿礼国致斯坦利》,见《美国议会档案》,《中国卷》第3卷(1869年),第33—36页。有关台湾事件,参看第三章。
② 1868年11月5日《恭亲王致阿礼国的备忘录》,见《美国议会档案》,《中国卷》第5卷(1871年),第232页。

传统观点的保守者。这些批评在某种意义上是正确的,但是不足以构成对总理衙门的否定评价。总理衙门的组织确有缺陷,但是与以往处理外交事务的衙门相较,它毕竟显示了重大的进步,同时也比较专业化了。更何况当时无论是在欧洲还是在中国,专家并不被认为是理想的政治家。总理衙门的大臣们办事无疑是拖拉的,他们的成功全在于发展了与外国公使之间的亲密友善的关系。多数外国公使已经逐渐适应了此种慢节奏的社会交往。①总理衙门的大臣们无疑也是保守的,但是他们的保守主义与那些卡总理衙门脖子的京官,以及在地方上围攻首任驻英公使郭嵩焘的那些愤怒的士人的保守主义,是不同的。

在国际事务方面的"中兴人才"

像恭亲王和文祥这样在19世纪60年代就出任总理衙门大臣的一批人,迅速增长了外交才干。对其后继者的任命,愈来愈转向依据经验和才能。在这10年中,总理衙门在人员构成上的变化要比它在组织上和职能上的变化更加引人注目。其成员很快就具备了制定和执行外交政策所必需的各种知识、威望和权力:皇族、中央政府的主要部门、中级官僚、传统学问、西方知识、

---

① 外国公使与总理衙门大臣间举行无休止互访的记载,在外国人有关19世纪60年代外交生活的报告中,比比皆是。他们的许多长时间的认真的谈话,不过是亲切的社交性活动而已(例如,1861年5月9日、6月8日、1864年1月30日和1867年10月19日《北华捷报》的报告)。总理衙门却向朝廷解释说,这些回访是"羁縻"夷人的一种方式[例如,1863年4月23日的奏报,见《筹办夷务始末》(同治朝)第15卷,第2—3页]。然而,很显然,此种方式是惬意与有效的。与外国人有交往的地方官员,也仿效北京。上海道台经常为自动来复枪射击表演举行酒宴;一位宁波道台则将自家房子的低层提供给皇家学会北华分会作为集会的场所(《北华捷报》1865年6月17日、1866年9月29日)。

军事经济以及总理衙门章京的资历等。

毫无疑问,总理衙门中那些官阶最高的大臣,实际上只是一种荣耀的兼差,很少过问外交事务。恭亲王在政府的其他方面还承担着广泛的责任,但他自己的著作和那些了解他的外国人都能证明,他是一位"精力旺盛和意志坚强的人"。他注意外交政策的连续性原则,并且善于外交谈判。他的个人的和官方的身份极大地加强了新成立的总理衙门在中国官僚心目中的地位,同时也提高了它在外国人眼里的威信。文祥"可能是总理衙门大臣中最有才干的一个人"。他虽名义上低于恭亲王,但实际上是总理衙门的决策人。总理衙门大臣的兼差是他的主要工作。1870年,他因健康状况不佳而要求辞去总理衙门大臣以外的所有差使。后来他终于逐渐摆脱了统领八旗兵和神机营的职务,辞掉了工部尚书和其他一些次要兼差,但是他至死都保留着总理衙门大臣这一职务。

在刚成立的第一年,总理衙门显然是一个满人的机构。它采用了"中兴"前满人在京都占支配地位的模式,而不是满汉联合的"中兴"方式。盐运使崇纶、谈判好手恒祺和博学的军机章京宝鋆,都是满人中难得的杰出代表。

随着背景各异的汉员的增加,此种局面很快发生了变化。第一位汉员董恂是和最后一位有着高级官阶的满员宝鋆同时被任命为总理衙门大臣的。董恂受命时是资历尚浅的户部右侍郎,他曾任咸丰朝《实录》的副总裁,对有关新近中国历史的诸多文献相当熟悉。作为董恂的朋友和邻居,丁韪良对他的精力过人、思维敏捷和人格深为钦佩。1866年董恂60岁生日时,被授予崇高的官方殊荣,以表彰他对中国外交事业所做的杰出贡献(根据见闻广博的年轻同僚翁同龢所记)。

同治中兴：中国保守主义的最后抵抗(1862—1874)

  1865年著名的地理学家徐继畲被任命为总理衙门大臣，是总理衙门朝着汉员掌管外交事务的形势迅速变化的一个突出的例证。这个任命之所以令人吃惊，是因为徐继畲和他著名的世界史地著作《瀛环志略》，表现了中国对西方世界的最初兴趣。而在20年前，这个西方世界在中国的眼里还是那样的无关紧要。虽然在19世纪40年代徐出版这部地理著作，是代表了一股了解西方的"巨大的进步潮流"，但他先是被降级，其后1851年又蒙受耻辱被调离原任。1865年他受到官方的重视，由董恂作序的他的著作的重新出版，成了新时代的标志。

  任命徐继畲的意义虽然没有被西方人充分理解，但它的重要性并未被忽略。① 卫三畏在发回国内的急件中对此有长篇的评论。美国国务卿西华德回答说："你所指出的任命徐继畲为总理衙门大臣一事的重要性，看来很有道理。"②

  董恂将朗费罗的诗歌译成中文；徐继畲写了华盛顿赞，为此美国政府将华盛顿的画像作为礼物赠送给他。③ 这种事情本身

---

① 例如，"北京邸报刚刚公布了中国外交部（总理衙门）的一项任命。就其对外交关系的影响而言，这项任命可以说是自额尔金勋爵的条约签订以来所发生的最重要的事件。一位名叫徐继畲的官员被任命为总理衙门大臣。数年前他曾任福建巡抚。在任期间，他在几位美国传教士的帮助下，写了一部有关世界史地的著作。他在书中怀着中国人所未曾有过的兴趣，考察了外国的制度与人物。他所崇拜的两位西方英雄是拿破仑和华盛顿。书本以传统的体裁写得很通俗，销量很大。履任之年后，他进京向皇上述职。在这期间，他被降级，借口是未能处理好与其他同僚的关系；但真正的原因则是他在书中所提出的新的见解，以及他对外国事务的熟知与倾慕。现在曾一度使他蒙受耻辱的非凡才能，又使他上升到了拥有三品红色顶戴的尊贵地位，受命为外交部大臣。……徐的就职被视为我们与中国人交往史上的一个新的时代的开端"（密福特：《使馆馆员在北京——书信集》，第181—182页）。
② 1866年3月6日《西华德致卫三畏》，见《美国议会档案》，《中国卷》，《训令》第1卷，第392，394—395页。
③ 1866年6月4日《西华德致卫三畏》，见《美国议会档案》，《中国卷》，《训令》第1卷，第402页；另，1867年6月21日《西华德致蒲安臣》，见《美国议会档案》，《中国卷》，《训令》第1卷。

并不重要,但是这种小事显示了中国与西方的官方交往在性质上的重大变化。

在此后的"中兴"年代里,有着辉煌的成功经历的三位中国官员被任命为总理衙门大臣。谭廷襄曾任直隶总督和户部左侍郎。毛昶熙曾任工部尚书、左都御史并督办河南团练。沈桂芬同样担任过京内外一系列官职,是"中兴"的关键性人物之一。① 任命这些人起到了两方面的作用:既可以大大缓和对总理衙门的指责,又可以通过一系列外交政策中出现的新问题,来培养这个业已确立的外交统治集团。

随着总理衙门的扩大,其章京的重要性也增加了。1864年由各部官长推荐章京候选人,然后从举荐的名单中挑选满汉各30人充任。章京的资历很快就成为充任正式大臣职务的重要的见习期。1869年成林正是由一名章京而成为总理衙门大臣的,而1872年继他而起的第二位章京是夏家镐。其后,成孚、黎兆棠、周家楣和其他一些章京,也都是因为有在总理衙门锻炼的资历,而成为总理衙门大臣的。

外交方面的资历对总理衙门以外的一些中国官员来说,也是同样重要的。丁日昌官运亨通不仅由于有李鸿章做靠山,而且由于他精通洋务。李凤苞则是由福州船政局出身被提升为驻欧洲各国的公使。

卫三畏发现中国一批新的洋务专家是"具有敏锐思想的人",他们正在进行明智的努力,以求通过有限的近代化来维护这一儒教的国家。卫三畏认为这些人之所以失败,是由于他们的地位正处于内外两种巨大的压力之间:一种以囿于旧的统治方

---

① 参看第五章。

式、偏狭而固执的大批文人学士为代表；另一种则以拥有坚船利炮的外国公使为代表①……

同样是儒学造就的郭嵩焘，比他的同僚们走得更远。他试图在中国传统与西方的鸿沟上架起桥梁。他论证对外交往有益于中国，外国人的本意是好的。约在1875年前后，他在依照"中兴"外交政策的典型观点写成的论著中，强调了中西方间的共同利益以及近年来实行体面和解的许多事例。

在考察了这些人作为洋务专家所具有的才能之后，还应当提到这样重要的一点：对于他们中间的每一个人来说——无论是徐继畬②还是郭嵩焘——中国的内政总是首要的。按中国的政治见解，外交始终被认为不如内政更重要，这种见解一直延续到很晚。共产党的历史学家们把这些人视为"洋务集团""《天津条约》的新产物"；认为只是通过他们，外国侵略者将旧军阀变成了新军阀。这是大谬不然的。③

中国接受条约制度

在1860年以前，没有一位中国政治家认为条约是可取的，即使某些特别条款是有利的（实际上是不利的），它们对于并未明确规定的帝国纳贡特权来说，仍将是一种限制。在朝贡的幻觉被西

---

① 卫三畏：《中央王国》第2卷，第699页。
② 即便是在被任命为总理衙门大臣之后，他所奏陈的问题，主要的也是关于山西的暴民活动的详情，而不是国际关系问题。西华德认为，任命徐继畬是"中国对西方文明热情增长"的证据。这显然是十分错误的。但他认为这标志着中国政策上的一个重要变化，又是正确的。参看徐继畬《松龛先生奏疏》，载《松龛先生全集》，1915年序；1866年3月6日《西华德致卫三畏》，《美国议会档案》，《中国卷》，《训令》第1卷，第392页。
③ 范文澜：《中国近代史》（香港，1949年）第1册，第219—220页。

方的进攻打破以后,一些官员,著名的有耆英,创造了一种新的策略,认为,如果中国自己严格遵守条约,就可以利用条约来控制外国人,但是此种策略的运用通常是短命的,没有持久的结果。

1860年《天津条约》的批准超出了耆英的政策。在此后的10年中,清政府接受并掌握了西方外交的原则与实践,并将之当作维护中国主权的主要武器。

在19世纪60年代,几乎每一份涉及外交事务的文件,都详细说明了条约对所讨论案件的影响。凡是有条约依据的问题,决策就自动地依据条约;没有明确的条约规定的问题,就根据策略需要加以研究。有许多情况清楚地表明了这样一个原则:条约具有明确的法律效力,只要外国提出的要求有条约根据,它们就应当得到满足,而无须顾及是否涉及中国的直接利益。因为中国的长远利益正是依赖于条约的神圣不可侵犯。

还没有资料表明,在同治"中兴"时期曾有负责外交事务的官员倡言违反条约;相反,在许多不准备公开发表的中国文件中,却有总理衙门坚持严格遵从国际法的大量记载。1866年总理衙门拒绝抗议英国船只对中国北部沿海的勘查,因为英国的航行权是得到条约保护的。① 文祥在"满洲"南部主持剿匪这一纯系国内的事务期间,曾特别注意维持营口地区的秩序,他说:"此为外人通商之地,宜加保护。"②而对"滨海地区"割让之后出现的新的棘手的中俄边界问题,黑龙江官员受命改变他们的巡边制度以避免进入已成为俄国领土的那些地区。③ 在通商口岸租赁贸易货栈虽属次要的问题,却具有刺激性。地方官受命不得干涉,因为租

---

① 1866年7月18日总理衙门奏折,见《筹办夷务始末》(同治朝)卷42,第50—51页。
② 文祥:《自订年谱》卷3,第51页。
③ 1861年12月8日,《筹办夷务始末》(同治朝)卷3,第2—3页。

赁权利同样受到条约的保护。①

承认和维护条约这一新的政策不仅避免了西方列强的合理抱怨——这种抱怨有可能成为西方国家采取惩罚性行动的借口。同时它使中国政府得以颠倒条约的职能,限定外国人按条约行事。在1860年前,条约代表了外国人所能希望的最小的特权——一条他们赖以进一步打开中国大门的缝隙。到了19世纪60年代,这条最小的缝隙变成了最大的一条缝隙,中国政府可以据此获得安全。日本在这个时期之初给中国带来外交问题,严格地说是因为日本不是一个条约国,无法像通常那样就日本在朝鲜的活动提出抗议。②

利用条约"羁縻"夷人,这在中国外交史上并非没有先例。1845年耆英奉命力图阻止英国船只进入朝鲜,他得体地争辩说,条约并没有规定开放朝鲜。③ 在1859—1860年间,少数人实际上已在极力主张接受《天津条约》④;然而只是在1860年之后,确认条约的同时坚持外国人同样也必须遵守条约,这种做法才成为标准的中国政策。

这种新的外交策略是抵御西方列强最有效的策略。中国与西方的外交关系在性质上已是完全近代化了。由于诉诸条约,走私与非法的海上贸易得到了制止,苦力贸易在一定范围内也得到

---

① 1861年8月23日总理衙门奏折,见《筹办夷务始末》(同治朝)卷1,第6页。另见《筹办夷务始末》(同治朝)卷1,第14页;卷3,第26—27页;卷30,第31页。薛福成评论条约原则的文章,见《皇朝经世文续编》卷104,第10—14页。魏尔特:《赫德与中国海关》第3章。
② 1867年5月18日总理衙门奏折,见《筹办夷务始末》(同治朝)卷47,第21页。
③ 1845年10月29日上谕,见《筹办夷务始末》(道光朝)卷74,第25—26页;《大清历朝实录》(道光朝)卷42,第22—23页。
④ 御史陈鸿翊的奏折,反映了郭嵩焘的观点。引自刘方亨《清史探源》(上海,1914年),第115页。

了控制。① 外国人使食盐进口合法化的种种努力落空了,上海一家法国私人盐业公司因此倒闭。②

在通商口岸的外国人中间广泛存在的不满情绪,反证了此种政策的成功。他们写道,条约得到的权利微不足道,应通过谈判加以扩展。但是,它们成了严密的合法的文件,以至于西方列强接受了中国的观点:中国可以坚持拒绝承认任何未经它认可的特权或权益。③

对俄缔约中的失策

在对俄关系上,这种新的外交政策仅获得部分成功。俄国的内陆贸易在很大程度上是受在北京的俄国公使管辖的。总理衙门本来可以与俄国公使进行自如和有效的谈判,如同它曾与法国、英国和美国的代表谈判一样。从朝鲜到中国新疆漫长的中俄边界的正式勘定,同样也可以设法纳入条约关系新体制中。然而在19世纪60年代,中俄之间第三个也是最严重的问题是争夺少数民族的忠诚,以及随之而来的俄国的压力及其在边境上的阴谋。在这方面总理衙门几乎是无能为力的,因为权力和职责不在北京的俄国公使这里,而在西伯利亚历任总督那里。

在通商口岸的商人中引起妒忌的俄国陆路贸易,没有给中国带来太大的问题。1862年总理衙门和巴留捷克通过彼此妥协签

---

① 1862年6月4日上谕,见《筹办夷务始末》(同治朝)卷3,第14页;1862年6月16日总理衙门奏折,同前卷3,第21—23页;《美国议会档案》,《中国卷》第3卷(1864年),随处可见;《皇朝续文献通考》,第10781—10782页。
② 海夷(笔名):《清同治朝英番盐城交涉案》,见《探源通报》第16期(1914年),第5页。海夷引证了这一事例,以反驳民族主义者的以下指责:清政府是卖国的政府,蓄谋向外国人出让主权。有关盐政,参看第八章。
③ 见《北华捷报》1864年2月13日、1865年5月13日、1866年1月6日、1868年11月24日。

订了一项临时协定。在此后的3年中没有出现严重的困难,尽管对协定的条文做某些次要的变动是必要的。在这些谈判过程中,总理衙门,主要是以恒祺为代表,是竭尽了全力的。经过14个月出色的和富有想象力的折冲樽俎,总理衙门获得了成功,阻止了俄国以修约为借口要求将整个蒙古开放进行大规模贸易的企图。虽然问题接踵而起,但相对说来调整工作也进展顺利。到1869年总理衙门和倭朗嘎哩之间签订了一项最终的协定。

勘定边界是一个更为困难的问题。1862年至1864年,领土争端屡屡发生,双方常常抱怨整个边境受到侵犯。中国官员不断被派往新疆边境去拦阻迷路的俄国人;或被派往黑龙江边境,在那里俄国人被指责不断越境割草。总理衙门力图谨慎行事:每当对俄国人的轻微入侵提出抗议时,也会严禁中国人为了采矿而进入边境禁区。当过失的责任在俄国边境当局时,总理衙门通常采取曾经成功地运用于英国的那种政策,即要求俄国公使转告本国政府惩戒肇事的边境官员。总理衙门发现俄国公使是合作的,但后者声称对边界事务无能为力。① 中国的边境官员总是不断接到命令,要求他们执行总理衙门的指示②,但是俄国的外交大臣从未进行类似的提示。有一次,总理衙门交给俄国公使一份满文的抗议照会,信封上写着致"俄国大枢密院"。当文祥事后拜访俄国使团要求答复时,他被告知对方还没有收到西伯利亚总督的回函。③ 总理衙门难得地报告说,俄国已承担骚乱的责任并答应派出军队维持边界本国一侧的秩序。④

---

① 1862年12月24日总理衙门奏折及附件,见《筹办夷务始末》(同治朝)卷11,第1—9页;卷3,第8页;《大清历朝实录》(同治朝)卷11,第31—33页。
②《筹办夷务始末》(同治朝)卷19,第1—11页。
③ 1863年8月8日总理衙门奏折,见《筹办夷务始末》(同治朝)卷17,第28—30页。
④《筹办夷务始末》(同治朝)卷18,第55—62页。

第十章 中国外交体制的近代化

尽管如此,中国人还是认为维护中俄条约是值得的。1863年9月7日的上谕命令中国边境官员顺从俄国人的要求,无须采取任何报复性的行动,以免蒙受废约之名;中国若与俄国以力相争,则会惨遭失败,并使条约毁于一旦。所以主动退避乃是上策,至少仍然可以保有条约。①

勘分边界的谈判仍在继续。1864年签订了《中俄勘分西北界约记》,它为解决争端提供了可行的基础。争端依然存在,但在争端达到激化之前,解决的办法也找到了。1869年9月10日,宣告西北边界"最终"勘定。

对中国来说,不幸的是无论是贸易协定还是边界协定,都没有对稳固西北少数民族摇摆不定的归属关系规定明确的条款。而俄国人在这些少数民族中结盟的成功,则完全破坏了中国势力在这一地区的传统基础。有必要指出,中国对这部分版图的管辖恰恰是十分薄弱的。1863年代理乌里雅苏台将军麟兴奏报说,在科布多和乌里雅苏台之间的紧要的边境地区总共仅有24个卡伦,全部人员配备包括:6名绿营军官、30名蒙古台吉和890名士兵。每个哨所的人员至多不超过50名。乌里雅苏台本身也仅有240名绿营兵丁和33名满营兵。为了应付戍边,这些哨所无一可撤除。麟兴为此强调了分布在这一地区的蒙古人归向的极端重要性。对此他作了详尽的论述,他断言,如果乌梁海(阿勒坦淖尔)能够决心内附中国,俄国人就无所施其伎俩。②

麟兴描绘了整个中俄边境地区的局势。中国部队在各处名义上的分配额是很少的,而实际人数则更少。对卡伦的统辖十分

---

① 《筹办夷务始末》(同治朝)卷18,第50—52页。
② 1863年9月1日奏折,见《筹办夷务始末》(同治朝)卷18,第43—45页。

困难,资金和物资供应年年拖欠。就中国人所知,俄国对哈萨克的影响始于1824年,当时俄国人"绑架"了一位哈萨克的可汗,直到1863年仍然控制着他。哈萨克人越来越多地使用俄语,可见俄国的势力日益扩大。关于俄国在蒙古和中国新疆有增无已的活动,19世纪60年代初的中国文件保存有详尽的报告。

乌里雅苏台的蒙古族将军明谊奏报说,俄国的策略有三条:(1)"和诱"蒙古人;(2)"威胁"中国官员;(3)发动进攻。明谊认为,俄国人的近期目标是争取蒙古人归附,由此打开一条进入喀什噶尔的通道。①

西北回民起事的爆发,增大了俄国对少数民族影响的威胁,而俄国的宣传也加剧了地方上的汉回冲突。随着回民起事的扩大,帮助回民的哈萨克人在俄国的领土上找到了庇护所。由于土地丢失,甚至长期效忠清朝的索伦(solun)人也逃到了俄国境内。

中国人千方百计试图阻止俄国人的渗透,但无济于事。虽然向俄国公使递交了抗议照会,但总理衙门对此不抱信心。当时一位陷入困境的边境官员奏称问题的解决非总理衙门莫属,但是总理衙门答复说,边境官员必须自行解决问题,因为俄国公使对俄国的边境官员无能为力。②

对特殊的事变通常酌情处理。当哈萨克人逃入俄国境内后,边境官员竭力要把他们重新赶回中国领土,并交由忠于中国的蒙古亲王惩处。为生计所迫的索伦人的情况有所不同,他们获得重新定居的土地和重新购储畜群的资金。一个官方使团出使谈判,争取他们回归。

---

① 1863年2月18日奏折,见《筹办夷务始末》(同治朝)卷13,第1—5页。
② 《筹办夷务始末》(同治朝)卷13,第6—8页。

第十章 中国外交体制的近代化

总之,中国的政策旨在抵消俄国人对这些游牧民族的影响,同时继续采用以高官厚禄劝诱部族首领的传统方式,最重要的一点是争取那些德高望重的蒙古王公的支持。当俄国宣布对一位哈萨克可汗的领地享有主权时,一批身份很低的贵族很快即被授予了世袭的爵位。所有的中国边境官员都接到命令,要竭尽全力与地方头人谈判建立稳固的同盟。在紧要的乌里雅苏台地区颁布了一份警告不得附俄的公告,塔尔巴哈台的官员也向该地区的蒙古人颁布了一份类似的文告。

然而据中国官员报告,俄国人的宣传比中国人的反宣传更有效。上谕嘉许通过朝廷与蒙古地方配合抵御俄国的主张,认为确保蒙古的合作将无异于"釜底抽薪"。但是皇上接着指出,俄国人来去无常,已使蒙古各部畏其强横。不久前蒙古卡兵竟被拐走13人之多,清楚地说明朝廷与蒙古地方联合防御,也不过徒托空言而已。①

面对此种严重局势,中国认为采取报复性的军事行动是不可取的,即使在有把握取得局部胜利的地区也是如此。② 俄国在边境沿线总的兵力超过中国,俄国的政治策略已经被证明是更为有效的;而清政府的政治家们明智地看到以下这一点:在任何情况下,蒙古人的忠诚只有出于自愿,才能是有益的。但是清朝大臣没能看到的是:他们传统的诱饵——由化外的黑暗渐次进入中国

---

① 例如,好斗的棍噶札勒参喇嘛对于反对不安分的哈萨克人就是非常有用的;但是他习惯于偷袭俄国领土,因此不断引起外交冲突。在中国人看来,这正抵消了他在地方上的利用价值,得不偿失。这一地区的高级官员接到命令,满足俄国人提出的赔偿要求,注意明确勘定边界,同时保持对棍噶札勒参喇嘛的控制(《大清历朝实录》卷209,第21—22页;卷218,第9—11页;卷225,第8—9页;卷230,第17—18页;卷231,第6—7页)。
② 1863年6月19日,《筹办夷务始末》(同治朝)(上)卷16,第17—18页;1867年2月5日,《大清历朝实录》(同治朝)卷194,第3—4页。

文化的微明区,同时随着中国化程度的加深成比例地提高身份——再也无法与俄国人提供的使蒙古人作为蒙古人而具有更有力和具有更高基准的诱饵相对抗了。

中国的决策者们哀叹但承认这样的事实:在俄国与哈萨克人和布鲁特人获得成功之后,中国已是没有"操纵杆"了,而且随着回民叛乱者占领了新疆的一系列城市,中国还面临着俄国可能援助起义者的威胁,谈判的地位也进一步削弱了。因此唯一的妥协策略是:(1)尽可能与这些游牧民族建立良好的关系,同时还要防止他们背叛;(2)改进边境管理和检查;(3)最重要的是坚持条约,继续谈判,但不对俄国往后可能提出的新的要求做任何让步。①

国际法的引进

为能有效地利用条约,中国官员被迫去熟悉国际法,以便将他们的论点建立在为西方人所能接受的前提下。虽然没有做任何正式宣布,但是中国对国际关系的这一新的理论框架的调整则是迅速的。丁韪良用中文翻译出版了第一部国际法著作,他在英文序言中写道:

> 对于它(国际法)的一系列根本原则,中国人是欣然同意的。无论是在他们的经书中还是在他们的国家礼仪中,都承认有一至高无上的上帝执掌人类的命运,国君和亲王的权力

---

① 1863年8月8日总理衙门奏折,附有与俄国互致的照会以及上谕,见《筹办夷务始末》(同治朝)卷17,第30—48页;卷28,第2—4页;《筹办夷务始末》中1865年的许多文件时常提到此种观点,例如,卷33,第35页;另见《大清历朝实录》(同治朝)卷205,第2页,1867年7月3日的上谕令大学士、内阁学士和御史们与总理衙门会商定策,以遏止俄国在新疆的野心。

既为其所授,自当为其负责。……他们完全能够理解被视同有道德的人们间的关系的国家关系,和由此原则引导出的彼此间的责任。①

同样,总理衙门奏称,虽然国际法与中国法律并不一致,但它所包含的许多原则中国还是可以并乐于采纳的。②

19世纪60年代初赫德也翻译了国际法的某些片段,并就它的主要原则向总理衙门作了说明。总理衙门大臣,尤其是文祥,对此抱有极大的兴趣,任命了一个由四名学者组成的班子,协助丁韪良完成对《惠顿国际法》(Wheaton International Law)的翻译工作。全书告成后由董恂作序,并于1865年1月27日进呈皇上御览。

丁韪良的翻译工作是观念发生变化的一种标志,此种变化自"中兴"肇端以来就已处在迅速的演进过程中。从一开始总理衙门大臣们就显示出自己具有严密推理的才能。他们对1862年俄国条约的分析,说明他们已经把握了每一条款的法律蕴含。③1863年李鸿章对逮捕白齐文所做的出色的外交辩护④,完全是以国际法为根据的,并特别注意到了美国政府对参与美国南方叛军的外国人所持的观点。⑤中国政府由于拒绝了美国南方反叛者的船只使用它的港口,而加强了自己对付本国反叛者的法律地位。美国国务卿西华德对"能如此恰当地表现

---

① 丁韪良为《万国公法》(即《惠顿国际法》)一书写的英文序言,北京,1864年。
② 1864年8月30日总理衙门奏折,见《筹办夷务始末》(同治朝)卷27,第25—26页。
③ 1862年12月24日总理衙门奏折,见《筹办夷务始末》(同治朝)卷11,第3—6页。
④ 参看第九章。
⑤《北华捷报》1863年8月29日、9月5日译文。

出国际间的礼尚往来"表示满意。①

在这种情况下,"中兴"的西方支持者们很容易就能使总理衙门相信:如同研究《大清律例》对于外国人有用一样,研究《惠顿国际法》对于中国人也是有用的。然而,谨慎的总理衙门最初还是对此种意见进行了验证。在德国公使又一次提出许多新的要求时,总理衙门大臣们对国际法作了一些研究,然后提出一系列论点与之驳难。令总理衙门满意的是,"他垂头丧气,无言以答"。为此总理衙门发行了官方版的《万国公法》(《惠顿国际法》),并将300本分发给与外交事务有关的官员。

在这一新的领域里,中国人的技巧继续在发展。1865年夏《美索不达米亚条约》的谈判之所以是重要的,主要是因为它为中国施展新的外交手腕提供了机会。②

1866年法国对朝鲜的征讨是一个更为有趣的例子,因为它既牵涉国际法,又涉及朝贡制度。③受总理衙门指导的理藩院在与朝鲜打交道时依照传统的礼仪,但是在与法国和其他许多西方国家的交涉中,总理衙门全神贯注于令西人信服的推理的方式,对礼仪则不甚重视。④中国的政策声明对诸如封锁的特定含义、

---

① 1864年5月16日恭亲王致蒲安臣的信,没有提到驶离中国口岸的南部联邦支持者的"阿拉巴马"号船只。同日《北华捷报》译载了此信,1864年6月11日《西华德致蒲安臣》,见《美国议会档案》、《中国卷》、《训令》第1卷,第305页。

② 1864年8月30日总理衙门奏折,见《筹办夷务始末》(同治朝)卷27,第25—26页;1865年2月20日总理衙门奏折,见《筹办夷务始末》(同治朝)卷31,第45页。丁韪良《万国公法》英文序。T.F.特森的《璧斯麦和国际法传入中国》对此事有简要的探讨,见《中国社会与社会科学周刊》第14卷(1931—1932年),第98—101页。

③ "谈判表明,他们已读过惠顿的《国际法》译本,并因此受益。同时,他们也背离了某些旧例,这在一定程度上,已足令守旧者怒发冲冠"(密福特:《使馆馆员在北京——书信集》,第175—176页)。

④ 例如,"查法国檄文中仍有牵及中国之语,颇为无理,但事已多年,业经议和,该国不知中国文义轻重,不值与之计较"[1866年12月20日总理衙门奏折,见《筹办夷务始末》(同治朝)卷46,第13页]。

中立国的责任与权利等问题,表现了出色的理解力。

外国侨民对中国人的诡辩才能深感厌烦,"此种才能使他们得以成功地与外国的意愿相对抗";开始哀叹这样的日子来临了:中国人终于找到了"他们能大显身手的外交领域"。最终外国人承认了:"在未来的交涉中,我们必须对中国人刮目相看,他们已在用我们所承认的那些依据来对抗了。"①

西学的增进

在同治初年,中国官员对西方世界,甚至对在中国的对外关系中一些极为重要的地区,都所知甚少。曾有过这样的事情:他们不知道世界各国的名称,以至于将澳门和澳大利亚混为一谈。1862年与俄国谈判,总理衙门大臣们发现自己对贝加尔湖的地理位置茫然无知。据他们自己的报告说,它就海关章程提出意见,还缺乏财政学知识,尤其缺乏对长江流域的地理及其各通商口岸基本情况的了解。② 这些信息闭塞的最初缺憾,毕竟是可以在儒学传统的范围内加以弥补,因为探讨治国平天下本是传统教育的核心;然而全部的问题在于,必须将治国平天下的概念加以扩充,使之将国际关系包括在内。

当然,努力了解西方并不完全是一个新的课题,诸如《海录》《海国图志》和《瀛环志略》这样一些著作已经传布多年了。在北京就有一所悠久的俄文学校,同时还有许多中国人在通商口岸与

---

① 《北华捷报》1867年6月27日和1868年5月18日,事例不胜枚举。
② 1862年1月16日总理衙门奏折,见《筹办夷务始末》(同治朝)卷3,第14—16页;1861年11月4日总理衙门奏折,见《筹办夷务始末》(同治朝)卷2,第19页;1862年10月22日总理衙门奏折,见《筹办夷务始末》(同治朝)卷9,第49—50页。

外国人进行贸易往来。但是通过这些渠道所能得到的信息毕竟是有限的。此外,除非对外国事务的了解能够被引入官方制度的核心,否则此种了解就有成为买办专利的危险。传统的官方对买办历来是极为鄙视的,对此冯桂芬感受尤深。

日本输入西学为中国学习西方提供了另一种根据。1863年御史向朝廷转陈了一位候补地方官的一项建议,主张任职与外交事务有关的所有官员,都必须接受考试,内容包括各国的地理、地形、风俗、政治和物产。这位倡言者说,当他得知日本派出的一个使团到俄国和美国学习制造船炮兵械已达10年之久时,感到不胜惊讶。他在历数了日本实力的增长之后,建议中国按地方书院的方式,分别在香港、厦门、福州和上海设立适当的训练中心。总理衙门批准了训练未来官员的计划,但不愿勉强现职官员具备此种新学知识。

在"中兴"期间,中国只是在国内努力传播新学,没有派人到海外去学习。直到1871年容闳才成功地说服了曾国藩和李鸿章,在他的主持下派出了第一批留学生,但是这个计划后来夭折了。外国著作被越来越多地翻译过来了。曾国藩在江南制造局内附设了一个译书局①,还有一些其他的政府机关也添设了类似的分支机构。总理衙门指出,处理外交事务尤其需要新的地图和新的统计资料。②

1825年以来中国对外国书籍的态度经历了一个变化的过程。1845年俄国人曾向中国赠书,当时这批书全部被送进了档案库。1869年美国政府也赠送了一批图书,总理衙门对此很感

---

① 参看第九章。
② 见《北华捷报》1866年3月31日;另见1864年12月3日总理衙门奏折,载《筹办夷务始末》(同治朝)卷66,第2页。

兴趣,同时又记起了那批俄国图书,要求重新加以研究。在华的外国人注意到了上述的情况和"一种新趋向的兆头:探究在以前会被认为不屑一顾的事情的缘由"。

到同治末年,原先只是将自己对西方的兴趣局限于技术和国际法的实际运用的总理衙门,开始主张对西方社会做广泛的了解。1875年它在论及中国驻节海外问题时,强调说:

> 办理中外交涉,绝非易易。……要之,欲避免决裂,必得先事沟通人心,惟赖中外心心相印,衅端始可尽去。①

阅读外国报纸和公共文献,以便与变动不定的世界事务同步而行,是一个突出的变革。研究国外的基础知识用书,这在中国有过先例;但是在中国从未有过任何一种可以与19世纪的西方报纸相比的信息渠道。早在1862年詹事府詹事就曾强调阅读外国报纸对于了解外国人动向的重要性。② 薛焕定期将有关外国人在华中活动的新闻报道传达北京,尽管他声称怀疑此种报道的可靠性。③

中国官员将他们的新知识有效地运用于解决各种各样的问题。④ 在法国1866年入侵朝鲜期间,总理衙门研究了西方对法国行为的批评,并且借此取得了明显的成功。⑤ 中国各级官员十

---

① 1875年9月29日《京报》,译文载《美国议会档案》,《中国卷》第1卷(1876年),第87—88页。
② 1862年6月16日殷兆镛奏折,见《筹办夷务始末》(同治朝)卷6,第31—33页。
③ 1862年1月24日殷兆镛奏折,见《筹办夷务始末》(同治朝)卷3,第14页。
④ 利用新知识的具体方式最初是由上海提出的,但北京很快加以批准。笼络各国商人以公使施加压力,反之亦然。从以夷制夷的策略出发,研究欧洲国家间传统的纷争,俄国可以被用来调查长江走私,同样,觊觎葡萄牙人占据着的澳门的西班牙和英国,对中国也可能是有用的。如此等等。《筹办夷务始末》(同治朝)卷3,第49—50页;卷11,第10—12页;卷15,第36页。
⑤ 1867年3月20日,《筹办夷务始末》(同治朝)卷47,第20—23页。

分注意收集那些可能削弱外国在华地位的外国新闻报道和其他文件。例如,1859年丁韪良写了一封信,信中对英法联军的诚意表示怀疑。几年之后人们发现董恂手里有此信的中文译本,估计这是从《蓝皮书》中弄来的。① 在华的一位传教士写道:

> 我们这里的总督是一位精明的人,但是极端仇外。他和我一样对上议院的讲话和在《泰晤士报》上发表的有关传教士和传教活动的文章了如指掌。他看到我们遭侮辱和猜忌,知道我们是处在他的摆布之下。②

阿礼国对总理衙门观察世界事务的这一日益增长的趋势,作了评论。他认为,总理衙门可能已经从英国的报刊中找到了一种可以借以限制传教士活动的有利论据,这就是:即便是在英国,外国的佛教徒也会普遍遭到严重的敌视。③

中国人阅报的新习惯迫使英国官员开始考虑外国报刊对中国政策的影响。修订中英《天津条约》的谈判受到了属于商人团体的报纸上刊登的过分放肆言论的伤害。阿礼国说:"这里的外交部拿到了这些文件的译本。这些文件在当时是公开的,或者往往就是在他们的眼皮下发表的地方报纸的评论和一些引人注目的文章。"受到这些读物伤害的总理衙门,便倾向于强硬。为了减少这种损害,阿礼国要求全体英国领事发表谴责商人们的观点。④

---

① 丁韪良:《中国人:他们的教育、哲学与文字》(纽约等处,1893年),第35—37页。
② 约翰书院,1869年底,见沃德洛、汤普森《杨格非》(伦敦,1906年),第253—254页;有关英国传教士的争论,参看第三、十一章。
③ 1869年5月20日《阿礼国致克拉伦敦》,见《美国议会档案》,《中国卷》第5卷(1871年),第138页。
④ 1868年4月16日《阿礼国致山嘉利》,见《美国议会档案》,《中国卷》第5卷(1871年),第51页。

"中兴"官员懂得了利用报纸,不仅仅是因为报纸提供了了解外国信息的一种渠道,而且还在于它同时又是反映外国人对华观感的工具。正因为如此,他们对外国报纸对他们的评论十分敏感。当时人们普遍认为,李鸿章十分了解外国人对他处决在苏州捉获的太平天国领导人的批评,所以他释放被扣押的外国船只"泰赛尼"号,是为了改善他与报界的关系。① 中国官员通常反对刊载有关中国的新闻报道,有一次总理衙门命令地方道台警告《北华捷报》,不得刊登诽谤中国官方的评论。②

同文馆与中国教育的近代化

改革中国高度发达的传统教育制度以适应新的需要,是"中兴"的一个根本的问题。推进教育的近代化,如同推进外交政策的近代化一样,重要的事情是掌握新的技能。儒学国家的一个基本原则是,官员要在竞争的基础上从最精于行政管理之道的年轻人中挑选。如果对外关系不被纳入这一传统的政治制度,那么前者对后者将构成威胁;反之,它就要受到有权能的官员们的控制,这些人在统治集团中有着正统的身份而不依赖通商口岸的商人。

《清史稿》的编纂者们指出,中国新的学校制度肇端于同治中兴初年。1862年同文馆在北京成立,目的是培养选自八旗子弟的外语人才。1863年李鸿章仿效同文馆在上海设立了广方言馆。1864年瑞麟也在广州设立了类似的学校。1866年左宗棠在福州设立船政学堂,教授英语、法语、航海和工程学。这些学校从

---

① 见《北华捷报》1864年4月2日。
② 见《北华捷报》1867年1月5日和1868年7月31日。

一开始便发展迅速,并且其职能也很快扩大了。

应当看到,在教育改革的第一阶段,中国人的积极性比外国人更高,而且他们把重点放在增设国内学校上,而不是向国外派遣留学生。早在1860年卫三畏就曾建议将中国赔款中剩下的20万美元充作"在华建立一所高等学校的资金。学校聘请合格的教师,指导帝国学生学习西方各国的语言和科学,将他们培养成对他们的同胞和政府有用的人才"。①

但是这个建议没有得到任何回应——与此形成对照的是,40年后的庚子赔款对中国教育的发展起了重要作用。1865年美国长老会在登州建立了一所学堂,这就是后来的齐鲁大学的前身。1871年美国圣公会在武昌建立了后来的华中大学,不过这些及其类似学校的重要性,只有在后一阶段情况发生变化时才显示出来。在"中兴"时期,新教传教士更关心的是宗教经文的翻译,而不是介绍一般的西学。天主教传教士很早就注意到了在华学术工作的作用,他们在"中兴"期间却从教育界撤退了。

在19世纪60年代,中国努力使其教育近代化的突出事例是同文馆。从同文馆一建立,"中兴"官员们就希望能使新学与旧制度结合起来,借此最终强化这一制度以反对西方的扩张、整肃自身混乱的军队并对抗广东的买办。冯桂芬认为新的科目应当成为公认的学问,应当列入科考之中。② 由于买办也是传统的等级结构中的新的因素,所以冯桂芬反对买办的发展正反映了等级制度与官场文化利益的一种综合。

总理衙门原定同文馆只聘请中国教师,但是很快就发现即使

---

① 1860年11月3日《卫三畏致卡斯》,见《美国议会档案》,《中国卷》,《函电》卷19。
② 冯桂芬:《设立同文馆议》,《校邠庐抗议》卷2,第99—101页。

是在上海和广州,也找不到能胜任外国语教学的中国教师。1862年决定聘请外国人教授中国未来的官员的做法似乎是一种冒险,只有到了威妥玛反复向总理衙门保证外国教师绝不讲授基督教之后,这种对意识形态渗透的疑虑才告消除。①

总理衙门决定这所新的学校将提供有效的训练,而不能像旧的俄文馆那样疲沓,后者在它漫长的历史上一事无成。同文馆最初计划招收年龄在15岁左右的学生10名至24名,但是这个招生数字很快就扩大了。学生的学习情况由定期的考试来检查。他们被要求经过第一年努力学习之后,能够增加翻译外国公文的练习。

设在上海和广州的学校仿效北京的模式。李鸿章与先前的总理衙门一样,指出许多外国人研究中文已有20多年,其中不少人能够阅读中国经书、史书和官方文件;与此相反,能够阅读外文的中国官绅却寥寥无几,他们中的绝大多数人于是不得不依赖翻译,而这些翻译往往并不可靠。总之,为了理解外国人的意图,中国官员有必要去研究那些为外国人所重视的科目。因此亟待设立一所完善的外国语学校。可以相信天赋异禀的中国人,一定能够很快地掌握这些新的科目。②

如果仅仅是限于教授各国语言,那么这不过是常规的进展而已。但是同文馆所显示的已远远超出了常规。当极端的顽固派看清这一点时,便发出了一片喧嚣的抗议声(尽管一时并没有成功)。总理衙门捍卫自己在教育上的立场的成功,在一定程度上说明了在旧的秩序之内对洋务的处理已能适应于现代的需要。

---

① 1862年8月20日总理衙门奏折,见《筹办夷务始末》(同治朝)卷8,第29—31页。
② 1863年3月11日奏折,见《李文忠公全集·奏稿》卷3,第11—13页。李鸿章的奏折及随后的1863年3月28日上谕,见《筹办夷务始末》(同治朝)卷14,第2—5页。李鸿章的奏折与其幕僚冯桂芬的早期短文《设立同文馆议》,十分相似。

1867年1月28日,总理衙门奏请添设天文算学馆,为国家培养专门人才。它强调科学是西方技术的基础,基础知识对于中国实现自强是必不可少的。后来聘请的外国教师也是经过挑选的,整个计划由赫德审定。①《北华捷报》把这一事态看作表明中国的排外主义终究开始消退的一种征兆,并且肯定了这样一种可能性:中国人一旦掌握了西方的科学,他们就能够在自己被公认的杰出记忆力的基础上发展"真正的智力"。② 1867年2月25日徐继畬被任命为扩充后的同文馆大臣。

当这新的计划传开之后,极端顽固的反对派在倭仁的率领下便立即动员起来。③ 山东道监察御史张盛藻,充当了倭仁的代言人,他申述了士人的见解:科考当以文学为基础,而不当以技术科目为基础;天文、算学应责成工部和钦天监选员演习,不必让科甲正途官员肄习其事;正途科甲官员等以尧、舜、孔、孟之道为教,明体达用;算学无非机巧之事,形下之器不可与形上之道相提并论。

皇帝支持了所谓的开明派,并在1867年3月5日的一道上谕中,提出了这样一个原则,现在天文算学已为儒者所当知,不得视为"淫巧"。读圣贤书与掌握西方的方法,无所偏废。④ 这就是"同治中兴"的本质:在旧秩序的范围之内,实行激进的改革。

反对派并没有轻易地屈服。1867年3月间,协办大学士倭

---

① 《筹办夷务始末》(同治朝)卷46,第43—48页;英译文载《北华捷报》1867年2月9日。
② 见《北华捷报》1867年2月9日。
③ T.F.特森把这一次事件说成是控制着同文馆的恭亲王与作为没有加入同文馆的儒生代表的倭仁之间的冲突[蒋廷黻:《中国近代史》(长沙,1938年),第66—67页]。这一论点不能成立。像曾国藩、冯桂芬这样的儒生,认为旧的秩序不可能照旧存在下去,他们是支持同文馆的。但是,无论如何,未曾丧失身份的大批儒生,是不可能追随"中兴"领袖的。倭仁所代表的当是这些人。
④ 《筹办夷务始末》(同治朝)卷47,第15—17页;《大清历朝实录》(同治朝)卷195,第35页;《同治中兴京外奏议约编》卷5,第40—41页。

仁亲自出马发动了大规模的进攻。早在1850年倭仁就曾上了一份著名的奏折,把根本的伦理教育与这种"淫巧"加以对照。在这期间,他曾历任几个部的尚书、皇帝的师傅、都察院左都御史和翰林院掌院学士等职。他是一位理学大师,以及与恭亲王、文祥对立的反对派的公认领袖。总理衙门一度试图通过任命他为本衙门的大臣以抵消他的反对。其时谣言四起,北京城挂出了一副对联,攻击政府为政不当,以夷人为师,玷辱士林。在帝国民众的眼里,倭仁依旧是桀骜不驯的。

教授科学显然属于次要的争论问题,却导致了"中兴"领袖们与大多数文人学士之间潜在矛盾的总爆发。这说明在短短几年中领导层思想上所发生的几乎难以觉察的变化是多么巨大。此时问题挑明了,帝国的许多最高级的官员都卷了进来。

3月20日倭仁在一份奏折中依据下面这个原则反对讲习天文算学:根本之图在人心,不在技艺。总理衙门则援引支持同文馆的曾国藩等人的意见,来反驳倭仁。随后倭仁改换理由并建议说,即使西方的天文算学必得讲习,那么至少也应当是聘请中国自己的教师来讲授。总理衙门反驳说中国人难以胜任。接着诏令倭仁自荐合格的中国教师,他复奏不知何人精于此道。

4月底总理衙门总结了这次事件,并重申对倭仁所提出的基本原则的批驳。它的意见得到了皇帝的首肯,由是同文馆得以继续招收正途出身的官员学习天文算学。倭仁本人一再被要求在总理衙门供职,但他以自己将会误事为由执意拒绝了。起初他的拒绝并没有被接受,不知他何以能回避履任新职。最终朝臣采取了保全面子的传统做法,以"病弱"为由,解除了倭仁协办大学士以外的一切差使。这是出自总理衙门对他的宽容。

1867年的旱灾为倭仁一派提供了重新挑起论争的机会。根据传统的中国政治理论,自然灾害被说成是政策过失的结果,因此皇帝有责任去纠正过失,以便恢复天和。① 极端的顽固派抓住这个借口,声言是总理衙门的所为扰乱了天和,以致引起灾异。直隶州知州杨廷熙更借此要求关闭同文馆以祈雨。杨宣称总理衙门僭越妄为,淆乱君听,致使皇上置许多老成持重的大臣和御史们的意见于不顾。他坚持的主要论点,仍然是西方文明不适于中国。②

杨的争辩在批复的上谕中受到了奚落,不过皇帝更关切在他身后可能存在强有力的朋党。倭仁被点名警告,令其反省为臣之责。上谕以明确的语言再次肯定了政府对总理衙门政策的支持,并且以曾国藩、李鸿章的经历说明儒学与西学是可以相辅而行的。上谕认为翰林院没有必要自行限定人文科目。③

这一原则一经明确,冲突便缓和了。总理衙门王大臣等提出辞职,但被皇帝拒绝了。杨本人也没有受到议处,理由是皇帝不愿打击臣工敢谏的勇气。相反,杨还被邀请参加起草一份有关自强的文件。内阁侍读学士钟佩贤奏称,倭仁及其同党,妄议政府,当加议处。但是上谕否决了这一点,并指出倭仁为人忠诚,所奏

---

① 在帝国的档案中,有关水旱灾异的记载通常占有突出的地位。但在绝大多数情况下,有关被迫改善政治的记载更为详尽。例如,当事的官员们将力求俭朴和直言(《清史稿·本纪》卷21,第5页)。直到1931年,此种"天道与人心相通"的见解,依然存在;民族主义的政府被谴责由于它违背了儒家治世的原则,结果招致了这一年普遍的灾害,尽管在名义上这是在推崇圣人(参看第十二章)。

在许多原始的和农民的社会中,"人们总是这样认为,除非社会的所有的规则都得到了遵守,否则上天是不会赐福的"[乔治·霍曼斯:《人类的团体》(纽约,1950年),第327—328页]。尽管此种思想与中国并无不同,但它无论在哪里都不曾发展成为一个古老帝国的一种统治原则。
② 御史奏折,见《筹办夷务始末》(同治朝)卷49,第13—24页。
③ 1867年6月30日上谕,见《大清历朝实录》(同治朝)卷204,第30—32页;另见《筹办夷务始末》(同治朝)卷49,第24—25页。

固有失实,无非生自公心。①

尽管付出许多努力以保全反对派的面子,但是无论是在一系列异乎寻常和充满魄力的总理衙门的奏折中,还是在同样充满魄力的一连串上谕中,官方的政策都得到了十分清晰的表述。这些文件的许多译本不仅被海关印刷出版,而且被一些报刊翻印和收入了西方的某些文件汇编。这一事件的重要性引起了广泛的关注。蒲安臣向华盛顿报告了事态的发展,美国国务院对总理衙门所运用的战略和策略大为赞许。② 某些研究者对蒲安臣的以下指摘是没有根据的:他仅仅向华盛顿提供了那些斥责倭仁的上谕,而没有汇报倒转政府立场的所谓最后诏书。③ 事实上并不存在所谓的最终倒退。

在1867—1868年这一"中兴"的巅峰期内,人们有理由对同文馆的前途抱普遍的乐观态度。丁韪良写道:"这所学校能够逃过卫道的文人学士们所发动的进攻,已是不小的胜利,更何况卫道者还得以这些不祥的突变为口实,它们足以刺激起种种不和的因素。"④《伦敦与中国邮差报》也写道:

> 整个文明世界与它(同文馆)的成功是紧密相关的。

---

① 《北华捷报》1867年7月27日,译载有杨廷熙及倭仁的奏折,还有上谕。另见都察院左都御史灵桂1867年7月8日的奏折,载《筹办夷务始末》(同治朝)卷49,第31—35页。
② 美国国务院的高级官员威廉·亨特,就任命倭仁为总理衙门大臣一事评论说:"这显然是一种笼络政治反对派和争取敌对者支持的天真的权宜之计。"西华德也评论道:"这些报纸所描绘的事情的发生过程,是十分有趣的。它表明在帝国政府中出现了一种吸收西方制度和惯例的强有力的趋势。"(《美国议会档案》,《中国卷》,《训令》第1卷,第460、454页;其日期分别为1867年7月24日和7月6日。)
③ 方根拔:《蒲安臣使节真相》,第193页,注及附录:"中国的新学堂",第595—870页;盖德润:《中国今昔》(伦敦,1895年),第19页。他们都误认为恭亲王失败了,皇太后向倭仁妥协,事实是,做出了一系列任命,开设了科学课程并举行了考试。
④ 丁韪良:《花甲记忆》,第313页。

……在中国为何不去将这样的人培养成地方总督,乃至于各部尚书呢?他们学贯中西,意在造就一批既浸透着近代科学思想,同时又能通过科考出任政府官员的新人。①

《北华捷报》发现这些文件贯穿着一种"精神,此种精神之被领悟,是一种积极的活力复苏的表现"②。

在挫败了倭仁小集团之后,同文馆的事务就中国人方面而言,进展是顺利的。它也没有受到在外籍雇员中出现的骚动的太大影响。此次骚动是由涉及同文馆的控诉赫德欺诈行为的诉讼案激起的。③ 著名的数学家李善兰1868年充任教习。一位同事这样评论他:"他的信念,如果有,就是混合中西。他自称是一名儒生,但实际上是一位折中主义者。他将来自印度和西方的思想与中国哲人的教义嫁接在一起。"④数学和科学考试成了惯例,学生人数增加了,同文馆的地位也提高了。

但同文馆最终毕竟是失败了。其时许多外国人对此所作的解释离谱甚远。一些人认为学校的失误在于回避了宗教教育⑤,但是作为一所中国的学校,这种情况是有助于它的成功的。另一些人则认为,外籍教习用于研究中国问题的时间未免太多了:"这

---

① 1867年11月26日《伦敦与中国邮差报》;引自方根拔《蒲安臣使节真相》,第595—597页。
② 见《北华捷报》1867年10月9日。
③ 方根拔控告赫德,要求赔偿损失。他声称自己在接受同文馆的聘任时,受了赫德的欺骗,因为后者把总理衙门说成政府的一个部(方根拔的抱怨,可参看他写的《中国的新大学》,《蒲安臣使节真相》,第772—773页)。上海的英国最高法院虽然否决了对赫德的绝大部分指控,但仍然对他课以罚款。为此,其他同文馆的外籍教习士气低落。其后,英国枢密院依据英国法律有关君主豁免权的原则,又推翻了上述判决。它认为,法院对作为中国君主代表的赫德所犯有的任何过失,不拥有裁判权(魏尔特:《赫德与中国海关》,第12章"同文馆和方根拔的诉讼案")。
④ 丁韪良:《花甲记事》,第12—15页。
⑤ 见《北华捷报》1868年5月9日。

所培养中国英语人才的北京学院,却成了培养英国中文人才的学院了。"①但是,外籍教习对中国的兴趣若能对学校产生什么影响,那也应该是有助于学校的稳定和减少中国人的敌意。

恰好是在同文馆事件发生时期开始自己杰出的仕宦生涯的张之洞,在30年后写道,同文馆遭到了由思想偏狭和保守的儒生们所发动的谣言战的破坏。在"中兴"领导人由二流人物接替之后,同文馆便在一片敌意的社会氛围中凋谢了。由是直到1895年前,中国教育没有做进一步的改革。

迄今,中国的历史学家们一直将同文馆的建立看作中国近代化的重要步骤,但是他们没有认真考虑导致同文馆失败的原因。中国共产党历史学家很晚才研究这个问题,他们断言这所学校是为满人和外国人的利益服务的帝国主义侵华工具。按范文澜的说法,总理衙门派的目的在于建立一个培养翻译人才和买办的机构,以便将外交事务控制在满人的手里。在范看来(倭仁也是如此),同文馆是鼓励媚外和鄙视中国人的。它之所以失败,是由于李鸿章及其他一些强有力的反对派打破了这种满人—西方帝国主义者的联盟。②

19世纪60年代的一批乐观主义者,不持此种错误的见解。他们认为,同文馆的建立表明中国文化发生了一个深刻的和根本性的变化;与这一时期其他许多改革一样,同文馆的失败是因其自身的发展导致了对儒学国家基础的挑战。大学士和两广总督瑞麟指出了根本性的障碍就在于:新学堂的学生依然重视使自己获得做官资格的旧学而轻西学。③ 他还认为,离开了中国政府及

---

① 见《北华捷报》1868年11月28日。
② 范文澜:《中国近代史》第1册,第202—205页。
③ 1872年2月29日瑞麟奏折,见《筹办夷务始末》(同治朝)卷84,第12—13页。

其官员自身革命性的变革的前提,一切要改变此种现状的努力,都是徒劳的。高级官员们即便有心改革,也缺乏胁迫士绅的权力;他们即便有了这种权力,作为儒学的政治家,也不可能这样做。

小　结

"中兴"在对外关系近代化方面的成功,值得注意。大学士宝鋆为这一时期的中文外交史料汇编写了一篇正式的序言。他写道:"十三年帝治辉煌,书(《筹办夷务始末》)呈金鉴。"①当然《筹办夷务始末》在实际上已不再记录那些反复强调中国在对外关系中传统要求的陈词滥调,而是记录了某种更重要的事情:一种近代化的外交政策历经挫折的形成过程。既出于客观需要又出于人为选择,这一政策的重心是在非军事方面,但是军事力量的长远重要性并没有被忽略。

到19世纪60年代末,中国的国际地位不仅比1840年以来,而且比以后大约一百年中的任何时候都更高。直接的外国军事入侵事实上已经停止,西方狂热的商业冒险活动也已结束,有人在谈论放弃治外法权,而初期阶段的国家主义不仅没有替代,相反却增强了传统的以民族为中心的文化主义。

"中兴"时期的对外政策,成功地维护了中国自身的权益,但并没有损害约定的外国利益。希望中国能与19世纪的商业世界实现及早的和完全的结合的集团,与那些担心被征服、被吞并的人一样是痛苦的。尽管帝国主义者的梦想被打破了,那些一般的

---

① 宝鋆等:《筹办夷务始末》(同治朝)第1卷,"序言"。

外国侨民的实际地位却得到了大大的改善。15个通商口岸,外加北京,都业已开放。侨民可以安全地四处旅行,并且受到礼貌的款待。随着一批船埠的建设、轮船的广泛使用、有效率的海关机构的稳固确立,以及各种传统惯例的改革,从事贸易活动所必需的物质条件逐年大为改观。那些需要与之打交道的官员也变得更加通情达理。如果侨民确有冤情并能恰当地提出申诉,就有可能得到公正的裁决。对亚洲各国政府的做法向来不满意的法国人,也承认当时的趋势是令人鼓舞的。①巴夏礼把中外关系中的这种新的局面非常贴切地比喻为"一对稍欠和睦的夫妻,又言归于好了"。②

在"中兴"期间,中外官员都相信,中国内政问题乃是当务之急。一旦这些问题得到了解决,建立外交关系就不会有太大的障碍。阿礼国和他的同僚们对此的理解是,外国的利益有赖于中国的和平、秩序、有效的中央控制和经济的繁荣。恭亲王、曾国藩、左宗棠和其他一些人则认为,鉴于国家的衰弱和内乱招致了外侮,唯有实现自强才能慑服外人。

1870年夏发生的两个事件,标志着"中兴"外交政策的完结:英国拒绝批准《阿礼国协定》,以及"天津教案"。虽然这些灾难表面上是中国新的外交政策的失败,但在实际上,二者都是在中国外交政策范围之外的事态发展的结果。英国政府勉强决定拒绝批准《阿礼国协定》,是英国商人向本国政府直接施加压力的结果。"天津教案"是一部分因西方的闯入而感到地位受到威胁的

---

① 《帝国政局》,1867年11月,《国外政治事务》,见《法国外交事务部外交文件》(1867年),第248页。
② 1865年5月10日巴夏礼的信,引自密福特《使馆馆员在北京——书信集》,第38—39页。

儒生和地方官员煽动的当地仇外情绪爆发的结果。除了这种事件，总理衙门已经找到了圆满解决国际关系常见性问题的途径。但是在下一章将会看到，当外交政策的直接需要违背了儒教秩序的根本要求之时，这一点是无济于事的。

第十一章　功败垂成

签订平等条约的最初努力

如上一章所述,"中兴"政府自1861年后已经接受了中国与西方签订的现有条约,并且通过采纳西方的外交方式成功地修正了某些条约的条款,维护了自身的利益。但是,政府雄心勃勃:虽然《天津条约》①不再像1858年时那样似乎是一场噩梦②,但下一步是要修改其中最要不得的条款,并为中外关系建立起一种新的和"平等"的条约基础。然而任何的调整又谈何容易?因为扩大西方贸易的要求会影响整个中国社会,并且在许多情况下是与"中兴"的国内计划背道而驰的。

在华的外国侨民对此缺少理解,他们轻率地推行了这样一种政策:要求全国立即开放,允许西方自由贸易和传教。他们认为《天津条约》为他们提供的权益还太少,而且这些权益中有些实际已被总理衙门的诡计和英、美外交官亲华的偏见化为乌有。③

---

① 鉴于英国利益支配了在华的外国利益,"天津条约"一词,除特殊情况外,专指与英国的条约。
② 恭亲王等人的奏折,见《筹办夷务始末》(咸丰朝)卷26。
③ 参看第三章。

与此相反,英国的官员们却时常为前途的险阻所困扰。阿礼国具有强烈的历史感、丰富的阅历和对当代事务的广博学识,他敏锐地意识到,他所看到的并不是普通的外交场面,而是"一场有史以来未曾见过的革命"。他预见到了从地中海到太平洋的未来的亚洲现代国家的种种模式。他不认为英国能够延缓或者促进它们的发展,甚至按自己的设想来塑造它们。

> 有史以来的全世界的经验都表明,尽管殖民地可以从母体中移植出来,但是不可能借助剑或条约,将文化自身由一个民族全盘地移植到另一个民族之中。文化只能在它扎根的土地上一脉相承地发展。文化必须适合于特定的气候、土壤和它的整个自然环境;文化与时俱进,又反转来影响后者;由是通过二者间的互相作用,文化和环境便或早或晚地形成为一种统一的和谐的整体。

> 即便中国愿意实行它迄今未曾经历过的试验,以便一举和全盘改变现状:铺设铁路、电报,依靠外国机构和机器开采全部的矿藏资源,以最充分发展的方式实行自由贸易,焚毁儒家的全部书籍,接受新的教义,视外人为兄弟;或者有任何其他的有关世界大同的空想天真的方案,有谁会相信和平与繁荣是唾手可得的,或者说通过这种刻不容缓的进步,能够在旧国家——当代屹然矗立的最古老的国家组织和民族——的废墟上建立一个稳定的国家?凡是读过一点有关这一民族及其文明史的人,怎能相信这一点呢?①

阿礼国所谓的西方不能也不应该进行强制干涉,绝不意味着西方

---

① 1868年5月5日《阿礼国致山嘉利》,载《美国议会档案》,《中国卷》第5卷(1871年),第137—138页。

的政治家没有责任和他们可以静待混乱状态自行结束。相反,他认为现在正面临着历史的关键时刻,在未来的数十年里,事态的发展将有赖于识见和慷慨,并依此作出某些重大的外交决策。他在研究了中国的现状之后进一步指出,在 1868—1870 年间一个改革的政府有可能得到增强。这是一个确定近代中国与西方关系的基调的时期。尽管这个见解是极其重要的,但是他并不指望通过戏剧性的举动实现它,因为"谈判者一般必须面对眼前的事实和实际状况,而不是在将来某个时期可能存在的状况"①。

19 世纪 60 年代的重大现实是,中国的政府和舆论制造者们,对西方帝国主义抱有强烈的怀疑。对此阿礼国采取的对策是:耐心谈判,谦和退让,竭诚努力去理解和反映中国的真情。他认为自己看到了在互让的基础上举行的谈判中中国人愿意合作的迹象。针对商人们拒绝响应此种意愿的做法,阿礼国采取了严厉的态度。

在修订《中英天津条约》的谈判开始之前,阿礼国就曾告诫商人们说:"所有那些偏袒一方而给另一方造成损害和不公正的条约的条款,不仅会被受害者回避开,而且往往成为引起麻烦和误解的主要根源。"②1869 年争取议定中国的第一个"平等"条约的谈判失败之后,阿礼国回忆说:

> 在华商团对我们和北京政府协商平等条约极为蔑视。他们设想修约将为进一步扩大权益提供更多的机会,而从未曾想到中国人可能提出全然不同的见解,以至于利用自联军占领北京以来第一次出现的这次机会,宣布有权删除或限制

---

① 1868 年 5 月 5 日《阿礼国致山嘉利》,载《美国议会档案》,《中国卷》第 5 卷(1871 年),第 137 页。
② 1867 年 5 月报纸报道阿礼国在九江的演讲,载《美国议会档案》,《中国卷》第 5 卷(1871 年),第 6—7 页。

特权。这些特权是先前凭借压力和作为和平的代价从他们那里勒索来的。①

从后来的事实可以看出,1869年未被批准的《阿礼国协定》,是在互让的基础上谈判条约的真诚的尝试。阿礼国曾告诉文祥,他受到了许多人的指责,说是未能满足西方的要求。当时文祥回答说:"是的,那是肯定的。我看到了你们报纸上经常讲的那些事。我也被人目为内奸。"②

阿礼国总结说,在谈判中双方都未能实现自己更多的要求,但是中国政府表现出比英国商人更多的灵活性。虽然阿礼国承认商人们对中国政府最终目的的怀疑,一定程度上是正当的;但他又坚持认为,没有一系列真诚的条约,一切都不过是空洞的,世界也将重新陷入野蛮的状态之中。③

利害相关的三方

各方都不满意《天津条约》。中国政府、英国政府以及英国商人和传教士之间,其利益和见解的冲突,在中外关系的每一个领域中都表现出来了。但是三方各自所强调的问题的重点是大不相同的。英国商人首先要求降低外贸税和严格执行《天津条约》中有关通行税的条款。其次要求内地全面开放,允许外国人自由居住、通航、开矿和修筑铁路。他们并不特别关心诸如外国公使觐见皇上、中国向外派驻使节以及中国的内政改革等问题。教会

---

① 《美国议会档案》,《中国卷》第10卷(1870年),第2页。
② 1868年12月23日《阿礼国致山嘉利》,载《美国议会档案》,《中国卷》第5卷(1871年),第261页。
③ 《美国议会档案》,《中国卷》第10卷(1870年),第11—12页。

主要关心能够获得在内地自由居住、旅行和传教的权利。商人抱怨中国政府违反现有条约对英国商品征收不公正和无理的税款。对此英国政府和官员表示支持,但他们只限于严格地解释条约,而拒绝向中国关税主权提出挑战,除非事先达成了特别的协定。与商人和传教士不同,他们十分怀疑要求开放中国内地是否明智。对觐见问题似乎也不再着急,但他们重视中国向海外派驻使团的问题。他们认为最大的问题是中国内政的改革。他们认为中外关系中所有具体问题的解决,归根到底都有赖于此。

一般说来,觐见和派遣使节这两件事在中国对外事务的议事日程上是被列在首位的,因为它们涉及皇上和国家的尊严。但是就中国政府讨论二者时的口气而言,在事实上它们又是次要的问题。对中国人来说,最重要的是传教士问题。商人对传教不感兴趣。英国政府对此感兴趣,首先是由于中国人的激烈反应。对中国人来说,第二个问题是引进铁路、内河轮船航运和外国投资。外国人在内地居住和旅行的问题又次之。至于子口税问题,则近于无动于衷。

到 20 世纪引起狂热的治外法权问题,当时在三方的心中相对说来还是小问题。

外国人心目中的问题

外贸税 总的说来,外国人首先关心的是外国商品输入中国内地的征税问题。在商人眼里,"这可能是所有与条约相关的问题中最重要的问题了"①。1842 年订立的《南京条约》第 10 款,准

---

① 1869 年 2 月 1 日《上海总商会主席致麦华陀》,载《美国议会档案》,《中国卷》第 12 卷(1869 年),第 5—6 页。

允中国商人将英国货物遍运天下,但对货物子口税只做含混规定,其数额从未明确过。1858年订立的《天津条约》第28款——"额尔金子口条款"——通过做以下详细说明纠正了上述含混的弊端:事先公布中国的内地税率,对外国货物应征的所有中国内地的子口税,只要商人愿意,可以在另交2.5%的子口税后予以免征。

第28款从一开始就被证明是难以实行的。[①] 首先对其含义的理解就存在着尖锐的分歧。如同在中国的各个口岸一样,这个问题在国会也引起了激烈的争论。根据什么用以出口的本国产品就成为"外国货物"而享有特权?根据什么外国产品一经进口就不再是"外国货物",因而不能享受优惠?实行子口税协定能确保什么样的优惠权利呢?是豁免各地所有的中国人的税款,还是仅仅豁免地方上的子口税呢?定有何样条款可以防止中国地方官府的额外勒索呢?定有何样条款可以防止外国商人的欺诈行为呢?《北华捷报》做这样的评论是有根据的:"(《天津条约》的)草拟者们对中国的财政制度显然一窍不通,否则他们就会懂得对贩运的相同货物同时实行两种税率是不切实际的。"[②]

上海领事支持这样的观点:中国的税收制度也许是不健全的,"但是这只能通过其他一些途径而不是通过一个商约的附约来加以改变"。

---

① 见《北华捷报》1862年10月4日。
② 政府的支持者们认为,额尔金从一开始就看到了地方税与子口税的区别,但他仅仅是考虑到通过后者去保护外国贸易。如果是这样,那么向外国货物征收地方税就根本不存在违反《天津条约》子口税条款的问题。但中国贸易集团否认了此种解释。此后外交部发言人承认,订立子口税条款的本意,是要豁免所有的内地税;但他又支持中国对此重新作出解释。后者辩护说,英国商人将通行票证非法转卖给了中国的内地商人(《英国议会议事录》第197卷,第1786—1790、1795—1797、1800页)。

……在缺少一个全国统一的关税管理机构的情况下,无人相信从长城到海南边陲,如此复杂和广泛的内地税收系统能够得到彻底和有效的控制,以适应所有外贸的需要。①

愤怒的商人们不同意这一点。他们坚持认为,根据条约第 28 款,他们的货物应豁免一切内地税,既免征厘金,也免征内地的子口税。② 在所有的通商口岸,商人们都抱怨中国地方官员践踏了他们由条约所规定的权益,在一些口岸,商人获得领事的支持。③

与此相反,英国的外交官们都支持中国的论点:条约中有关子口税的条款并没有规定豁免如厘金这样的地方税。④ 同时,他们对英国商人借过境通行证操纵黑市的公开丑闻,较之中国人更感愤慨。19 世纪的英国人不能接受厘金,它违反了所有可接受的财政政策的原则。尽管英国官员曾不失时机地规劝过中国人改革他们的税收制度,但他们并不认为这样的改革是可以通过条约来强加于人的。阿礼国告诉九江的商人们说,不管中国的内地税收制度可能是怎样的不明智和不公正,英国也无权

---

① 上海领事文极司脱,见《美国议会档案》,《中国卷》第 5 卷(1871 年),第 30—32 页。
② 上海的商会不仅认为贩运外国货物的中国人应当得到过境通行证,而且为与纯粹从事内地贸易的中国人进行子口贸易作辩护,理由是中国政府的整个税收政策是非法的和不道德的。《美国议会档案》,《中国卷》第 4 卷(1870 年),第 14—15、18—20 页;《英国商会年会记录》(上海,1861 年 7 月 27 日);《上海总商会年会记录》(1865 年 8 月 23 日)。
③ 有关九江,参看《商务报告》(1862—1864 年)第 4 期;《北华捷报》1863 年 10 月 24 日。有关厦门,参看《美国议会档案》,《中国卷》第 5 卷(1864 年),第 67 页;第 4 卷(1870 年),第 17—21 页。有关福州,参看同前,第 14—16 页。有关宁波,参看第 5 卷(1871 年),第 154—156 页以及第 63 卷附录。有关镇江,参看同前第 1—2、4—5 页;第 4 卷(1870 年),第 22—26、29—31、34—38 页。
④ 1868 年 12 月威妥玛备忘录,载《美国议会档案》,《中国卷》第 5 卷(1871 年),"附录"。

加以干涉；同时要处理如此复杂的内政问题，无论如何，英国也是无能为力的。他规劝商人们不必对那些充其量不过是纯粹名义上的权利吹毛求疵，而应当支持他达成一项在现实条件下可行的协定。①

"内地开放" 在外国人看来，实施《天津条约》过程中出现的第二个重大问题，是由条约的第 12 款引起的。该条款规定，外国人可以在中国各地租地盖房、设立教堂、医院等，均按民价照给，公平议定。英国官员认为，这一条文并没有授予外国人可以在内地自由居住的任何普遍权利。如果有意这样做，条文就没有必要去一一列举那些对外开放的通商口岸了。②

英国商人普遍持与此相反的看法。他们强调条约第 12 款"开放了内地"，而他们却被剥夺了这一条约所规定的权利。③ 他们现在不再坚持开放另外的通商口岸，因为过分扩张已经造成了他们严重的商务损失④；而是希望通过减少设立在各通商口岸的分支机构的数目来缩减管理费，同时想通过自由进入内地以扩大贸易规模。他们相信，如果能够在内地随心所欲地旅行和定居，他们定将重新获得昔日的商务繁荣；如果他们能够亲自过问所有的贸易，外国货物就可以少征税款。

商人们没有明确回答以下的论点：许多外国商行在内地已经进行的贸易，并不曾证明是特别有利润的；在通商口岸之外与中国商行竞争，他们处于优势；增加向中国输入商品总量的做法，首

---

① 1868 年 12 月威妥玛备忘录，载《美国议会档案》，《中国》第 5 卷（1871 年），第 7 页。
② 威妥玛证明了此种说法的准确性，载《美国议会档案》，《中国卷》第 5 卷（1871 年），"附录"。
③ 但对此有不同见解，参看《上海总商会年会记录》（1865 年 8 月 23 日）。
④ "事实表明，新开口岸效益之低下，大出人们之所料，对外贸易日趋集中到上海一口"（见《北华捷报》1867 年 10 月 12 日）。

先受益的毕竟只能是英国本土的生产商和中国的消费者,而不是商人。① 1868 年在阿礼国邀请商人提出自己详细的要求之后,他们即派出考察队进入了内地并且写了长篇的报告。但是他们不愿考虑具体的步骤,而热衷于追求一个想象中的让他们自由从事贸易的中国和开辟前往印度的陆路交通。

《天津条约》向外国商业开放长江到何种程度,是引起激烈争论的问题。条约第 10 款规定开放长江三个口岸——镇江、九江和汉口——当时恭亲王奏称这是条约中最危险的条文。英国经多次勘查之后,绘制了长江地图,并于 1861 年 3 月征得中国同意,公布了有关外国人在长江航行的《临时章程》。英国商人将上述步骤解释成上溯到汉口的长江已经全面开放,提前实现现在的"中国即将认真开放"的提法。② 英国官员否定了这一点。他们不顾商人们的愤愤不平,支持中国对此一问题的最初裁决。③

英国政府及其官员们都支持中国的观点,即《天津条约》并没有规定向外国人开放整个中国,他们质疑行使这些即便是由条约保证的权益是否明智。他们认为,商人们一味热衷于扩充自己的

---

① A. 麦克怀森,摘录香港的海关报告,《中国与日本见闻》(1865 年 11 月 1 日)。关于内地贸易,卫三畏《中国商务指南》(1863 年,第 174 页)规劝商人们说:"必须将与中国的这一部分贸易,主要地交给本地人经营,因为惟有他们洞悉地方上的风险,生产商善于躲避外国人穷于应付的地方官府的横征暴敛。"
② 《北华捷报》1861 年 2 月 16 日。
③ 作为恭亲王与卜鲁斯、赫德和蒲安臣谈判的结果,修订过的《长江通商章程》已于 1862 年 9 月 10 日公布。对外贸易被明确宣布限于长江的三个口岸。此外,内河帆船允许上行到汉口,轮船只能行至镇江。参看王崇其(音译)《扬子江航行》(巴黎,1932 年),第 82—89 页;萨金特:《中英贸易与外交》,第 146—147 页;另见《有关长江开放对外贸易通信录》(1861 年),其中有关资料甚多。亦可参看本书第三章。

权益,这是完全行不通的。①

治外法权　19世纪60年代关于治外法权的争端,仅仅涉及在内地的居住权问题。中国政府无论在何种条件下也不希望外国人进入内地,其理由是他们不遵从中国的法律。但是合法性问题对于阿礼国比对于总理衙门更为重要。外国人希望在内地能够不受中国法律的约束,但阿礼国认为这是不能容忍的:"此种不平等和不相容的条件只能靠武力强加给一个被征服的国家,而绝不可能是谈判的结果。在我看来,不严重伤害现政府与帝国,这些条件是无法达到的。"②

随着中西方在通商口岸的接触的扩大,设立法律机构的问题便提出来了。这个法律机构应为外国人提供其所习以为常的保护与补偿,但同时又应确认中国的根本权力。如同英国官员们所承认的那样,由于在法律、风俗和赖以解决复杂纠纷的信念方面缺乏共同的行为准则,彼此间存在不满是不可避免的。③

没有人极力主张外国人在通商口岸应当服从中国现有的法

---

① 1862年《天津口岸进口贸易报告书》指出,要在内地获得贸易成功,必须具备的条件是:懂得当地语言,熟悉中国人的风俗,完全的诚实。广东的买办是无济于事的,一旦典型的外国商人试图在内地贸易,"其结果是显而易见的,外商与本地人之间发生了误解,于是要求地方当局介入。地方当局即便并不腐朽,通常也是愚蠢的。这样便开始了没完没了的麻烦与纠缠。往往要花费数月的时间才能得到解决。在此种情况下,贸易自然是无法想象的事情。现在外国人和当地中国人彼此间都远未懂得这项权利在内地的实施,对于商人们而言是多么的重要"。载《美国议会档案》,《中国卷》第4卷(1864年),第35—36页。

阿礼国同意这一普遍的观点。参看1868年5月5日《阿礼国致山嘉利》,《中国卷》第5卷(1871年),第135—139页;1868年《阿礼国致山嘉利》,《中国卷》第3卷(1869年),第1页。

② 1867年12月6日《阿礼国致山嘉利》,载《美国议会档案》,《中国卷》第5卷(1871年),第187页。

③ 1867年12月23日《阿礼国致山嘉利》,载《美国议会档案》,《中国卷》第5卷(1871年),第80页。

律。中国的法律无论是在原则上还是在程序上,都缺乏对被告和被定罪者的可靠保护,而19世纪的欧洲人则认为这是人的普遍权利。此外,中国也没有商业法典,以适应外国人时常卷入的商业诉讼的需要。①

最初的解决办法是领事拥有对条约国侨民的裁判权,《中英天津条约》第15—19款详细规定了后者的治外法权。当诉讼双方或者被告是英国人时,英国领事拥有裁判权。伤害英国侨民的中国罪犯由中国当局依照中国法律惩处。有争议的案件交由领事裁决。因为英国商人抱怨他们找不到有效的途径得以对中国政府代理人专横的罚款或没收提出抗议②,各国领事后来被赋予了充当海关辩护人的有限身份。③ 领事裁判权很快被证明是不适宜的,几乎同时立即开始了建立适合当地情况的新的和独立的司法制度的长期而缓慢的过程,根据1865年市政会的一项命令,上海最高法院宣告建立,它拥有"特别的独立的司法权……听取和裁决英国侨民之间或被告为英国侨民的任何民事或刑事案件"④。法院

---

① 按照贾丁·马哲生的体会,"中国人拥有一部道德法典,却没有一部民法。所有关于财产、商务的争端,他们都根据原始、幼稚的平等观念加以裁决,而他们的官员总是难免有受贿的嫌疑"[1867年11月28日《贾丁请愿书》,载《美国议会档案》,《中国卷》第4卷(1870年),第32页]。
② 1865年10月27日,由威妥玛和恭亲王联合公布的这一章程规定,有争议的海关案件往后当由领事、海关监督和外国海关税务司共同处理。海关可上诉总理衙门,领事可上诉北京的英国公使。后来,根据阿礼国爵士和恭亲王间达成的《关于对海关当局的没收和罚款案件实行联合调查的条例》,1868年5月30日,在北京对这一章程进行了修改,海关在没收的案件中被授予了更大的权力;领事则在罚款的案件中,被授予了更大的权力。赫特斯莱特:《条约汇编》第1卷,第9号。
③ 见1865年8月26日《上海总商会年会记录》。
④ "委员会"的"决议"签署日期是3月9日,而法庭的设立是在1865年9月4日。对法庭的设立及其最初受理的主要是破产案件的评论,参看《北华捷报》1865年9月14日,及《北华捷报》1865年9月21日社论。1867年,英国海军部在华最高法庭成立,专门审理英国公民间或被告为英国人的海事案件。有关其办案程序,参看赫特斯莱特《条约汇编》第2卷,第126号。

虽然得到了商团的支持①,但并非他们的工具。首任法官何爵士裁定,治外法权并没有豁免对中国法律的遵从,它仅仅意味着那些触犯中国法律的英国罪犯由英国政府代表中国政府在英国的法庭上起诉。②

中国当局显然承认该法院的审判是公正的。尽管他们长久以来一直很清楚英国人对中国刑法中极刑的批评,但是他们一开始仍然要求将此种极刑强加给犯有伤害中国人罪的外国罪犯,这自然未能得逞。现在他们的要求没有超过外国人公认的合理的和恰当的量刑范围。

新的法律制度得到了稳固的发展。但人们很快又普遍感到英国领事的法律职能应当取消,而代之以一个高级的混合法庭。因为中国的原告们发现,要向英国领事或英国最高法院提出申诉是很困难的;而英国的原告们也发现要向中国官员提出申诉同样也是困难的。③ 最初的试验是组成一个混合法庭,受理那些原告是外国人而被告是中国人的案件。④ 后来有人又提议组成混合法庭受理原告是中国人而被告是外国人的案件。至于法律程序,英国官员告诫人们千万不要将复杂而昂贵的欧洲制度引入中国,因为它与后者建立在习惯法基础上的制度是格格不入的。⑤ 将

---

① 见《上海总商会年会记录》,载《北华捷报》1865年8月26日。
② 参看第三章。
③ 早在1860年卜鲁斯就看到了混合法庭的优点,但是当时的中国官员们不愿意在平时的基础上与外国人公开共事[1860年4月7日《卜鲁斯致罗素》,见《中国事务通信集》(1859—1860年),第22页]。
④ 一位中国法官可以永久驻守在国际租界内,"根据中国法律审理租界内中国居民间的一切民事和商务诉讼,以及中国人为被告的中外居民间的案件"[1869年4月20日制定的《上海混合法庭章程》,赫特斯莱特《条约汇编》第2卷,第129号。见该章程《实施公报》,载《美国议会档案》,《中国卷》第5卷(1871年),第163—170页]。
⑤ 1867年11月7日《文极司脱致阿礼国》,载《美国议会档案》,《中国卷》第5卷(1871年),第53—55页。

英国被告交由混合法庭审理这一做法的主要问题,是缺乏一部适合新情况的商业和民事法典,英国人相信,随着混合法庭的经验的积累,一部既达到西方水准而又不违背中国刑法或中国风俗的新法典,是可以逐步制定出来的。尽管《北华捷报》极力鼓吹问题当由中国人采纳《拿破仑法典》来解决,但是英国官员在法律问题上也和在其他问题上一样,并不积极地主张以欧洲方式全盘取代中国方式。他们在寻找一个中国的基础。例如,阿礼国曾代表上海商会对中国法律中规定的保证人的职责问题进行了调查研究。他通知商会说:

> 中国人迄今未制定一部商业法典。虽然没有成文法,但如同我们的情况一样,仍然存在有一种建立在商业惯例基础上的习惯法。尽管它从未被归纳成为书面的东西或被收录在任何敕令或者成文法中,但它受到普遍的认可和遵守,因而具有法律效力。①

在法典编就之前,英国最高法院必须继续对混合案件中的英国被告(但非原告)行使管辖权。英国领事极力敦促英国法官在做出判决之前多争取道台的帮助。这里反映出的思想倾向是显而易见的。

与管理外国侨民和租界相关的一系列问题出现了。一方面,大家都认为需要一个有条不紊的市政府,但问题在于这个机构的权力来自何处。其时没有一个人,无论是中国人还是外国人,曾

---

① 阿礼国的信和恭亲王、文祥关于该问题的照会,见《北华捷报》1868年6月19日。阿礼国的以下判断是正确的:中国保证人们定能履行其条约义务,这一点和其他类似的事实都说明,制定一部中外彼此都能满意的商业法典是可行的。然而,他将中国的习惯法观念等同于英国的不成文法观念,是全然错误的。二者虽然都不曾编写成法典,但它们是建立在相反的概念基础上的(参看第七章)。

经提议应由中国人成立一个实际机构来管理享有治外法权的外国侨民的事务。但另一方面，也无人认真支持这样的主张：租界应当是独立的"自由城市"。

1854年的《上海租地章程》显然已经不适用了，必须加以修订。因为如果每位领事只是单纯管辖本国的侨民，那么要想进行试验和谋求发展，就未免太受局限了，况且这里还有许多实际困难。此外，领事团作为一个整体，并不具有超国家的管理机构的职能，因为每位领事都是其本国政府的直接代理人。①

英国官员们主要关心的是，中国对上海的主权最终必须得到确认。从"中兴"一开始，卜鲁斯就警惕任何诸如上海是半独立领土的思想的发展。② 在租地章程于1866年获得修订并于1869年得到批准时，阿礼国仍持同样的观点。③ 他认为是中国皇帝授权给上海公共租界工部局，后者才从中国获得了自己的权力。④

外国公使的地位 外国公使驻京及其觐见皇帝的礼仪这些历史遗留的问题，在19世纪60年代并不是主要的问题。

---

① 李鸿章提出要授权作为整体的领事团去审判那些桀骜不驯的外国人。当时在北京的外国公使们坚持，没有一位领事能够逮捕其他国家的侨民（见《北华捷报》1864年2月20日、6月30日）。

② 见《北华捷报》1864年1月9日。

③ 西华德这样描述阿礼国的意图："要以某种有效的方式实行调整，以破除目前英、法、美在上海实行的领土主权的伪装。"（1866年4月7日《西华德致卫三畏》，载《美国议会档案》，《中国卷》，《训令》第1卷，第396—397页。）同时，法国人对修改后的租地章程的指责并没有说服力。他们维护在领事严格控制的自己的租界，并坚持认为，市政府如同不受条约义务约束的寡头政治组织一样，它对中国主权的威胁较之在一位领事统辖下的单一租界远为巨大［1866年6月18日《德罗伊致伯洛内》，见《法国外交事务部外交文件》（1867年）第8期］。

④ 见《北华捷报》1866年8月18日。

驻节权已经得到了确认。① 尽管此种确认并没有像从来所希望的那样产生奇迹②,但是它毕竟促进了总理衙门的建立以及中外官员间的友好接触。③

英国从来就认为,公使驻京的问题不可避免地是和他们觐见皇帝无须磕头的礼仪问题相联系的。在1860年,对额尔金来说:

> 中国皇帝装腔作势的优势感,其本身对各国的君主们原无多大意义;但是,就条约权益的有效性而言,二者间又存在一种令人不快的关系:这些条约权益是各国君主代表自己的国民从中国皇帝那里得到的。赐给他们的特权,体现出一个宗主国对各朝贡国十足的仁慈。如此,特权是在某种不能严加界说的顺服的条件下取得的。④

1860年后觐见皇帝对于英国来说,似乎已是微不足道的事情了。当卜鲁斯1861年抵达北京时,他已得到指令,不必坚持他在这方面的权利。⑤《北华捷报》对此表示赞许:"英国有理由暂时放弃

---

① 《英国条约》第2—7条规定,双方互派公使,按西方各国惯例,公使应当受到礼遇。虽然额尔金于1858年10月曾经承诺,在目前情况下英国公使并不坚持要驻节北京,但是后来由于条约的批准必须诉诸武力,这个承诺被撤销了。1860年《北京条约》第二款确认了驻节权。1861年初,卜鲁斯抵达中国首都,开始了第一次例行的外交使命[1861年6月6日《罗素致卜鲁斯》,载《中国事务通信集》(1859—1860年)第116页]。

② "50年代在华欧洲人的一个基本信念就是:一旦我们能够说服北京政府建立外交关系,一切问题都将迎刃而解。这将是治愈我们不得不抱怨的所有病症的灵丹妙药。我们将和皇帝及其朝廷打交道,这样我们就能够迫使那些最顽固的官员接受我们西方的文明了"(密福特:《使馆馆员在北京——书信集》,"序言"第44页)。

③ 参看第三章和第十章。

④ 1860年10月21日《额尔金致罗素》,见《中国事务通讯集》(1859—1860年),第205页;另见1859年6月14日《卜鲁斯致马麦斯布尼》,载《致卜鲁斯先生通信集》,第8—10页。

⑤ 1861年1月9日《罗素致卜鲁斯》,载《中国事务通讯集》(1859—1860年),第16期。

这种礼仪,它不值得为此去打仗。"①正是因为英国人放弃了觐见的要求,中国人才愈加乐于授予此种权利。尽管第一次觐见直到1873年才得以实现,但是谈判双方都已把这一问题看成一种礼仪,所以彼此均感满意的折中方案也就比较容易找到。

基督教传教活动　从根本上说,基督教传教士的活动是中外关系中最为严重的问题。1870年的"天津教案"突出地说明了在"中兴"期间未能解决这一问题。但是令人奇怪的是在修订《天津条约》的谈判中,这一争端只占次要的地位。这是因为英国官员和总理衙门一致认为,激烈的对抗不符合双方的利益。英国含糊地提出基督教徒有传教与信教的自由,除此没有更多的要求,而这一点早已得到了《天津条约》第8款的确认。总理衙门自然也不会想到要收回这一小小的让步。

在英国官员们看来,传教士比商人们更骄横,他们并不代表真正的英国民族的利益,却构成了对中国稳定的威胁。阿礼国于1869年写道:

> 他们(中国人)可能讨厌商人,对传教士却心存畏惧。因此在前者可以去贸易或和平旅行的地方,后者的布道或定居却遭到了拒绝。在中国人看来,前者在内地还只是作为享有治外法权、多少带有入侵意味的生意人出现的,他们可以加以宽容;但是后者制造了主权中的主权,这对皇帝的权威是致命的。就此而言,他们的判断能说是全无道理的吗?②

---

① 见《北华捷报》1861年2月16日。
②《美国议会档案》,《中国卷》第9卷(1870年),第70页。另见阿礼国《中华帝国的外交关系》,载《孟买季刊》(1856年4月),第261—275页。威妥玛的观点,见其备忘录(麦里坦版)《威妥玛先生关于修订天津条约的备忘录注》(香港,1871年)。

无论是阿礼国还是其他的英国官员,都无意支持扩大传教的计划。

至于总理衙门,它不得不容忍一定程度的传教活动,却无法控制反教活动的发生。19世纪60年代末,不仅仅有"反传教士的文字讨伐",而且连续发生了一系列反教事件。在这些事件中,许多教堂被破坏,不少外国传教士和中国教徒受伤或者被杀。深入内地的天主教教徒固然首当其冲,就是英国的新教教徒也遭到了袭击。

随着暴力事件不断增多,外交部重申了它的"克制与调和"的政策。① 英国政府当然不相信中国盛传的有关部分传教士野蛮和非人道行为的谣言,但是它承认,如果传教士不能谨慎从事,仇外分子就可能轻而易举地将这些谣言散布到中国民众中去。国会也强调在此种情况下,如果传教士轻率地仍要强行进入内地,那么由此导致的悲剧只好由他们自行负责。②

这些见解弥漫在英国官方,从克拉伦敦到威妥玛和阿礼国,一直到台湾岛上的一位领事。后者对在当地的一次骚动中受害的传教士们说:"民众的舆论不可能靠任何官方命令加以改变。只有两条出路,或者如各国在其他地方所做的那样,通过改正自己的过失使谣言自行平息下去;或者离开该岛,到他们的辛劳更

---

① 1869年12月13日《克拉伦敦致查理·R.维多利亚主教》,载《美国议会档案》,《中国卷》第9卷(1870年)。
② 戈瑞、沙蒙塞特、克拉伦敦、奥特维狄克等人的反传教士的演讲,见《英国议会议事录》第194卷(1869年),第933—946页;第195卷(1869年),第131页;第197卷(1869年),第1797页;第199卷(1870年),第1870—1872页;第200卷(1870年),第71—72页;第205卷(1871年),第562—563页。

易于被人理解的地方去。"① 阿礼国没有考虑过传教士应当从中国全体撤出,但他认为,如果传教士能够尊重中国人的感情从而谨慎从事,如果他们不把定居内地称为一种权利而将之说成是一种恳求提供的方便,摩擦是可以逐渐减少的。② 威妥玛更进了一步,他认为在任何情况下居住在内地都是不明智的,并且劝告传教士放弃布道,通过教授非宗教的课程转而争取上层阶级。③

英国传教士强烈反对政府的观点。根据最惠国条款,他们想获得《中法天津条约》已经给予天主教徒的在内地购地建房的同等权利。针对阿礼国的所谓传教士的活动构成了对现实中国秩序的威胁的论点,他们也作了有力的反驳:

> 您对基督教的政治和革命的倾向性谈得很多,并且强调说传教士因其教义的性质必然要宣传革命,所以他应当被禁止进入内地。同时您还给您的快信的读者留下了这样的印象:一旦基督教和它的使徒被驱逐出中国,这个国家就定将恢复太平……基督教可能会引起风俗和观念上的革命,但它并非蛊惑人心,颠覆政府……但是盎格鲁—撒克逊人在东方的出现本身恰恰就是革命,因此我们有理由这样认为,如果说因为基督教有促成变革的倾向,所以应当被驱逐,那么英国和美国政府就当召回在华的每一位盎格鲁—撒克逊人……如果说专制的东方政府应当原封不动地得到保存;如果说任何可能触动专制政府赖以存在

---

① 1868年5月21日《詹美生致阿礼国》,载《美国议会档案》,《中国卷》第3卷(1869年),第2页。有关台湾事件的英国资料见同前;中文资料见《清季教案史料》第1卷,第16—26页。另见第三章。
② 《美国议会档案》,《中国卷》第9卷(1870年);第2、3卷(1869年3、7月)。
③ 1868年12月威妥玛备忘录,载《美国议会档案》,《中国卷》第5卷(1871年)附录。

的观念的事情都不应当做,那么我们也没有权利给中国带去基督教世界的法律和商务,并且强迫它加以接受。在像中国和日本这样的国家里,这二者都是革命的,都将造成现存社会秩序的破坏。……一位英国大臣凭借武力驻节北京,并要求得到公使在西方国家所能得到的礼遇,这些显然大大超过了传教士的布道,对整个中国的统治观念构成了更大的破坏。……中国要想在各个方面都获得承认的话,就需要一场革命。①

阿礼国当然知道这种说法是正确的,与西方的接触正将中国推向一条新的和陌生的道路。但他认为只要没有传教士布道所造成的愤怒和恐惧,此种变化对于中国和西方双方来说,都会减少风险。②

外国人关于"复兴中国"的建议:威妥玛-赫德条陈

对于19世纪60年代的英国外交官来说,"复兴中国"是压倒一切的外交口号。如同我们以往看到的那样,"合作政策"业已被制定出来以便为改革创造有利的外部条件。阿礼国、威妥玛和赫德更进了一步,竭力向清政府建议在国内实行某些措施。1865年11月6日,赫德向总理衙门上了《局外旁观论》;1866年3月5日,阿礼国通过威妥玛也提出了类似的备忘录,并附有一份代表

---

① 《美国议会档案》,《中国卷》第9卷(1870年),第10—11页。
② 阿礼国对上述传教士来信的评论,《美国议会档案》,《中国卷》第9卷(1870年),第29页。

他个人的支持性声明。①

赫德首先为自己作为一个局外人而评头论足表示歉意,但同时也强调欲识庐山真面目,唯有身在此山外。接着,他便单刀直入,提出自己的主要论点:在整个欧洲还是寂然无闻的时代,中国就已经是个伟大的国家了。但是现在的中国比欧洲任何一个国家都要衰弱。这是为什么呢?原因就在于近代中国未能解决自己国内的许多问题。中西方的进一步交往是无可抗拒的必然趋势。中国唯有克服其自身的弱点,才能保持自己的尊严和独立。

从前面几章可以看出,赫德所提到的绝大多数弱点,在"中兴"官员中间都已经讨论过了。赫德的论点主要包括以下内容:地方官员的调动过于频繁,而且禁止他们回到于方言、风俗、民俗都最为熟悉的本地任职。衙门管役的权力过大。军队衰弱,因为它的花名册上填的是老、弱、幼儿的名字。同时士气低落,训练方法迂腐荒谬。官员们所受的传统教育原是极好的,但时过境迁,已经空洞无用。土地税、盐税、俸禄和整个国家财政结构都亟待改革。此外,中国还可以通过皇帝接见各国公使和向海外派遣使节来提高自己的国际地位。

赫德还提出了一些当时的中国政治家不可能提出的建议。他尖锐地批评了御史们,称之为朝廷的不健全的耳目,认为他们助长了官员的腐化,并对民间疾苦充耳不闻。他抨击了整个"人治"理论,认为对官员个人寄托了过多和过于多样性的要求。他极力主张扩大在贸易、修筑铁路等方面的中外合作,认为这是增进人民福祉的最好方式。

---

① 赫德条陈的中文原文,见《筹办夷务始末》(同治朝)卷40,第13—22页。威妥玛条陈的中文原文,见《筹办夷务始末》(同治朝)卷40,第24—36页。

第十一章 功败垂成

在回顾了就近一系列中外摩擦的事例后,赫德断言,今天中国在对外事务方面出现的困难,是它先前未能解决国内问题的结果;而今天不能解决外部问题,又必将反过来进一步加剧国内的问题。他写道,中国人民是文明、勤劳和爱好和平的,西方是乐于提供帮助的:"如果能够改变一系列政策,中国就将成为世界各国的领袖;反之,她将成为各国的奴隶。因此,未来的国内事务将取决于你们对今天外部事务的处理。"

尽管总理衙门看到了赫德条陈有详加研究的价值,但并没有把它及时地上报朝廷,因为它是非正式的,即不是由某国政府的代表提出的。然而阿礼国的照会和威妥玛的备忘录毕竟引起了官方的注意。

威妥玛比赫德更详细地回顾了新近的中国历史,指出叛乱的蔓延、秘密会社的发展和其他许多衰败的征象。他对1845年以来在邸报上所发表的奏议和上谕进行了研究,发现它们无不把民众的骚动和政府的虚弱,首先归咎于官员的无能,其次归咎于自然灾害。威妥玛并不否认这些原因,但他指责说,问题在于中国官员从未考虑过要去克服它们,相反,他们认为一盛一衰的循环仍是历史的必然。因此中国官员总是得意洋洋地指出,鉴往知来,每当乱极之时,必有圣贤者出,拨乱反正。

威妥玛说,即便中国人的循环论的观点用于解释中国的过去是正确的,但19世纪毕竟不可同日而语了。难道中国官员没有看到,如今的内外事务是难以截然分开的?如果现在仍允许循环论起作用,由于西方将进行干涉以保护自身的利益,那么出现的就不仅仅是衰败了。"一旦有一个国家进行干涉,其余所有的国家都将竞相效尤。如果这种情况发生,人们就会问,中国还能保持自己的独立和完整吗?是否会被各国所瓜分呢?"

在进行了直接的威吓之后,威妥玛指出希望依然存在:衰败并非不可避免。从总体上看,士绅是忠诚的,而匪徒不过是些头脑简单的人。只要中国能在某些方面接受外国的劝告,灾难性的后果是可以避免的。

威妥玛否认了其时存在的这样一种责难:各国政府的兴趣更多的是在于控制中国而不是革新中国。他重申英国没有领土野心。他举出1860年的事例说,当时的英国和法国本可以为所欲为,但事实上他们帮助中国政府反对其内部的敌人,并在签订条约之后即迅速撤出了他们的军队。当然,这一切促进了贸易,但它绝不是为了实现对领土的控制。

威妥玛的具体建议和赫德大致相同,中国需要充裕的财政收入、国内和平与强大的军事力量以阻止外国的侵略。通过改革、经济现代化、现代的军队训练、外国贷款,以及建立医学和其他各种学校,这些是能够达到的。中国驻海外的使团可以越过在北京的外国公使团与他们的本国政府交涉,从而保护中国的国际利益。

威妥玛备忘录的结论,是向中国提出了一个富有情感的劝告:缅甸、印度支那和俄属亚洲的被征服当引以为戒;抛弃复古思想,与西方世界并进;先借西方的帮助谋求中国富强,再进而求自立。"总之,只要向前进,你们就能够重新繁荣和强盛,故步自封,无所作为,则必将无可挽回地走向崩溃。"

这里必须提到条陈中有关经济发展的建议。赫德、威妥玛和阿礼国都在寻求一种"权宜之计"。他们向总理衙门强调近代化的长远的重要性;而对他们自己的商人和本国政府,却强调急躁和轻率地规划中国近代化的内在的危险性。这是一种策略,其自相矛盾仅是一种表面的现象。

总理衙门对这些条陈的反应是值得注意的。在 1866 年 4 月 1 日的一份奏折中,总理衙门指责威妥玛和赫德的条陈是一种威胁性的声明,但同时又小心翼翼地指出,这些条陈包含某些有价值的建议,应当交所有的政府高级官员加以讨论。奏折的表达方式虽是曲折的,但其含义则十分明显:虽然就个人而言,我们和其他衙门的同僚一样,对这些条陈深感厌恶,但是我们在某种程度上还必须重视它们,以便制定某些积极的政策。① 军机处的态度是:政府未便轻信威妥玛和赫德的动机,我固须暂为羁縻,但不可过于将就。②

朝廷在汇总了各处奏报之后,下了一道上谕总结此次讨论,并且指令 10 位高级官员"仍合通盘大局,或目前即可设施,或陆续斟酌办理,或各处均属阻滞断不可行"③,务必条分缕析,悉心妥议,专折速行密奏。总理衙门不希望由于反驳威妥玛和赫德的某些次要的抱怨,诸如中国拖延兑现允许外国人进入潮州城、建造教堂、开放货栈和建立海关的许诺,而淆乱了对根本问题的讨论。因此,同日即 4 月 1 日,在一份奏折的附片中,总理衙门奏请饬下各地官员务将中外交涉事未了结各案,迅为逐件责催,不可再事迟缓。④

各地评议威妥玛—赫德条陈的复奏,在总的基调和具体的肯定上都是不同的。人人都赞成自强,人人都讨厌传教士的活动。对后者除非涉及特定的条约义务,威妥玛与赫德都不曾提到,人

---

① 1866 年 4 月 1 日总理衙门奏折,见《筹办夷务始末》(同治朝)卷 40,第 10—12 页。
② 1866 年 4 月 15 日,刘坤一收到的军机处"字寄",引自刘坤一的复奏,见《筹办夷务始末》(同治朝)卷 41,第 43 页。
③《筹办夷务始末》(同治朝)卷 40,第 12—13 页。
④《筹办夷务始末》(同治朝)卷 40,第 36—37 页。

人都对铁路心怀疑虑,视之为外国人渗透和控制的工具。同时,也有人从另一角度来理解这些条陈。对任何外国人的建议都怀疑的官文和马新贻,将这些条陈说成是外国人惧怕中国的证据。官文断言威妥玛和赫德纯粹是在为他们自己和其他一些非经商的外国人谋求有利可图的顾问职位;他认为中国不妨宽大为怀,于此无须加以揭穿。马新贻则说中国政府的主要力量是中国人民,据此即可制敌于死命。

崇厚的见解则全然相反。他以海关的成功、军队训练方法和军备为例,说明许多外国的方法是可以为我所用的。左宗棠既没有崇厚那样的热情,也没有官文和马新贻那样的敌意。他对轮船着了迷,却与他的同僚一样惧怕铁路。他认为其他的外国器物固然有趣,却是无用的玩物,"我们是否拥有它们,这无关紧要"。他奏报说,在福州造船厂有一位法国技术顾问曾给他看了一台电报机,他很喜欢,便买下来存在福州衙门的仓库里了!在左看来,轮船是外国人的资本,也只有轮船才能伤害中国,一旦中国也能制造轮船,西方自然黔驴技穷。瑞麟、蒋益澧和刘坤一对近代技术持类似的观点:铁路是不祥之物,但诸如轮船和西方的武器之类则是十分有用的。此外像电报、织机这样的器械,又是无关紧要的,因为它们"无关乎治之道"。

值得注意的是,在奏复者中持有这样一种意见:向海外派驻使节可能有益于中国;皇上接见在京外国公使的礼节做某些通融也未尝不可。但是马新贻表示强烈反对,这显然是由于他误解了称外国公使为"全权大臣"这个提法。他争辩说,这样外国公使就将成为中国的统治者,相反,中国的公使却是徒有虚名。

复奏者极力指出,条陈中关于内政改革的许多建议,实则有的正在考虑之中,有的则已经在实行了。需要的不是"变更",而是"变通"与"整顿"。如同瑞麟和蒋益澧提出的那样,在统治中("政治")须区别"政"与"治",前者的根本在于遵从民意(即儒教社会必须保存);而"治"即"管理",那纯粹是方式问题,可以因时因地而异。

根据此种分析,他们普遍赞成继续去调整赋税,削减胥吏的权力,裁减军队及改进其素质,增加官俸,统一货币,但是对官员是否回本省任职,存在意见分歧。

没有人接受赫德对儒生治国论的根本批评。赫德认为,如同中国人自己所承认的那样,科考的内容过于文学化了;他建议应当由专门人才而不是由非专门人才的"贤人"来治国。瑞麟、蒋益澧认为赫德之见无非是坐井观天罢了。科举制度造就能臣名儒,自唐宋以来已有明证,即在今日不也出现了像胡林翼、曾国藩、左宗棠、骆秉章、李鸿章和沈葆桢这样的人才吗?古代从未有过高级官吏因不知财、兵而遭申诉的先例。这种微末之事自有低级官员处理,犹如教堂里的祭坛专归仆役料理一般。

有不少人像威妥玛、赫德一样,站在中国与西方的世界之间。他们对中国的许多传统表示钦慕,但是他们并没有脱离自己的时代。他们理解19世纪的意义和工业革命的无情力量。他们总是试图对两种文化冲突所产生的力量加以控制和引导,但常常难得如愿以偿。①

英国外交官们没有放弃采取某些特殊的策略,如同在谈判修订《天津条约》中所做的那样。不过他们的策略必须接受谈判背后显然存在的政治见解的检验。这些政治见解在许多英国外交

---

① 据说1902年皇太后曾对赫德说,她很后悔没有采纳他在19世纪60年代的条陈中所提出的许多建议,因为后来的事实证明他是对的[裴丽珠:《赫德爵士传奇》(纽约,1909年),第11页]。

官的通信中曾经被讨论,但表达得最为充分的是威妥玛－赫德条陈。

英国为修约所做的准备

《天津条约》规定十年后可以修约。在这约期将届之时,阿礼国给他自己提出了两方面的任务:一方面说服总理衙门对影响外交事务的某些方面实行有限的改革;另一方面说服英国商人按照中国人的意愿对自己的要求做某些调整。他在第一方面的最初努力便是支持威妥玛－赫德条陈的建议。为了实现第二方面的目的,1867年暮春,他开始巡视各通商口岸,详细了解商人们的观点。在每一口岸,人们都能畅所欲言,并且在此后的三年中,这些意见在许多会议上和一系列的请愿书里都得到了充分的表述。

一般说来,这些五花八门的文件都是大同小异的,唯有牛庄的现状令人满意。① 在所有其他口岸,"外国人彼此交谈时,没有比抱怨中国政府的缺点更丰富的话题了"②。商人们认为这些"缺点"即便不是违背了《天津条约》的具体条款,也是违背了它的精神。他们希望有一位新的和富有进取心的英国公使,能够迫使中国人依照商人们解释的那样遵守条约的规定。上海总商会认为:

> "条约"的目的,是要通过向外国资本和技术提供生产与

---

① 《北华捷报》讽刺说,牛庄必定是"一个小小的商人乐园"。因为那里的商人们曾有这样的报告:"这里干戈不起,一片宁静,河道设有很好的浮标;入口处的照明设备也很完善;引水员们个个沉着熟练;非法勒索在这里不知为何物;道台办事公正且良善。"
② 见《北华捷报》1868年1月13日。

消费的天地,以及通过促进中国人民和欧洲人之间的密切联系,将进步的因素引进我们的贸易关系。而此前这种贸易关系一直受到不胜枚举的人为的和不公正的障碍之桎梏。

首要的不是新的权益,而是"对既经让予的权益的确认和扩大"。按商会的说法,阿礼国对肆无忌惮违反条约的外国人进行了处罚,但是他对中国违反条约主要条款的情况不置一词。"维护中国政府的尊严与威信似乎较之维护其与外国政府订立的条约的精神或正义的要求更重要。"任何一个条约,不管它如何措辞,"如果它所承诺的权益没能得到严格的和清醒的保护,以防止某个政府处心积虑和恬不知耻的破坏",都必定要失败。加律治、马哲逊和英国殖民部持同样的观点:《天津条约》基本上是好的,它所规定的权益应当逐步加以扩充。但是,事实正相反,许多已经承诺的权益现在又被中国取消了,"现在忍耐给英国造成的损失较之带来的益处为多"。①

商人们的具体要求是,在内地自由居住并享有"连续治外法权"的权利②;据此,首要的目标就是重构中国的地方税收制度,以便利对外贸易;中国应根据欧洲原则制定一部成文的民事法典;轮船有在所有内河航行的权利,黄河与长江一样完全开放通商;外商应有修建铁路、架设电报线和采矿的权利,进口食盐的权利;统一中国货币;中国政府正式承认,外国市政委员会在国际租界有独立的司法权;扩大包括协议关税在内的领事权力。

随着商人们不断发泄他们的怨气,每一份新的请愿书总是较

---

① 1867年11月28日《贾丁、马则逊及其公司请愿书》,载《美国议会档案》,《中国卷》第4卷(1870年),第29—31页。
② 关于这一点有不同的看法。香港的商人最为极端;另一些团体则愿意通过调停来解决问题,以获得在内地的某些有限权利。

前变得愈加愤激和提出更多的要求,以至于最后《北华捷报》嘲笑某些抱怨者言过其实。它指出,事实上外国人的地位近几年已经有了重大的改善,但是外国人从不知满足,也不知感激,他们的座右铭是:"咆哮着接受每一项让步。"

> 此刻……将采取一重要的步骤,我们不仅要从中悄然获益,而且要力申我们其他的不满,以便持久不衰地保持那种对中国人及其罪恶的可贵的愤懑情绪。正是这种情绪促使我们在开放的中国推行于彼此都有利的计划。

商人们的抱怨还涉及诸如囤放待税货物的货栈,收回已付关税、吨位税,改进港口设施和海岸照明一类技术性方面的问题。这些都是可以通过谈判来解决的问题。但是商人们主要的要求都带有革命的性质,以至于不可能通过单纯地施加压力和一味坚持而实现。如同阿礼国对商人们所说的那样:

> 这些议案不是必须以完全控制这个国家的主权为前提,就是必须以该政府的自愿合作为前提。第一种情况意味着一个庞大帝国的解体;第二种情况则意味着必须在缔约双方的高层间达成一项共同的协定。请愿者们所想的究竟是哪一种情况呢。①

商人们从来没有回答过这个问题。当时他们虽然不曾建议要派远征军征服中国,但他们也全然没有考虑过接受这样一种观念:修改过的条约条款必须求得中国政府的认可;既然不能征服,那么英国官员们可采取的唯一方针,只能是巧妙地谈判和说服。

---

① 1868年2月17日阿礼国致英国驻华各领事公函,载《美国议会档案》,《中国卷》第5卷(1871年),第125—130页。原文及评论,见《北华捷报》1868年5月4日。

事实上通商口岸并不"承认"中国政府,而商人们在看到阿礼国提出的方案后,写道:

> 修订就是要对条约的条款做共同的调整,因此,中国政府的志愿与进步,文明和商务的利益,必须等量齐观。条约果真按照此种精神修订,就别想有任何满意的结果。……如果我们将自己对华贸易的抱负限定在为中国政府所"自动给予或愿意让予"的范围之内,那么整个商务仍旧只要两三个获准住在澳门的商人来管理也就够了;同样,每年于收获季节卑躬屈膝地在广州待上一两个月光景,这也是可以容忍的了。①

英国政府的态度迥然不同。它同意阿礼国的意见,只有以彼此互让为基础的谈判才能为和平改善中外关系提供唯一的可能性,因此它决定不再发动对华战争。正当谈判即将开始之际,外交大臣斯坦利通知阿礼国说:

> 知道您业已考虑到了中国政府和人民的利益、情感以及一定程度上存在的偏见,对此我深感欣慰。应当提倡的真正政策是,通过彼此的克制,在双方制度之间寻求共同点,不要与他们现存的风俗和固执的见解发生冲突。这在理论上也许不是最好的,却是有益的;尽管它不能为我们带来与中国的利益显然一致的利益,但可以为我们争得多数中国人的好感。②

---

① 《北华捷报》1867 年 7 月 5 日,转载《每日评论》。
② 1867 年 8 月 16 日《山嘉利致阿礼国》,载《美国议会档案》,《中国卷》第 5 卷(1871 年),第 8 页。是时山嘉利得到了德尔比内阁多数成员的支持。

中国为修约所做的准备

总理衙门自1861年成立以来,就一直在竭力了解外国的对华主张。总理衙门大臣们知道外国对诸如过境给票一类问题的抱怨,也知道英国商人们在报上说些什么。他们研究过威妥玛—赫德条陈,并且已经意识到《中英天津条约》将在1868年加以修改。

1867年初,总理衙门在给李鸿章的一封信中提出了修约的问题。李鸿章答复说,他认为外国人定将施加压力,因此中国要达到自己的目的是困难的。总理衙门将中国的衰弱视为中国须格外认真准备谈判的一个附加理由。它也征询了曾国藩的意见,但他没有答复。总理衙门的司员们随即受命对《天津条约》的条款做分类分析,确定应当如何增删修改才对中国有利。

当1867年5月初阿礼国开始了他的巡察通商口岸之行的时候,总理衙门已敏锐感觉到自己对口岸的现状缺乏应有的了解。为此曾国藩和崇厚受命分别去物色通晓南北口岸对外贸易业务的官员,并于是年秋天将他们送到北京。

1867年6月16日,总理衙门在它针对修约问题的第一份正式奏折中指出,一旦一项条约的条款获得通过,即字字皆成铁案,因此要想说服众所周知其贪婪狡诈无所底止的外国人放弃他们既得的任何特权,是极其困难的。同样,要想制止他们引进铁路与电报、废除食盐专卖和允许内河航行的纠缠,也是困难的。因此需要有娴熟的技巧和巨大的决心控制它们在国内的发展。①

在这种困难的情况下,总理衙门建议与地方官员磋商有关对

---

① 1867年6月16日总理衙门奏折,见《筹办夷务始末》(同治朝)卷49,第5—7页。

外政策的原则,以加强它的地位。总理衙门希望借此可达一箭双雕的目的:既可以使自己免遭更加保守的中国官员们的指责,又可以代表整个官僚阶层讲话而给外国人留下深刻的印象。此外,它也希望能通过普遍的磋商造就一种更加明智和统一的政策。它指出以往在对外政策问题上的淡漠和争吵所造成的灾难性后果,呼吁组成修约统一阵线。①

总理衙门就修约的主要问题拟就了一份条说。1867年10月12日上谕军机大臣速将该条说副本分送18位高级地方官员妥议。由于谈判可能将于1868年初举行,议复奏本须于本年12月10日前送抵北京。上谕告诫官员们要十分注意运用随机应变的策略,因为中国唯恃笔舌相争,此外别无可恃。②

总理衙门的条说指出,夷务之兴由来已久,中国对此一误再误,以致成今日岌岌可危之势。夷人僻处海外,其势本弱,如今仗器械精良和交通工具的改进,其势已强且成了我们的近邻。条说继续写道,在1860年,其时中国处境危殆,接受《天津条约》已成保全大局不得不行之举。明知条约未能尽善,但唯一可行的政策是信守条约以默求制驭之方。时局艰难,但中国现在的问题是不可能靠空谈"道德",或空洒热泪所能解决的。总理衙门认为,不难据理指陈其事之不当行,而难在筹策使其事之不得行。③

条说附有一份包括在即将到来的谈判中可能要加以讨论的主要问题的提纲:(1)议请觐;(2)议遣使西洋诸国;(3)议铜线、铁路;(4)议内地设行栈,内河驶轮船;(5)议贩盐挖煤;(6)议开拓传

---

① 1867年10月12日总理衙门奏折,见《筹办夷务始末》(同治朝)卷50,第24—28页。
② 《筹办夷务始末》(同治朝)卷50,第28页;《大清历朝实录》(同治朝)卷211,第32—34页。
③ 条说原文,见《筹办夷务始末》(同治朝)卷50,第29—30页。

教。地方官员就此提纲提出议奏。

尽管整个磋商过程是要求保密的,但仍然被泄露了出去。1868年6月13日的《北华捷报》对曾国藩的奏折做了准确的概括和评论。7月这份奏折的内容被上报到了美国国务院。[①] 9月11日《北华捷报》公布了奏折的全译文。总理衙门对此大为吃惊,同时下了一道上谕,要求对秘密文件的管理要格外小心。

谈判并没有因泄密而受到损害,因为曾国藩的奏折受到了包括不赞成其意见的人在内的广泛的钦佩。同时也没有再出现其他的泄密现象。当外国人还在讨论"总理衙门的修约条说"的时候,他们已经又在磋商咨送各通商口岸海员监督的另一份条说了。这份条说涉及的不是对外政策的重大问题,而是有关关税和海关管理的细节。曾国藩奉命汇总和评判各地海关监督对这些次要问题所做的答复。

中国人眼里的争端

觐见 尽管觐见对于外国人来说已经并不重要,但是出于礼仪上的原因,这对于中国人来说是必须加以讨论的首要问题。在1858年,这个问题是不可妥协的;到了1868年,似乎变得可以让步了。总理衙门倾向接受觐见的论点,说明了中国保守派在外交方面的灵活性。它认为古代中国历史上的先例不足为训,因为迨自宋代,礼节无不变易。接着它引用韩愈的话强调说,中国的礼只有已经文明化("中国化")了的夷才能用之;今夷并未达到中国

[①] 1868年7月《卫三畏致西华德》,载《美国对外关系》(1868年)第1部分,第516—521页。

的水平,因此绳之以诸如磕头一类中国的礼仪,其势必不可行。

在议复总理衙门条说的人中,多数都认为接受外国公使免去磕头的觐见,对于中国来说是得体的。左宗棠强调说,西方各国要求的觐见并非非分之举,因为中国已经答应对他们要平等相待。

朝廷中虽仍存反对意见,但决策中枢并无异议。第一次觐见直到1873年才得以举行,这主要是因为"两宫皇太后"垂帘听政引起了一系列特殊问题。随着同治皇帝接近成年,总理衙门和一些地方高级官员的意见便轻而易举地压倒了传统的反对意见。文祥具体负责安排英国、法国、日本和俄国公使的觐见事宜。这样第一次近代式的觐见便终于在1873年6月29日举行了。

中国使节总理衙门极力主张对外派遣中国使节。其理由有二:(1)为洞敌情所必需;(2)径直与外国政府交涉,中国就有可能使他们相信自己的正当理由。总理衙门依据国际法,要求惩戒桀骜不驯的商人,要求公使惩戒桀骜不驯的领事,干得相当出色。总理衙门大臣们敏锐地意识到了:各国政府往往比较超脱,不存在处于直接谈判中的代表所具有的那种愤激情绪,同时中国驻外使节还可以要求外国政府惩戒其公使。①

地方复奏大多支持总理衙门,即认为海外驻节原则上是可以接受的。曾国藩首先关心的是,必须明确使节当按中国的意愿自行派遣;其他一些人则担心中国缺乏可充当使节的人才。左宗棠

---

① 在蒲安臣使团出使期间,恭亲王曾巧妙地暗示阿礼国:他宁可信赖阿礼国处理中国投诉所具有的公正的判断力,而不愿指令中国使节向英国本国政府或其他外国政府提出正式抗议。阿礼国评论说:"很显然,他们在外交教育方面正获得进步。"他进而指出,中国对外派驻使节,"很可能是为抑制任何外国代表或外国政府的不公正行为提供了它所可能获得的最好保证"[见《美国议会档案》,《中国卷》第3卷(1869年),第33、36页]。

很坦率,他不仅赞成总理衙门的意见,而且进而提出合格的使节人选可以从江苏、浙江和福建三省通晓夷务的绅士与商人中挑选。他还告诫不要雇用广东人,在他眼里熟悉西方的广东人,多是些轻浮狡诈的好事之徒。

铁路与电报 总理衙门的条说反对引进铁路和电报的理由有三:(1)中国将会失去对一系列军事战略要地的控制;(2)坟墓和"地脉"("风水")将遭破坏;(3)威胁百姓生计。由于外国人对第二点无动于衷,总理衙门建议应当强调第三点,因为即便政府自身能够容忍这些新事物、老百姓也定将起而毁之,"民怨不可遏"。

地方官员的复奏无例外地都认为,绝不能允许外国人在华铺设铁路和电报,因为政府不能无视民意。

开放内地 总理衙门的条说指出,建立租界的全部目的在于划出一块特别区域,在这里中国可以放心地应允外国人享有他们所渴求的豁免中国法律与税收的权利。只要外国人要求这样的权利,他们就不能被允许自由进入内地。它还提出,如果外国人答应接受中国的司法权和缴纳所有的地方税,就可以"开放内地",但是外国人一直拒绝接受这一点。

至于轮船内河航行问题,总理衙门不仅认为这将使无数中国人在竞争中丧失生计,而且担心在狭窄、拥挤的内河河道上将会出现许多事端。现在已有不少外国人无视禁令在内地进行非法贸易,一旦中国有任何退让的表示,他们势必迅速席卷全国。

地方的复奏一致赞成总理衙门的意见。

进口食盐和采煤 总理衙门指出,尽管按1858年《通商章程善后条约》第2款规定,食盐属于禁运品,但外国人的走私比比皆是。食盐专利为国家岁入所在,绝不能弛禁。对此地方复奏无异

第十一章 功败垂成

议;虽然有两位官员建议不妨正式准予充当零售商,但他们所开列的条件唯有令其破产而已。

至于开矿,总理衙门认为这将危及人民生计和破坏"地脉",不过其话里仍带有妥协的余地。多数的地方复奏也都反对开矿,只是语气较为和缓,没有出现像反对铁路和内河轮船航行那般强烈的责难。少数人包括曾国藩和沈葆桢在内,倡言由中国政府借助外国的机器和技术自行开矿。李鸿章表示赞同,且又稍进了一步,只要外国人遵守中国的法规并向中国纳税,其开矿权是可以被接受的。

基督教传教 对传教问题的讨论是心平气和的。从议奏的保密性质看,它的心平气和恰恰有助于驳斥以下的指责:中央或地方政府的许多负责官员不是煽动就是纵容仇教骚乱,此种骚乱在"天津教案"中达到了登峰造极的地步。

"中兴"初期,总理衙门曾奏称:即便是教民也是皇上的子民,传教士虽然进行干涉,但通常是出于好意,因此牵涉教士的词讼应得到迅速和公正的处理。事情的发展果然顺利,以至于在此后的数年中一再出现旨趣相同的奏疏和上谕。固然,总理衙门是不欢迎传教士的,它在数年之中之所以一再为其忍耐的政策做辩护,有两方面的原因:(1)中国乐于在次要方面向外国人做出让步,是为了能在主要方面获得他们的支持;(2)禁令只能适得其反,反而会刺激传教士的热情,"阻其赴滇,正恐招之使来"。①

唯其如此,法国人甚至认为总理衙门正尽力而为:有事实证明它是注意履行条约的,新近一名法国传教士之死,并非北京的

---

① 《筹办夷务始末》(同治朝)卷5,第24—25页;卷13,第12页。

政策所致,而是地方上的派别斗争的结果。①

在19世纪60年代,基督教没有遭到官方的攻击(如同它一向所受到的那样),而是遭到民众和非官方的下层士人的攻击;它没受到明令禁止,而是受到暴民骚动的威胁。在"中兴"时期,高级官员首先关心的是防止传教士干涉中国地方事务。

而在民间情况则不同,仇教心理根深蒂固。看起来人们普遍相信以下的说法:传教士把小孩拐骗进了孤儿院,姑娘们是被强迫充当修女的,医院给人服用的是毒品。在士绅中更有这样的说法:外国商人盗取中国的财物,传教士则企图盗取中国人的心。根据有限而难以查找的资料,似乎可以说是下层士人带头散布怀疑情绪和煽动民众的暴乱。

总理衙门对时局似乎是持一种平静和顺从的观点。它指出现在要想禁止基督教是不可能的,因为中国准许基督教传教条约已有明文。而且一些业已颁布的上谕也明确批准了这一权利。此外基督教教义本身也并无害处。关于这两点见解,各地的复奏是同意的。

总理衙门接着指出,困难在于传教士良莠不齐。莠者庇护教民,包揽词讼,不断干涉地方事务。如此,它提出两点建议:(1)基督教与佛道两家相同,可照僧道设官以治之;(2)联络绅民,阳为抚循,阴为化导,强化儒家道统,"是亦不禁之禁也"。

尽管地方官员都赞成应当强化儒家的道统,但是他们对基督教徒的活动并不感到特别吃惊,自然也没有任何人倡言圣战。几乎人人都赞成曾国藩的见解,即基督教作为一种教义无须多虑,但教民的所为已成地方控制中的一个问题,当因地制宜,筹划救

---

① 1866年1月《帝国政局》,见《法国外交事务部外交文件》(1866年),第228页。

治之方。

蒲安臣使团

总理衙门在与地方高级官员商讨驻节海外的好处的同时,还进行了最初的尝试。1866年斌椿等人奉命随同赫德访问欧洲,目的就是能身临其境,直接了解欧洲。董恂在他为斌椿游记写的序言中,将此次出访的使者们称为中国的第一个外交使团。尽管斌椿既无声望也没有高级的官阶,但当时的外国人正确地将这一破例之举视为重要的开端,而阿礼国和外交部间的通信,更就此进行了广泛的探讨。

1867年10月总理衙门要求地方官员就向海外派驻使节问题献策。11月21日,未待答复,它即奏准任命美国驻华公使蒲安臣为"办理各国中外交涉事务大臣"。据总理衙门的奏文,最初的动议是由蒲安臣本人提出的,不过奏文也提到与赫德间的经常磋商。

总理衙门回顾了此前它自己关于向各国首都派驻使节将有利于中国的奏陈。它说遗憾的是没有一个合适的中国人堪膺公使人选,而且,无论如何,任命一位中国人将会引起特殊的困难。然而,总理衙门接着说,它已经调查了西方的外交惯例,发现公使不一定非是他们所代表的国家的国民不可。同时赫德管理海关也已证明诚信相孚较之国籍更重要。总理衙门认为蒲安臣是令人满意的人选:他于1861年初次来京,为人忠诚、乐于助人。其后曾回国一次,遇有中国不便之事,极肯排难解纷。

在总理衙门看来,重要的一点是要与蒲安臣明确商定以下条件:任期一年;凡于中国有损之事,他当力为争阻;凡于中国有益之事,也不得遽为应允,须知令总理衙门复准,方能照行。据其所奏,11月28日蒲安臣已经接受了这些条件。

11月21日即同日,总理衙门在第二份奏折中又奏称,虽然在雄视西洋的三国中,美国最为安静,性亦平和,但是如果中国要获得英国与法国的支持,对它们就不能置之不论。总理衙门选中了一个合适的英国人,即英国使馆的中文翻译柏安卓参加使团,并征得了他本人的同意。在挑选另一名法国人时,总理衙门接受了赫德的推荐,相信上年曾随赫德前往欧洲的海关税务司法国人德善妥实可靠。它还建议在使团中增加一二名本衙门的章京。11月26日总理衙门推荐了一位满人,即单眼花翎记名海关道志刚,还有孙家容。在政治上二人并不重要,却被说成器识闳通,朴实恳挚,老成勤谨,稳练安详。

"蒲安臣使团"的公布成了外交界的一大新闻。一开始它受到了广泛的赞扬,但是随着"亲华"原则的消息传来——蒲安臣已征得了英、美政府对此一原则的首肯——赞扬又很快变成了愤懑。① 阿礼国在使团任命之初曾对之抱有很大的希望,现在他甚至称1868年的《华盛顿条约》——《蒲安臣条约》——为反动,并一度认为它有损于修约谈判,因为如此夸大其词的声明使中国人

---

① 按《北华捷报》说法,《蒲安臣条约》是"正式的但浮夸的和微不足道的";一个有着远大前程的使团,现在"由于其首席官员即蒲安臣本人的不明智的主张,正走向毁灭之途"(1868年9月11日、19日)。

在华商人主要的批评意见,是认为蒲安臣正在使有关中国乐于改革的危险幻觉永久化[1870年1月21日《香港商会致克拉伦敦》,载《中国》第6卷(1870年),第3号;另见米切《在华的英国人》第2卷,第212页]。

以下是反对蒲安臣的极端的观点,"'蒲安臣使团'最初是由总理衙门的心腹顾问赫德先生提出的,其目的无非是迷惑欧洲,为中国政府准备以武力抗拒西方的正当要求赢得时间。它极力怂恿中国借助西方进步和文明的精神,并通过伤害英国为中国谋取商业与财政利益的方式,来强化中国僵滞的政策。'蒲安臣使团'从它一成立,便明显地表现出了一场阴谋反对西方各国的主权尊严和国家独立的外交骗局所具有的特征"(方根拔:《蒲安臣使节真相》,第175页)。

受到了鼓舞。① 但是蒲安臣不以为意。他认为《华盛顿条约》会使总理衙门在修订英国条约的谈判中变得更加开放。②

总理衙门对蒲安臣使团的活动进行了积极的回应，并批准了《华盛顿条约》。但它并没有像处理"威妥玛－赫德"条陈与"阿礼国照会"那样使之在中国引起轰动。当蒲安臣在俄国病逝的消息传到北京后，他得到了慷慨的抚恤。不过回顾起来，其使团的重要性首先还是在于它在事实上开创了中国向海外派遣使节的先例。试图在现有的条件下促成谨慎的改良的是《阿礼国协定》，而不是《华盛顿条约》。

修约谈判

导致《阿礼国协定》的正式谈判，正好是在各地议复总理衙门关于对外政策条说的奏本陆续送抵北京，和蒲安臣使团即将出发之际举行的。1868年1月2日，柏安卓，新任命的蒲安臣使团的首席秘书、一位新的中国官员，带着英国的议案拜访了总理衙门。阿礼国在一份劝导式的长篇公文中，催促中国人效法康熙和以俄国为榜样，通过"西化"实现自强。他称赞任命"蒲安臣使团"是迈出了第一步，并详细介绍了俄国的经济。虽然可以肯定，阿礼国并没有把商人们要求开放中国的意见作为自己的意见提出来，但

---

① 《美国议会档案》，《中国卷》第5卷(1871年)，第40、98页。
② "(中国人的折中的态度)足以回答这样一些人：最近他们声称中国将会利用西方各国的对它有利的行为，限制而不是扩大外国人的权益。此种令人满意的结果只是在中国政府充分理解了与美国签订的条约；以及英国政府的行为，即反对其国民的侵略精神——克拉伦敦勋爵严厉谴责了某些在华英国官员在扬州、汕头和台湾的不公正行为——的全部意义之后，才出现的。"(1870年1月4日《蒲安臣致璧斯玛》，载《美国议会档案》，《中国评论》第1卷)

是他强调了西方人的不耐烦情绪,并警告说如果商人们的合理的抱怨不能很快引起关注,将会出现严重的后果。

上述还仅是阿礼国公文的导言。其核心内容是提出六条颇有节制的建议。他认为这六条建议既有利于英国贸易和消除商人们的不满,同时又不至于给中国带来严重的问题。他没有涉及"威妥玛—赫德"条陈和总理衙门的条说中的重大问题。阿礼国的建议包括:(1)对外国货物实行通行法;(2)降低某些关税;(3)将一部分海关税银分配给地方当局,以补偿由于内地子口税减少所造成的财政损失;(4)允许外国人在内河使用小轮船运送自己的货物;(5)增开扬子江口岸以装卸货物;(6)在各通商口岸设立存放待税货物的关栈。

总理衙门注意到上述公文根本没有谈铁路和电报,认为所有建议都是无关宏旨的,所以在一年多的时间里,没有奏闻修约之事。后来在奏闻时,它又以不宜用贸易章程麻烦皇上为由做辩解。总理衙门根据自身的职权,参加了预备谈判。1月底成立了由五人组成的混合委员会,其中包括两名低级英国代表,即傅磊斯与雅妥玛,和两名低级的中国代表,即何赛阿与特赛奕,此外还有赫德,他显然处于枢要的地位。

谈判初始,阿礼国持以下见解:大的问题——引进铁路和电报、内地定居、进口盐、由外国人发展采矿业,如此等等——超出了条约规定的权利。这些于英国贸易并非必不可少,却会给中国的国内经济造成严重的问题,同时又势必要求对整个治外法权制度实行重新调整。① 此外有关埃及总督伊斯梅尔常常身负令人

---

① 1868年1月22日《阿礼国致山嘉利》,载《美国议会档案》,《中国卷》第36卷。

咋舌的债务的消息,显然已经传到了北京①,提出这些问题就更不合时宜了。总理衙门看到埃及因无力偿还贷款而陷入受外国监督的境地,是不会再相信这种说法的:用于经济发展的外国贷款可以确保从赢利中偿还。1868年1月1日,阿礼国向外交部报告说:

> 那种以为埃及帕夏的经济和修筑苏伊士运河的特权所引起的种种问题不会对中国政府产生影响的估计是错误的。对于与这些外资企业相关的风险和不便,以及政府给予的保护,他们的了解不比帕夏少。②

阿礼国相信他的谨慎的建议既可以消除中国人的疑虑,同时又能适当维护英国贸易。他断言:

> 最后,虽然我们并没有把再造世界的"乌托邦"理论吹嘘成政府和民族政策的原则,也没有想到要通过改建其他国家来推进文明和基督教,但是,对此,仍然需要加以说明。在各种问题上我们不应忽略这样一种政策,即服从于更为明确的商业利益并与各国法律保持和谐的政策……(这种政策也最有可能促成中国的复兴)。③

混合委员会的工作进行得很顺利。3月2日阿礼国在一份

---

① 我至今搞不清楚总理衙门是怎样得到有关额尔金的消息的。但这一点是众所周知的:他们收集并研究了上海、香港出版的各类外交剪报,并掌握有许多"国会文件集"的译本。他们对来自势力正日益增长的西方国家的消息,尤其关切。但1866—1867年间没有特别的事件可以引起他们的关注,他们所知道和决心的也许是:(1)遍布埃及各地享有治外法权的西方投机商的迅速增加;(2)1867年对债务超过1500万英镑的伊斯梅尔开始实行外国监督。伊斯梅尔虽然实际上只得到了带有附加条件的借款1300万英镑,但他被迫将埃及的整个经济作了抵押。
② 《美国议会档案》,《中国卷》第5卷(1871年),第113页。
③ 《美国议会档案》,《中国卷》第40卷(1871年),第113页。

照会中提议,如果总理衙门赞同,委员会可以起草一部适合于各种混合案例的商业法典。① 在3月3日的第一次正式会议上,中国人同意修建关栈和实施《天津条约》中的子口税条款。他们不同意立即取消厘金,因为这将导致地方税收减少,而地方又不可能得到政府的拨款。然而他们赞成制定某些措施以补偿外国商人因厘金而遭受的损失,在国内完全恢复平静之后再取消厘金。②

阿礼国在议事表上增加了一些完全不同的项目,这既是为了讨价还价,也是希望能形成其他国家可以接受的修约条件。③ 他争辩说,传教士是一种比商人更加麻烦的因素,既然传教士根据《天津条约》获得了在内地居住的权利,那么商人们也应当有同等的权利。④ 他主张进口货物无论归谁所有,一律免征中国的内地税。⑤ 他催促委员会讨论铁路、电报、开矿、外国盐进口、废除樟脑垄断,以及以地方通行的银子而不是以"海关两"偿付关税等问题。

---

① 《美国议会档案》,《中国卷》第40卷(1871年),第190页。
② 1868年3月3日会谈记录,《美国议会档案》,《中国卷》第40卷(1871年),第191—192页,以及总理衙门在1868年2月2日奏折中的评论,见《筹办夷务始末》(同治朝)卷63,第1—7页。
③ 1868年12月6日,阿礼国在给斯坦尼的公文中,对此作了回顾。他本人希望能减少对他最初提出的议事表的争论,并根据其他一些外交官的意见,增加了一些议题。他9月8日和11月9日的快信,应当作这样的理解:"与其按我个人的信念办,不如去转达我的同僚们所极力主张的普遍的意见。"他重申自己的看法,即要求内地居住、内河航运、外国拥有矿产等特权,在当前无论是对中国的利益还是对英国的利益来说,都是有害的。在12月4日的一份密件中,他又一次对法国传教政策所具有的危险性表示担心[见《美国议会档案》,《中国卷》第5卷(1871年),第76页;亦可参看第74、75页]。
④ 1868年阿礼国给英国各领事的指示,载《美国议会档案》,《中国卷》第5卷(1871年),第195页。
⑤ 与此同时,他又提出英国同意限制实施这种特权[《美国议会档案》,《中国卷》第5卷(1871年),第192—193页]。

第十一章 功败垂成

在 4 月至 9 月的一系列会议上，双方巧妙地进行了讨价还价。中国人答应考虑允许外国人的非蒸汽轮船在指定的内河航行，但决不答应就此作出普遍的让步。他们欣然同意调整关税；在扬子江沿岸设立码头；以地方银两偿付关税；废除樟脑专卖；联合制定一部商业法典；利用外国的机器与技术发展采矿，但规定矿产仍然属中国的财产。将部分海关岁入分配给地方一款，中国人开始拒绝，接着表示可以考虑，但最后又断然拒绝了。对于进口盐，引进铁路、电报，以及整个内地开放各款，他们也断然拒绝让步。

关键性的实际问题是能否制定出切实可行的办法，使外国商品得以免征超过了《天津条约》所规定的 2.5% 的内地子口税。[①] 讨论了各种方案，最终达成了一项双方都感到满意的协定。外国货物在通商口岸一并交纳了正、子口税之后，可以免税通行各处。内地货物出口，在最初关卡应先将正、子口税两税一并交纳，仍另备一子口税，交关收存，并给 3 个月出口存票，届时即将另备子口税给还。中国人认为这样简单的调整可以防止原有的通行制度所带来的绝大多数的欺诈行为与混乱状态；而从英国的观点看，外国货物可以不再被征收高于《天津条约》所规定的税款。

到 1868 年秋，那些突出的争论都是阿礼国所不曾打算坚持的问题，而且看起来是达成了某种原则的协定。阿礼国证明在整

---

① 在混合委员会 6 月 27 日会议之后，阿礼国写道："总理衙门的困难和这个国家的需要，已得到英国公使的充分理解。他十分乐于避免讨论设置障碍，或者为不切实际的议案施加压力，无论这一切是否超出了现有的条约范围。但是，中国政府在通商口岸对外国货物随意征税的虚假权利，则是一个原则问题；而且它与商业利益的关系是如此重大。以至于作为一位英国公使，他责无旁贷，必须反对这种侵约的行为。因此，中国政府提出的增加茶、丝税率的任何反对建议，都是不可接受的。"[见《美国议会档案》，《中国卷》第 5 卷(1871 年)，第 212 页]

个谈判过程中,"双方都不曾使用恶毒尖刻的语言或者发出激怒的喊叫","谈判充满了友好的气氛"①。如果协定能够很快签字并得到批准,它对中外关系的进一步发展将会产生巨大的影响。日常的公事固然可以顺利办成,即使重大的问题有待他日解决,相信也会变得容易得多。达成协定本身较之协定的实际内容更为重要。双方都没有放弃自己的重大利益,彼此也没有强求对方这样做。在比较无拘无束的讨论中,谈判者会随时发现哪些地方是起草协定时双方可能接受的,就明白地记下了这未来协定的片段。这是第一个也是此后数十年间最后一个历届中国政府都认为是有益的和值得签订的国际协定。

但是困难随即出现了。阿礼国必须说服英国政府战胜国内的对华贸易利益集团的反对浪潮。② 同时在华商人们的敌对言论也正影响着谈判的进行。要想使谈判得以继续下去,阿礼国就必须公开地将政府的见解与商人们的见解区分开来。在得到了斯坦利(Stanly)的批准之后,他以明确的语言作了这样的声明。而在另一方面,总理衙门也必须让保守的中国领导人们相信这一新的进展提供了真正的希望。

在这个关头即 1868 年秋天,中国各地发生的一系列排外事件③,几乎使阿礼国相信商人们的意见是对的;相信在国际关系上中国真的除了武力不能理解任何东西。他感到蒲安臣在海外的夸大其词的声明,已被中国人解释成:现在他们可以随心所欲了,而洋鬼子将入地狱。在这绝望的时刻,他一反常态在"扬州教

---

① 《美国议会档案》,《中国卷》第 5 卷(1871 年),第 222 页。
② 如科尔·赛克斯 1868 年 4 月 23 日在国会对谈判的抨击,见《英国议会议事录》第 191 卷,第 1147—1148 页。
③ 参看第三章。

第十一章 功败垂成

案"中批准了"炮舰外交"。

阿礼国观点的改变只是暂时的,甚至在克拉伦敦提醒他任何局部使用武力的做法都是与英国对华的基本政策相矛盾之前,他就已经恢复了自己谈判者的角色。他使中国人同意允许外国轮船在鄱阳湖航行,并希望中国能在有限制的内地居住权和开办采矿企业方面作出某些让步,尽管他并不认为这些条款是必不可少的。1868 年底,他准备放弃铁路、电报和食盐进口等问题,并将协定草案送呈外交部批准。同时,他解释说,虽然他本人一再建议引进铁路、电报,轮船通行内河,以及内地居住权,但是这些改革与解决子口税问题相较是次要的,并且在目前的情况下也完全是不可能的。①

当协定草案的内容公开之后,商人们的反对愈加激烈。他们尤其对阿礼国不能为自己争得与法国人、俄国人同等的内地居住权大加攻击。阿礼国机智地回答说,俄国人和法国人的权利并不像英国商人们所想象的那样明确,有些俄国人的确是住在内地:

> 但这只是一种恩准而不是索得的权利,我相信他们全然陷入了孤立;因为他们不能惹是生非,要像中国人那样谈话、居住和装扮,他们没有广东仔或者买办帮助与民人交涉。发生争执后也不能像在外国保护下那样无视当局,因而不能不服从他们的管辖。……(内地居留权)的种种不便与治外法权相关联,是很难克服的。总理衙门已经表示……如果外国商人想获得内地居留权,为了对他们的人民公平起见,他就

---

① 1869 年 1 月 12 日《阿礼国致斯坦利》,载《美国议会档案》,《中国卷》第 74—75 卷,第 280—281 页。

必须放弃治外法权。①

然而面对普遍的反对意见,阿礼国自己也时常怀疑英国接受他为期10年的正式修约草案是否明智。他在写给克拉伦敦的信中说,英国现在不能从中国撤退,以往的错误不能再犯,但是使用武力是愚蠢的。可行的选择是接受现有的条约或者延期修约,随其自然。②

外交部和商业部都对阿礼国已经取得的成果表示坚决支持,并授权将之并入一项协定之中。如果能够劝说中国人接受这些他们迄今一直拒绝接受的条款,那就太好了。这样对华贸易的叫嚷声就会减少。如果中国人执意拒绝,阿礼国将受命签订一项为期10年的协定,作为《天津条约》的正式修订本。③

当1869年初外交部正在考虑《阿礼国协定》草案之时,总理衙门也正在努力争取朝廷的批准。在1868年11月阿礼国开始在他的备忘录上加盖官印之前,总理衙门并不认为正式的谈判业已开始,所以直到阿礼国向外交部呈报草约之后,它才奏闻此事。1869年2月2日,总理衙门将有关公文和备忘录奏报朝廷,并附有一份详尽的奏折,回顾了谈判逐步展开的具体过程。

总理衙门的奏折开头就报告说,在谈判期间外国人贪得无厌,一如往常,为了开导对方明了何以坚拒修建铁路和开放内地,舌敝唇焦。不过它又奏称自己的态度是灵活的:或据理力争,或稍与通融,或置之不理。利用这些策略已使阿礼国同意作出某些

---

① 1869年3月23日《阿礼国致麦华陀》,载《美国议会档案》,《中国卷》第12卷(1869年),第8—9页。

② 1869年2月27日《阿礼国致麦华陀》,载《美国议会档案》,《中国卷》第5卷(1871年),第98页。

③ 1869年2月27日《阿礼国致麦华陀》,载《美国议会档案》,《中国卷》第5卷(1871年),第84、103、117、138、141页。

肯定有益于中国的让步,不过自己在中国利益无损的某些方面也做了通融。总之,总理衙门大臣们认为他们取得了外交上的胜利。但是他们也很怀疑英国最终是否能够签订这项显然未能满足英国商人要求的协定。总理衙门不想用贸易协定的细节去麻烦王公大臣们,它只是想争取批准自己新的谈判政策。

条约文件的副本于2月被送交亲、郡王会同大学士、九卿妥议。这些人复奏的意见与总理衙门略有出入。他们同意总理衙门的政策,但认为在战守方面应有所准备。羁縻(外交)要善以"礼"制夷;自强当求以兵制夷。切记现今必应羁縻,将来必应决裂。

总理衙门复奏表示赞同上述意见,且回顾了自己屡请练兵、购械、造船的历史。它说上次奏陈未及战守,是因战守的重要性不言自明,战守与羁縻,乃并行不悖的政策。从总理衙门煞费苦心的辩驳中,人们可以看到它是力图说明以新的方式处理国际事务的时代已经到来了。战守必得讲求,因为法人恣睢暴戾,俄人阴鸷,而德人谬妄欺诈;然而英人不甚傲慢,他们可为笔舌所动;此外美人较比最为安帖。总理衙门的折子暗示说:在中国强大到足以消灭夷人之前,应当赖羁縻而不是空谈来驾驭他们,这难道是不可能的吗?①

1869年春,看到自己的主张已经得到批准,总理衙门如此急于签约,以至于指责阿礼国有意拖延。但是阿礼国则感到他必须设法使协定变得更易于为英国商人们所接受。他再次提议将协定只看作暂行条款,但中国人拒绝了。他出其不意地又作了最后一分钟努力,试图打破中国人对食盐贸易的垄断。中国人称此为

---

① 1869年2月24日总理衙门奏折,见《筹办夷务始末》(同治朝)卷64,第17—20页。

"徒劳战术",指责阿礼国自食其言,并提出中国在香港派驻领事和对传教士的活动实行某些限制的要求以为反击。① 9月底10月初,谈判濒临全面破裂。此时赫德与文祥举行了个人磋商,人们公认赫德起了关键性的作用。

在此后的一系列会谈中,双方都撤回了附加的要求。作为对英国答应对觐见与苦力贸易协定暂时保持沉默的一种回报,中国人同意将协定作为暂行条款加以接受。② 1869年10月23日协定在北京签订,11月20日赫德即被授予财政高级专员的职衔("布政使"),以奖励他在修订英国条约的过程中对中国所做的贡献。

关于总理衙门支持《阿礼国协定》的意义,迄今众说纷纭。王德昭认为,恭亲王已经看到夷人是信守诺言的,因此彼此间暂时的和平共处是可能的。但王德昭又认为其最终目的并没有改变,它的计划是依次剪除太平天国、捻军,摆脱俄国和英国。现在中国的学者则持相反的观点。胡绳指出,1860年到1870年间清政府官员的看法发生了重大的变化。1860年订立《北京条约》曾被视为奇耻大辱;但是到1870年时,曾国藩已在奏称中外已相安十

---

① 《美国议会档案》,《中国卷》第5卷(1871年),第406页,第103、138、141页。总理衙门1869年10月23日的两份奏折,附有往返照会,见《筹办夷务始末》(同治朝)卷68,第12—29页。
② 《北京条约》第5款规定中国公民有移民的权利,而英国要求对已构成国际丑闻的苦力贸易的泛滥实行控制。初看起来这与总理衙门的利益并不矛盾,然而协定的公布却意味着将苦力贸易制度化了。总理衙门宁可让苦力贸易的泛滥继续下去,也不愿冒险去讨论这一激怒人的问题。所以,对英国人来说,同意中国否定1866年《关于调整中国向英、法移民的协定》,是一种让步;尽管这个由恭亲王、阿礼国和伯洛内共同起草的协定,实际上有助于改善悲惨的移民的地位(赫特斯莱特:《条约汇编》第1卷,第10号)。

有关对最后一分钟提出的条款进行的讨价还价,和中国人接受一项暂行章程,参看1869年9月30日《阿礼国致克拉伦敦》,载《美国议会档案》,《中国卷》第5卷(1871年),第150页。

年无事,而郭嵩焘则把国际法和开明的西方殖民地制度说成是国际关系中新的和平的方式。胡绳据此认为,郭嵩焘比大批骂他为汉奸的士绅更早一些看清了传统的中国要想维持下去,就必须服从"由国际法所规定的帝国主义世界秩序"①这一事实。

第三种观点似乎较为平实。这种观点认为,清政府官员的看法是发生了真正的变化,但这并非卖国或对西方的无耻屈服,而是为中国在现代世界大家庭中谋求一个稳固而体面的地位所做的一种明智的努力。

《阿礼国协定》的条款

无论是从谈判的方式上看,还是从协定自身的形式与内容上看,《阿礼国协定》在中外关系史上都构成了一个重大的转折点。协定的用语——"大不列颠这一方面同意……;中国那一方面同意……"——和《天津条约》(1858年)或者《烟台条约》(1876年)都形成了鲜明的对照。在协定的中文本里,此种语气上的差别尤为明显。

第1款对最惠国待遇原则,即任何一国从中国获得特权,其他各国得一体均沾,提出了重要的限制。据此,凡英国商民援其他各国商民的特权要求一体均沾,即应一体遵守中国与各国所定条约的条款规定。

第2款规定中英双方应彼此派驻领事。英国长期以来已享有这一权利;现在中国要求在香港设立领事馆。这不是在空谈外交平等,而是一个真正引起争端的问题。因为香港居民强烈反对

---

① 这最后的评论,胡绳1948年初版中没有,是1952年版才加上的。

在那里派驻中国领事,而中国当局则认为有这样一位领事,有助于控制走私。

第3款为总体上对英国商务关系最为重要的问题——中国对英国纺织品征收内地税问题——规定了最后的解决办法。它规定:无论运往何处,纺织品一律在输入口岸同时定纳正税和2.5%的子口税。此后得以在9个有通商口岸的省份自由贩运,不再征收任何形式的附加税;但在其他各省,仍须交纳全部的内地税。阿礼国认为,不管是否准备到内地去,为所有的口岸交纳一笔小小的内地税,是最为方便的解决办法。这是值得冒险的,因为在某些口岸仅厘金一项就高达90%。

> 如果这一项权益能够获得,即免除了地方的莫须有的税款,那么相对说来,所有其他的特权都是无关紧要的。我认为目前已经达成的这个协定,为所有的外国棉纺织品带来了光明的希望,棉纺织品占进口贸易的绝大部分,将因此摆脱束缚。①

赫德也认为"这是一项最为重要的权益"。

第4款对出口的中国土货规定了同样简便而公平的征税办法。据此,这类土货须纳全部内地税,但给凭票。一旦土货被运出口,输出港海关将退还所收内地税款中超出2.5%的子口税以外的余款。赫德与阿礼国都认为这于双方都有利:走私将停止;对同样的土货实行不同税率的无益的做法也将终止。同时从事合法出口贸易的商人,可以从一家代理机构那里要回他们的偿还额。这家机构是按西方的管理方式建立的,雇有外国职员,并通

---

① 1869年10月20日《阿礼国致外交协会主席得·列裴斯》,载《美国议会档案》,《中国卷》第1卷(1870年),第14—15页。

常备有现金。此外总理衙门最终同意将按此款规定在通商口岸交纳的子口税款总额的7％—10％,分配给地方当局。①

阿礼国认为根据第3、4款规定:

> 受到外国商人们如此诅咒的关卡制度,也就同时基本上废止了——当然,这是就九省的大多数进口货物和出口的土货总体而言的——因为在将本国贸易与外国贸易全然分开的同时,又给地方当局留下了他们通常由抽收内地税所得的利益,并且能培养他们对外国贸易的兴趣。这种做法能够确保外国商人免除2.5％的子口税以外的勒索。就子口税而言,这是比在中国所能实行的任何其他的保护方法更为有效的措施。②

有人批评说,中国人不可能遵守这些条款,他们会千方百计逃避自己的新责任。对此阿礼国回答说,总理衙门接受这一新的协定完全是出于自愿;现在的地方当局也有理由对外国的贸易感兴趣;同时商人们也比以往任何时候都有了更好的机会来抵拒对出口货物的横征暴敛,尽管少数地方官会拒给凭票;最后从中国人给予的权益具有广泛性与明确性这一特点看,进口货交纳2.5％的子口税,风险是很小的。③

---

① 英国商人们曾坚持说,应当以关税代替各省的地方税;但如果此项收入尽归北京,那么地方当局肯定将会通过非法征税来补偿自己的损失[见1869年2月1日《上海商务总会主席致麦华陀》,载《美国议会档案》,《中国卷》第12卷(1870年),第5—6页]。
② 1869年10月23日《阿礼国致克拉伦敦》,载《美国议会档案》,《中国卷》第1卷(1870年),第3页。
③ 致商会函……关于中国修约协定,载《美国议会档案》,《中国卷》第10卷(1870年);《阿礼国致得·列裴斯》,载《美国议会档案》,《中国卷》第1卷(1870年),第14—15页。

第 5 款规定,中国土货由香港运往通商口岸,应交纳所有的内地税,但如果是由通商口岸运往香港,可以享有出口优惠。阿礼国认为,香港从出口优惠中所得到的利益足以弥补该岛因派驻中国领事后走私衰败所带来的损失。

第 6 款规定添开温州、芜湖为通商口岸,与此对应关闭海南岛的琼州口岸。阿礼国认为此口岸毫无价值。但是总理衙门坚决拒绝开放宜昌。该口岸是"通往扬子江上游的门户",英国商人对此最感兴趣。第 7、8 款对吨位税的征收和英国商船出口须将出口货物呈关备验的技术性问题,做了某些改进。这两个例子说明双方都作出了让步。此外,第 9、10、11 款在规定海关罚款与没收、引水员发给执照、洋货重新出口准予退还税款等方面,也都体现了类似的互让精神。

根据第 12、13 款,总理衙门有两大收获:提高了生丝的出口税和鸦片的进口税。正如阿礼国所说,"我们必当有所回报"。他不认为这种提高关税的做法会影响到贸易的规模与利润,相反他认为从中可以看到中国人积极的一面:"要看到他们要求对丝、茶和鸦片双倍征税,正好坦率地表明了他们对这些贸易感兴趣。我认为他们最终仅仅以这一点点要求为满足,是表现了巨大的克制的。"[①]

总理衙门仍然拒绝轮船内河航行的权利。但作为对关税让步的一种回报,它答应轮船可在鄱阳湖内试航。此外又给了外国人这样一种奇特的权利:可以自备中国式的篷、桨、篙、橹各船,在所有的内河航行。阿礼国认为,这是"任何一个独立国家所可能

---

① 1869 年 10 月 23 日《阿礼国致克拉伦敦》,载《美国议会档案》,《中国卷》第 1 卷(1870 年),第 2—4 页。

给予的最大的特权"。中国还给予了他们在内地暂时居留的权利,不过这是有条件的和有限的。阿礼国写信给外交使团主席说:

> 我认为这两项权利虽然是有限的,远没有达到商人们所要求的轮船航行权和永久居留权,但它们并非无助于打开这个国家。如果英国等国家的商人们能够遵守诺言,安分守己地经商,犹如俄国商人在一些茶区所做的那样,不去麻烦地方当局,引起公民的恐慌或反感,那么他们就没有理由抱怨这些权利未尽如人意了。①

他向外交部报告说:

> 我想,如果这些带有附加条件的、有限的临时居留权和自备帆船的内河航行权能够被明智地和不加渲染地实行,将会给外国商人带来一切他们所能正当要求的东西,他们所得的利益并不会比他们在现有情况下做任何合作的生意来得少。然而,遗憾的是,希望他们能这样考虑问题,却成了非分之想。②

而对于阿礼国来说,协定中最重要的条款之一,是中国人同意采纳一部关于商务的成文法。他认为,这一条款不仅有助于进行有条不紊的贸易活动,而且是分三步最终废除治外法权本身迈出的第一步。据史料记载,这点是很显然的:阿礼国看到了其他人在半个世纪之后才承认的治外法权所包含的危险性。一旦中

---

① 1869年10月20日《阿礼国致外交协会主席得·列裴斯》,载《美国议会档案》,《中国卷》第1卷(1870年),第14—15页。
② 1869年10月20日《阿礼国致克拉伦敦》,载《美国议会档案》,《中国卷》第1卷(1870年),第4页。

国在一定程度上修改了法律,就有可能达成一项协定,从而将外国人及其利益置于中国司法权之下。① 他在向外交部报告协定的签订时写道:

> 采纳一部有关商务的成文法……它所可能带来的成果要比任何直接的成果都更为重要。由制定一部商业法到制定一部建立在欧洲原则基础上的民事和刑事法典,再到建立一个国际法庭审理一切混合案件,其间仅隔两步。这些一旦都实现了,治外法权也就随之废止。②

《阿礼国协定》被否决

虽然总理衙门是迫不及待的,唯恐阿礼国没能签订这个协定;而一旦阿礼国这样做了,他们便认为他的签字是决定性的,批准自不成问题。显然,总理衙门对西方外交程序的了解还是不完全的。不过在当时的情况下,它的这种估计也并非没有根据。30年来,各国政府一直在要求中国政府与他们的正式代表签订条约,无疑当时的英国公使是一位正式的代表,更何况他在9个月前就已经将草约报呈英国政府批准。

看起来,总理衙门是把《阿礼国协定》看作中国外交上的一次胜利。报告签约的奏折表明,总理衙门在最后作了某些让步,是因为阿礼国即将卸任归国,而下一任英国公使有可能更难以对

---

① 不受中国现有的司法权管辖,而即将受中国建立的混合法庭管辖。1868年12月6日《阿礼国致斯坦利》,载《美国议会档案》,《中国卷》第5卷(1871年),第76页。
② 《阿礼国致得·列裴斯》,载《美国议会档案》,《中国卷》第1卷(1870年),第14—15页。

第十一章 功败垂成

付。接着总理衙门开始极力要求尽早批准该协定。这与先前的谈判相比是一个引人注目的变化。在以往大多类似的谈判中,外国政府在中国政府一再延宕之后,不得不强迫中国政府签约。现在中国政府第一次急于批准一项条约。

在中国方面,协定的签字被认为是决定性的、有约束力的;所使用的印章是皇帝、恭亲王和四个部的尚书及理藩院的印章。在1870年1月26日的一份奏折中,总理衙门重申了这样的观点:签约已大功告成,因为双方都在协定上加盖了官方印章,而且实施协定的具体办法,也已经包含在了后来互换的公文中了。协定的内容原原本本地被传达到了各省。总理衙门知道英国商人们反对协定,却向朝廷奏报说,外国商人的观点并不等于外国政府的观点。①

与此同时,英国商人却掀起了反对协定的新高潮。与在华商人愤怒的呼声相应,英国的许多家商会和一家商行即萨森(Sasson)公司,"代表印度利益"向外交部提出了抗议。

阿礼国反驳说,那些真正关心帝国商业利益的人,是不会赞成在华商人的意见的:

> 迄今为止,还没有一个国家或西方的政府曾对外国贸易作出如此慷慨的让步。也许可以这样问,有多少国家能允许外国人的个人和家庭的全部消费品,所有的船只和货栈一律免税?有多少欧洲国家能允许外国船只在沿海贸易而无须交纳各种关税,或者给予在所有内河航行的权利?除了可以被说成是特殊的和仅仅适合于与东方各国的关系的治外法权之外,还可以这样问,有多少欧洲国家存在完全的宗教信

---

① 1870年1月26日总理衙门奏折,见《筹办夷务始末》(同治朝)卷70,第39—41页。

仰自由,可以随意接受与现存的宗教、宪法和崇拜模式格格不入的任何教义或信仰?或者最后还回到物质与商业的利益上来,又有哪一个国家能像中国那样,对外国货物征收如此微薄的海关税呢?①

他坚持认为,中国人比商人们所看到的要宽宏大量得多:

> 事实上,彻底禁止鸦片、限制传教士在内地居留和废除治外法权,这是三个最主要的问题,也是中国政府和所有的官方统治集团的第一愿望。然而值得庆贺的是,他们并没有坚持其中的任何一条。……除了对这两种商品(茶和丝)稍稍提高了关税之外,我方并未作出任何让步。不错,我承认对方有在英国领土上派驻领事的权利,但是,这在所有国际性的权利中,是最普遍不过的权利,如果还承认在我们与中国的关系中存在互惠的任何原则……我想,毋庸置疑,我们至今已获得的权益超过了我们所让出的。②

英国国内的商人们不同意在中国让出更多的东西。伦敦的商人和其他的集会都主张《天津条约》最好应维持原样。他们认为,根据《阿礼国协定》,英国所做的让步比中国多;通商口岸的制度是不令人满意的,整个内地必须开放;关栈若属于中国政府所有,就没有什么用处;有关内地旅游、居留以及豁免通行税的一些条款,与根据1858年条约所已取得的现有权益相较,是一种后退;如此等等。总之,"该协定是对华政策后退的第一个突出的事

---

① 《美国议会档案》,《中国卷》第10卷(1870年),第9页。
② 1869年10月28日《阿礼国致克拉伦敦》,载《美国议会档案》,《中国卷》第1卷(1870年),第4—5页。

例"①。在格拉斯哥、利思、曼彻斯特、麦克尔斯菲尔德、哈里法克斯、利物浦、贝尔法斯特、爱丁堡和丹迪,举行了类似的各种集会,通过了类似的决议案——一种相信可无限扩大对华贸易的狂热,就这样被四处鼓动起来了。

其他条约国的商人不像英国商人那样激烈反对《阿礼国协定》,但美国的商人例外,他们也反对批准这个协定。阿礼国感到,如果他所答应的让步仅仅涉及英国国民,它会引起更大的怨恨。他徒劳地试图劝说北京的外交使团的同僚们,相信签订一个总的欧洲条约是切实可行的。法国人答复说,无法相信地方当局会尊重由总理衙门所承担的允诺。他们彬彬有礼,但是认为正式条约的修改应当拖延下去;他们保留在翌年即1872年重新谈判的权利,届时尤其要考虑天主教传教士的权利问题。德国人同样保留了于1872年单独修订它的条约关系的权利。俄国公使虽然承认总理衙门的让步比他想象的要广泛得多,但他仍然认为这些还不能满足俄国商人们的要求。他反对提高茶叶税,并对未能订立在内地设立仓库的条文感到不满。至于子口税,他建议外国人可以同意交纳,但必须提前一年公布子口税。比利时、西班牙、荷兰表面上追随大不列颠;美国的支持更热情一些,但此种热情又随着劳罗斯接替蒲安臣为驻华公使而消退了。②

然而,说到底,反对《阿礼国协定》的压力不是来自其他国家。最终,英国政府屈服于英国商人们的压力,放弃了它自己更恰当的判断,拒绝批准这个协定。那些对华贸易的代言人从谈判一开始就非难"阿礼国政策",1870年初重新提出了他们的抗议。克

---

① 1870年1月13日集会后伦敦商人的请愿书,载《美国议会档案》,《中国卷》第4卷(1870年),第1卷。
② 参看第三章。

拉伦敦有力地驳斥了他们的论点,他得到了商务部的支持,同时在国会中也不是没有支持者。阿礼国被召回英国是为了磋商,而政府却尽可能地拖延行动。最终没有否认商人们的反对意见。克拉伦敦始终没有改变自己对协定价值的判断,但是在1870年6月逝世前不久,他也只好劝说政府,面对这样的反对力量批准协定是不明智的。阿礼国承认失败,但他极力主张把未能批准协定,归咎于与法国间的某些臆造的困难,而不要承认是商人反对的结果。承认商人的力量足以改变政策,这不仅将会"在北京引起极大的误解和麻烦"①,而且还会严重削弱将来英国在华的地位。

克拉伦敦的去世使英国政府决定拒绝批准协定,当1870年6月的"天津教案"的消息传到欧洲后,就再也没有重新考虑这个问题的可能了。7月7日,外交副大臣在回答众议院提问时,宣布《阿礼国协定》不可能被批准。接替克拉伦敦的格瑞维尼宣布说,阿礼国是在克拉伦敦的指导下进行谈判的,克拉伦敦认为修订本"在现实情况下是一个巨大的进步"②。他通知阿礼国:

> 女王陛下政府对此深表遗憾:在这个国家和在中国的许多商会所持有的"协定"可能有益的观点……与女王陛下政府的一贯主张并不相符,因此将被否决。③

在上海是一片欢欣鼓舞。

时间距阿礼国爵士在这里亲自为被自己载入一个附

---

① 致哈摩德的私人信件,引自纳森·A.皮尔科维斯《老中国通与外交部》(纽约,1948年),第80页。
② 《英国议会议事录》第205卷,第558页。
③ 1870年7月25日《格瑞维尼致阿礼国》,载《美国议会档案》,《中国卷》第5卷(1871年),第427—428页。

第十一章 功败垂成

加条约中的某些条款做辩护不过短短数月,但从那时起,来自许多有关商团的各种备忘录、决议案和信件,如潮水般滚滚而来,纷纷谴责这一拟议中的协定,并要求女王陛下政府务必拒绝批准。……如今,影响所及,已经成功地促使不列颠政府顺从商人们的舆论,明确地拒绝了批准协定。这不仅是对阿礼国爵士观点的否定,同时也是对他们自身所持观点的否定。①

没有确凿的材料说明否定《阿礼国协定》所产生的最终影响。有人认为,商人们的胜利是有限的,而且到了1871年便告逆转;克拉伦敦政策的基础并没有受到影响,因为在国会中强有力的声音仍然在坚持以下的观点:中国政府的虚弱是外国压迫的结果;中国的排外主义从外国人的所作所为看,也是完全可以理解的;外国的干涉将导致无政府状态。② 还有人认为,而且中国共产党学者也这样认为:拒绝批准协定暴露了英国政府的虚伪,因为当它要批准一个于中国一无所得的《烟台条约》时,困难就不存在了。③ 但有一点是肯定的,如果说中西间的不信任感的恶性发展曾有过一个时机有望得到制止,那么这个时机便是1869年。阿礼国不仅看到了这一点,而且使他的政府相信了这一点。然而,正当下赌注之时,比大多数人更了解历史主流的政府,却向一些喧嚣的商会妥协了。它缺乏责任感,放过了明知不可复得的机会。

要说否决《阿礼国协定》的直接影响是激起了在"天津教案"

---

① 见《北华捷报》1870年8月25日。
② 戈瑞:《英国议会议事录》第205卷,第560—562页。
③ 胡绳:《帝国主义与中国政治》(北京,1952年),第57页。

中达到登峰造极地步的仇外主义，那未免言过其实。因为仇外的暴乱在《阿礼国协定》引起争论之前，就已经不断出现了。但是威妥玛一再报告说："毫无疑问，由于否决了1689年的'阿礼国协定'，使团的困难变得异常复杂了。"他还说，文祥"一心想对因我们否决'阿礼国协定'所造成的耻辱和障碍，实行报复"①。然而，无论是在文祥的日记中，还是在其他与此密切相关的中国官员的著作中，都不曾有这方面的反映。以下的假设倒可能是正确的：正当总理衙门试着引进一种全新的中国对外关系的见解之时，否决《阿礼国协定》却使总理衙门大臣们在全中国人的面前出了丑。在这种情况下，发表评论自然匪夷所思。直到6个月之后，即1871年1月21日，总理衙门才终于打破了沉默。它说，英国商人们认为协定过于偏向中国，这说明了商人阶级在英国社会中的重要性；但更重要的还在于，这是在未来的谈判中所有外国列强将会施加巨大压力的又一种征兆。②

"马嘉理事件"和1876年的《烟台条约》，不是《阿礼国协定》的结果，而是拒绝这一协定的结果。马嘉理死后，英国对中国的态度变得强硬了。在马嘉理日记的一篇跋中，阿礼国写道：

> 在东方的衰落中，复仇女神正兴风作浪，没有一个亚洲的国家可以无视这一点。然而，从国际角度看，我们要独出心裁，坚持有在云南和缅甸自由往来和贸易的特权，却是可疑的。此后留给我们的选择余地已是非常之小了……
>
> 我们在东方获得了支配的地位，享有安全与商业特权，

---

① 皮尔科维茨：《老中国通与外交部》（纽约，1948年），第104页；醇郡王奏折，他认为虽经11年的努力，外交上依旧失败，一无所获。见《筹办夷务始末》（同治朝）卷79，第24—27页。
② 《筹办夷务始末》（同治朝）卷79，第39—42页。

第十一章 功败垂成

依赖的是道德的力量,而不是强权。如果我们想要避免道德的力量扫地以尽,唯一的选择就是重新奋起和进行卓有成效的努力。①

在1876年由威妥玛与李鸿章签订的《烟台条约》中,英国政府仍然拒绝接受英国商人们的主要要求,其理由是:

> 总之,在我看来,他们所倾心的那些计划离开了这个政府的积极配合是不可能顺利进行的。诚然,没有外国的帮助和外国的资本,这些计划不可能付诸实施。但是要把它们强加给这个国家,那是不可取的。②

因此,《烟台条约》仅被限定于:(1)"马嘉理案"的善后工作;(2)规定外交人员的活动;(3)在通商口岸地区案件的审理;(4)修改商务章程。

双方都很清楚:中国从未利用《烟台条约》去纠正以往的过失;但它也不会再拒绝新的让步——例如,开放扬子江上游。条款中任何有节制的规定,都是出自英国的宽容。唯有赫德的立场未曾改变;当总理衙门向他征求意见时,他对中外各自的要求和不满都作了详尽的说明,并提出了一系列可行的建议,主张通过共同让步来协调彼此间的关系。③ 但其对英国当局对他的劝告置若罔闻。

《烟台条约》标志着在中外关系中片面性模式的凝固化。这

---

① 《马嘉理游记:从上海到巴莫并返回马里维尼》(伦敦,1876年),第359、372页。该书的依据是马嘉理的游记及书信,其最后一章是阿礼国写的。
② 1877年7月4日威妥玛致德尔比(斯坦尼的前任)。该函分析《烟台条约》长达36页,见《美国议会档案》,《中国卷》第3卷(1877年),第147页。
③ 1877年7月4日威妥玛致德尔比(斯坦尼的前任)。该函分析《烟台条约》长达36页,见《美国议会档案》,《中国卷》第3卷(1877年),第2—27页。

并非一种新的模式,它实际上是重复了《天津条约》和先前一系列按照西方意愿开放中国与之交往的条约所体现的模式。《阿礼国协定》正是代表了要在某些重要的方面修改这一模式的一种努力。

在1868—1869年间,近代中国第一次显示出有能力作为一个主权国家,在没有直接压迫的情况下,就一个条约进行谈判。① 恭亲王在1860年写道:

> 以往多年所订之约,无能确保,端在多为武力相加之结果,自不容对条款做逐一辨析推敲,终致双方均怀猜忌。②

中外在彼此互让的基础上订立的条约,寥寥无几,《阿礼国协定》便是其中的第一个。阿礼国认为,确立和平谈判的原则较之协定的专门条款更为重要:

> 迄今为止,我们只是试图诉诸能迫使中国屈服的武力,以与之订立一系列条约。而现在的谈判第一次被置于一个全然不同的基础之上,即共同的利益和友好的关系的基础之上,这种环境的变化,不可避免地(如果不是全面支配)会对事态的发展和可达到的目标产生重大的影响。③

> 我相信,维护和睦与商务的永久性关系是不可能建立在其他的基础之上的。必须讲求互惠主义、公平相待的精神和彼此调和的愿望。严格地坚持这样的政策,我们也许并不能

---

① 我这里是指中国"开放"以后的历史时期而言。《尼布楚条约》和其他一些早期的条约,不在此列。
② 1860年10月3日《恭亲王致额尔金》,见《中国事务通讯集》(1859—1860年),第186页。
③ 1868年12月5日《阿礼国致斯坦利》,载《美国议会档案》,《中国卷》第5卷(1871年),第189页。

得到所能要求的全部东西,或者说不能像我们所要求的那样,迅速而全面地获得大多数正当的权利。但是,这样获得的东西,将会受到中央政府心悦诚服的确认,因此也就不大可能被地方当局所回避,或者通过其他间接的方式被重新化为乌有。①

"天津教案"

在保守的改革中,传教士的问题最为严峻。因为除非鼓励士绅在各地复兴儒学,否则内政将无以维持;而"儒学"复兴一旦导致了对外国的过分疑惧和憎恨,新的对外政策又势必归于夭折。其时的外国人总是认为,中央政府在暗中怂恿仇外的暴乱,但是史料表明,事实正与此相反。

随着1860年后天主教传教士特权的扩大,冲突与敌意也随之扩大了。② 有关"天津教区"活动的广泛报道,十分清楚地说明了为何群情会如此激愤:年轻的姑娘当了修女,就拒绝去看望她们的家庭,而传教士却可以阻拦地方当局的调查,如此等等。对传教士行为的疑虑不单限于地方官员,1869年初《阿礼国协定》上报中国政府时,醇亲王和倭仁就曾极力主张增加限制传教士活动的条文,尤其要禁止教会设立育婴堂。总理衙门在一份密折中,详细地谈到了上述意见。它承认传教士问题的争端最为棘手,但又劝告说,任何限制性的措施都将被外国人说成是对宗教

---

① 1869年10月20日《阿礼国致得·列裴斯》,讨论外交使团事宜,见《美国议会档案》,《中国卷》第1卷(1870年),第13、30页;第5卷(1871年),第243—244页。
② 按照日意格的说法,1860年的特权付出了丧失人心的代价,老传教士们宁可退回到1860年前的局面(《在中国的政治特权》,第26—47页)。

自由的干涉,从而酿成中外衅端。当务之急是设法使基督教的地位合法化,眼下正在探讨此种可能性。①

1870年初夏,北方三口通商大臣崇厚第一次报警:天津口岸正酝酿着一场骚乱。这打破了北京的宁静。到6月23日,他接着奏报了对中国人和许多尚健在的老中国通来说至今记忆犹新的一场大悲剧。

在天津,一场骚乱近在眼前。天津本来就存在着反对1860—1863年间驻扎在这里的法国军队的强烈情绪。而法国人的其他一些做法,却又等于火上浇油:法国领事馆原是一座皇家别墅,1869年6月法国维多利亚圣母大教堂,又计划在一处中国寺庙的遗址上修建。到1870年6月初,几个被地方官逮捕的中国人供认了为仁爱会修女会育婴堂拐骗婴儿之后,天津人群情激愤。修女们过于无知与鲁莽,她们出于拯救更多被当地中国人遗弃的婴儿的热情,竟然为每一个送来的婴儿支付一小笔钱。这些酬金鼓励了诱拐婴儿的活动,这显然是很可能的,当地的中国人肯定也是这样认为。从5月起,谣言迅速蔓延。修女们报告说,在不久前还一直友好的人们中间,敌意也增长了。育婴堂里正常的死亡率本来很高——这是修女们热衷于为垂死的婴儿洗礼和实行基督教葬法的结果,6月间发生的一场时疫则火上浇油。当中国人在夜间闯入墓地,挖掘出婴儿的尸体后,种种荒唐的说法便传开了。

6月19日,道台约见法国领事丰大业,告诉他当地民众要求搜查教堂。丰大业显然力劝道台相信对教堂的指责纯属子虚乌

---

① 1869年7月18日总理衙门致阿礼国备忘录,见《美国议会档案》,《中国卷》第9卷(1870年),第12页;1869年6月26日文祥的见解,同前第1卷(1872年),第13—14页。

有之事。但是这位地方官执意不听,结果双方大动肝火。领事断言这位官员就是骚乱的煽动者;对方则指责领事矢口抵赖。次日,当地最高的帝国官员崇厚亲自介入。在一次友好的会见中,他规劝领事说,要想驳斥对教堂的指责,最简便的办法,就是接受搜查。很明显,丰大业想的是,过几天由几位重要人物做一次悄悄巡视,从而了事,但是地方官不以为意。

第二天早上,正当崇厚和丰大业各自准备向上司报告严重的局势已经消除之时,领事得到了这样的消息:道台、知县等官员正在教堂外面要求进去。丰大业随即做出了令人难以置信的愚蠢举动。在秘书的陪同下,他冲进崇厚的官邸,挥剑砍了书案,并向崇厚连发两枪,不过没有击中。当官邸的随员试图捉住他时,丰大业又接连砸了杯子,掀翻了椅子。崇厚要扶正椅子,他却"使用了污秽的语言"。人们竭力要抓住他,这更激怒了他。丰大业无视这样的警告:屋外已经聚集了一大批人,这不是一帮衣衫褴褛的乌合之众,而是一支包括地方官员、士绅和体面的业主在内的有组织的队伍。丰大业冲入人群,他的秘书挥剑为之开道。当一位地方官向他靠近时(按法国人的说法是攻击他;按中国人的说法,则是要营救他),丰大业对之开枪,结果打死了他的一名随从人员。

对此进行的报复是可怕的,实际情况可能比已知的更糟糕。这两位法国官员当即被碎尸。接着,众人放火烧了领事馆、教堂、育婴堂和其他一些房屋,杀死了 10 名法国修女、2 名法国神父、7 名外国侨民以及一些中国教民,极其残忍地将他们剁为碎片。

本来一些认真负责的西方外交官正在想方设法,力图消除中国人的猜疑,一位法国领事却固执地迷信法国作为教会保护人的作用;本来一些高级的中国官员正在苦思焦虑,谋求避免引起国际争端,同样,一位下级地方官却只关注中国民众仇教情绪的膨胀。由是,仅仅一个下午的时间,10年的努力便尽付东流。

中国也许会对此感到欣慰:在恰克图(位于西伯利亚边境)和锡兰之间没有任何电报线路。因此直到7月15日,即法德战争爆发之后10天,这一消息才传到了欧洲。如果再早一些,可能就会发生另一场中国战争。当时有许多艘法国军舰从远东基地迅速驶往天津,在巴黎和罗马,要求严惩的呼声十分强烈。中国军队奉命进入战斗岗位,一些退役的将官被重新召回服役。

在此后的三个月中,总理衙门一直在关注着事态的发展。曾国藩以直隶总督的身份被派往天津查办此案,结果在外国的压力下,他以处决16个中国人了事。崇厚则作为道歉使团团长,被派往法国。中国人说这是向外国人屈服;法国人则认为这是在掩护真正的罪犯——中国政府。

战争虽然避免了,但双方耿耿于怀。翌年,总理衙门试图让各条约国接受对传教士权利与义务的一种明确的界说。1871年2月9日,它给赫德送去了与1869年送给阿礼国的信相同的一封信。它在信中说,教民多为地方上声名狼藉的人物,传教士与地方上的士绅、官员关系紧张;在那些双方对立情绪严重的地区,政府无法防止骚乱的发生。为了改善这种状况,总理衙门提出一系列章程;同时还对其他控制传教活动的措施加以广泛的讨论,试图使基督教在现存秩序中具有某种正常的位置。

这些观点最终被写入总理衙门送给各国公使的一封通函中。英国政府倾向于接受总理衙门的意见,但是法国和美国表示反对。据天主教资料记载,总理衙门的根本谬误在于:它提出教会与中国政府间的关系和教会与欧洲各国政府间的关系,应当是相同的,也就是说,中国政府有权检查育婴堂,控制护照,如此等等,教会不得干涉民政。传教士认为,这是荒唐的,因为中国政府并不是文明的政府。①

赫德作为代办,受到了中国通们的嘲笑,因为他"众所周知,同情导致这场暴乱的不幸的政策"②。但是在总理衙门眼里,赫德又似乎已经改变了先前的友好态度。③ 这不足为奇,因为正如卫三畏所说:"简言之,此次骚乱的全过程——它的缘起、蔓延、高涨、迸发和平息——如同曾经出现的任何其他事情一样,涵蕴着中国与欧洲文明在融合过程中所存在着的许多严重的障碍。"④最终解决的办法是不可能找到的,而且随着外国利益在内地的增长,对外国的恐惧和憎恨,也愈加表面化了。

"中兴"的终结

修约提供了有关"中兴"最主要争论问题的一个横截面:面对英国商人和欧洲列强的反对,英国政府是否应当继续推动"合作政策";通过有限的内政改革,"中兴"政府是否能够稳定经济,提高统治能力,复活"儒学"观念和建立一支足够强大的军事力量。总之就是,那些相信在中国的传统中存在着许多具有不朽价值的东西的人,是否能够调节传统使之适应新时代的需要。

到1870年,"中兴"在每一方面都实现了许多东西。然而此后不久,衰败的征兆便出现了。国家不是更强盛而是更衰弱了;原为伟大的"中兴"政治家们所占有的许多位置,现在充斥着谄媚

---

① 《中国备忘录》,第32—74页。
② 见《北华捷报》1870年7月22日。
③ 1872年2月29日总理衙门奏折,见《筹办夷务始末》(同治朝)卷85,第6页。
④ 卫三畏:《中国总论》第2卷,第706页。

者;而19世纪60年代成功的外交政策消失了,出现了这样的年代:订立一系列比以往任何时候都更加耻辱的条约,丧失领土,而且国家主权也名存实亡。一个历史时期,很难以某个具体的日子作为其开端或结束;然而,收复安庆和设立总理衙门,毕竟标志着"中兴"的肇端;而对《阿礼国协定》的否决和"天津教案"的发生,又恰恰构成了这一历史时期终结的标志。

第十二章　中兴的遗产

同治中兴的失败异常清楚地表明：即使在最有利的形势下，也不存在把一个实际的近代国家移植到儒家社会之上的途径。然而在紧随其后的几十年里，那些曾得到检验而且被认为需要发扬光大的政治思想始终没有被赋予一个体面的葬礼。尽管这些政治思想已陈腐不堪，却被政治领袖们复兴起来。这些政治领导人面对事实仍然坚持认为中兴是一次成功，并坚持认为对20世纪的中国进行政治控制的关键在于继承中兴的遗产。

国民党于1927—1928年的掌权标志着革命旋律在党纲中占支配地位时代的结束，标志着在历史上竭力使一场革命变成古代传统合法继承人的最饶有趣味和最具教益的时代的开端。有四个理由使我们关注国民党的这种努力：(1)该党改变其路线的迅速性；(2)国民党寻求恢复的儒家制度与该党不久前胜利领导的民族革命和社会革命之间存在的巨大鸿沟；(3)蒋介石和其他领袖不仅对传统社会价值观念，而且对体现它们的特定制度的那种彻头彻尾、大张旗鼓的维护；(4)这些领导人为了在与共产党的竞争中赢得胜利，而作出的持久而自觉的努力——翔实的文献证明他们在20世纪中叶恰恰运用了中华帝国政府曾经在19世纪中叶镇压太平军起义的手段。

作为当时中国的新执政者，国民党领导人研究了中国昔日处理经济衰退、社会解体、政治无能及武装暴动的方法。他们把同治中兴当成典范。如果说国民党在其革命的年代里还曾把自己看作伟大的太平军起义的后继者,那么掌权后的国民党则认同清代帝国政府及其表面上的成功。

蒋介石和他的同事把同治中兴的成就归功于那个时代的英雄人物所具有的高尚道德品质以及对儒家社会进程的洞察,所谓的英雄主要是指恭亲王、曾国藩、左宗棠以及胡林翼。他们明白中兴不仅仅包括政治,还包括中国人的全部生活。中兴不仅仅包含镇压起义、选拔与控制官吏、训练军队,还包含通常社会生活中的行为规范、家庭内外的私人关系、妇女的作用、不同代之间的关系、工作的选择、对商品的需求、娱乐形式等。对国民党领导人来说,以中兴形式出现的儒家思想似乎关乎20世纪国内的平定与国际稳定。他们没有看出,尽管同治中兴曾有辉煌的阶段,但它毕竟最终失败了。这种失败恰恰是因为维持儒家社会秩序的需要同确保中国在近代世界中生存的需要被证明是完全对立的。

作为社会原则的儒家学说的问题和振兴儒学的同治中兴的问题恰好与国共为控制中国命运的斗争联系起来。在中国共产党的创始人之一——陈独秀看来:

> 盖孔教问题不独关系宪法,且为吾人实际生活及伦理思想之根本问题也……
>
> 孔教之精华曰礼教,为吾国伦理政治之根本。其存废为吾国早当解决之问题,应在国体宪法问题解决之先。①

共产党人几乎像国民党人一样,仔细地研究了同治中兴的教

---

① 陈独秀:《宪法与孔教》,见《新青年》第2卷,1916年第3号。实际上,这一阶段的每一期《新青年》都讨论了这个题目。

训,并声称同治中兴是一场取得外国人支持的"反革命"。在共产党看来,国民党对同治中兴的赞扬,以及把曾国藩列为真正的圣贤以麻醉青年人的欺骗性的徒劳努力,纯属法西斯理论家凭空捏造的传奇。①

由于共产党人力图夺取政权,他们把对曾国藩品格及生平的解释中的观点冲突称为"要求民主的中国人民与财产占有阶级"之间的斗争战线之一。他们坚持说,像所有早期国民党的真正革命者一样,孙逸仙否定了曾国藩,而且孙氏把他自己看作太平天国领导人洪秀全的继承者。②

与共产党一贯的教条——坚决地反对整个儒教,尤其是同治中兴的做法——相反,国民党在获取了政权的年代里,其占主导地位的观点发生了不同变化。直至1916年以后的思想与社会骚动年代,儒家社会与近代社会的对立、复兴与革命的对立问题才被尖锐地提了出来。在包括孙逸仙和章太炎在内的早期国民党领导人中,民族主义的问题一直是首要问题。民国定都南京是明朝合法性的证明,而不是要证明太平天国起义的合法性。的确,在国家首脑是哪个民族的问题上,章太炎的观点似乎与他的那些拥护君主制的政敌根本不同。虽然孙氏本人尖锐地批评了只顾及民族问题而对其他一概视而不见的人,但是他没有把辛亥革命看作对中国历史总进程的一次突破,而把它视为五千年辉煌期的继续。

---

① 范文澜:《中国近代史》第1卷(香港,1949年),第203页;范文澜:《汉奸刽子手曾国藩的一生》(1944年);我记录了1946年10月27日和陈伯达在延安会见时对此题目的论述情况。
② 范文澜:《汉奸刽子手曾国藩的一生》;裴巍(笔名):《论曾国藩》,见《学习》(汉口),1948年第1号,第4—7页。

直至 1915 年,袁世凯建立独裁政权时,国民党反对这个恢复儒家君主制的篡权者和"安定天下"者仍主要以儒家学说为依据。武装讨袁的坚定领导人、"革命烈士"蔡松坡(蔡锷)本人从曾国藩及胡林翼文集中选用了箴言,并向他的讨袁护国军发布了这些格言,作为主要的训诫资料。蔡氏在序言中写道:"就价值观与道德而论,论今不如述古。然古代渺矣,述之或不适于今。曾、胡两公,中兴名臣中铮皎者也,其人其事距今仅半世纪……其所论列多洞中窾要、深切时弊",所以他们不得不讲的事情,当今仍具有迫切的重要性。①

然而,中国历史在 1915 年以后发生了激变。继 1919 年五四运动之后的年代里,以广州为中心的国共合作获得了力量。在 1924 年重新组建的国民党的第一次代表大会发表了一个激进的宣言,这个宣言为与共产党合作的共同纲领打下了基础。鲍罗廷的影响达到顶点,而新近从苏联归国的年轻的蒋介石出任革命的黄埔军校校长,周恩来出任政治部主任。正是在这种不寻常的环境下,蒋介石把蔡锷选录的曾国藩及胡林翼的格言加以扩充,定为军校的教科书②,这一步后来被视为蒋介石日后成功的关键。

在该书的前言中蒋氏写道,就能力而言,太平天国的英雄人物洪秀全、石达开及李秀成与同治中兴的英雄人物曾国藩、胡林翼及左宗棠并驾齐驱,因此同治中兴成功的理由和太平天国失败的原因不在于领导人的能力。在蒋介石看来,由于曾氏盛赞善

---

① 蔡锷:《曾胡治兵语录》,见作者序言,引自《蔡松坡先生遗集》,1938 年(1917 年第 1 版)。
② 蒋介石在 1932 年重编的胡林翼选集,即《(新编)胡林翼军政录》(南京,第 2 版)的前言里简单地回顾了这一步骤;在南京 1946 年第三次印刷的《蒋委员长增补〈曾胡治兵语录〉》的 1935 年写下的序言里,他又提到了这个步骤。

德,并把它体现于高尚的个人行动中,因此他是那个时代的先驱。正是由于这个原因,蒋氏把曾国藩作为自己的导师。

蒋氏表示,他自己有段时间一直研究曾国藩和胡林翼的著作,早就决定"推迟"写他一度打算作为其同志指南的太平军起义史,而且决定编纂而不是选收曾氏与胡氏的著作。为了方便起见,他采用了蔡锷的选本作为底本,但是作了一定的补充,特别是在思想训练方面作了补充,并选录了左宗棠著作的一些内容。蒋介石下结论说:

> 噫!曾、胡、左氏之言皆经世阅历之言,且皆余所言而未能言者也。其意切、其言简,不惟治兵者之至宝,实为治心、治国者之良规。愿本校同志人各一编,则将来治军、治国均有所本矣。①

1924年蒋介石关于使革命军成为沿着中兴路线前进的中国社会的稳定力量的观点,与已发表的有关国民党立场的大部分声明形成了鲜明的对比。这时出现一些戴季陶式的人物,他们曾经竭力主张利用党的组织去"复兴我们祖先的精神,并借此使国家繁荣昌盛"②。但是蒋氏本人的立场仍然表现出矛盾的心理。1924年,他在黄埔军校做论曾国藩与稳定的讲演,但是他也发表论革命的讲演。他在1926年8月向全国发布的宣言中,根本未提及儒家秩序。他在1933—1934年间的讲演中,只谈到稳定和儒家行为规范。虽然在1924年蒋氏赞扬了曾国藩,但是他关于

---

① 蒋介石1924年写的序言见"军事研究院"出版的蔡锷的《曾胡治兵语录》(南京,1946年)。
② 1924年4月29日戴季陶在黄埔军校的讲演,见《(1924—1925年)黄埔军校训练志》第2卷,第643—646页。

太平天国起义军的提法是温和的。他在 1932 年贬低太平天国起义。在 1933—1934 年间,蒋氏在庐山不仅采取了反对共产党和太平天国起义的立场,而且还表明了反对中国历史上所有起义的立场。他一直追溯到赤眉起义和黄巾起义。① 他宣称他的理由是根据胡林翼的观点而产生的,这是因为"如果我们不剿灭赤匪,我们就不能保护从我们祖先传下来的古老道德与古代的学问"②。

国民党立场的彻底转变发生于 1924 年至 1928 年之间,而且蒋介石一直走在该党的前面。国民党的第一次和第二次全国代表大会的宣言是革命的文献。在中国国民党第一次全国代表大会上(1924 年),确定国民党的敌人是立宪派、联省自治派、和平会议派和商人政府派等。中国国民党第二次全国代表大会(1926 年)的宣言与中国国民党第一次全国代表大会的相类似,但是更具有马克思主义意义上的尖锐反对帝国主义的立场。该党的敌人是军阀、官僚、买办及土豪劣绅。随着中国国民党第三次全国代表大会于 1929 年召开,局面转变了,国民党的敌人变成"赤色帝国主义的代理人"③。国民党左派此时有的改变了他们的观点,有的脱离了该党,而那些早年遭到清洗的人许多又回到国民党的行列中来。

甚至在北伐的高潮时就有人把蒋介石称为当今的曾国藩,那些人把北伐军前敌总指挥唐生智比作胡林翼。④ 当共产党的宣

---

① 《(1933—1934 年)庐山训练志》第 1 卷,第 200 页。
② 《(1933—1934 年)庐山训练志》第 1 卷,第 212—213、310 页。
③ 《中国国民党第一、二、三、四次全国代表大会会刊》,第 48—51、77—78、93—95 页。
④ 谭延闿(组庵)致唐生智(孟潇)的信,引自徐彬的《曾胡谭荟》第一部分,见《国闻周报》第 6 卷,1929 年第 26 号。

传团拜访蒋氏时,会见中的措辞、礼节及整个气氛已经使人联想起中国传统上的统治者,这一事实使该团的领导人感到震惊。①在1926年末,有一幅漫画表明了共产党对国民党面前的选择的看法。这幅画张贴在南昌附近一座小城中的农民协会。画上的一侧是孔庙,另一侧是"世界公园",其间绘上了马克思和列宁,而第三个位置却空着。中央一位穿着中山装的人拿着孙逸仙的肖像,却面对着孔庙,画上写道:"孙本应在世界公园里,但是戴(季陶)想要他在孔庙里。"②

公开宣布尊孔始于1928年。直到1927年底,还有一伙暴民拖着孔夫子的稻草模拟像穿过长沙的街道,痛打并焚毁它③,而且国民政府本身也在2月15日下令废除官方的祭孔仪式,并把基金用于公共教育,其理由是:

> 孔夫子的学说是暴虐的。应用这些学说压迫百姓并奴化人们的思想已经两千余年了……单就对孔夫子的狂热崇拜而论,是一种迷信的表现,它在近代世界里是登不上大雅之堂的……当今中国是共和国社会。应当从公民的头脑中消除这些专制主义的残余。④

然而,在很长时间内这种残余都不会被消除。1928年11月6日蒋介石敦促他的军官们把闲暇时间花在研究四书上。⑤ 1931年孔子诞辰成为一个全国性的假日。国民军受命对所有地方上的夫子庙宇予以特别保护。由于重视程度渐渐加强,1934年对

---

① 朱其骅:《1927年的会议》(上海,1933年),第63页。
② 朱其骅:《1927年的会议》(上海,1933年),第45页。
③ 戴遂良:《现代中国》(献县,1921—1931年)第7卷,第79页。
④ 戴遂良:《现代中国》(献县,1921—1931年)第7卷,第67页。
⑤ 戴遂良:《现代中国》(1921—1931年)第8卷,第143页。

孔子的崇拜达到顶点,当时叶楚伧作为国民政府的官方代表出席在曲阜孔庙举行的典礼①,这时曲阜重新成为民族圣地。

国民党从未停止谈论革命。但它恰恰在相反的意义上重新界定这个概念。正如陈立夫于1935年所说的,革命必须产生出"新","新"可以这样理解:周朝是一个新事物意义上的"新",是缓慢调整和振兴古代及永恒原则意义上的"新"。② 官方的党史宣称太平天国的思想与中国文化的精神是截然对立的,国民党是中国文化精神的真正的革命继承者。③ 国民党元老张继在1943年对国民党中央训练团的讲演中说,在革命之初,对历史上贤明的皇帝及忠臣的批判始终是一个幼稚的错误,我党早已纠正了这个错误。④ 基于这些情况,陶希圣写道,最初的国民党党史是难以捉摸和混乱的,因为国民党"既是太平起义军的后继者,又是曾国藩的继承人"⑤。而陶氏本人当时可能也是这样。直至1953年,这种混乱才消失,完全颠倒了革命的含义。根据陶氏的观点:"革命党人不仅是把明季清初经世致用的研究作为其基本原则的学者,而且还是吸收了西方思想的学者。"⑥

对曾国藩的日趋崇拜标志着国民党路线方针的变化。在1922年令人难以置信的是,曾国藩仅仅去世半个世纪,中国人的生活已明显出现巨大的变化。到1932年,曾国藩似乎再度成为

---

① 蒋介石1933年5月向驻扎湖北、湖南及安徽军队发布的命令,见程清编辑的《历代尊孔记》(上海,1934年),第50页。
② 陈立夫的文章,见《东方杂志》第32卷,1935年第1号,第25—29页。
③ 国民党党史编纂委员会:《中国国民党史概要》,引自王德良《曾国藩之民族思想》,第13页。
④ 张继:《中国国民党史》,第5—6页。
⑤ 1943年末陶希圣为王德良的《曾国藩之民族思想》一书写的跋。
⑥ 陶希圣的《中国社会组织简述》,见《中国文化论集》(该书是为庆贺吴稚晖九十寿辰而编辑的纪念文集)(台北,1953年),第106页。

中国的活跃人物,他的著作以大部头的形式再次发行,对其生平及其意义的讨论充斥于新书和杂志之中。曾氏被一而再、再而三地描述为清帝国中兴的杰出官吏和中兴的栋梁,中国近代史上最伟大的人物,因为他不仅维护了清政府,而且保全了中国。他是最伟大的中兴政治家,作为思想家他甚至更为伟大。他是一位革新旧社会、具有远见卓识的非凡人物。

1928年以后,曾国藩与胡林翼的选集实际上成为国民党党规的一个组成部分。各出版社源源不断地出版了新的选本和蔡锷选本的新版本。党的领导人平时训话的一个内容就是命令军官研习这些格言。国民党把蔡锷和同治中兴日益紧密地联系在一起,因为蔡锷把曾氏的"气量"(度)(capacity)、左氏的才干及江忠源的勇气集于一身,所以他成为"青年人的楷模"。

这种把曾氏尊为圣人、把蒋介石神化为更伟大的曾国藩的提法并非没受到抵制,但是批评几乎没有什么效果。在危机的年代里,蒋介石反复号召全民族要把曾国藩作为全国的典范。曾国藩无处不在:在抗日战争中他是精神动员的象征,是十全十美的军事指挥家,是党纪的化身,是学术界的仲裁者。他的言行证明,每一个人都可能通过勤奋刻苦和坚定的道德观念而达到自身的完善。

一旦国民党领导人不再认为国民党是革命的先锋,而且最终把中兴看成是恢复秩序的工具,那么选择中兴作为样板就是一个极合乎逻辑的结果。他们带着这种新观点宣布,革命建设新时期需要的品质同以前革命破坏时期所需要的那些品质是截然对立的。只有党自我清除党早期历史上遗留下来的邪恶倾向,并集中精力重建坚固而安全的儒家秩序的种种关系,当前的革命才能向前推进。① 中兴主要的显著特征是：这些儒家秩序体系在面临一场革命的威胁时得以重建，秩序也就得以恢复。

国民党的新儒家是能够付诸行动的人，而不是哲学家。蒋介石能够在"人民政治会议"讲演时引用《礼记》中"大同"的全文②，其他领导人也能够随口说出恰如其分的古典名言，但是国民党领导人不打算从理论角度去解释国民党的儒家学说。他们在特定的基础上，从儒家学说中抽出任何似乎可能加强国内秩序的东西。所以非常合乎情理的是，他们与中兴领导人一样，强调的主要是"社会习俗原则"（礼）和相关的美德，如"正义"（义）、"正直"（廉）及"羞耻感"（耻）。

试图对国民党讲的礼、义、廉、耻的准确意思做系统分析几乎没有什么意义。它们在党的文献中不断地被加以讨论，但是从来没有被准确深入地探讨过。蒋介石指示党的工作者说，礼意味着与自然、社会、国家永恒不变的原则保持一致的、准确无误和谨小慎微的行为。③ 他告诉军官们说：礼和与之相联的美德——义、廉、耻是军队命令、纪律、深谋远虑及勇气的唯一源泉。正如曾国藩所指出的一样，它们是对酿成一切暴乱的主要原因——不忠的

---

① 陈立夫的文章，见《东方杂志》第32卷，1935年第1号，第25—29页。
② 蒋介石演讲词引用了此段，他把这段称为中国最高的政治理想及中华民族重建的目标，见《东方杂志》第36卷，1939年第6期，第56页。由康有为作出著名的解释并为孙逸仙所喜爱的这段话的含义已经成为重大的争论题目。对于偶然读过这一段落的许多人而言，它似乎代表了一种自由与民主的乌托邦。它得到国民党的赞美：为了庆祝国民会议的召开，它的部分内容于1946年在南京被制成霓虹灯标语悬挂起来。它受到中国左派的攻击。对此，日本学术界的主流意见认为：这个学说具有极高的权威主义性质。几乎不能怀疑蒋本人也这样认为。文本见理雅各翻译的《礼记》（牛津，1885年），第364—366页。有关分析见板野长八《康有为的大同思想》，引自《近代中国研究》（东京，1948年），第167—204页。
③ 蒋介石的文章，见《民众运动方案法规汇编》第2卷（1936年底）（由国民党授权编辑，作为党的工作者在民众运动中的指导），附录第6页。

最有效的防御武器。① 蒋氏告诉大众的不是对这些美德的正面解释,而是缺少它们会带来什么结果。缺乏义便会缺乏高尚信仰,忽视责任义务;缺乏廉便会混淆对与错、公与私;缺乏耻便会无察觉力和决断力。②

虽然这种礼教的哲学意义是混乱的,几乎不值得讨论,但是其政治社会意义则是足够清楚的,而且颇值得注意。一直被真正讨论的东西是保证社会稳定和民众纪律的手段。在国民党的思想家看来,儒家学说是为了达到此目的而由人类设计的最有效、花费最少的统治工具。他们看到,因为箴言和榜样已经有力地把某种行为准则灌输进去,以至于几乎不可能背离这些准则,所以儒家秩序已经合为一体了。在国民党的眼里,这些准则的内容不及恢复那些符合永恒法则的行为习惯要紧。一旦接受了这些准则,那么反对国民党控制的活动就可能终止。他们似乎从未想到,儒家学说的训导力量依赖于儒家学说的全部内容及整个氛围。

有时被称作"蒋介石理想主义"的东西源于这种信仰,即相信在社会控制中灌输和习惯比有形力量更有效力。在 20 世纪 30 年代中期,当经济危机及日本威胁加剧时,蒋介石论述说,如果在近些年内更加努力地培养传统美德,那么中国就不会面临国内外的困难了。③ 1939 年蒋介石的军队在不断进逼的日本人面前节节败退,因此他指责忽视了礼教,并告诫全国通过重新强调忠孝而自救。④ 1950 年他的军队撤退到台湾时,他把共产党的胜利首

---

① 《(1933—1934 年)庐山训练志》第 1 卷,第 356—357 页,又散见全书。
② 蒋介石对全国演讲的广播全文见《东方杂志》第 38 卷,1941 年第 6 号,第 41—44 页。
③ 汪精卫、蒋介石:《中国的领导人和他们的政策》(上海,1935 年),第 31—36 页。
④ 《东方杂志》第 36 卷,1939 年第 6 号,第 55—56 页。

先归结为国民党士气低落。他用新的国民党中央改革委员会取代了道德上失信的国民党中央执行委员会,他训令说:"我们必须继续我们五千年古老的文化,并使之成为人类进步旅程上的指南。"①

蒋氏坚持认为,在人类事务中,在文明的繁荣及衰落中,决定的因素是人的道德目标,是良善的儒家学说和尤其卓有成效的中兴学说。但是在蒋氏这种道德目标及其由此产生的历史遗产概念中,有一个重要的新因素。对于蒋氏来说,儒家生活方式已经丧失了传统上理性的和普遍性的特质,变得充满了一种浪漫的民族主义。因为儒家的生活方式是中国人的生活方式,是我们伟大过去的源泉,是我们宏伟未来的希望,所以它具有至高无上的价值。在下面的说法中不是有一个而是有两个反常之处:革命的任务是要"复兴吾国之文化,恢复吾国之古代价值观,宣扬中华民族之魂"②。

除去蒋氏所谈论的所有五千年的问题,能吸引他注意力的恰恰是同治中兴。当1932年他在湖北的关键性战斗中指挥反共军队时,他的思想转向了胡林翼,他最终把胡氏看成甚至是比曾国藩更加伟大的人物。③ 他认为共产党没有太平军那么可怕。他

---

① 蒋氏有关国民党失败原因的原话是:"在大陆灾难性的军事败北不是由于共产党势不可挡的力量,而是由于组织上的崩溃、纪律的松懈及吾党党员的士气低落。"(1950年7月22日的讲话,见《蒋介石"总统"在1949—1952年的言论及信函选集》的官方英文译本,台北,发言人办公室,1952年,第45—54页)
②《庐山训练志(1933—1934年)》第2卷,第84页。蒋氏的民族主义的儒家学说标志着一个进程中的高潮,而这一进程早在1902年就警醒了梁启超[梁启超:《论保教之说》,中文的原文及法文译文,见戴遂良《近代中国》(献县,1921—1931年)第1卷,第161—171页]。
③ 根据蒋氏的观点,胡氏是曾氏和所有其他中兴领导人所用计划的拟订者,但是胡氏死得太早,没有获得他应得的声望[《庐山训练志(1933—1934年)》第2卷,第241—245页]。

深思了胡氏平定了这一地区、转败为胜及克服了他所处的困境的方法。如果能掌握胡氏的要领,那么它们就能成为"我们今日镇压共产党的最终指导原则"①。

虽然在理论上国民党的新政策以各个领域里的中兴政策为楷模,但是实际上国民党在地方控制、军事领导、军事策略以及恢复儒家思想等方面强调了中兴的教训。在其他领域,如值得注意的经济领域,中兴原则几乎被完全忽视了。的确,由于蒋氏赞成胡林翼关于经书原则的看法,因而他援引胡氏的话说:"如果国内政府遭到削弱,那么那时百姓生活便无所依靠。即使你一天杀一千名土匪,你也不能挽回总的局势。"②但是蒋氏也指示党的工作者:援引五经来说明衣食足方有美德的做法是错误的。蒋氏阐述说,正相反,百姓必须先具备美德,只有那样,他们才会具备获取衣食的精神力量。

对于国民党而言,虽然从理论上看农业是国家的基础,但是国民党的文件中很少提到中兴所强调的水利控制、公共建筑工程、降低土地税和为了农业经济的利益而控制流通与投机事宜。显然,国民党领导人不赞成中兴领导人关于儒家的美德仅仅在一个农业社会中盛行的观点,不同意他们关于工商业对传统生活方式具有极大的破坏性的观点。他们认为新儒家的复兴应与工商业发展的三年计划同时并举。当时持有"儒家观点"的广东省省长在与胡适的一次激烈晤谈中说过这样一番话:"生产建设可以尽量用外国机器,外国科学,甚至不妨用外国工程师。但'做人'必须有'本',这个'本'必须要到本国古文

---

① 蒋介石于1932年为《胡林翼军政语录》一书写的序言。蒋氏说,自1924年起,他就已经懂得了这些道理。
② 蒋介石于1932年为《胡林翼军政语录》一书写的序言。

化里去寻求。"①

通过比较,可见,国民党相对忽视中兴先辈们在经济上的政策,而密切地注意到中兴对地方控制的某些方面。红军在1930年于江西建立根据地,国民党认为,通过应用曾国藩的三条主要原则——严格执法、恢复保甲制度、建立乡绅组织,国民党就能够极其有效地再度控制这一地区。这是"学会怎样剿灭共产党的最佳历史范例"②。

蒋氏和其他领导人反复重申这些原则,并试图使这些原则生效。相当合乎逻辑的是,他们试图树立士绅的地位。恢复旧日特权,增加新特权,是希望士绅能再次扮演维持地方秩序和教化农民的传统角色。1939年蒋介石发电报给所有地区和地方政府及国民党官员,要求提醒全国的士绅:用《论语》的话说,就是风行草偃(草上之风必偃);士绅们能够教化的范围超越政府命令所能达到的范围;士绅只有在恢复了"真正的民族精神",并牢记"数千年来,吾国始终把忠、孝当成治国之本"的时候,才能拯救这个国家。③

恢复集体负责的保甲制和相关的民团制在国民党地方控制计划中如同恢复士绅的地位一样重要。清代有关保甲制的论述被仔细研究,并作为军官及地方官员的指南而被重新发布,最初是在镇压白莲教起义中形成的"坚壁清野"计划受到特别的关注。由国民党重新发表的汇编强调:在村庄防御中,保甲制与民团必

---

① 胡适与陈济棠会晤的详细叙述,见《独立评论》1935年第142号,第17—24页。
② 赖维周:《曾国藩治盗要略》,见序言及绪论。关于国民党要加强上层社会的力量及重新实行地方控制所采取的步骤的叙述,见戴德华《革命后的重建:江西省和中华民族》,引自《太平洋事务》第8卷,1935年第3号,第301—311页。
③ 1939年1月19日蒋介石的电报原文见《东方杂志》第36卷,1939年第4号,第61—62页。

须一同起作用,前者要起到防范本地区内部叛徒的作用,后者要起到击退外来进攻的作用。就此而言,"贫者出力,富者捐钱,使每个分散的家庭团结在一个大的集团当中"。国民党认为这后一个安排恰恰体现了这种制度的实质。① 显然,国民党无保留地接受了清代的论点。其领导人下令全面重建保甲制度,特别注意把这种制度应用于共产党活跃的地区。而当年他们作为革命者时曾痛斥保甲制度。

与中兴的领导人相比,国民党对与地方控制相关的地方政府修政问题注意较少。在国民党的资料中,对被中兴领导视为地方不满和起义主要原因的司法不力、书吏干政及其他弊病的关注相对较少。尽管在理论上国民党认为官吏的质量是头等重要的事,但没有像中兴领导人那样强调地方官吏的质量。此外,由于选拔、训练及控制这些能人的实际机制早已崩溃,所以国民党有关这一问题的讨论常常缺乏实际意义。

军事领导及军事策略是国民党身体力行、仿效中兴的第二个领域。从1924年蒋氏最初使用蔡锷的书作为黄埔军校教科书之时起,他就竭力提倡国民党军官研究探讨同治中兴领导人的事迹。正像蔡锷所表述的以及其他人所重申的,中兴的经验表明,一位优秀指挥官的基本素质是:(1)公共责任感及由此而生的对军队的尊敬;(2)不怕牺牲;(3)不计名利。蔡锷指出,与西方人重视军事天才不同,曾氏与胡氏强调"仁",并因此消平乱世之大难,建不世之伟绩。②

如果国民党军官达不到这一目标,那么并不是因为他们缺乏

---

① 1930年末由国民党出版的《前代御寇良规》,第1—2页。
② 蔡锷在《曾胡治兵语录》书中的序言。

指导。

中兴的前辈们也支配了国民党的战略思想。虽然镇压太平军的战役为国民党提供了主要教训,但是国民党也未忽视镇压捻军的那些教训。在分析各种各样的战役时,国民党不断吸取清政府一方的教训。该党对了解捻军怎样避开清军设下的圈套不感兴趣,但对清军划河圈地的围剿战略十分注意。蒋介石于1930年下令,为了用类似方法反对共产党,要把清政府围剿捻军战斗中的所有公告、报告甚至军歌汇编成册。① 国防部的研究人员在1948年仍然希望探讨这个问题。令人感到十分困窘的是,所得出的结论是,清政府成功的秘密主要不在于火力优势,而在于曾国藩等人以任命出色的地方官吏和严明军队纪律的方式来确保民众对清政府的支持。②

国民党在地方控制和军事上努力利用同治中兴模式的行动,显然要求开展一场复兴儒学思想体系的运动,一场运动果然发动了起来。运动采用了多种形式:再版曾国藩的著作,并将之指定为学校的必读书;宣传儒家礼仪;论述传统美德的书籍和论文如潮水般出版;由推选出的教授发表有关保护中国遗产的声明;"国民革命的摇篮广州"甚至掀起了官办的"读经"运动。虽然自由主义的评论可以使用很尖刻的语言,但是胡适因为在广东发表反对这一运动的演讲而被驱逐,而且还受到剥夺公民权的威胁。为了反击那些针对国家弊病而提出新解决方案的左翼小册子和博学的马克思主义者的文章,国民党政府把传统著作的特殊普及版本发行于最混乱的地区,而且还禁止发行有悖礼教的书。

---

① 见鲁涤平在《曾国藩剿捻实录》中写的编者序言,该序言写于1930年12月10日。
② 陈叔华:《清代平捻作战之检讨》,见《时政季刊》1948年第1号,第23—25页。

复兴读经运动的一个必然结果是出现了一场阻碍现代人文科学和社会科学教育的运动。它认为,由于以中学为体,因而只有科学技术需要从西方引进。胡适和蒋廷黻都警告说这是向已为历史证明是不切实际的同治中兴模式的复归。① 国民党领导人却不以为意。在他们看来,历史并未证明同治中兴过时。根据蒋介石的观点,科学是需要一点儿的,但中国人的教育像中国文明一样,具有一种特殊的基本特征,通过对曾国藩及胡林翼的研究能够使这一基本特征得以充分维护。

不能把国民党的中兴学说当成一种玩笑而加以忽略。尽管这种学说荒谬可笑,但它是唯一一个有机会与共产党进行竞争的政治运动的意识形态,而这场竞争的性质却由于坚持礼教而严重地受到影响。虽然国民党远不是铁板一块,但是,在此点上,无论是与之合作的小党派,还是在局部地区独立的军事领导人②,几乎都无异议。

在国民党内部存在的分歧与此点无关。李宗仁这位反对蒋介石的"自由中国"领导人于1950年在纽约宣布:

> 在蒋介石以后,人们认为任何变化都会朝着好的方面发展。但是经过一年的尝试后,人民发现,如果说蒋介石仅对

---

① 见蒋廷黻针对陈果夫提交国民党中央执行委员会有关教育问题的建议所做的回答,引自《独立评论》1932年第4号,第6—8页;胡适文章的出处为《独立评论》,1935年第145号,第4—7页,由《大公报》重印。
② 山西领导人阎锡山将军有他自己的中兴楷模徐继畬,徐氏除了作为地理家和政治家(见第十章)著称于世外,还在组织山西的抵御太平军与捻军起义的活动中颇为有名(见阎锡山于1915年11月为其出版的徐继畬全集《松龛先生全集》所写的前言)。随后阎氏建立了被称为"模范省"的儒家行政当局(见韦格编《近代中国》第4卷,第335—358页)。回顾中兴的思想是大多数其他地方军阀政策陈述的特点。甚至冯玉祥也认为曾国藩的军训方法、个人节制、爱好学习、勤于职责的作风是值得崇敬效仿的。冯靠向共产党人,但他在自己的军队中则使用曾国藩有关热爱百姓的军歌[冯玉祥:《我的读书生活》(1947年)第1卷,第153—154页]。

金钱和剥夺人民的物质福利感兴趣,那么共产党人的目的就在于使百姓丧失他们的灵魂。

但是像蒋介石一样,李宗仁继续重申儒家社会学说的坚硬内核:

> 四千余年来,除了共同的语言文字、共同的血缘和文化遗产外,道德的规范把中国人民紧密结合于一体。孔夫子和我国其他的贤人哲士所阐述的这种道德规范是中国人作为一个民族和一个国家生存下来的唯一理由。这种道德规范通过明确父母与子女、夫妇、兄妹、师生、朋友之间的正确关系,使中国人区别于其他民族。①

这很容易被看成是恭亲王就立国之本的社会习俗原则的论述。

国民党的整个新中兴是一次凄凉的失败,其下场远比它试图模仿的同治中兴更加可悲。对地方的控制没得到加强,军队的士气也没有得到恢复,从未作出真正努力来借以复兴儒家的经济,最主要的是没有使儒家的价值观念及另外一些东西恢复活力。

把这种东施效颦称作"中国保守主义的最后抵抗"将会亵渎一个伟大的传统。名副其实的中国保守主义是在19世纪60年代进行最后一次抵抗的。当时以英国为首的西方转而欢迎一个由一批才能非凡的官吏组成的新政府;第一个中国近代外事机构使外交成为这个国家的有力工具;严重的叛乱被平息了,农业生产的恢复受到极大的重视;通货膨胀得到抑制,岁入增加,税收减低;新式军队显示出高昂的士气,以及制造并使用西方最先进武器的出色能力;从北京皇宫到中国文化世界边缘的遥远乡村,儒家的基本信仰都得到强有力的重申。

---

① 见《旧金山大事年表》1950年3月12日,第1页。

第十二章 中兴的遗产

同治中兴的失败是因为近代国家的要求被证明是与儒家秩序的要求直接对立的。在个别问题上，这种冲突是明显的；在某些问题上，这种冲突是模糊不清的。但是基本抉择变得日益清晰：要么选择儒家遗产，要么选择以扩张国力为原则的那个险恶的新世界。中兴政治家和后来紧步其后尘的最后一批极少数真正的中国守旧派的选择是中国遗产。他们要捍卫的主要目标恰恰是这个遗产，而不是西方意义上的国家。他们怀着深情论述的"中国"更多的是一种生活方式，而非一个国家。人们指责他们漠视百姓的沦落，但这种指控是不公正的。他们力图使中国避免印度、缅甸、安南及埃及的命运，而且后来当日本的成功日益显著时，他们又试图掌握日本成功的秘密。但是他们发现代价太高昂了。对于同治中兴的缔造者而言，对儒教社会本质做出的调整是必定会产生效果的，但调整不是避免灭亡的可行选择，而是灭亡本身。

译后记

芮玛丽的《同治中兴：中国保守主义的最后抵抗（1862—1874）》于1957年由美国斯坦福大学出版社出版，1962年又出版修订版。中译本是根据修订版译出的。译者的分工如下：刘北成译第一章，崔丹和刘北成译第二版序言和第二、三、十二章，崔丹和郭小凌译第四、五章，房德邻译第六、七章，郑大华译第八、九章，郑师渠译第十、十一章。刘北成校订。房德邻做文字统校。

《同治中兴：中国保守主义的最后抵抗（1862—1874）》英文本注释很多，有页下脚注、第一版书后注和第二版补注，共计十几万字。中译本为了方便读者检阅，将三种注释统一编号，一律作页下注，又为了节省篇幅，删去了那些为研究者提供研究指南的注释。需要就书中的某个问题进行深入了解和研究的读者，请检阅英文原著。

译者

"海外中国研究丛书"书目

1. 中国的现代化 [美]吉尔伯特·罗兹曼 主编 国家社会科学基金"比较现代化"课题组 译 沈宗美 校
2. 寻求富强:严复与西方 [美]本杰明·史华兹 著 叶凤美 译
3. 中国现代思想中的唯科学主义(1900—1950) [美]郭颖颐 著 雷颐 译
4. 台湾:走向工业化社会 [美]吴元黎 著
5. 中国思想传统的现代诠释 余英时 著
6. 胡适与中国的文艺复兴:中国革命中的自由主义,1917—1937 [美]格里德 著 鲁奇 译
7. 德国思想家论中国 [德]夏瑞春 编 陈爱政 等译
8. 摆脱困境:新儒学与中国政治文化的演进 [美]墨子刻 著 颜世安 高华 黄东兰 译
9. 儒家思想新论:创造性转换的自我 [美]杜维明 著 曹幼华 单丁 译 周文彰 等校
10. 洪业:清朝开国史 [美]魏斐德 著 陈苏镇 薄小莹 包伟民 陈晓燕 牛朴 谭天星 译 阎步克 等校
11. 走向21世纪:中国经济的现状、问题和前景 [美]D.H.帕金斯 著 陈志标 编译
12. 中国:传统与变革 [美]费正清 赖肖尔 主编 陈仲丹 潘兴明 庞朝阳 译 吴世民 张子清 洪邮生 校
13. 中华帝国的法律 [美]D.布朗 C.莫里斯 著 朱勇 译 梁治平 校
14. 梁启超与中国思想的过渡(1890—1907) [美]张灏 著 崔志海 葛夫平 译
15. 儒教与道教 [德]马克斯·韦伯 著 洪天富 译
16. 中国政治 [美]詹姆斯·R.汤森 布兰特利·沃马克 著 顾速 董方 译
17. 文化、权力与国家:1900—1942年的华北农村 [美]杜赞奇 著 王福明 译
18. 义和团运动的起源 [美]周锡瑞 著 张俊义 王栋 译
19. 在传统与现代性之间:王韬与晚清革命 [美]柯文 著 雷颐 罗检秋 译
20. 最后的儒家:梁漱溟与中国现代化的两难 [美]艾恺 著 王宗昱 冀建中 译
21. 蒙元入侵前夜的中国日常生活 [法]谢和耐 著 刘东 译
22. 东亚之锋 [美]小R.霍夫亨兹 K.E.柯德尔 著 黎鸣 译
23. 中国社会史 [法]谢和耐 著 黄建华 黄迅余 译
24. 从理学到朴学:中华帝国晚期思想与社会变化面面观 [美]艾尔曼 著 赵刚 译
25. 孔子哲学思微 [美]郝大维 安乐哲 著 蒋弋为 李志林 译
26. 北美中国古典文学研究名家十年文选 乐黛云 陈珏 编选
27. 东亚文明:五个阶段的对话 [美]狄百瑞 著 何兆武 何冰 译
28. 五四运动:现代中国的思想革命 [美]周策纵 著 周子平 等译
29. 近代中国与新世界:康有为变法与大同思想研究 [美]萧公权 著 汪荣祖 译
30. 功利主义儒家:陈亮对朱熹的挑战 [美]田浩 著 姜长苏 译
31. 莱布尼兹和儒学 [美]孟德卫 著 张学智 译
32. 佛教征服中国:佛教在中国中古早期的传播与适应 [荷兰]许理和 著 李四龙 裴勇 等译
33. 新政革命与日本:中国,1898—1912 [美]任达 著 李仲贤 译
34. 经学、政治和宗族:中华帝国晚期常州今文学派研究 [美]艾尔曼 著 赵刚 译
35. 中国制度史研究 [美]杨联陞 著 彭刚 程钢 译

36. 汉代农业:早期中国农业经济的形成　[美]许倬云 著　程农 张鸣 译　邓正来 校
37. 转变的中国:历史变迁与欧洲经验的局限　[美]王国斌 著　李伯重 连玲玲 译
38. 欧洲中国古典文学研究名家十年文选　乐黛云 陈珏 龚刚 编选
39. 中国农民经济:河北和山东的农民发展,1890—1949　[美]马若孟 著　史建云 译
40. 汉哲学思维的文化探源　[美]郝大维 安乐哲 著　施忠连 译
41. 近代中国之种族观念　[英]冯客 著　杨立华 译
42. 血路:革命中国中的沈定一(玄庐)传奇　[美]萧邦奇 著　周武彪 译
43. 历史三调:作为事件、经历和神话的义和团　[美]柯文 著　杜继东 译
44. 斯文:唐宋思想的转型　[美]包弼德 著　刘宁 译
45. 宋代江南经济史研究　[日]斯波义信 著　方健 何忠礼 译
46. 山东台头:一个中国村庄　杨懋春 著　张雄 沈炜 秦美珠 译
47. 现实主义的限制:革命时代的中国小说　[美]安敏成 著　姜涛 译
48. 上海罢工:中国工人政治研究　[美]裴宜理 著　刘平 译
49. 中国转向内在:两宋之际的文化转向　[美]刘子健 著　赵冬梅 译
50. 孔子:即凡而圣　[美]赫伯特·芬格莱特 著　彭国翔 张华 译
51. 18世纪中国的官僚制度与荒政　[法]魏丕信 著　徐建青 译
52. 他山的石头记:宇文所安自选集　[美]宇文所安 著　田晓菲 编译
53. 危险的愉悦:20世纪上海的娼妓问题与现代性　[美]贺萧 著　韩敏中 盛宁 译
54. 中国食物　[美]尤金·N.安德森 著　马孆 刘东 译　刘东 审校
55. 大分流:欧洲、中国及现代世界经济的发展　[美]彭慕兰 著　史建云 译
56. 古代中国的思想世界　[美]本杰明·史华兹 著　程钢 译　刘东 校
57. 内闱:宋代的婚姻和妇女生活　[美]伊沛霞 著　胡志宏 译
58. 中国北方村落的社会性别与权力　[加]朱爱岚 著　胡玉坤 译
59. 先贤的民主:杜威、孔子与中国民主之希望　[美]郝大维 安乐哲 著　何刚强 译
60. 向往心灵转化的庄子:内篇分析　[美]爱莲心 著　周炽成 译
61. 中国人的幸福观　[德]鲍吾刚 著　严蓓雯 韩雪临 吴德祖 译
62. 闺塾师:明末清初江南的才女文化　[美]高彦颐 著　李志生 译
63. 缀珍录:十八世纪及其前后的中国妇女　[美]曼素恩 著　定宜庄 颜宜葳 译
64. 革命与历史:中国马克思主义历史学的起源,1919—1937　[美]德里克 著　翁贺凯 译
65. 竞争的话语:明清小说中的正统性、本真性及所生成之意义　[美]艾梅兰 著　罗琳 译
66. 云南禄村:中国妇女与农村发展　[加]宝森 著　胡玉坤 译
67. 中国近代思维的挫折　[日]岛田虔次 著　甘万萍 译
68. 中国的亚洲内陆边疆　[美]拉铁摩尔 著　唐晓峰 译
69. 为权力祈祷:佛教与晚明中国士绅社会的形成　[加]卜正民 著　张华 译
70. 天潢贵胄:宋代宗室史　[美]贾志扬 著　赵冬梅 译
71. 儒家之道:中国哲学之探讨　[美]倪德卫 著　[美]万白安 编 周炽成 译
72. 都市里的农家女:性别、流动与社会变迁　[澳]杰华 著　吴小英 译
73. 另类的现代性:改革开放时代中国性别化的渴望　[美]罗丽莎 著　黄新 译
74. 近代中国的知识分子与文明　[日]佐藤慎一 著　刘岳兵 译
75. 繁盛之阴:中国医学史中的性(960—1665)　[美]费侠莉 著　甄橙 主译　吴朝霞 主校
76. 中国大众宗教　[美]韦思谛 编 陈仲丹 译
77. 中国诗画语言研究　[法]程抱一 著　涂卫群 译
78. 中国的思维世界　[日]沟口雄三 小岛毅 著　孙歌 等译

79. 德国与中华民国　[美]柯伟林 著　陈谦平 陈红民 武菁 申晓云 译　钱乘旦 校
80. 中国近代经济史研究:清末海关财政与通商口岸市场圈　[日]滨下武志 著　高淑娟 孙彬 译
81. 回应革命与改革:皖北李村的社会变迁与延续　韩敏 著　陆益龙 徐新玉 译
82. 中国现代文学与电影中的城市:空间、时间与性别构形　[美]张英进 著　秦立彦 译
83. 现代的诱惑:书写半殖民地中国的现代主义(1917—1937)　[美]史书美 著　何恬 译
84. 开放的帝国:1600年前的中国历史　[美]芮乐伟·韩森 著　梁侃 邹劲风 译
85. 改良与革命:辛亥革命在两湖　[美]周锡瑞 著　杨慎之 译
86. 章学诚的生平与思想　[美]倪德卫 著　杨立华 译
87. 卫生的现代性:中国通商口岸健康与疾病的意义　[美]罗芙芸 著　向磊 译
88. 道与庶道:宋代以来的道教、民间信仰和神灵模式　[美]韩明士 著　皮庆生 译
89. 间谍王:戴笠与中国特工　[美]魏斐德 著　梁禾 译
90. 中国的女性与性相:1949年以来的性别话语　[英]艾华 著　施施 译
91. 近代中国的犯罪、惩罚与监狱　[荷]冯客 著　徐有威 等译　潘兴明 校
92. 帝国的隐喻:中国民间宗教　[英]王斯福 著　赵旭东 译
93. 王弼《老子注》研究　[德]瓦格纳 著　杨立华 译
94. 寻求正义:1905—1906年的抵制美货运动　[美]王冠华 著　刘甜甜 译
95. 传统中国日常生活中的协商:中古契约研究　[美]韩森 著　鲁西奇 译
96. 从民族国家拯救历史:民族主义话语与中国现代史研究　[美]杜赞奇 著　王宪明 高继美 李海燕 李点 译
97. 欧几里得在中国:汉译《几何原本》的源流与影响　[荷]安国风 著　纪志刚 郑诚 郑方磊 译
98. 十八世纪中国社会　[美]韩书瑞 罗友枝 著　陈仲丹 译
99. 中国与达尔文　[美]浦嘉珉 著　钟永强 译
100. 私人领域的变形:唐宋诗词中的园林与玩好　[美]杨晓山 著　文韬 译
101. 理解农民中国:社会科学哲学的案例研究　[美]李丹 著　张天虹 张洪云 张胜波 译
102. 山东叛乱:1774年的王伦起义　[美]韩书瑞 著　刘平 唐雁超 译
103. 毁灭的种子:战争与革命中的国民党中国(1937—1949)　[美]易劳逸 著　王建朗 王贤知 贾维 译
104. 缠足:"金莲崇拜"盛极而衰的演变　[美]高彦颐 著　苗延威 译
105. 饕餮之欲:当代中国的食与色　[美]冯珠娣 著　郭乙瑶 马磊 江素侠 译
106. 翻译的传说:中国新女性的形成(1898—1918)　胡缨 著　龙瑜宬 彭珊珊 译
107. 中国的经济革命:20世纪的乡村工业　[日]顾琳 著　王玉茹 张玮 李进霞 译
108. 礼物、关系学与国家:中国人际关系与主体性建构　杨美惠 著　赵旭东 孙珉 译　张跃宏 译校
109. 朱熹的思维世界　[美]田浩 著
110. 皇帝和祖宗:华南的国家与宗族　[英]科大卫 著　卜永坚 译
111. 明清时代东亚海域的文化交流　[日]松浦章 著　郑洁西 等译
112. 中国美学问题　[美]苏源熙 著　卞东波 译　张强强 朱霞欢 校
113. 清代内河水运史研究　[日]松浦章 著　董科 译
114. 大萧条时期的中国:市场、国家与世界经济　[日]城山智子 著　孟凡礼 尚国敏 译　唐磊 校
115. 美国的中国形象(1931—1949)　[美]T.克里斯托弗·杰斯普森 著　姜智芹 译
116. 技术与性别:晚期帝制中国的权力经纬　[英]白馥兰 著　江湄 邓京力 译

117. 中国善书研究　［日］酒井忠夫 著　刘岳兵 何英莺 孙雪梅 译
118. 千年末世之乱:1813年八卦教起义　［美］韩书瑞 著　陈仲丹 译
119. 西学东渐与中国事情　［日］增田涉 著　由其民 周启乾 译
120. 六朝精神史研究　［日］吉川忠夫 著　王启发 译
121. 矢志不渝:明清时期的贞女现象　［美］卢苇菁 著　秦立彦 译
122. 纠纷与秩序:徽州文书中的明朝　［日］中岛乐章 著　郭万平 译
123. 中华帝国晚期的欲望与小说叙述　［美］黄卫总 著　张蕴爽 译
124. 虎、米、丝、泥:帝制晚期华南的环境与经济　［美］马立博 著　王玉茹 关永强 译
125. 一江黑水:中国未来的环境挑战　［美］易明 著　姜智芹 译
126. 《诗经》原意研究　［日］家井真 著　陆越 译
127. 施剑翘复仇案:民国时期公众同情的兴起与影响　［美］林郁沁 著　陈湘静 译
128. 义和团运动前夕华北的地方动乱与社会冲突(修订译本)　［德］狄德满 著　崔华杰 译
129. 铁泪图:19世纪中国对于饥馑的文化反应　［美］艾志端 著　曹曦 译
130. 饶家驹安全区:战时上海的难民　［美］阮玛霞 著　白华山 译
131. 危险的边疆:游牧帝国与中国　［美］巴菲尔德 著　袁剑 译
132. 工程国家:民国时期(1927—1937)的淮河治理及国家建设　［美］戴维·艾伦·佩兹 著　姜智芹 译
133. 历史宝筏:过去、西方与中国妇女问题　［美］季家珍 著　杨可 译
134. 姐妹们与陌生人:上海棉纱厂女工,1919—1949　［美］韩起澜 著　韩慈 译
135. 银线:19世纪的世界与中国　林满红 著　詹庆华 林满红 译
136. 寻求中国民主　［澳］冯兆基 著　刘悦斌 徐硙 译
137. 墨梅　［美］毕嘉珍 著　陆敏珍 译
138. 清代上海沙船航运业史研究　［日］松浦章 著　杨蕾 王亦诤 董科 译
139. 男性特质论:中国的社会与性别　［澳］雷金庆 著　［澳］刘婷 译
140. 重读中国女性生命故事　游鉴明 胡缨 季家珍 主编
141. 跨太平洋位移:20世纪美国文学中的民族志、翻译和文本间旅行　黄运特 著　陈倩 译
142. 认知诸形式:反思人类精神的统一性与多样性　［英］G.E.R.劳埃德 著　池志培 译
143. 中国乡村的基督教:1860—1900年江西省的冲突与适应　［美］史维东 著　吴薇 译
144. 假想的"满大人":同情、现代性与中国疼痛　［美］韩瑞 著　袁剑 译
145. 中国的捐纳制度与社会　伍跃 著
146. 文书行政的汉帝国　［日］富谷至 著　刘恒武 孔李波 译
147. 城市里的陌生人:中国流动人口的空间、权力与社会网络的重构　［美］张骊 著　袁长庚 译
148. 性别、政治与民主:近代中国的妇女参政　［澳］李木兰 著　方小平 译
149. 近代日本的中国认识　［日］野村浩一 著　张学锋 译
150. 狮龙共舞:一个英国人笔下的威海卫与中国传统文化　［英］庄士敦 著　刘本森 译　威海市博物馆 郭大松 校
151. 人物、角色与心灵:《牡丹亭》与《桃花扇》中的身份认同　［美］吕立亭 著　白华山 译
152. 中国社会中的宗教与仪式　［美］武雅士 著　彭泽安 邵铁峰 译　郭潇威 校
153. 自贡商人:近代早期中国的企业家　［美］曾小萍 著　董建中 译
154. 大象的退却:一部中国环境史　［英］伊懋可 著　梅雪芹 毛利霞 王玉山 译
155. 明代江南土地制度研究　［日］森正夫 著　伍跃 张学锋 等译　范金民 夏维中 审校
156. 儒学与女性　［美］罗莎莉 著　丁佳伟 曹秀娟 译

157. 行善的艺术:晚明中国的慈善事业(新译本) [美]韩德玲 著 曹晔 译
158. 近代中国的渔业战争和环境变化 [美]穆盛博 著 胡文亮 译
159. 权力关系:宋代中国的家族、地位与国家 [美]柏文莉 著 刘云军 译
160. 权力源自地位:北京大学、知识分子与中国政治文化,1898—1929 [美]魏定熙 著 张蒙 译
161. 工开万物:17世纪中国的知识与技术 [德]薛凤 著 吴秀杰 白岚玲 译
162. 忠贞不贰:辽代的越境之举 [英]史怀梅 著 曹流 译
163. 内藤湖南:政治与汉学(1866—1934) [美]傅佛果 著 陶德民 何英莺 译
164. 他者中的华人:中国近现代移民史 [美]孔飞力 著 李明欢 译 黄鸣奋 校
165. 古代中国的动物与灵异 [英]胡司德 著 蓝旭 译
166. 两访中国茶乡 [英]罗伯特·福琼 著 敖雪岗 译
167. 缔造选本:《花间集》的文化语境与诗学实践 [美]田安 著 马强才 译
168. 扬州评话探讨 [丹麦]易德波 著 米锋 易德波 译 李今芸 校译
169. 《左传》的书写与解读 李惠仪 著 文韬 许明德 译
170. 以竹为生:一个四川手工造纸村的20世纪社会史 [德]艾约博 著 韩巍 译 吴秀杰 校
171. 东方之旅:1579—1724耶稣会传教团在中国 [美]柏理安 著 毛瑞方 译
172. "地域社会"视野下的明清史研究:以江南和福建为中心 [日]森正夫 著 于志嘉 马一虹 黄东兰 阿风 等译
173. 技术、性别、历史:重新审视帝制中国的大转型 [英]白馥兰 著 吴秀杰 白岚玲 译
174. 中国小说戏曲史 [日]狩野直喜 张真 译
175. 历史上的黑暗一页:英国外交文件与英美海军档案中的南京大屠杀 [美]陆束屏 编著/翻译
176. 罗马与中国:比较视野下的古代世界帝国 [奥]沃尔特·施德尔 主编 李平 译
177. 矛与盾的共存:明清时期江西社会研究 [韩]吴金成 著 崔荣根 译 薛戈 校译
178. 唯一的希望:在中国独子女政策下成年 [美]冯文 著 常姝 译
179. 国之枭雄:曹操传 [澳]张磊夫 著 方笑天 译
180. 汉帝国的日常生活 [英]鲁惟一 著 刘洁 余霄 译
181. 大分流之外:中国和欧洲经济变迁的政治 [美]王国斌 罗森塔尔 著 周琳 译 王国斌 张萌 审校
182. 中正之笔:颜真卿书法与宋代文人政治 [美]倪雅梅 著 杨简茹 译 祝帅 校译
183. 江南三角洲市镇研究 [日]森正夫 编 丁韵 胡婧 等译 范金民 审校
184. 忍辱负重的使命:美国外交官记载的南京大屠杀与劫后的社会状况 [美]陆束屏 编著/翻译
185. 修仙:古代中国的修行与社会记忆 [美]康儒博 著 顾漩 译
186. 烧钱:中国人生活世界中的物质精神 [美]柏桦 著 袁剑 刘玺鸿 译
187. 话语的长城:文化中国历险记 [美]苏源熙 著 盛珂 译
188. 诸葛武侯 [日]内藤湖南 著 张真 译
189. 盟友背信:一战中的中国 [英]吴芳思 克里斯托弗·阿南德尔 著 张宇扬 译
190. 亚里士多德在中国:语言、范畴和翻译 [英]罗伯特·沃迪 著 韩小强 译
191. 马背上的朝廷:巡幸与清朝统治的建构,1680—1785 [美]张勉治 著 董建中 译
192. 申不害:公元前四世纪中国的政治哲学家 [美]顾立雅 著 马腾 译
193. 晋武帝司马炎 [日]福原启郎 著 陆帅 译
194. 唐人如何吟诗:带你走进汉语音韵学 [日]大岛正二 著 柳悦 译

195. 古代中国的宇宙论　［日］浅野裕一 著　吴昊阳 译
196. 中国思想的道家之论：一种哲学解释　［美］陈汉生 著　周景松 谢尔逊 等译　张丰乾 校译
197. 诗歌之力：袁枚女弟子屈秉筠(1767—1810)　［加］孟留喜 著　吴夏平 译
198. 中国逻辑的发现　［德］顾有信 著　陈志伟 译
199. 高丽时代宋商往来研究　［韩］李镇汉 著　李廷青 戴琳剑 译　楼正豪 校
200. 中国近世财政史研究　［日］岩井茂树 著　付勇 译　范金民 审校
201. 魏晋政治社会史研究　［日］福原启郎 著　陆帅 刘萃峰 张紫毫 译
202. 宋帝国的危机与维系：信息、领土与人际网络　［比利时］魏希德 著　刘云军 译
203. 中国精英与政治变迁：20 世纪初的浙江　［美］萧邦奇 著　徐立望 杨涛羽 译　李齐 校
204. 北京的人力车夫：1920 年代的市民与政治　［美］史谦德 著　周书垚 袁剑 译　周育民 校
205. 1901—1909 年的门户开放政策：西奥多·罗斯福与中国　［美］格雷戈里·摩尔 著　赵嘉玉 译
206. 清帝国之乱：义和团运动与八国联军之役　［美］明恩溥 著　郭大松 刘本森 译
207. 宋代文人的精神生活(960—1279)　［美］何复平 著　叶树勋 单虹泽 译
208. 梅兰芳与 20 世纪国际舞台：中国戏剧的定位与置换　［美］田民 著　何恬 译
209. 郭店楚简《老子》新研究　［日］池田知久 著　曹峰 孙佩霞 译
210. 德与礼——亚洲人对领导能力与公众利益的理想　［美］狄培理 著　闵锐武 闵月 译
211. 棘闱：宋代科举与社会　［美］贾志扬 著
212. 通过儒家现代性而思　［法］毕游塞 著　白欲晓 译
213. 阳明学的位相　［日］荒木见悟 著　焦堃 陈晓杰 廖明飞 申绪璐 译
214. 明清的戏曲——江南宗族社会的表象　［日］田仲一成 著　云贵彬 王文勋 译
215. 日本近代中国学的形成：汉学革新与文化交涉　陶德民 著　辜承尧 译
216. 声色：永明时代的宫廷文学与文化　［新加坡］吴妙慧 著　朱梦雯 译
217. 神秘体验与唐代世俗社会：戴孚《广异记》解读　［英］杜德桥 著　杨为刚 查屏球 译　吴晨 审校
218. 清代中国的法与审判　［日］滋贺秀三 著　熊远报 译
219. 铁路与中国转型　［德］柯丽莎 著　金毅 译
220. 生命之道：中医的物、思维与行动　［美］冯珠娣 著　刘小朦 申琛 译
221. 中国古代北疆史的考古学研究　［日］宫本一夫 著　黄建秋 译
222. 异史氏：蒲松龄与中国文言小说　［美］蔡九迪 著　任增强 译　陈嘉艺 审校
223. 中国江南六朝考古学研究　［日］藤井康隆 著　张学锋 刘可维 译
224. 商会与近代中国的社团网络革命　［加］陈忠平 著
225. 帝国之后：近代中国国家观念的转型(1885—1924)　［美］沙培德 著　刘芳 译
226. 天地不仁：中国古典哲学中恶的问题　［美］方岚生 著　林捷 汪日宣 译
227. 卿本著者：明清女性的性别身份、能动主体和文学书写　［加］方秀洁 著　周睿 陈昉昊 译
228. 古代中华观念的形成　［日］渡边英幸 著　吴昊阳 译
229. 明清中国的经济结构　［日］足立启二 著　杨缨 译
230. 国家与市场之间的中国妇女　［加］朱爱岚 著　蔡一平 胡玉坤 译
231. 高丽与中国的海上交流(918—1392)　［韩］李镇汉 著　宋文志 李廷青 译
232. 寻找六边形：中国农村的市场和社会结构　［美］施坚雅 著　史建云 徐秀丽 译
233. 政治仪式与近代中国国民身份建构(1911—1929)　［英］沈艾娣 著　吕晶 等译
234. 北京的六分仪：中国历史中的全球潮流　［美］卫周安 著　王敬雅 张歌 译

235. 南方的将军:孙权传 [澳]张磊夫 著 徐缅 译
236. 未竟之业:近代中国的言行表率 [美]史谦德 著 李兆旭 译
237. 饮食的怀旧:上海的地域饮食文化与城市体验 [美]马克·斯维斯洛克 著 门泊舟 译
238. 江南:中国文雅的源流 [日]中砂明德 著 江彦 译
239. 中国早期的星象学和天文学 [美]班大为 著 宋神秘 译
240. 中国乐书:从战国到北宋 [美]戴梅可 著 何剑叶 译
241. 中国古代的身份制:良与贱 [日]堀敏一 著 何志文 译 李天石 校
242. 秦帝国的诞生 [日]籾山明 [美]罗泰 编 吴昊阳 曾广桃 译
243. 洪亮吉:清朝士大夫的生存之道 [日]片冈一忠 著 张珺 译
244. 同治中兴:中国保守主义的最后抵抗(1862—1874) [美]芮玛丽 著 房德邻 郑师渠 郑大华 刘北成 郭小凌 崔丹 译 刘北成 校